中華禮藏編纂委員會

中華禮藏

禮術卷

相術之屬

古觀人法

（外五種）

牟玄 點校

浙江大學出版社
ZHEJIANG UNIVERSITY PRESS
·杭州

國家古籍工作規劃重點出版項目（二〇二一至二〇三五年）
本書受浙江大學『中華優秀傳統文化傳承與創新專項』資助

總　序

中華民族的禮義傳統積澱了人與人、人與社會、人與自然和諧相處的經驗與秩序，從而形成了一種"標誌着中國的特殊性"（錢穆語）的生存方式。《禮記·曲禮上》對此有概括的説明："道德仁義，非禮不成；教訓正俗，非禮不備；分争辨訟，非禮不決；君臣上下，父子兄弟，非禮不定；宦學事師，非禮不親；班朝治軍，涖官行法，非禮威嚴不行；禱祠祭祀，供給鬼神，非禮不誠不莊。"千百年來，正因爲中華民族各個階層對"禮"的認同與踐行，不僅構建了中華民族的精神家園，彰顯了民族文化的獨特面貌，也爲人類社會樹立了一個"禮義之邦"的文化典範。實際上，對"禮"的認同，體現了對文化的認同，對民族的認同，對國家的認同。

在不同文化交流日益頻繁的今天，弘揚傳統文化，提升文化實力，强化精神歸屬，增强民族自信，已是社會各界的共識，也是刻不容緩的要務。温故籍以融新知，繼傳統而闡新夢，大型專業古籍叢書的整理與編纂，分科别脈，各有專擅，蔚然已成大觀。然而對於當今社會有重要意義的禮學文獻的整理與編纂，至今仍付之闕如。即使偶有禮學文獻被整理出版，因未形成規模而不成系統，在傳統觀念的影響下往往還被視爲經學典籍，既不能反映中華禮學幾千年的總體面貌與發展軌迹，也直接影響了在弘揚優秀傳統文化的前提下重建體現民族精神的禮儀規範。醪澄莫饗，孰慰饑渴。浙江大學古籍研究所全體同仁爲順應時代要求，發揮學科特色與優勢，在學校的大力支持下，願精心整理、編纂傳統禮學文獻，謹修《中華禮藏》。

自從歷史上分科治學以來，作爲傳統體用之學之致用部分的禮學就失去了學科的獨立性。漢代獨尊儒術,視記載禮制、禮典、禮義的《周禮》、《儀禮》、《禮記》爲儒家的經學典籍。《漢書・藝文志》著録禮學文獻十三家,隸屬於六藝,與《易》、《書》、《詩》、《樂》、《春秋》、《論語》、《孝經》相提並論。迄至清修《四庫全書》,采用經、史、子、集四分法,將禮學原典及歷代研究禮學原典的文獻悉數歸於經學,設《周禮》之屬、《儀禮》之屬、《禮記》之屬、三禮總義之屬、通禮之屬、雜禮之屬六個門類著録纂輯禮學文獻,又於史部政書類下設典禮之屬著録纂輯本屬於禮學範疇的文獻,至於記載區域、家族、個人禮儀實踐的文獻則又散見於多處。自《漢書・藝文志》至於《四庫全書》,著録纂輯浩如煙海的禮學文獻,不僅使禮學失去了學科的獨立性,而且還使禮學本身變得支離破碎。因此,編纂《中華禮藏》,既以專門之學爲標幟,除了裒輯、點校等方面的艱苦工作外,還面臨着如何在現代學術語境中界定禮學文獻範圍的難題。

《説文》云:"禮,履也,所以事神致福也。"事神以禮,即履行種種威儀以表達敬畏之義而得百順之福。禮本是先民用來提撕終極關懷的生存方式,由此衍生出了在政治生活和社會生活中表達尊讓、孝悌、仁慈、敬畏等禮義的行爲規範。《禮記・禮器》云:"禮器,是故大備。"以禮爲器而求成人至道,與儒學亞聖孟子的"禮門義路"之論頗相一致。然而踐履之禮、大備之禮的具體結構又是怎樣的呢?《禮記・樂記》云:"簠簋俎豆、制度文章,禮之器也;升降上下、周還裼襲,禮之文也。故知禮樂之情者能作,識禮樂之文者能述。作者之謂聖,述者之謂明。明聖者,述作之謂也。"根據黄侃《禮學略説》及沈文倬《略論禮典的實行和〈儀禮〉書本的撰作》的論述,所謂"禮之文"、"禮之情"又被稱爲"禮儀"和"禮意"。禮器、禮儀用以呈現和表達禮意,此即所謂"器以藏禮,禮以行義"(《左傳・成公二年》)。三者之中,禮儀和禮意的内容相對明確,而禮器的内容則比較複雜,具目則可略依《樂記》所論分爲三種:物器(簠簋俎豆之類)、名器(制度之類)和文器(文章之類)。基於這樣的理解,參考歷代分門别類著録匯輯專業文獻的經驗,可以將歷史上遺留下來的全部傳統禮學文獻析分爲如下三個部分。

第一部分是作爲源頭的禮學原典和歷代研究禮學的論著。根據文獻的性質,又可細分爲兩類。

1. 禮經類。《四庫提要》經部總序所謂"經禀聖裁,垂型萬世",乃"天下之公理"之所,爲後世明體達用、返本開新的源頭活水。又經部禮類序云:"三《禮》並立,一從古本,無可疑也。鄭康成注,賈公彦、孔穎達疏,於名物度數特詳。宋儒攻擊,僅摭其好引讖緯一失,至其訓詁則弗能逾越。……本漢唐之注疏,而佐以宋儒之義理,亦無可疑也。"《周禮》是制度之書,《儀禮》主要記載了士大夫曾經踐行過的各種典禮儀式,《禮記》主要是七十子後學闡發禮義的匯編。雖然三《禮》被列爲儒家研習的典籍之後變成了經學,然而從禮學的角度來看,於《周禮》可考名物典章制度,於《儀禮》可見儀式典禮的主要儀節及揖讓周旋、坐興起跪的威儀,於《禮記》可知儀式典禮及日常行爲的種種威儀皆有意義可尋。若再從更加廣泛的禮學角度審視先秦兩漢的文獻,七十子後學闡釋禮義的文獻匯編還有《大戴禮記》,漢代出現的禮緯也蘊藏着不見於其他文獻記載的禮學内容。因此,禮經類除三《禮》之外還應該包括《大戴禮記》與禮緯。至於後人綜合研究禮經原典而又不便歸入任何一部經典之下的文獻,宜做《四庫全書》設通論之屬、雜論之屬分别纂輯。

2. 禮論類。此類文獻特指歷代綜合禮學原典與其他文獻,突破以禮學原典爲經學典籍的傳統觀念,自擬論題,自定體例,結合禮儀實踐、禮學原典與禮學理念等進行研究而撰作的文獻,如朱熹的《儀禮經傳通解》、任啓運的《天子肆獻祼饋食禮纂》、秦蕙田的《五禮通考》等都宜歸入禮論類。此類文獻與禮經類中綜論性質的文獻容易混淆，最大的區别就在於禮經類中綜論性質的文獻是對禮學原典的闡釋，而禮論類文獻則是對各類文獻所記禮儀實踐與理念的綜合探索，二者研究的問題、對象，特别是研究目的皆有所不同。

第二部分是基於對禮儀結構的觀察而針對某一方面進行獨立研究而撰作的文獻。根據文獻關注的焦點，又可分爲三類。

3. 禮器類。根據前引《禮記・樂記》的説明，禮器包括物器、名器和文器。物器爲禮器之代表形態，自來皆無疑議。名器所涉及之制度、樂舞、數術，因逐漸發展而略具專業特點，有相對的獨立性，固當别爲門類。就制度、樂舞、數術本屬於禮儀實踐活動而言，可分别以禮法、禮樂、禮術概之。又文器亦皆因器而顯，故宜附於禮器類中。因此，凡專門涉及輿服、宫室、器物的禮學文獻，如聶崇義的《新定三禮圖》、張惠言的《冕弁冠服圖》和《冕弁冠服表》、程瑶田的《釋宫小記》、俞樾的《玉佩考》等都屬禮器類文獻。

4. 禮樂類。據《禮記・樂記》所言"樂統同，禮辨異，禮樂之説，管乎人情矣"，可知禮與樂本是關乎人情的兩個方面。因此，禮之所至，樂必從之。考察歷代各個階層踐行過的許多儀式典禮，若不借助於禮樂則無以行禮。《通志・樂略第一》云："禮樂相須以爲用，禮非樂不行，樂非禮不舉。"禮與樂既相將爲用，則凡涉及禮樂的文獻，皆當歸入禮樂類。然而歷史上因囿於經學爲學科正宗、樂有雅俗之分的觀念，故有將涉及禮樂的文獻一分爲二分别纂輯的方法。《四庫提要》樂類云："大抵樂之綱目具於《禮》，其歌詞具於《詩》，其鏗鏘鼓舞則傳在伶官。漢初制氏所記，蓋其遺譜，非别有一經爲聖人手定也。特以宣豫導和，感神人而通天地，厥用至大，厥義至精，故尊其教得配於經。而後代鐘律之書亦遂得著録於經部，不與藝術同科。顧自漢代以來，兼陳雅俗，豔歌側調，並隸《雲》、《韶》。於是諸史所登，雖細至箏琶，亦附於經末。循是以往，將小説稗官未嘗不記言記事，亦附之《書》與《春秋》乎？悖理傷教，於斯爲甚。今區别諸書，惟以辨律吕、明雅樂者仍列於經，其謳歌末技，弦管繁聲，均退列雜藝、詞曲兩類中。用以見大樂元音，道侔天地，非鄭聲所得而奸也。”此乃傳統文獻學之舊旨，今則據行禮時禮樂相將的事實，凡涉及禮樂的文獻不分雅俗兼而存之，一並歸於禮樂類。

5. 禮術類。《禮記・表記》載孔子之語云：“昔三代明王，皆事天地之神明，無非卜筮之用。”卜筮之用在於“決嫌疑，定猶與”（《禮記・曲禮上》）。歷代踐行的各種儀式典禮，正式行禮之前往往都有卜筮的儀節，用於判斷時空、賓客、牲牢等的吉凶，本是整個儀式典禮的組成部分。《儀禮》於《士冠禮》、《士喪禮》、《既夕禮》、《特牲饋食禮》、《少牢饋食禮》皆記卜筮的儀節，而於其他儀式典禮如《士婚禮》等皆略而不具。沈文倬先生已指出，《儀禮》一書，互文見義，其實每一個儀式典禮都有卜筮的儀節。因儀式典禮所用數術方法有相對的獨立性，故歷代禮書多有專論。秦蕙田《五禮通考》立“觀象授時”之目，黄以周《禮書通故》設“卜筮通故”之卷。自《漢書・藝文志》數術略分數術爲六類：天文、曆譜、五行、蓍龜、雜占、形法，又於諸子略中收有與數術相關的陰陽家及兵陰陽文獻之目，至清修《四庫全書》子部術數類分爲六目：數學（三易及擬易書）、占候、相宅相墓、占卜、命書相書、陰陽五行（栻占曆數），分類著録纂輯數術文獻，各有錯綜，亦因時爲變以求其通耳。因此，就歷代各個階層踐行的儀式典禮皆有卜筮的儀節而言，凡涉及卜筮的文獻宜收入禮術類。

第三部分是基於對歷代禮儀實踐的規模、等級、性質的考察而撰作的文獻，又可以分爲如下四類。

6. 禮制類。《左傳・桓公二年》載晉大夫師服之語云：“禮以體政，政以正民，是以政成而民聽，易則生亂。”《國語・晉語四》記寧莊子之語云：“夫禮，國之紀也，……國無紀不可以終。”凡此皆説明禮在政治生活和社會生活中有重要的主導作用,故自春秋戰國之際禮崩樂壞之後,歷代皆有制禮作樂的舉措。《隋書·經籍志》云:"儀注之興,其所由來久矣。自君臣父子,六親九族,各有上下親疏之别,養生送死、弔恤賀慶則有進止威儀之數,唐虞已上分之爲三,在周因而爲五,《周官》宗伯所掌吉、凶、賓、軍、嘉,以佐王安邦國,親萬民,而太史執書以協事之類是也。是時典章皆具,可履而行。周衰,諸侯削除其籍;至秦,又焚而去之;漢興,叔孫通定朝儀,武帝時始祀汾陰后土,成帝時初定南北之郊,節文漸具;後漢又使曹褒定漢儀,是後相承,世有制作。"歷代踐行的禮,不僅僅是進止威儀之數,而是對文明制度的實踐。因此,歷代官方頒行的儀注典禮皆可稱爲禮制,是朝野實現認同的文化紐帶,涉及禮制的文獻世有撰作。漢代以後,此類文獻也往往被稱爲儀注,傳統目録學多歸入史部。今則正本清源,一並歸入禮制類。

7. 禮俗類。從人類學的角度來看,禮俗的産生先於禮制並成爲歷代制禮作樂的基礎。所謂"禮失而求諸野",正説了俗先於禮、禮本於俗。實際上,歷代踐行的禮制,根基都在於風俗,長期流行於民間的風俗若得到官方認可並制度化就是禮制。因此,禮俗者,禮儀之於風俗也,特指在民間習慣上形成而具備禮儀特點的習俗,其特點是以民間生活爲基礎、以禮儀制度爲主導,在一定程度上兼具形式的自發性和内容的複雜性。早在先秦時代,荀子就曾説:"儒者在本朝則美政,在下位則美俗。"又説:"遇君則修臣下之義,遇鄉則修長幼之義,遇長則修子弟之義,遇友則修禮節辭讓之義,遇賤而少者則修告導寬容之義。無不愛也,無不敬也,無與人争也,恢然如天地之苞萬物。如是則賢者貴之,不肖者親之。"因此,自漢代應劭《風俗通義》以來,歷代有識之士往往述其所聞、條其所遇之禮俗,或筆記偶及,或著述專論,數量之多,可汗馬牛,以爲美俗、修義之資糧,故立禮俗類以集其精華，以見禮儀風俗具有强大的生命力且早已滲透到民族精神之中。此類文獻在傳統的文獻學中分佈較廣，史部的方志、譜牒，子部的儒家、農家、雜家乃至小説家，集部中的部分著作，皆有涉及禮俗的篇章，固當集腋成裘，匯編爲册，歸於禮俗類中。

8. 家禮類。《左傳・隱公十一年》云："禮，經國家、定社稷、序民人、利後嗣者也。"禮之於國，則爲國家禮制；禮之於家，則爲家禮。家禮一詞，最早見於先秦禮書。《周禮・春官》云："家宗人掌家祭祀之禮，凡祭祀致福。國有大故，則令禱祠，反命，祭亦如之。掌家禮，與其衣服、宫室、車旗之禁令。"自古以來，家禮就是卿大夫以下至於庶人修身、齊家的要器，上至孝悌謹信等倫理觀念，下至婚喪嫁娶之居家禮儀，無不涵蓋於其中。家禮包括家庭内部的禮儀規範和倫理觀念：禮儀規範主要涉及冠婚喪祭等吉凶禮儀以及居家雜儀；倫理觀念則包括父慈子孝、兄友弟恭、夫義婦順等綱常。涉及家禮的文獻源於《周禮》，經《孔子家語》、《顔氏家訓》的發展，定型於司馬光的《書儀》、《家範》和朱熹的《朱子家禮》，其中《朱子家禮》成了宋代以來傳統家禮的範本。因國家禮制的"宏闊"和民間禮俗的"偏狹"，故素負修身、齊家、治國、平天下之理想的有識之士，往往博稽文獻、出入民俗而備陳家禮儀節之曲目與要義，以爲齊家之據、易俗之本。家禮類文獻中以此種撰作爲代表形態，延伸則至於鄉約、學規之類的文獻。

9. 方外類。中華民族是一個多種文化相互融合的共同體，整理、編纂《中華禮藏》不能不涉及佛、道兩家有關儀軌的文獻。佛教儀軌是規範僧尼、居士日常生活與行爲之戒律清規以及用於各種節日與法事活動之科儀，雖然源於印度，與中華本土文化長期互動交融，固已成爲中華禮樂文明不可分割的一部分。佛教儀軌與儒家禮儀相互影響，在一定程度上改變、重塑了中華傳統的禮樂文明。道教是中國的本土宗教,深深根植於中國的現實社會,具有鮮明的中國特色與社會調節功能。魯迅曾指出:“中國根柢全在道教。”道教儀軌有其特定的從教規範,體現了道教的思想信仰,規範着教徒的生活方式,體現了儀式典禮的特點。另外,佛教儀軌和道教儀軌保存相對完整,也是重建中華禮樂文明制度的重要參考。因此,凡涉及佛教儀軌和道教儀軌的文獻分别歸入方外佛教類和方外道教類。

綜上所述,《中華禮藏》的編纂是因類設卷,卷内酌分子目,子目内的文獻依時代順序分册纂輯(其中同書異注者則以類相從),目的是爲了充分展示中華禮儀實踐和禮學研究的全貌以及發展變化的軌迹。

編纂《中華禮藏》不僅僅是爲了完成一項學術事業,更重要的現實意義是爲了通過整理、編纂傳統禮學文獻,從中提煉出滲透了民族精神的價值觀和價值體系,爲民族國家認同提供思想資源,爲制度文明建設提供借鑒,爲構建和諧社會提供禮儀典範。

《中華禮藏》編委會

二〇一六年

凡　例

一、整理工作包括題解、録文和校勘等項。

二、題解除揭示書名、卷數、内容及著者生平事迹、版本流變等情況外，亦須交代已有的重要校勘研究成果，其具有創見性的校勘意見則别於校記中加以采納。

三、底本原文中明確的錯誤（訛奪衍乙）一般皆直接改正，並用校記加以説明。其不影響文意表達的兩可之異文，則酌情忽略不校。至於文意不通或懷疑有誤之處，則適當以校記形式提出疑問或給出可能的詮釋理路。

四、録文一依底本，個别生僻的異體字、俗體字等改作通行字，然不甚生僻而爲古籍通用者，保留底本文字原樣。鑒於俗寫“扌”旁與“木”旁，“巾”旁與“忄”旁，“礻”旁與“衤”旁以及“己”與“已”、“巳”，“瓜”與“爪”，“曰”與“日”之類相混無别，一般皆徑據文意録定，其不影響文意的則不别爲出校説明。

五、避諱字一律改爲通行繁體字，但須在題解或首見條下説明。

六、底本所用省代符等一律改爲相應的本字。

七、底本缺字用“□”號表示，缺幾字用幾個“□”號，不能確定者用長條形符號（長度爲三個空格字，其中原文一行的上部或前部殘缺用“▭”，中部殘缺用“▭”，下部或後部殘缺用“▭”）表示。模糊不清無法録出者用“▨”號表示，有幾個字不清楚就用幾個“▨”號。

八、文本的段落格式一依今日之文意理解重行設計，不必盡依原書之舊貌。

九、底本圖片如果可以重繪者，則自行改繪，以便觀覽。

目録

古觀人法

宋　瑾　撰著
牟　玄　點校

【題解】

此書一卷,見録於《大梅山館藏書目》子部風鑑類及《清史稿藝文志拾遺》子部術數類命相之屬。作者宋瑾生平不詳,《檀几叢書》另收有署名宋瑾的《人譜補圖》,作者當爲同一人。是書稱:"大遠乎姑布子卿、許負、唐舉之徒,不徒以富貴、貧賤稱量人,而獨嚴君子、小人之辨。"以視瞻、言語、喜怒、氣度、作止、交接、食息、存心等八個方面品評人物,僅列上下位及君子、小人之斷語,此誠可見作者勸勉衆人進德修業之良苦用心。

現常見版本有《檀几叢書》二集影康熙三十四年新安張氏霞舉堂刊本,《叢書集成續編》本即據此影覆。本書以《檀几叢書》本爲底本。

古觀人法

繡水宋瑾豫庵著

人情莫不欲富貴而惡貧賤，然而賦形有定，不能使貧賤盡富貴。人情莫不樂君子而鄙小人，然而惟心所造，無難使小人皆君子。蓋富貴之中有君子，貧賤之中亦有君子。貧賤之中有小人，富貴之中亦有小人。所貴操富貴、貧賤之權者，有以驅策天下之小人歸於君子而已。世際唐虞三代之隆，非必富貴者皆君子，然而君子道長小人道消也。時值夏殷衰周之季，非必貧賤者皆小人，然而小人道長君子道消也。第知人則哲，唯帝其難。彼賦形有定者，風鑑家類能言之，姑布子卿、許負、唐舉之徒，往往以人之聲音、顔色決人之吉凶休咎，無不奇中。至於惟心所造者，非側聞大道，不能神明其意也。孔子曰：視其所以，觀其所由，察其所安。孟子曰：聽其言也，觀其眸子，人焉廋哉！嗚呼，至矣！要之善相人者，不僅相人於舉止動静之中，而每相人於形神氣色之外，則善觀人者自不徒觀人於屬意矜情之際，而當觀人於忽不及持之時。故鼇降試之，以觀其誠；風雷感之，以觀其度；恣之以財，以觀其廉；醉之以酒，以觀其態，率繇是道也。布衣韋帶之士平居自負，及一旦予以進退人材之責，而目迷碈玉，亦可慨矣。昔智果之論智伯也，瑶之賢於人者五，其不逮者一也。美鬚長大則賢，射御足力則賢，技藝畢給則賢，巧文辨慧則賢，强毅果敢則賢，然而甚不仁。夫以五賢陵人，而不以仁行之，其誰能待之？若果立瑶也，智宗必滅。李克之論相也曰：居視其所親，富視其所與,達視其所舉,窮視其所不爲,貧視其所不取。山巨源之見王衍曰:神情明秀,風姿詳雅,然誤天下之蒼生者,必此人也。郭汾陽之見盧杞曰:此人得志,吾子孫無遺類矣。蘇老泉之論荆公曰:凡事之不近人情者,鮮不爲大奸慝。此數公者,庶幾能神明其意,而勝進退人材之責歟?余嘗謂人生不可苟富貴,不可徒貧賤。無論達而在上,窮而在下,有道焉能使人心振奮,争自濯磨皆有願爲君子之實,而無甘爲小人之名,亦可無負此生矣!某君精於風鑑,名振京畿,來遊於苕。謀面謀心,殆非市鬻者比。因出其相外别解數語,屬余通其意而潤色之。余見其緒論,頗能發前人所未發,又大遠乎姑布子卿、許負、唐舉之徒。不徒以富貴、貧賤稱量人,而獨嚴君子、小人之辨,豈非以賦形有定者不可爲,唯心所造者有可勉歟?使其達而在上,操斯道也以往,必能上佐朝廷,知人善任,使衆君子畢升,而小人亦且革面洗心,更化善俗,而不知誰之爲矣!其爲驅策也,不既多乎!雖然,嚴君平賣卜成都,與子言依於孝,與臣言依於忠,亦正人心之一助也。其得無類是歟?余獨喜其道有合於儒之道,而其心有合於余之心也。於是乎言,且爲之廣其説,有識者幸無以其窮而在下忽之。

視瞻　言語　喜怒　氣度　作止　交接　食息　存心

○一、視瞻尊嚴,氣静神凝,望之儼然可畏,即之藹然可親者,在上位之君子也。

一、言近指遠,簡潔清越,隱惡揚善,形之自然,温厚和平,發之天性者,在上位之君子也。

一、喜怒不形,寵辱不驚,處危難而性情閒暢,聞毁譽而顔色不變,樂以天下,憂以天下者,在上位之君子也。

一、氣度汪洋,襟懷慷慨,見幾明決,用意忠厚,注之不滿,挹之不竭，澄之不清，摇之不濁者，在上位之君子也。

一、立如喬松，坐如山嶽，進如日朗，意氣垂豫，不疾不徐，退如水流，步履安詳，不蹶不逆者，在上位之君子也。

一、相見平淡，久而彌旨，道傍相值，閒情有餘，不自揮霍，耐人尋味者，在上位之君子也。

一、飲食寢處，情閒性適，淡泊寧静，隨其所遇，不論窮達，安頓自然者，在上位之君子也。

一、陰行善事，造福於不識不知之鄉，火滅修容，致敬於無聲無臭之際者，在上位之君子也。

〇一、視瞻平正，神氣沖和，殷然如有慮，抑然如不勝，挺然汙淖之中，淡然世俗之外者，在下位之君子也。

一、言語拘謹，不苟呰笑，恥矜己之長，樂道人之善，不文己之過，不訐人之私者，在下位之君子也。

一、怒不至洸，樂不至極，不逆將來之得失，而乍愠乍喜，不億未至之榮枯，而或欣或戚者，在下位之君子也。

一、胸襟狹隘，疾惡過嚴，禀性狷介，廉潔自好，不同流俗，不合汙世，孤高峭直，壁立万仞者，在下位之君子也。

一、立容如齋，坐容如尸，進見厚實顯榮之人，不覺浩浩落落，步履蹇諤；别去單寒微素之士，不覺依依違違，步履徘徊者，在下位之君子也。

一、丰骨棱棱，使人落落難合，胸次噩噩，一似平平無奇，究之氣誼感孚，終始不渝，厚薄親疏，分寸不失者，在下位之君子也。

一、列鼎重茵，情志不快，曲肱飲水，寤寐皆安，審乎義命之真，不故拂人之性者，在下位之君子也。

一、學宗孔孟，不因風俗之靡而他有所侫；志切蒼生，不因天心不屬而變其所存者，在下位之君子也。

〇一、眼光烱爍，氣宇深沉，太和之澤少舒，肅殺之機時露者，在上位之小人也。

一、言語奸深，窮見事情，議論風發，傍若無人，時有操縱，學博澤順，己不知非，人不能難者，在上位之小人也。

一、喜怒徇情，恩仇分明，好執小數，操切上下，執拗驕縱，喜同惡異，患得患失，色厲内荏，恥言微時，羞稱故步者，在上位之小人也。

一、多憎多愛，多疑多忌，難事易説，自像自意，恃才妄作，齷齪鄙細，棄恩用仇，果敢決斷者，在上位之小人也。

一、於衆人屬目之地，坐次故爲莊嚴；於叢人廣坐之中，進退故爲舒泰，一揖一拱，骨軟臀蹲者，在上位之小人也。

一、暫時晤對，情疏貌親，久處盤桓，而從腹誹，猝遇貴人風馳雨驟，遥逢故舊脱兔驚鴻者，在上位之小人也。

一、厭常喜新，得新捐故，過爲汰侈，與脱粟布被，不近人情，過爲矯飾者，在上位之小人也。

一、窮約則迹類聖賢，利達則行同狡獪。小事則違道干譽，大事則忍心害理。陽施陰賊，内忌外寬而人不知，揣人意指，攙人自利，舉世莫測者，在上位之小人也。

〇一、瞻視不常，神氣散亂，遠之無可觀型，近之無可矜式者，在下位之小人也。

一、言語無序，詞煩理寡，隨人上下，輕變鮮實，聞人閨闥暗昧，則津津有味，見人道德仁義，則苦苦排擊者，在下位之小人也。

一、聞聲即駭動，遇事如風發，好夸己長，恥聞己過，是之則喜，非之則怒，預測豪華而神飛，時擬高位而色變者，在下位之小人也。

一、意趣迫促，忘近負遠，鄙吝横生，好爲雅量，千乘萬鍾，能舍能讓，小得小失，大怪大驚者，在下位之小人也。

一、坐起不正，手足屢摇，進見則皇顧駭愕，舉止失措，退去則急遽無狀，肩背俱忙者，在下位之小人也。

一、親疏反常，厚薄倒置，甘旨不供父母，齋襯以養尼僧，酒肉以結豪狂，干戈以傷同氣者，在下位之小人也。

一、作客則狼吞未饜，作主則虎視其餘，膏粱莞簟以奉口體，蔬食稿鞂以給尊親者，在下位之小人也。

一、自私自利，而無宇宙之思，自暴自棄，而無身世之想，英俊少年，浮游浪蕩，春秋方富，志氣隳頽者，在下位之小人也。

以上八法觀人，位分上下，蓋非徒以形相而以神相者也。神者心之所發，寂然不動，感而遂通，無論富貴貧賤，從此而分，即君子小人，從此判矣。枉教者亦唯自善其所感，使品類既真，然後可以處富貴，可以處貧賤。蓋富貴貧賤者，畢生一世之事；而君子小人者，百歲千載之事也。吾願天下之人皆圖其大者遠者，而後其小者近者，故爲是説以勉之。

神相全編

[舊題](宋)陳摶　撰　(明)袁忠徹訂

牟　玄　點校

【題解】

《拜經樓書目》子部記有此書四本,《問源樓書目初編》子部術數類命書相書之屬、《愚齋圖書館藏書目録》子部命書相書之屬、《書髓樓藏書目》子部術數類、《天津延古堂李氏舊藏書目》子部術數類命書相書之屬、《孝慈堂書目》相法類、《松筠閣書目》子部術數類皆記有此書十二卷。《販書偶記》記有此書十二卷,首一卷。《揚州吴氏測海樓藏書目録》子部術數類記有十二卷,同治年間刊本。《增訂四庫簡明目録標注》於《神相全編》十二卷條下云:"李廷湘撰,題陳摶撰,袁忠徹增訂"(上海古籍出版社一九五九年版,頁四七四),此書卷數正與李廷湘《人相編》相同。《中國古籍總目》子部命相之屬相書類記有《袁柳莊先生神相全編》二卷,明袁忠徹撰,不知是否此書節選。《宜稼堂書目》記有此書六本。現行版本多題爲宋陳摶撰,明袁忠徹訂,蓋託名耳。

該書編纂於明代,匯集古今相人篇章甚多。然而其中内容龐雜,編輯略無倫次,文字亦間有脱漏。又書中有"袁柳莊《識人賦》",且注釋中數見"袁柳莊曰",足見其非陳摶所撰,或爲柳莊之子忠徹所輯,或爲後人依託。

此書現在可見版本主要有:1.《古今圖書集成》所收本。2.清經國堂本。3.清乾隆五十一年(1786)寶翰樓刊本,中國國家圖書館藏。4.清文富堂刻本。5.明末坊刊本,有清同治六年(1866)霄枚氏手書題記,藏於臺灣。6.清無錫日升山房刻本。7.清桂芳齋刻本。8.清翠筠山房刻本,藏於中國國家圖書館及美國普林斯頓大學東亞圖書館。9.清致和堂刻本[1],中國國家圖書館、日本市立米澤圖書館、哈佛大學燕京圖書館有藏。10.明文明閣刻本。11.日本慶安四年(1651)京都勝村治右衛門、江户須原屋茂兵衛刊三卷本[2]。12.清乾隆十六年(1751)襄德堂刊本,十二卷首一卷,藏於日本茨城大學圖書館。13.掃葉山房石印本,十二卷首一卷,藏於日本大阪府立中之島圖書館。14.清乾隆癸丑(1793)芸經堂刊本,十二卷,藏於美國普林斯頓大學東亞圖書館。15.清道光十二年(1832)聚珍堂本,題名《袁柳莊先生神相全編》,題袁忠復,藏於上海圖書館。16.清光緒九年(1883)本,題名《袁柳莊先生神相全編》,題袁忠復,藏於上海圖書館。17.清光緒二十一年(1895)本,題名《袁柳莊先生神相全

① 《美國哈佛大學哈佛燕京圖書館中文善本書志》記有致和堂本,其提要云:"《神相全編》十二卷首一卷,題宋陳摶撰、明袁忠徹訂正。明刻本。十册。半頁九行二十字,四周單遍,白口,單魚尾。框高21.1厘米,寬13.5厘米。題'宋希夷陳摶秘傳、明柳莊袁忠徹訂正'。前有倪嶽序。陳摶,字圖南,自號扶摇子,宋太祖賜號希夷先生。傳陳摶在華山師承麻衣道人學習相術。袁忠徹,爲明初相術大師袁珙之子,字公達,一字静思,鄞縣人,官尚寶司少卿。精通相術。《明史》本傳説他'幼傳父術,從父謁燕王,王宴北平諸文武,使忠徹相之。'是書爲明清兩代流行之相書。首一卷爲'相説'、'十觀'、'五法'、'論形俗'、'論氣色'。《古今圖書集成·博物彙編·藝術典·相術部》收入此書,蓋因其書採録了較多的相術著作。按相人術乃觀察人之形相以測斷性格、福壽之方術。據《左傳》、《吴越春秋》記載,早在春秋時代,相術即很流行。相人術之觀察内容,包括頭面、手掌、體形、動静、聲音等,而以相面爲重點。倪序云:'近世所傳相人之書,皆宗麻衣遺者,然人出己見,各有不同。至於即五行之象,以定一身之形,因已往之迹,以爲方來之驗則同,要之其説固有可取者,不必盡出麻衣也。同守淮楊東兖鮑君栗之,政事之暇,留意其書,首著麻衣之説,復會諸説之宗麻衣者,類輯成編,將以授之專其術……則是書,學者不可以不知也,不可以盡非也,不可以深泥也。'是本有扉頁,刊'神相全編。袁柳莊先生秘傳。致和堂藏板'。《四庫全書總目》未收。《中國古籍善本主目》著録。浙江圖書館、安徽省圖書館……及日本内閣文庫、静嘉堂文庫、尊經閣文庫亦有入藏。但不知同版否。"(上海辭書出版社一九九九年版,頁三四三)

② 依此書卷數,可能即是《中國古籍總目》所記之《袁柳莊先生神相全編》。

編》,題袁忠復,藏於上海圖書館。另,日本多所機構藏有是書,如蓬左文庫、前田育德会尊經閣、公文書館内閣文庫、静嘉堂文庫等皆藏有明刊本,除蓬左文庫所藏爲九卷首一卷外,其他皆爲十二卷或十二卷首一卷本。日本公文書館内閣文庫及山梨縣圖書館又皆藏有清刻本,皆爲十二卷首一卷,其他情况不詳。英國倫敦大學亞非學院圖書館亦有收藏。

本書以《古今圖書集成》本爲底本,參校經國堂本《神相全編》及《人倫大統賦》、《玉管照神局》、《太清神鑑》、《統會諸家相法》、《回谷先生人倫廣鑑集説》、《麻衣相法》等書。

神相全編一

相説

大凡觀人之相貌，先觀骨格，次看五行。量三停之長短，察面部之盈虧。觀眉目之清秀，看神氣之榮枯。取手足之厚薄，觀鬚髮之疏濁。量身材之長短，取五官之有成。看六府之有就，取五嶽之歸朝。看倉庫之豐滿，觀陰陽之盛衰。看威儀之有無，辨形容之敦厚。觀氣色之喜滯，看體膚之細膩。觀頭之方圓，頂之平塌，骨之貴賤，骨肉之粗疏，氣之短促，聲之響亮，心田之好歹，俱依部位流年而推，骨格形局而斷。不可順時趨奉，有玷家傳。但於星宿，富貴貧賤，壽夭窮通，榮枯得失，流年休咎，備皆周密。所相於人萬無一失，學者亦宜參詳，推求真妙，不可忽諸。

十觀

一取威儀。如虎下山，百獸自驚。如鷹升騰，狐兔自戰。不怒而威。不但在眼，亦觀顴骨、神氣取之。

二看敦重及精神。身如萬斛之舟，駕於巨浪之中，搖而不動，引之不來。坐卧起居，神氣清靈。久坐不昧，愈加精彩，如日東升刺人眼目，如秋月懸鏡光輝皎潔。面神眼神，俱如日月之明。輝輝皎皎，自然可愛。明明潔潔，久看不昏。如此相者，不大貴亦當小貴,富亦可許,不可妄談定。

三取清濁。但人體厚者,自然富貴。清者縱瘦,神長必以貴推之。濁者有神,謂之厚,厚者多富。濁而無神,謂之軟,軟者必孤,不孤則夭。

四看頭圓頂額高。蓋人頭爲一身之主,四肢之元。頭方者,頂高則爲居尊天子。額方者,頂起則爲輔佐良臣。頭圓者,富而有壽。額闊者,貴亦堪誇。頂平者,福壽綿遠。頭扁者,早歲迍邅。額塌者,少年虛耗。額低者,刑剋愚頑。額門殺重者,早年困苦。部位傾陷,髮際參差者,照依刑剋兼觀,不可一例而言,有誤相訣。

五看五嶽及三停。左顴爲東嶽,俱要中正,不可粗露傾塌。額爲南嶽,亦喜方正,不宜撇竹低塌。右顴爲西嶽,亦與左顴相同。地閣爲北嶽,喜在方圓隆滿,不可尖削歪斜,捲竅兜上。土星爲中嶽,亦宜方正,聳上印堂,五嶽成也。書云:五嶽俱朝,貴壓朝班,亦且錢財自旺。三停者,額門、準頭、地角,此面部三停也。又爲三才,又爲三主,又名三表,俱要平等。上停長,少年忙。中停長,福禄昌。下停長,老吉祥。三停平等,一生衣禄無虧。若三停尖削,歪斜粗露,俱不利也。可照流年部位氣色而推,不可一體而斷。

六取五官六府。眉爲保壽官,喜清高疏秀彎長,亦宜高目一寸。尾拂天倉,主聰明富貴,機巧福壽,此保壽官成也。若粗濃黄淡,散亂低壓,乃刑傷破敗,此保壽官不成也。

眼爲監察官,黑白分明,或鳳眼、象眼、牛眼、龍虎眼、鶴眼、猴眼、孔雀鴛鴦眼、獅眼、喜鵲眼,神藏不露,黑如漆,白如玉,波長射耳,自然清秀有威,此監察官成也。若蛇、蜂、羊、鼠、鷄、豬、魚、馬，火輪四白等眼，赤白紋侵，睛圓黑白混雜，兼神光太露，昏昧不清，此監察官不成也，又且愚頑凶敗。

耳爲採聽官，不論大小，止要輪廓分明，喜白過面。水耳、土耳、金耳、牛耳、圓棋耳、貼腦耳、對面不見耳，高眉一寸，輪厚廓堅，紅潤姿色，内有長毫，孔小不大，此採聽官成也。或鼠耳、木耳、火耳、箭羽耳、豬耳，輪飛廓反，不好之耳，或低小軟弱，此採聽官不成也，不利少年，損六親。

鼻爲審辨官，亦宜豐隆，聳直有肉。伏犀、龍虎鼻、獅、牛、胡羊鼻、截筒、盛囊、懸膽鼻，端正，不歪不偏，不粗不小，此審辨官成也。若狗鼻、鯽魚、鷹嘴、劍鋒、反吟、復吟[①]、三曲三彎、露孔仰竈、扁弱露脊、露骨、太大、孤峰況又凶惡，貧苦無成，刑惡奸貪，此審辨官不成也。

口爲出納官，唇紅齒白，兩唇齊豐，人中深長，仰月彎弓，四字口方，牛龍虎口，兩唇不反不昂，不掀不尖，此出納官成也。或豬、狗、羊口、覆船、鮎魚、鯽魚，鼠食羊餐，唇短齒露，唇黑唇皺，上唇薄下唇反，鬚黄，焦枯粗濁，此出納官不成也。書云：但一官成者，掌十年之貴禄富豐。不成者，必主十年困苦。

六府者[②]，天庭、日月二角爲天府，宜方圓明浄，不宜露骨，天府成也。或欹削低塌偏尖，天府不成也，主初年運蹇。

兩顴爲人府，宜方正插鬢，不粗不露，齊揖方拱，此人府成也。若粗露高低，尖圓繃鼓，此人府不成也，主中年運否。

地角邊腮爲末景地府，喜輔地閣懸壁，不昏不慘，不尖不歪，

---

① 復，疑當作“伏”。

② 六，原作“大”，據經國堂本改。

不粗不大,地府成也。若高低、粗露、尖削,耳後見重腮,地府不成也。書云:一府就,掌十年之富盛。相反者,主十年之凶敗。

七取腰圓背厚,胸坦腹墜,三甲三壬,體膚細嫩可也。背厚闊,腰硬,腰圓。最嫌背脊成坑,背薄肩垂,肩昂頸削。腰宜圓,宜硬,宜大,宜平。不可細小軟弱,崎彎無屁股,臀薄尖削露。臀宜平厚,不宜大竅。胸宜平滿,骨莫粗露。項下雙絛,心窩不陷。腹宜有橐,如葫蘆,臍下肉横生,不宜尖削。或如鵲肚、鷄胸、狗肚,此不堪也。書云:腰圓背厚,方保玉帶朝衣。驟然不豫,慷慨過人,必主發達富盛。胸平腹橐,故宜紫袍掛體。雖不出前,不入凡流,必須發達。背如三甲,項後肉厚,兩肩綳,肉厚。腹如三壬,臍下肉長,兩腿邊肉長。書云:背負三山如護甲,臍深納李腹垂箕。如此之相必大貴,不貴之時富可誇。但頭大無角,腹大無橐,不是農夫,必是屠博。不是粗人,定是木作。若尖削陷軟,狗肚鷄胸,縱富必無結果。書云:男子腰小,難主家財,亦且夭折。凸胸露臀,當成窮酸。男子爲僕,女子爲婢。相中最宜推詳,不可忽略。

八取手足。宜細嫩隆厚,掌有八卦,紋路鮮明。或如噀血,尖起三峰。奇紋異紋,節如鷄彈。指尖相稱,指大相停。掌平如鏡,或軟如綿。龍虎相呑,掌厚背厚,腕扁肘圓。足背有肉,足底有紋有痣。掌略帶彎,手背不宜粗露筋骨,指節不宜漏縫。書云:腫節漏縫,神昏神懶。浮筋露骨,身樂心憂。掌紅噀血,富貴綿綿。手軟如綿,閒且有錢。尖起三峰,福生晚景。掌平如鏡,白手興家。紋露粗率,晚年衣禄平常。但相掌訣法有載於後,宜與前後兼觀。

九取聲音與心田。書云:要知心裏事,但看眼神清。眼乃心之門户，觀其眼之善惡，必知心事之好歹。其心正則眸子瞭焉，心不正則眸子眊焉。眼視上，其心必高。眼視下，心有感思。眼轉動而不言，心有疑慮。眼視斜而口是心非，益己害人，言不可聽。眼正視，其人中正，無黨無偏。眼惡心必惡，眼善心必慈。有陰騭者，或救人難厄，或救人危險，濟人貧窮，救人性命，不淫不亂，財寬量大容物，人俱有紫黄容。紅氣色發，見於眼下，卧蠶之宫，印堂、福堂之位，縱相貌不如其心田好，終有富貴。若相貌堂堂，心事奸險，縱然富貴，不日貧窮。書云：未觀相貌，先看心田。有相無心，相從心滅。有心無相，相從心生。昔裴度還帶，宋郊渡蟻，廉頗扶危，救人過渡，各千金不受。本是不貴之相，後反大貴而陰騭扶之。聲音宜響喨，出自丹田，臍下一寸是也。聲響如雷灌耳，或如銅鐘玉韻，或如甕中之聲，或如銅鑼銅鼓，或如金聲，或聲長尾大，如鼓之響，俱要清潤，縱相貌不如，亦主富貴。或人小聲大，人大聲雄，俱要深遠，丹田所出，此富貴綿遠之相也。夭折貧賤之人，聲輕聲噎，聲浮聲散，聲低聲小，或如破鑼破鼓，語音焦枯，聲大尾焦，聲雄不員。書云：富貴之聲，出於丹田。夭賤之人，聲出舌端。或有餘韻，縱焦枯烈，早年虚耗，晚主發達矣。

訣曰：言未舉而色先變，話未盡而氣先絶，俱夭賤之人。觀聲音，知爲相之根本；觀陰騭，知爲相之元神。形貌莫外乎聲音，陰騭部位不好，有此相者，竟許富貴。但聲音響喨者，雖貧終能發達，不必狐疑。

十觀形局與五行。形局者，乃人一身之大關也。或如龍形、虎形、鶴形、獅形、孔雀形、鸛形、牛形、猴形、豹形、象形、鳳形、鴛鴦、鷺鷥、駱駝、黄鸝、練雀等形，此富貴形相。或豬形、狗形、羊形、馬形、鹿形、鴉形、鼠形、狐貍形,此凶暴貧薄夭折之相也。五行者,金、木、水、火、土也。書云:金得金剛毅深,木得木資財足,水得水文章貴,火得火見機果,土得土厚豐庫。金形白色,喜白。木形瘦,喜青。水喜肥黑。火不嫌尖,宜赤色。土喜厚兮色宜黄。此五行正局也。合此者,富貴福壽。反此者,貧賤夭折。但學者憑五行兼骨格推斷,相法多端,理居總斷。

五法

擇交在眼,眼惡者,情多薄,交之有害。然露者無心,不可不詳審也。問貴在眼,未有眼無神,而貴且壽者。問富在鼻,鼻爲土生金,厚而豐隆者,必富。問壽在神,未有神不足,而壽且貴者。縱貴,亦夭也。求全在聲。士農工商聲亮,必成;不亮,無終。上相不出此五法,拘於口耳眉額手足腹背之間者,凡庸相士也。

切相歌

入眼方知訣,還觀主起中。語遲終富顯,步緊必貧窮。犬眼休爲伴,鷄睛莫與逢。項偏多蹇滯,頭小定飄蓬。骨露財難聚,筋浮病必攻。唇掀知命夭,腹墜禄須豐。腰肥知有福,額廣壽如松。脚長兼耳薄,辛苦道途中。

論形俗

蜀人相眼,閩人相骨,浙人相清,淮人相重,宋人相口,江西人相色，魯人相軒昂，胡人相鼻，太原人相重厚。

論氣色

天道周歲有二十四節氣，人面一年氣色亦二十四變。以五行配之，無不驗者。但色最難審，當於清明昧爽之時觀之，又須隔絶，不醉不近色，乃可決耳，慎之慎之。

氣色半月一换，交一節氣子時即變矣。氣色在皮内肉外，隱隱可掬者，方是真氣色。氣色現而安静者，應之遲。若點點焰動不定者，應之速。春要青，夏要紅，秋要白，冬要黑，四季月要黄，此天時氣色也。

木形人要青，火形人要紅，金形人要白，水形人要黑，土形人要黄，此人身之氣色也。

木形色青，要帶黑，忌白。火形色紅，要帶青，忌黑。金形色白，要帶黄，忌紅。水形色黑，要帶白，忌黄。土形色黄，要帶紅，忌青。此五形生剋之氣色也。

青如晴天日未出之色而有潤澤，爲正爲吉。如打傷痕而乾焦，則爲邪爲凶。

紅如隙中日影之色而有潤澤，爲正爲吉。如打傷痕而焦枯，爲邪爲凶。

白如玉而有潤澤，爲正爲吉。如粉如雪而起粟，則爲邪爲凶。

黑如漆而有潤澤，爲正爲吉。如煙煤而暗，則爲邪爲凶。

黄如鵝雛毛潤澤,爲正爲吉。如敗葉色而焦枯,則爲邪爲凶[①]。

邪色:白主服。紅主訟及瘡瘍破財,如火珠焰發者,主火災。青主驚恐疾病。黑主大病死亡。黄主疾病失脱。氣色雖現,亦要看神。色正而神脱,色亦空耳;色邪而神旺,色終莫能爲大害也。

純陽相法入門第一 吕巖,字洞賓。

閲人先欲辨五形,金、木、水、火、土也。

陳圖南云:金形方正色潔白,肉不盈兮骨不薄。木形瘦直骨節堅,色帶青兮人卓犖。水形圓厚重而黑,腹垂背聳真氣魄。火形豐鋭赤焦燥,反露氣枯無常好。土形敦厚色黄光,臀背露兮性樂静。吕尚云:木瘦金方乃常談,水圓土厚何須寬。《麟鳳記》云:相剋於中蹇難多,金木水火由不和。《秘訣》云:五形凶,金形帶木,斲削方成。初主蹇滯,末主超群。木形多金,一生剥落,父母早刑,妻子不成。水形遇土,忽破家財,疾苦連年,終身迍邅。火形水性,兩不相並,剋破妻兒,錢財無剩。土逢重木,作事無成。若非夭折,家道伶仃。五形吉,金逢厚土,足寶足珍,諸事營謀,遂意稱心。木水相資,富而且貴,文學英華,出塵之器。水得金生,利名雙成,知圓行方,明達果毅。火局遇木,鳶肩騰上,三十爲卿,功名蓋世。土添離火,戊己丙丁,愈暖愈佳,其道生成。

次察陰陽精氣神。骨爲陽,肉爲陰。精乃血之主,氣乃神之本,神乃精之附。

《貧女金鏡》云:骨陽肉陰兩平和,一生終是無災害。陽勝於陰多孤剋,陰勝於陽多夭折。《鬼眼經》云:大道凝成有三般,精能養血冠衆體。王朔云:氣所以養形而化成者也。《易》云:神者,妙萬物而爲言者也。《秘訣》云:一陰一陽不偏勝,此道由來天賦定。精氣相資體之充,神攝萬靈爲主帥。

---

① 爲,原無,據經國堂本補。

三停八卦求相稱，三停者，有身上三停，有面上三停。八卦者，有面列八卦，有掌列八卦。

《玉篦》云：身上三停頭足腰，看他長短欲匀調。上停長者人多貴，長短無差福不饒。《冥度經》云：凡天中至印堂曰上停，山根至準頭曰中停，人中至地閣曰下停。陳圖南云：五形不正，相君終始薄寒。八卦豐隆，須是多招財禄。《秘訣》云：身面三停俱匀調，掌面八卦悉豐盈。不踹玉堦地，定處金谷園。

五嶽四瀆定高深。左顴泰嶽，右顴華嶽，額爲衡嶽，頦爲恒嶽，鼻爲嵩嶽。一瀆，耳爲江；二瀆，目爲河；三瀆，口爲淮；四瀆，鼻爲濟。

《通仙録》云：五嶽兩顴額鼻頦，高隆開闊非凡胎。《混儀經》云：四水莫教淺，五六主凶亡。《秘訣》云：五山朝拱，四水流通，德行須全，福自天然。

語默動静身須識，一語一默，一動一静。

郭林宗云：言語不妄，口德也。緘默自持，心德也。《易》云：寂然不動，感而遂通。《秘訣》云：語成爻，默成象。動與天俱，静與天游。非身具至，德孰如斯。

吉凶悔吝色當明。吉凶者，得失之象；悔吝者，憂虞之象。

《易》云：得則吉，失則凶。吉凶相對，而悔吝局其中。悔自凶而趨吉，吝自吉而向凶也。《秘訣》云：前節論身之德，此節論色之變。識其德，察其變，相焉廋哉。

行年爲主運限決，行年部位，運限併衝。

麻衣云：骨格爲一世之榮枯，氣色定行年之休咎。《風鑑》云：運限併衝明暗九，更逢破敗屬幽冥。倘若得時部位好，順流氣色見光晶。《秘訣》云：行年爲主運限扶，轉於此處定榮枯。石中美玉何繇辨，一點神光照太初。

相逐心生相術真。心能生相，原生理也。

陳圖南云：有心無相，相逐心生。有相無心，相逐心滅。《神機》云：心在形先，形居心後。此之謂也。《秘訣》云：裴晉公的主餓死，有香山還帶之功。宋狀元未必元魁，由造蟻橋之力。一念之善格天，終身福履綏之。心之關係，豈渺廓云乎哉。

鬼谷子相辨微芒第二 王詡隱青溪鬼谷，因號焉。戰國時人。

大道無形無執著，人雖具形，來自無形。相本有法，拘法則泥。

成和子云:夫人肖形天地,其本來面目無中生有。或得之而成飛禽之像,或得之而成走獸之像。色色種種,别何者爲吉人,何者爲匪人。嗟夫!執形而論相,管中窺豹也。不離形,不拘法,視於無形,聽於無聲,其相之善之善者也。《風鑑》云:上相之士不相身面,其意亦同。《秘訣》云:以貌觀人,失之子羽;以言語觀人,失之宰予。宣尼猶然,矧庸術乎。蓋道能生形,形不能生道,知此道即知此形。形乎形乎,視聽冥冥,斯其至矣。

揣摩簡練出其下。學古人之成法,斤斤不失尺寸,此其下也。

太冲子云:今得意於忘言之天,盡是棄糟粕已後。陳圖南云:揣其形摩其骨,什分之間不失一。超於什一揣摩中,便是神仙下寰世。《秘訣》云:春秋伯樂善相馬,秦穆公謂伯樂之後無人已。伯樂舉九方皋,穆公乃使九方皋遍求馬於域中。數月而報得良馬,牝牡毛色畢呈,馬至則與前報者戾。穆公不悦曰:牝牡毛色不分,又何馬之能知。伯樂曰:若皋之所觀,天機也。得其精而忘其粗,在其内而忘其外。驗之果良馬。夫君子之相,何異良馬,學者得九方皋之術化矣。

有時或在方寸間,理不越於方寸,常存主於一身。

《聖凡論》云:心爲身主,五形之先。麻衣云:未觀形貌,先相心田。此二者方寸之説也。《秘訣》云:心者身之帥,心帥以正則形孰不正。形有不正者,無論矣。即如伏羲人首蛇身,神農人身牛首,爲三代之聖君。方寸之論彰彰明矣。

有時或在郛廓外。石藴玉而山輝,珠藏淵而川媚。

《靈臺經》云:骨肉丰標爲外郛,且於真實用工夫。《肘後經》云:吾人性上無一物,形生惟有外皮膚。《貧女心鏡》云:堯眉八彩,舜目重瞳,内秉聖德,外見神姿。以此推之,内德外形之徵也。《秘訣》云:相有隱有顯。顯者易觀,隱者難見。在學者目力心思何如耳。假如有德者,必有形;又有有形者而無德。湯軀九尺,而曹交類之;孔子河目,而陽虎類之。一聖一狂,天淵之懸,是不可不辨。

空空洞洞本來真,空空明鏡之衷,洞洞無物之體。

《心經》云:色即是空,空即是色。《通仙録》云:洞洞不知天地隘,性靈還是太虚真。白閣道者云:不論肉不論骨,骨肉皮囊殼漏子,空空洞洞有乾坤,即是太虚元化體。《秘訣》云:血肉由氣化爲生,性靈具於氣化之前。是以知本真則知衆體,此論可與高明者道,難與庸俗者言也。

彷彷佛佛難測度。有相無心,有心無相。

《神機》云:有形中之形,有形外之形。形中之形由中生色,睟然見於面,盎於背是也。形外之形色厲内荏,似忠非忠,似信非信是也。此二者,特踐形不踐形之間耳。《秘訣》云:昔有人毁陳平於漢祖曰:陳平美如冠玉,未必中之有也。誠哉斯言乎,觀人之難也。

消息只此個中存,富貴貧賤不出此篇。

太冲子云:個中得此閑消息,了我優游物外身。《秘訣》云:邵子詩曰:因探月窟方知物,爲躡天根始識人。此與上文辭異而意同,不造其妙,則何以知人,又何以知己也。

東周叔服豈欺我。叔服有人倫識鑑,學者當不讓於叔服。

柳莊云:繄相人之有術兮,肇東周之叔服。監昭晰之幽隱兮,亶休咎之是卜。《秘訣》云:叔服擅名於周,子卿唐舉繼之。孰謂子卿唐舉之後,又豈無人哉?欺我之言不誣矣。

林宗相五德配五行第三郭泰,東漢人。

五行水火木金土,太極生兩儀,兩儀生四象,四象生八卦,八卦生五行。

陳圖南曰:天一生水,在人爲腎,腎之竅爲耳,又主骨齒。地二生火,在人爲心,心之竅爲舌,又主血氣毛髮。天三生木,在人爲肝,肝之竅爲眼,又主筋膜爪甲。地四生金,在人爲肺,肺之竅爲鼻,又主皮膚喘息。天五生土,在人爲脾,脾之竅爲唇,又主肉色。宋齊丘云:凡在五行俱有禄,只宜豐厚不宜偏。《秘訣》云:人身具此五行,惟水火乃五行之最。水屬坎,居腎,腎水旺能養巽之肝木,木得水濟而生離之心火,火得木助而生艮之脾土,土得火益而生兑之肺金,此生生不息之機,乃水之化源無端也。

中藏五德通臟腑。五德:仁義禮智信,臟腑:肺肝心腎脾。

《元神録》云:甲木主仁位居東,庚金爲義向西從。禮依丙火南方地,智於壬癸北方中。惟有戊土無方位,信立陰陽理則同。五者本非泛然物,隱於臟腑妙無窮。《秘訣》云:水火木金土,肝肺心腎脾。五德配五行,仁義禮智信。發而爲四端,信則居其一。生相若無信,虚負軀殻體。吾見世間人,致飾於外矣。不知無文中,含有真實理。真實即爲信,四時不忩期。相中全在信,福禄壽須彌。四端豈假借,各具其一理。信寄四端中,有用無方體。

水圓本是智之神,水性周流無滯,智之體似之。

《風鑑》云:眉粗并眼大,城郭更團圓。此相名真水,平生福自然。成和子云:水形主圓,得其五圓,氣色不雜,精神不亂,動止寬容,行久而輕也。語云:智者樂水。又云:智者動。《秘訣》云:水,先天之氣耳,貫通於六合,化機不息,亘古如常,圓融似智。得其形,并得其性,是爲真水,主聰明敏達,定賢愚也。經云:似水得水文學貴。

火有文武禮之附。火之用,有文武,禮之體似之。

《風鑑》云:欲識火形貌,下闊上頭尖。舉止全無定,頤邊更少髯。成和子云:火形主明,得其五露,氣色不雜,精神不亂,動止敦厚,卧久而安也。《秘訣》云:以火爲神水作精,精全而後神方生。神全而後氣方備,氣備而後色方成。火之在人爲禮,得其形并得其性,是爲真火,主威勢勇烈,定剛柔也。經云:似火得火見機果。

木居東位仁發生,木之德爲仁,含生生之機。

《風鑑》云:棱棱形瘦骨,凜凜更脩長。秀氣生眉眼,須知晚景光。成和子云:木形主長,得其五長,氣色不雜,精神不亂,動止温柔,涉久而清也。《秘訣》云:木之枝幹發於甲,木位天地長生之府。配於五德,居其首,在人爲仁。得其形并得其性,是爲真木,主精華茂秀,定貴賤也。經云:似木得木貲財足。

金方斷制義自然。金之性,有撙節裁處之宜。

《風鑑》云:部位要中正,三停又帶方。金形人入格,自是有名揚。成和子云:金形主方,得其五方,氣色不雜,精神不亂,動止規模,坐久而重也。《秘訣》云:金之位於乾兑,含西方肅殺之氣,秉堅剛之體。在人爲義,得其形并得其性,是爲真金,主刑誅厄難,定壽夭也。經云:似金得金剛毅深。

土定不移信常足,土之性,定信立綱維。

《風鑑》云:端厚仍深重,安詳若泰山。心謀難測度,信義動人間。成和子云:土形主厚,得其五厚,氣色不雜,精神不亂,動止敦龐,處久而静也。《秘訣》云:土浮游於四季,旺在辰戌丑未,寄在丙丁,一季主事十八日。其德能生萬物,在人爲信,得其形并得其性,是爲真土,主載育有容,定貧富也。經云:似土得土厚櫃庫。

此爲五德配五行。總結上文而言之。

《風鑑》云:木要瘦金要方,水肥土厚火尖長。形體相生便爲吉,忽然相剋定爲殃。

《秘訣》云：蒼松翠柏歲寒不凋，可以觀仁。精金美玉百煉琢磨，可以觀義。火風烹飪鼎養聖賢，可以觀禮。長江大河天機流動，可以觀智。名山大川載重不泄，可以觀信。人與天地並立，天地一人也，人一天地也。知此五德配五行之説，其迨庶幾乎。

唐舉相神氣第四戰國時人。

賦形天地超萬靈，天地生人，性靈異於萬物。

《無形歌》云：道爲貌，天爲形，默受陰陽稟性情。陰陽之氣天地造，化出塵凡幾樣人。《靈樞經》云：人稟天地之氣，肖清濁之形，爲萬物至靈也。王元君云：大道無形而生有形，舒之彌六合，捲之不盈握。包絡天地，稟受群生者也。故云：賦形天地超萬靈。《秘訣》云：人生之道，真精融合，二五凝成，賦其形即賦其理。雖萬物皆具生成之道，蠢然而已，未有如人最靈也。

氣似油兮神似燈。形資氣以養之。

《清鑑》云：大都神氣賦於人，有若油兮又似燈。神平却自精之實，油清然後燈方明。柳莊云：古者方伎之妙，有聞人之謦欬而知其必貴者，得之於神也。有察人之喜怒而知其必貴者，得之於氣也。陳圖南云：形以養血，血以養氣，氣以養神。故形全則氣全，氣全則神全。又云：神完則氣寬，神安則氣靜。得失不足以暴其氣，喜怒不足以驚其神。其爲君子乎，福禄永其終矣。《秘訣》云：今人論神，必曰眼有精神，殊不知神之元。天一生水爲精，地二生火爲神。精合者，然後神從之。内有充足之精，則外有澄徹之神。如行不動色，坐不隨語，睡易醒覺，作事始終，皆精神也。論氣必曰神氣固是，殊不知氣有三焉。有自然之氣，有所養之氣，有暴戾之氣。自然之氣乃胎元，一呼一吸定生人之貴賤也。所養之氣，乃浩然塞乎兩間，定人之賢愚也。暴戾之氣，乃悻悻自好，定人之善惡也。要之，神，氣之子；氣，神之母。神能留氣，氣不能留神。定訣曰：妙相之法在何方，觀其神氣在學堂，氣者有之最是良。若人認得神與氣，富貴貧賤足審量。

油若竭兮燈焰熄，氣喪則神亡。

《神解》云：將全其形，先須其理。精實氣固則神安，血枯氣散則神亡。《風鑑》云：氣壯血和則安固，血枯氣散神失奔。謝靈運云：夭壽之人，神離睫泛而不救，無所守也。圖南云:氣冷形衰壽豈宜。又云:氣短精神慢,那得有長年。《秘訣》云:神氣乃相須者也。氣既喪,神安得獨存。經云:神散氣聚,少孤破家。氣聚神散,作事不定。神與氣合,深遠主壽,清秀主貴。

燈若明兮油潤之。神若秀發,由氣助之。

《風鑑》云:神居形内不可見,氣以養神爲命根。又云:英標清秀心神爽,氣血調和神不昏。白閣道者云:神者,百閲之秀氣也。如陽氣舒而山川秀發,日月現而天地清明。《秘訣》云:形能養神,托氣而安。氣不多,則神暴而不安。欲安其神,先養其氣。故孟子不顧萬鍾之禄,能養其氣者也。

落落失常無宅守,落落不得志之意。

《肘後經》云:神衰血敗氣將凋,失志落落不支持。《鬼箭》云:荒唐失志神無宅,不到中途則夭亡。來和子云:綏綏失志①,失志改常,神已去矣。《秘訣》云:神氣欲散,福禄將艾。雖處得意之時,無異窘迫之際,此乃神已去舍觀之。《何知歌》曰:何知爲官多災難,坐時眉攢口常嘆。何知其人必死亡,塵埃面色言失常。正無守宅謂也。

澄澄絶俗有根株。澄澄,瑩静無雜。絶俗,出衆異常。根株,苗裔有本也。

陳圖南云:精神澄徹如止水之淵,驚之不懼,折之不回,君子之人也。《神解》云:虚化神,神化氣。氣爲骨之苗裔,骨爲神之根株矣。《肘後經》云:骨肉相滋不相返,清神湛粹壽康寧。《秘訣》云:峨峨怪石迷閑雲,崑山片玉已琢出。此至精之寶,發於外而蘊於内,非天地之鍾毓、道德之涵養,而能有此。

縱然形肉充盈實,雖有形肉,不如神氣。

來和子云:形亦厚,肉亦充,無神無氣怨天公。陳圖南云:有肉而無氣,猶如蠹木内已空虚,雖外有皮膚,暴風迅雨,鮮有不摧者也。《秘訣》云:有神氣無形肉者,有根蒂而無枝葉,非時不茂。昔人有相諸葛孔明者,曰:外稟松柏枯槁之姿,内有文理根蒂之實。風雨不摧折,一日華秀,名滿天下。

氣散神枯虚殼子。神氣俱亡,虚有幻軀。

《無形》云:神也無,氣也無,空空遺下這皮膚。殼子若值風霜殞,谷神先已向秋

① 綏綏,《統會諸家相法》作"維維"。

枯①。《秘訣》云：氣以血養而助神。氣散則神枯，由心不能生血故也。心何爲而不生血，由思慮勞傷揣摩計較，斲喪心之虚靈，所以損耗神氣元神。元神耗則神氣亡，神氣亡，幻軀能久乎。

許負相德器第五西漢時人。

陰陽陶鑄幾般人，陰陽二氣生成，分智愚賢不肖幾般。

陳圖南云：夫人之生爲萬物之貴，懷天地五常之性，抱陰陽二氣之靈。雖秉彝之本同，肖容貌之非一。《通元賦》云：陽生陰育，天尊地卑。《燭膽經》云：人稟陰陽之正氣，形似天地以相同。中聖有全德，造化無全功。《秘訣》云：陰陽二氣之化生也，陽先而陰後，陽施而陰受。陽者，乾道；陰者，坤道。乾道成男，坤道成女。稟其氣之清者爲聖爲賢，稟其氣之濁者爲愚爲不肖。所以稟氣則同，清濁有異，而人品殊矣。

器識緣何分淺深。器者，德器。識者，識量。

裴行儉云：士先器識而後文藝。李靖云：淺淺器識庸人耳，福薄難與成功名。《風鑑》云：形者，人之材也；德者，人之器也。有材矣而付之以德，猶如雕琢而成器也。器遇拙工而棄之，是爲不材之材也。《秘訣》云：德在形先，形在德後。即如項羽，目有重瞳，形則善矣。然而咸陽三月火，骸骨亂如麻，哭聲慘怛天地，非羽殘暴之器致之乎，竟而艤舟不渡，刎首烏江，形何足恃哉。

也有汪洋居臺閣，汪洋，喻德量之寬宏。臺閣，三公元宰之位也。

《風鑑》云：剛毅汪洋誰可識。吕尚云：器宇汪洋有容納，志氣深遠有機謀。動作使令不可料，時通亦爲公與侯。《鬼箭》云：器宇軒昂好丰標，必居臺閣佐明朝。《秘訣》云：形體美惡本自生成。器識卑瑣，學問可以充拓。昔柴羔貌惡未學，性至愚鹵，一見孔子之後，啟蟄不殺，方長不折，不徑不竇，居喪泣血，三年未嘗見齒，卒成大賢，學問之變化如此。

也有輕盈處廟廷。氣驕則輕，志滿則盈。廟廷，朝廷也。

《風鑑》云：幾輩堂堂相貌清，幾人相貌太輕盈。《神機》云：骨格精神志氣盈，早年

---

① 谷，原作“合”，據《統會諸家相法》改。

佩玉立朝廷。春花必定春時發,過却春時花謝傾。《秘訣》云:德器者,蒼海之波瀾,注之不見泛,掬之不見涸。虚而能受,動而愈出,此其所以異於輕盈者乎。

輕盈薄識非遐福,輕盈薄識,不見於其身而見於其後。

裴行儉云:人有文才而浮急淺露①,豈享富貴之器耶②。管輅云:處崇宦而自視巍巍然,非遐福之器也。《秘訣》云:大舜微時,耕稼陶漁,艱苦無不履歷。及身爲天子,玉食萬國,自視不以爲欲,無異耕稼陶漁之時,禄位名壽兼而有之。福流子孫,真遐福之器哉。

汪洋大度可延齡。絶而能續曰延。齡,年齡也。

白閣道者云:腹内能容三萬斛,齡如一縷亦須延。陸賈云:漢高豁達大度。《秘訣》云:《書》曰:有容,德乃大。夫德者,天爵也。《孟子》云:修其天爵而人爵從之。即宋郊以竹渡蟻,遇胡僧相之曰:公神彩不凡,曾活數萬性命,後日當魁天下。夫以數萬蟻命尤獲報之速,使活天下蒼生之命,又當何如耶。延齡之説誠非迂也。

子輿巉巖師百世,孟軻,字子輿。巉巖,氣象巉巖也。

《風鑑》云:巉巖器宇旋旋生。《通仙録》云:巉巖器宇旋旋露,有類古玉埋千秋。《清鑑》云:孟子巖巖泰山氣象,能賤齊宣之禄萬鍾。《秘訣》云:夫有德者,其器宇恢廓,輕萬鍾一節未足以窺其微,使務名者亦能之。畢竟於平時見義無難色,方得之。古人謂觀其所忽,是也。

夷吾卑狹佐姜齊。管仲,字夷吾。相齊桓公伯諸侯。

孔子曰:管仲之器小哉。朱子註云:局量褊淺,規模卑狹。謂其得君行道,而以伯終也。《秘訣》云:或謂孔子論管仲之器小。朱子釋曰:局量褊淺,規模卑狹。此論事功,未論其德容。葆和子曰:不然。器者,吾身之德發而爲容。有其德便有其器,有其器便有其容。事功即德器之見於行也。故古人見其禮而知其政,聞其樂而知其德。袁柳莊曰:聞人之聲而知其素。其意與此同。

此特公私毫髮間,用心有公私之别。

《玄談》云:丰姿異,骨格奇,再觀才器設施,爲才濟變意有私,小人君子不同歸。

① 人,原作"十",據《統會諸家相法》改。

② 器,原作"人",據《統會諸家相法》改。

朱文達曰：公道私情，此事間不容髮。《秘訣》云：夷吾葵丘之會，名尊周室，實伯齊桓。公私之不同，宣尼知之，所以器不能王齊而伯終也。假如既有此才器，有奇形，且大公無我，不惟福庇於一身一家，大君赤子亦蒙其福矣，人之德器顧不大乎。

出其下者無足評。德器不及夷吾者，無足論相矣。

《風鑑》云：上貴之人方入相，中下之人豈可評。成和子云：南北路頭多少人，上士吾方與論評。《秘訣》云：《麻衣》曰：形骸局促作事猥瑣①，器宇軒昂一生快順。夫軒昂者，抱致遠之資。局促者，顯卑瑣之態。人品已定，貴賤已殊，無足評論固宜。

福若水兮德若器，德隨器付。

《玉管訣》云：雖然論相而論福，尤必觀器而知德。《度冥經》②云：人有一分德器，必有一分衣禄。十分德器，必有十分衣禄。《秘訣》云：福水、德器之喻，極善比方者也。吾嘗讀史，見古人作欹器者，中則正，滿則覆，限於其器也。始知得福少者，亦猶欹器之有限也。

器若淺兮水盈溢。器小福薄。

《鬼箭》云：相寒福薄是前緣，器淺分明由怨天。胡僧云：小人形貌相有方，不見墦間乞祭郎。施施狀驕妻房，易盈易溢最乖張。昏夜乞哀曾婢膝，白晝矜人更濟鏘。器淺志盈無遠識，直饒富貴也尋常。《秘訣》云：嘗聞孔子臍深七李，董卓亦臍深七李。經云：臍乃五臟之外表，惟喜深寬怕窄小。居上爲智居下愚，七李能容，仲尼是亘古一聖。賦此異質，董卓亦當如仲尼之聖爲是，何乃驕於盧植曰：吾與公同位方嶽，公何尚居中郎。植曰：明公與我皆鴻鵠，不意明公變爲鳳凰。卓喜。夫卓使有孔子之德，又有其形，是亦孔子也，何乃戮身燃臍，德不稱形故也。

得志峥嶸泯德色，德色，驕矜之態。泯，無迹也。

《風鑑》云：紅紫黄光起福堂，峥嶸得志喜非常。謝靈運云：得志之人輕可識，辨取峥嶸及德色。《秘訣》云：富貴得志之氣，三光五澤，此正本來之色也。人若處此富貴之時，未嘗不以富貴驕人，其傲慢之氣有不及檢點，於處己待人之時，圭角發露，此德色也。學力到，涵養純，則無矣。

① 瑣，原作"猿"，誤，改。

② 《度冥經》，《回谷先生人倫廣鑑集説》皆引作《冥度經》，此處疑誤。

失時落魄絶狐媚。落魄,猶言喪氣也。狐善媚,故曰狐媚。

《風鑑》云:失志落落坐立欹。來和子云:落魄貧寒無媚態,相中唯有此人稀。《秘訣》云:世間惟有貧賤至易移人,飢寒迫於身,壯氣消磨,雄心頓挫,鮮不奴顔拽裾於王公。程子詩:富貴不淫貧賤樂,男兒到此是豪雄。此相之謂也。

任是不颺難録取,不颺,貌惡寢小也。

胡僧云:休嫌貌不颺,白璧璞中藏。裴中立云:(自題像)爾聲不揚,爾貌不颺,一點靈臺,丹青莫狀。《秘訣》云:人形甚美必有甚惡,人形甚惡必有甚美。誠能知美中有惡,惡中有美,相術不減於姑布子卿矣。

心生相貌立鎡基。鎡基,寓言心地也。

《人倫賦》云:借使修德於心,吉凶可易。陳圖南云:心發善端諸福集。麻衣云:未觀形貌,先相心田。《秘訣》云:心生相貌,以理言也。夫人心雕琢太甚,生理盡矣,具有美形,未見有減,惟福自減耳。培養方寸,生理全矣,雖有惡形,未嘗有改,惟福自增耳。學術者此不可不知。

右五條相法,精無不該,粗無不載,囊括諸相法中之相。泛視之,其辭簡約;深玩之,其理無窮[①]。

十三部位總要之圖

① 《統會諸家相法》此句後有“余珍之久矣,敢自私乎,公於同志”句。

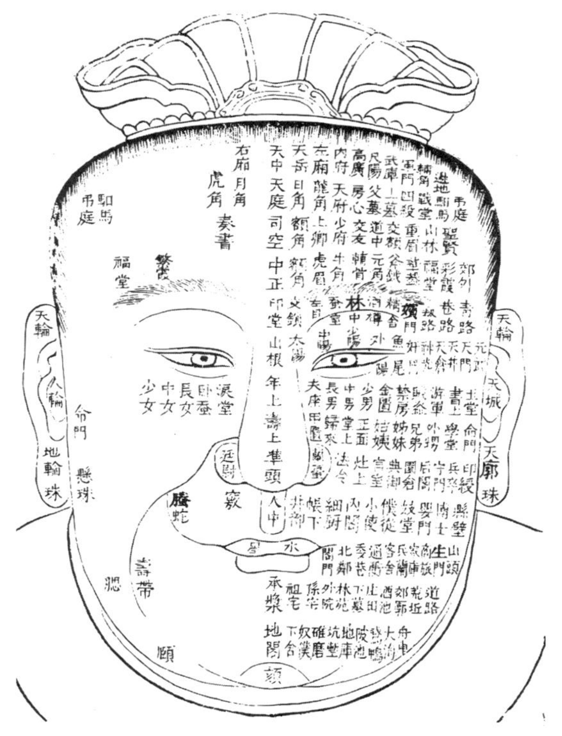

十三部位總歌

天中

第一天中對天嶽，左廂內府相隨續。高廣尺陽武庫同，軍門輔角邊地足。

天庭

第二天庭連日角，龍角天府房心墓①。上墓四殺戰堂連，驛馬吊庭分善惡。

① 《廣鑑集説》此句作“天府房心父基角”。

司空

第三司空額角前,上卿少府更相連。交友道中交額好,眉重山林看聖賢。

中正

第四中正額角頭[①],虎角牛角輔骨遊。元角斧戟及華蓋[②],福堂彩霞郊外求。

印堂

第五印堂交鎖裹,左目蠶室林中起。酒樽精舍對嬪門,劫路巷路青路尾。

山根

第六山根對太陽,中陽少陽及外陽。魚尾奸門神光接[③],倉井天門玄武藏[④]。

年上

第七年上夫座參,長男中男及少男。金匱禁房并賊盜,游軍書上玉堂庵[⑤]。

壽上

第八壽上甲匱依,歸來堂上正面時。姑姨姊妹好兄弟[⑥],外甥命門學堂基。

準頭

第九準頭蘭臺正,法令竈上宫室盛。典御園倉後閣連,守門

① 額,《廣鑑集説》作“龍”。
② 《廣鑑集説》此句作“輔骨玄角並斧戟”。
③ 神光,《廣鑑集説》作“天倉”。
④ 倉,《廣鑑集説》作“天”。
⑤ 玉堂,《廣鑑集説》作“經史”。
⑥ 姊妹,《廣鑑集説》作“權勢”。

兵卒記印綬[①]。

人中

第十人中對井部，帳下細廚內閣附。小使僕從妓堂前，嬰門博士懸壁路。

水星

十一水星閣門對，比鄰委巷通衢至[②]。客舍兵蘭及家庫，商旅生門山頭寄。

承漿

十二承漿祖宅安，孫宅外院林苑看。下墓莊田酒池上[③]，郊廓荒丘道路傍[④]。

地閣

十三地閣下舍隨，奴僕碓磨坑塹危。地庫陂池及鵝鴨[⑤]，大海舟車無憂疑。

流年運氣之圖

① 印綬，《廣鑑集説》作"名姓"。

② 比，原作"北"，據《廣鑑集説》及《統會諸家相法》改。

③ 酒池，《廣鑑集説》作"郊郭"。

④ 《廣鑑集説》此句作"荒坵剗道邊勢盤"。

⑤ 庫，《廣鑑集説》作"倉"。

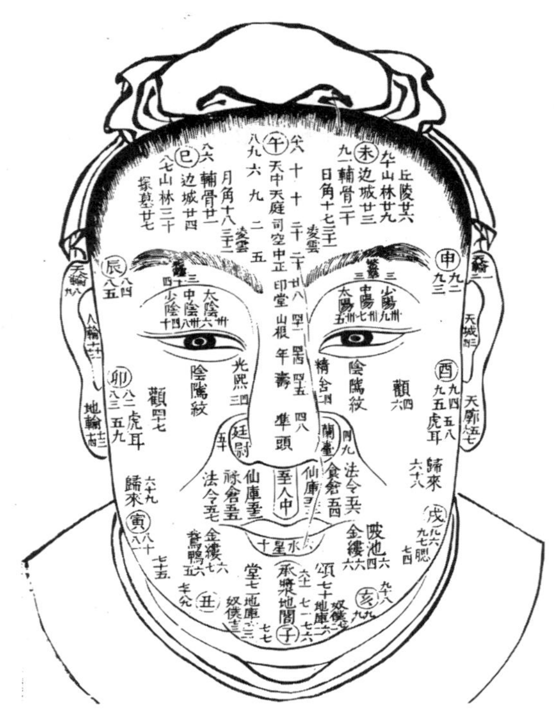

流年運氣部位歌

欲識流年運氣行,男左女右各分形。天輪一二初年運,三四周流至天城。天廓垂珠五六七,八九天輪之上停。人輪十歲及十一,輪飛廓反必相刑。十二十三併十四,地輪朝口壽康寧。十五火星居正額,十六天中骨法成。十七十八日月角,運逢十九應天庭。輔角二十二十一,二十二歲至司空。二十三四邊城地,二十五歲逢中正。二十六上主丘陵,二十七年看塚墓,二十八遇印堂平,二九三十山林部[①],三十一歲凌雲程。人命若逢三十二,額

① 二九,原作"二十九",據韻律及《麻衣相法》删。

右黄光紫氣生[①]。三十三行繁霞上，三十四有彩霞明。三十五歲太陽位，三十六上會太陰。中陽正當三十七，中陰三十八主亨。少陽年當三十九，少陰四十少弟兄[②]。山根路遠四十一，四十二造精舍宫。四十三歲登光殿，四旬有四年上增。壽上又逢四十五，四十六七兩顴宫。準頭喜居四十八，四十九入蘭臺中。廷尉相逢正五十，人中五十一人驚。五十二三居仙庫，五旬有四食倉盈。五五得請禄倉米，五十六七法令明。五十八九遇虎耳，耳順之年遇水星。承漿正居六十一，地庫六十二三逢。六十四居陂池内，六十五處鵝鴨鳴。六十六七穿金縷，歸來六十八九程。踰矩之年逢頌公[③]，地閣頻添七十一。七十二三多奴僕，腮骨七十四五同。七旬六七尋子位，七十八九丑牛耕。太公之年添一歲，更臨寅虎相偏靈。八十二三卯兔宫，八十四五辰龍行。八旬六七巳蛇中，八十八九午馬輕。九旬九一未羊明，九十二三猴結果。九十四五聽鷄聲，九十六七犬吠月，九十八九買豬吞。若問人生過百歲，頤數朝上保長生。周而復始輪於面，紋痣缺陷禍非輕。限運併衝明暗九，更逢破敗屬幽冥。又兼氣色相刑剋，骨肉破敗自伶仃。倘若運逢部位好，順時氣色見光晶。五嶽四瀆相朝拱，扶摇萬里任飛騰。誰識神仙真妙訣，相逢談笑世人驚。

運氣口訣

水形一數金三歲，土厚惟將四歲推。火赴五年求順逆[④]，木

---

① 《麻衣相法》此句作“三十二遇紫氣生”。

② 少兄弟，《麻衣相法》作“看須真”。

③ 公，《麻衣相法》作“堂”。

④ 年，《廣鑑集説》作“羊”。

形二歲復何疑。金水兼之從上下[①],若云水火反求之。土自準頭初主限,周而復始定安危。

識限歌

八歲十八二十八,下至山根上至髮。有無活計兩頭消,三十印堂莫帶殺。三二四二五十二,山根上下準頭止。禾倉禄馬要相當,不識之人莫亂指。五三六三七十三,人中排來地閣間[②]。逐一推詳看禍福,火星百歲印堂添。上下兩截分貴賤,倉庫平分定有無。此是神仙真妙訣,莫將胡亂教庸夫。

十二宫五官之圖

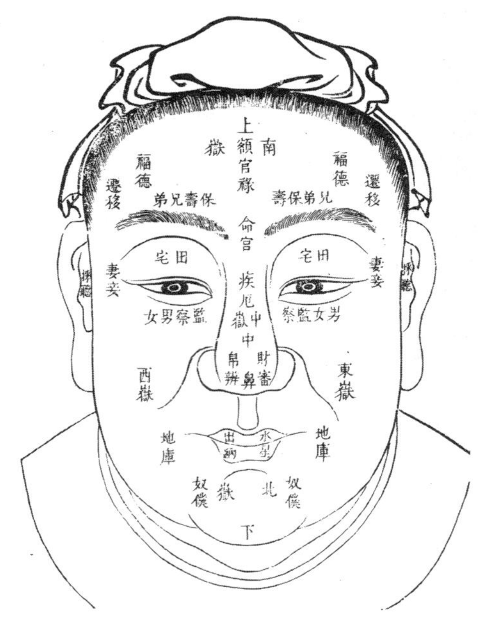

① 上,《廣鑑集說》作“二”。

② 中,原作“面”,據下文《銀匙歌》改。

十二宮訣

一命宫。命宫者，居兩眉之間，山根之上。光明如鏡，學問皆通。山根平滿，乃主福壽。土星聳直，扶拱財星。眼若分明，財帛豐盈。額如川字，命逢驛馬官星。果若如斯，必保雙全富貴。凹沉必定貧寒。眉接交相成，下賤。亂理，離鄉又剋妻。額窄眉枯，破財迍邅。

詩曰：眉眼中央是命宫，光明瑩浄學須通。若還紋理多迍滯，破盡家財及祖宗。

命宫論曰：印堂要明潤，主壽長久。眉交者，身命早傾。懸針，主破，剋妻害子。山嶽不宜昏暗。有川字紋者，爲將相。平正明潤，身常吉，得貴人之力。氣色青黄，虚驚。赤，主刑傷。白，主喪服哭悲。黑，主身亡。紅黄，主壽安，終身吉兆[①]。

二財帛。鼻乃財星，位居土宿[②]。截筒懸膽，千倉萬箱。聳直豐隆，一生財旺富貴[③]。中正不偏，須知永遠滔滔。鷹嘴尖峰，破財貧寒。莫教孔仰，主無隔宿之糧。廚竈若空，必是家無所積。

詩曰：鼻主財星瑩若隆，兩邊廚竈莫教空。仰露家無財與粟，地閣相朝甲櫃豐。

財帛宫論曰：天倉、地庫、金甲櫃、井竈總曰財帛宫[④]，須要豐

① 身，《統會諸家相法》作“見”。

② 土，原作“上”，據《麻衣相法》改。《麻衣相法》此句下亦有注文云：“天倉、地庫、金甲、二陰、井竈總曰財帛。須要豐滿明潤，財帛有餘。忽然枯削昏黑，財帛消乏”。

③ 貴，原作“富”，據《麻衣相法》改。

④ 竈，原無，據文意補。

滿明潤,財帛有餘。忽然枯削,財帛消乏。有天無地,先富後貧。天薄地豐,始貧終富。天高地厚,富貴滿足,蔭及子孫。額尖窄狹,一生貧寒。井竈破露,廚無宿食。金甲櫃豐,富貴不窮。氣色昏黑,主破失財禄。紅黄色現,主進財禄。青黄貫鼻,主得横財。二櫃豐厚明潤清和,居官而受賞賜。赤主口舌。

三兄弟。兄弟位居兩眉,屬羅計。眉長過目,三四兄弟無刑。眉秀而疏,枝榦自然端正。有如新月,和同永遠超群。若是短粗,同氣連枝見别。眉環塞眼,雁行必疏。兩樣眉毛,定須異母。交連黄薄,自喪他鄉。旋結回毛,兄弟蛇鼠。

詩曰:眉爲兄弟軟徑長,兄弟生成四五强。兩角不齊須異母,交連黄薄送他鄉。

兄弟宫論曰:兄弟羅計須要豐蔚,不宜虧陷。長秀則兄弟和睦,短促不足則有分離孤獨。眉有旋毛,兄弟衆多,狠性不常。眉毛散者,錢財不聚。眉毛逆生,仇兄賊弟,互相妒害,或是異姓同居。眉清有彩,孤騰清高之士。眉毛過目,兄弟和睦。眉毛中斷,兄弟分散。濃淡豐盈,義友弟兄。氣色青,主兄弟鬥争口舌。黑白,兄弟傷亡。紅黄之氣,榮貴喜慶。

四田宅。田宅者,位居兩眼。最怕赤脈侵睛,初年破盡家園,到老無糧作蘖。眼如點漆,終身産業榮榮。鳳目高眉,置税三州五縣。陰陽枯骨,莫保田園。火眼冰輪,家財傾盡。

詩曰:眼爲田宅主其宫,清秀分明一樣同。若是陰陽枯更露,父母家財總是空。

田宅宫論曰:土星爲田宅主,地閣要朝,天庭豐滿明潤,主田宅進益。低塌昏暗傾欹,主破田宅。若飛走不朝,田宅俱無。氣色青,主官非,田宅無成。黑,主杖責。白,主丁憂。紅,主成田宅，喜重重。黄明，吉昌，謀無不遂，君子加官，即日得陞，小人得寵，利見貴人。武職或領兵馬，殺氣旺者，即行師，主管財賦或入運司等處。五品至三品，三品至二品，如是詳看。六品以下者，另作區處。

五男女。男女者，位居兩眼下，名曰淚堂。三陽平滿，兒孫福禄榮昌。隱隱卧蠶，子息還須清貴。淚堂深陷，定爲男女無緣。黑痣斜紋，到老兒孫有剋。口如吹火，獨坐蘭房。若是平滿人中，難得兒孫送老。

詩曰：男女三陽起卧蠶，瑩然光彩好兒郎。懸針理亂來侵位，宿債平生不可當。

男女宫論曰：三陰三陽位雖豐厚，不宜枯陷。左三陽枯，剋損男。右三陰枯，剋損女。左眼下有卧蠶紋，生貴子。凡男女眼下無肉者，妨害。男女卧蠶陷者，陰騭少，當絶嗣也。亂紋侵者，主假子及招義女。魚尾及龍宫黄色環繞，主爲陰騭紋見，曾懷陰德，濟於人，必有果報。又云：精寒血竭不華色，男不旺，女不育。若陰陽調和，精血敷暢，男女交合，故生成之道不絶。宜推於形象外，當以理言，元妙自見也。氣色青，主産厄。黑白，主男女悲哀。紅黄，主喜至。三陽位紅，生兒。三陰位青，生女。

六奴僕。奴僕者，位居地閣，重接水星。頦圓豐滿，侍立成群。輔弼星朝，一呼百諾。口如四字，主呼聚喝散之權。地閣尖斜，受恩深而反成怨恨。紋紋敗陷，奴僕不周。牆壁低傾，恩成仇隙。

詩曰：奴僕還須地閣豐，水星兩角不相容。若言三處都無應，傾陷紋痕總不同。

奴僕宫論曰：懸壁無虧，奴僕不少。如是枯陷，僕馬俱無。

氣色青，主奴馬損傷。白黑，主僕馬墜墮，不宜遠行。赤，主僕馬口舌，損馬失財。黄色勝，牛馬奴僕自旺，左門右户，排立成行。

七妻妾。妻妾者，位居魚尾，號曰奸門。光潤無紋，必保妻全四德。豐隆平滿，娶妻財帛盈箱。顴星侵天，因妻得禄。奸門深陷，常作新郎。魚尾紋多，妻防惡死。奸門黯黲，自號生離。黑痣斜紋，外情好而心多淫慾。

詩曰：奸門光澤保妻宫，財帛盈箱見始終。若是奸門生黯黲，斜紋黑痣蕩淫奔。

妻妾宫論曰：魚尾須要平滿，不宜剋陷。豐滿則夫貴妻榮，奴僕成行。婦女魚尾奸門明潤，得貴人爲夫。女人鼻如懸膽，則主富貴。缺陷，則主妨夫，淫亂敗家，放蕩，不旺夫。婦人面如滿月，下頦豐滿，至國母之貴。氣色青，則主妻妾憂愁思慮。赤，主夫妻口舌。黑白，主夫妻男女之悲。紅黄色見，主夫妻男女和諧之喜。如有暗昧，主夫妻分離，不然隔角少情。

八疾厄。疾厄者，印堂之下，位居山根。隆而豐滿[①]，福禄無窮。連接伏犀，定主文章。瑩然光彩，五福俱全。年壽高平，和鳴相守。紋痕低陷，連年速疾沉疴。枯骨尖斜，未免終身受苦。氣如煙霧，災厄纏身。

詩曰：山根疾厄起平平，一世無災禍不生。若值紋痕并枯骨，平生辛苦却難成。

疾厄宫論曰：年壽明潤，康泰。昏暗，疾病至。氣色青，主憂驚。赤，防重災。白，主妻子之悲。黑，主身死。紅黄紫，主喜氣之兆也。

---

① 而，原作“如”，據《麻衣相法》改。

九遷移。遷移者，位居眉角，號曰天倉。豐盈隆滿，華彩無憂。魚尾位平，到老得人欽羨。騰騰驛馬，須貴游宦四方。額角低陷，到老住場難覓。眉連交接，此人破祖離家。天地偏斜，十居九變。生相如此，不在移門必當改墓。

詩曰：遷移宮分在天倉，低陷平生少住場。魚尾末年不相應，定因游宦却尋常。

遷移宮論曰：邊地、驛馬、山林、髮際乃爲出入之所，宜明潤潔浄，利遠行。若昏暗缺陷，及有黑子，不宜出入，被虎狼驚。氣色青，遠行主驚，失財。白，主馬僕有失。黑，主道路身亡。紅黄紫，宜獲財喜。

十官禄。官禄者，位居中正，上合離宫。伏犀貫頂，一生不到訟庭。驛馬朝歸，官司退擾。光明瑩浄，顯達超群。額角堂堂，犯著官司貴解。宫痕理破，常招横事。眼如赤鯉，實死徒刑。

詩曰：官禄榮宫仔細詳，山根倉庫要相當。忽然瑩浄無痕點，定主官榮貴久長。

官禄宫論曰：兩眼神光如曙星，龍目鳳睛主貴。印堂明潤，兩耳色白過面，聲聞天下，福禄榮顯。如陷缺飛走，而無名譽。氣色青，主憂疑。赤，主口舌是非。白，主孝服至。紅黄，上下有詔書，加官進職之喜。

十一福德。福德者，位居天倉，牽連地閣。五星朝拱，平生福禄滔滔。天地相朝，德行須全五福。頦圓額窄，須知苦在初年。額闊頤尖，迍否還從晚景。眉高目聳，尤且平平。眉壓耳掀，休言福德。

詩曰：福德天倉地閣圓，五星光照福綿綿。若還缺陷并尖破，衣食平平更不全。

福德宫論曰:天倉地庫爲福德宫,須要豐滿明潤相朝揖,重重祖廕,福禄永崇。若陷缺,不利。淺窄昏暗,災厄常見。人亡家破,蓋因心術損了陰騭,終是勉强神情[①]。氣色青,主憂疑。赤,主酒肉忌口舌。白,災疾。紅黄,吉兆。

十二相貌。相貌者,先觀五嶽,次辨三停。盈滿,此人富貴多榮。三停俱等,永保平生顯達。五嶽朝聳,官禄榮遷。行坐威嚴,爲人尊重。額主初運,鼻管中年,地閣水星是爲末主。若有剋陷,斷爲凶惡。

詩曰:相貌須教上下停,三停平等更相生。若還一處無均等,好惡中間有改更。

相貌宫論曰:骨法精神,骨肉相稱,氣相和,精神清秀,如桂林一枝,崑山片玉,如珠藏淵,如玉隱石,貴顯名流,翰苑吉士。暗慘而薄者,凶。氣色滿面紅黄明潤,大吉之兆。

十二宫總訣[②]

父母宫論曰:日月角須要高圓明浄[③],則父母長壽康寧。低塌,則幼失雙親。暗昧,主父母有疾。左角偏,妨父。右角偏,妨母。或同父異母,或隨母嫁父,出祖成家,重重災注,只宜假養,方免刑傷。又云:重羅疊計,父母重拜,或父亂母淫,與外奸通。又主妨父害母,頭側額窄,多是庶出,或因奸而得。又云:左眉

① 《統會諸家相法》此句後還有數句,云:"神明不佑,作事行悔。滿面春風,一團和氣。"

② 此題目疑誤,内容僅及父母宫,未及他宫,且父母宫未列於上文十二宫中。

③ 圓,原無,據《麻衣相法》補。

高,右眉低,父在母先歸。左眉上,右眉下,父亡母再嫁。額削眉交者,主父母早抛,是爲隔角,反面無情。兩角入頂,父母雙榮,更受祖廕,父母聞名。氣色青,主父母憂疑,又有口舌相傷。黑白,主父母喪亡。紅黄,主雙親喜慶。

相容貴賤

夫人者,以頭爲主,以眼爲權。頭則身體之首,眼則形容之先[①]。觀頭之方圓,視眼之黑白。頭圓而必貴,目善而必慈。眼豎而性剛,睛露而性毒。斜視而懷妒忌,近覷而神睛藏。性剛强而心必曲,氣温柔而貌必和[②]。滿面青藍,多逢迍否。紅黄不改[③],必遇榮昌。黑白色侵,憂横災之疾病[④]。紛紛色紫,見福禄以猶遲,赤色縱横,信官災而將至。要知尅子害兒[⑤],必是眼下無肉。卧蠶平起,後嗣相從。眉中若旋,兄弟必全。眉横一字,足義愛人。要知奸詐孤貧,看他鼻頭尖薄。官高位顯,準頭圓似截筒。衰困中年,定是風門牙露[⑥]。露齒結喉,相中大忌。男子如此,骨肉分離。婦人如此,妨夫絶子[⑦]。口小唇薄[⑧],此人多是多非。印上雜紋,决定難逃刑法。口角兩垂向下,因知奸詐便宜。

① 先,原作"光",據韻律及《神扆楊先生神部論》改。

② 《神扆楊先生神部論》此句作"氣愚惡而色不和"。

③ 改,《神扆楊先生神部論》作"雜"。

④ 災之,原無,據《神扆楊先生神部論》補。

⑤ 兒,《神扆楊先生神部論》作"妻"。

⑥ 《神扆楊先生神部論》此句後有"山根位斷,僕馬多憂"。

⑦ 《神扆楊先生神部論》此句後有"外忌惡死,赤脈侵於白睛。貴禄難求,只爲印堂狹小"。

⑧ 小,《神扆楊先生神部論》作"尖"。

欲知富貴聰明,須得眼如點漆,口如四字,唇似硃紅,兩角朝於天倉,定是公侯之位。眉高耳聳,官禄榮遷。看部位,相學堂,須要六處不陷。在僧道則出入千人之上[①],在仕途位至三公之際。初年水厄之憂,但有眉間黑子。痣生眼尾,中年必遭水厄。身肥項促,命不久長。要知貴賤吉凶,須有此本《風鑑》。

人身通論

額廣耳珠,頭圓足厚,瑩然美貌,光輝寬舒。豐厚形氣類相隨,皆是五行分定,豐衣足食兩相宜。智慧者眉清目秀,聲價少年,知肘龍并虎臂。山根明朗,地閣豐肥,更鼻垂懸膽,項有餘皮。賦性高名磊落,面方背厚宛如龜,真個好安全五獄[②],壽數介齊眉。

四學堂八學堂之圖

① 入,原作"八",據《統會諸家相法》改。

② 岳,原作"獄",據文意改。

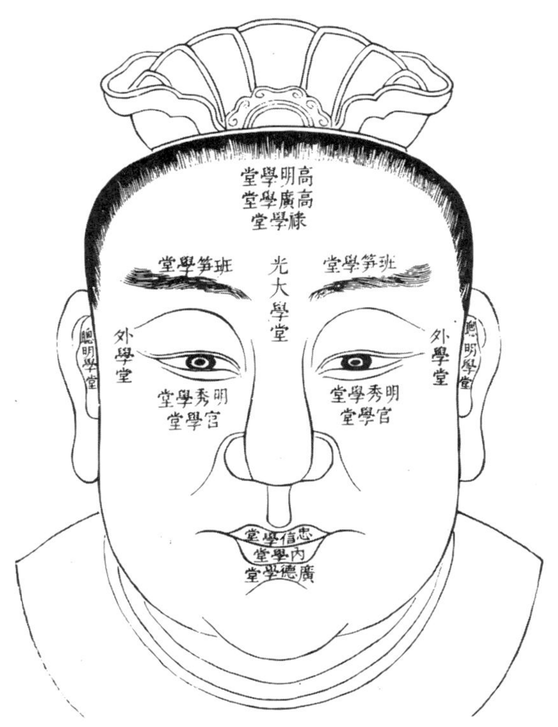

四學堂論

一曰眼爲官學堂,眼要長而清,主官職之位。

二曰額爲禄學堂,額闊而長,主官壽。

三曰當門兩齒爲内學堂,要周正而密,主忠信孝敬。疏缺而小,主多狂妄。

四曰耳門之前爲外學堂,要耳前豐滿光潤,主聰明。若昏沉,愚鹵之人也。

八學堂論

第一高明部學堂,頭圓或有異骨昂。

第二高廣部學堂,額角明潤骨起方[①]。

第三光大部學堂,印堂平明無痕傷。

第四明秀部學堂,眼光黑多人隱藏[②]。

第五聰明部學堂,耳有輪廓紅白黄。

第六忠信部學堂,齒齊周密白如霜。

第七廣德部學堂,舌長至準紅紋長。

第八班笄部學堂,横紋中節彎合雙[③]。

八位學堂如有此,人生富貴多吉祥。

學堂詩

背負琴書不得名,學堂無位陷三停。人中一位若無應,空將年月在朝臣。

欲説無官少禄人,盜門青氣有羅紋。使於鼻上多紅氣,可惜虚勞枉苦辛。

月孛尖兒又損財,初年流落更多災。官方口舌無人説,只有先賢相出來。

---

① 角,原作“勇”,據《麻衣相法》改。

② 人,原作“入”,據《麻衣相法》改。

③ 彎,原作“停”,據《麻衣相法》改。

面三停

面之三停者，自髮際下至眉間爲上停，自眉間下至鼻爲中停，自準下人中至頦爲下停。夫三停者，以象三才也。上停象天，中停象人，下停象地。故上停長而豐隆，方而廣闊者，主貴也。中停隆而直，峻而静者，主壽也。下停平而滿，端而厚者，主富也。若上停尖狹缺陷者，主多刑厄之災，妨剋父母，卑賤之相也。中停短促褊塌者，主不仁不義，智識短少，不得兄弟妻子之力，有主中年破損也①。下停長而狹尖薄者，主無田宅，生貧苦老而艱辛也。三停皆稱，乃爲上相之人矣。

論形有餘

形之有餘者，頭頂圓厚，腹背豐隆，額闊四方，唇紅齒白，耳圓成輪，鼻直如膽，眼分黑白，眉秀疏長，肩膊臍厚，胸前平闊，腹圓垂下②，行坐端正，五嶽朝起，三停相稱，肉膩骨細，手長足方。望之巍巍然而來，視之怡怡然而去③，此皆謂形有餘也。形有餘者，令人長壽無病，富貴之榮矣。

---

① 有，依文意似當爲“又”。

② 《太清神鑑》之《論形有餘》於此句後有“出語宏亮”。

③ 去，《太清神鑑》之《論形有餘》作“坐”。

論神有餘

神之有餘者，眼光清瑩，顧盼不斜，眉秀而長，精神聳動①，容色澄徹，舉止汪洋。恢然遠視，若秋日之照霜天；巍然近矚，似和風之動春花。臨事剛毅，如猛獸之步深山；出衆迢遥，似丹鳳而翔雲路。其坐也，如界石不動；其卧也，如棲鴉不摇。其行也，洋洋然如平水之流；其立也，昂昂然如孤峰之聳。言不妄發，性不妄躁。喜怒不動其心，榮辱不易其操。萬態紛錯於前而心常一，則可謂神有餘也。神有餘者，皆爲上貴之人。凶災難入其身，天禄永其終矣。

論形不足

形不足者，頭頂尖薄，肩膊狹窄，腰肋疏細，肘節短促②，掌薄指疏，唇蹇額塌，鼻仰耳反，腰低胸陷③，一眉曲一眉直，一眼仰一眼低，一睛大一睛小，一顴高一顴低，一手有紋一手無紋，睡中眼開，言作女聲，齒黄而露，口臭而尖，秃頂無衆髮，眼深不見睛，行步欹側，顔色痿怯，頭小而身大，上短而下長，此之謂形不足也。形不足者，多疾而短命，福薄而貧賤矣。

---

① 神，《太清神鑑》之《論神有餘》作“彩”。

② 肘，《太清神鑑》作“肢”。

③ 腰，《太清神鑑》作“臀”。

論神不足

神不足者，不醉似醉[①]，常如病酒；不愁似愁，常如憂戚；不睡似睡，如睡纔覺[②]；不哭似哭[③]，常如驚怖；不嗔似嗔，不喜似喜，不驚似驚，不癡似癡，不畏似畏。容止昏亂，色濁[④]，似染顛癇，神色悽愴，常如有失，恍惚張惶，常如恐怖，言語瑟縮，似羞隱藏；貌色低摧，如遭凌辱。色初鮮而後暗，語初快而後訥，此皆謂神不足也。神不足者，多招牢獄之厄，官亦主失位矣。

論骨肉

相人之身，以骨爲主，以肉爲佐。以骨爲形，以肉爲容。以骨爲君，以肉爲臣。然君不能制臣，反爲之逆理。若形好容惡，至老不作。容好形惡，乍苦乍樂。假使形容俱好，若有紋痣黑子，亦不爲佳。夫紋欲得深而正，黑子欲得大而明。凡相面見顴骨肉薄而開方者，主有權衡。若肉大骨藏，則無權衡。其人縱有官職，但常調而已。凡有相之人，忽居貧賤，如鳳在地，不久必翔。無相之人，忽居富貴，如草非時而生，非地而出矣，必愈疾也。

---

① 不醉似醉，原作“似醉不醉”，據下文、《太清神鑑》及《麻衣相法》乙。

② 如睡纔覺，原作“纔睡便覺”，據文意及《太清神鑑》改。

③ 《太清神鑑》此句作“不笑似笑”。

④ 亂、色，此二字《太清神鑑》無。

相骨

骨節象金石[①],欲峻不欲横,欲圓不欲粗。瘦者不欲露骨,肉不稱骨而骨露,乃多難有禍之人也。肥者不欲露肉。肥滯之人也,不欲流或滿而盈者[②],乃是死人之相也。骨與肉相稱,氣與血相應。骨寒而縮者,不貧則夭。謂背攢而體偏[③],骨寒而肩聳。大凡物有不全,貧賤壽富夭折,故曰不貧則夭。日角之左,月角之右,有骨直起,爲金城骨,位至三公。印堂有骨,上至天庭,名天柱骨。從天庭貫頂,名伏犀骨,并位至三公[④]。

面上有骨卓起,名爲顴骨,主權勢。顴骨相連入耳,名玉梁骨[⑤],主壽考。自臂至肘爲龍骨,象君,欲長而大。自肘至腕名虎骨,象臣,欲短而細。骨欲峻而舒,圓而堅,直而應節,緊而不粗,皆堅實之象。顴骨入鬢,名驛馬骨。左目上曰日角骨,右目上曰月角骨。骨齊耳,爲將軍骨。兩溝外曰巨鼇骨。額中正兩邊爲龍角骨。

詩曰:骨不聳兮且不露,又要圓清兼秀氣。骨爲陽兮肉爲陰,陽不多兮陰不附[⑥]。若得陰陽骨肉均,少年不貴終身富。

骨聳者,夭。骨露者,無立。骨軟弱者,壽而不樂。骨横者,

---

① 象,原作"相",據《麻衣相法》改。

② 流,原作"滿",據文意及《麻衣相法》改。

③ 攢,原作"額",據《太清神鑑》改。體,原作"停",據《太清神鑑》及《麻衣相法》改。

④ 《麻衣相法》此句後有注釋云:"雖有其骨相,亦須其然相稱,方成其器。苟諸位不稱,即使富貴亦不堅也"。

⑤ 玉,原作"王",據《太清神鑑》及《麻衣相法》改。

⑥ 陽,原作"陰";陰,原作"陽",據文意及《麻衣相法》改。

凶。骨輕者,貧賤。骨俗者,愚濁。骨寒者,窮薄。骨圓者,有福。骨孤者,無親。又云:木骨瘦而青黑色,兩頭粗大,主多窮厄。水骨兩頭尖,富貴不可言。火骨兩頭粗,無德賤如奴。土骨大而皮粗厚,子多而又富。肉骨堅硬,壽而不樂。或有旋生頭角骨者,則享晚年福禄。或旋生頤額者,則晚年至富也。

詩曰:貴人骨節細圓長,骨上無筋肉又香。君骨與臣相應輔,不愁無位食天倉。骨粗豈得豐衣食,部位應無且莫求。龍虎不須相剋陷,筋纏骨上賤堪憂。

相肉

肉所以生血而藏骨,其象猶土生萬物而成萬物者也。豐不欲有餘,瘦不欲不足。有餘則陰勝於陽,不足則陽勝於陰。陰陽相勝,謂一偏之相。肉爲陰,骨爲陽。陰有餘神則生血,陽有餘神則生氣。肉以堅而實,直而聳。肉不欲在骨之内,爲陰不足。骨不欲生肉之外,爲陽有餘也。故曰:人肥則氣短,馬肥則氣喘。是以肉不欲多,骨不欲少也。暴肥氣喘,速死之期。肉不欲横,横則性剛而暴。肉不欲緩,緩則性懦而怕人。肥不欲亂紋路,亂紋者近死之兆[①]。肉欲香而暖,色欲白而潤,皮欲細而滑,皆美質也。色昏而枯,皮黑而臭,龐多加塊,非令相也。若夫神不稱枝榦,筋不束骨,肉不居體,皮不包肉,速死之應也。

詩曰:骨人肉細滑如苔,紅白光凝富貴來。揣著如綿兼又暖,一生終是少凶災。肉緊皮粗最不堪,急如綳鼓命難長。黑多

① 亂紋,原作"路漏",據文意及《麻衣相法》改。

紅少須多滯[①],遍體生毛性急剛[②]。欲識貴人公輔相,芝蘭不帶自然香。

① 少,《麻衣相法》作"白"。

② 毛,原作"光",據文意及《麻衣相法》改。

神相全編二

達摩五官總論

眉緊鼻端平，耳須聳又明，海口仰弓形，晚運必通亨。

緊者，眉不散疏也。端者，正也。平者，直也。聳者，提起也。明者，棱角分明也。大而有收拾，爲海角朝上而不露齒曰弓，晚運，專指口言。

五官説

五官者，一曰耳爲採聽官，二曰眉爲保壽官，三曰眼爲監察官，四曰鼻爲審辨官，五曰口爲出納官。《大統賦》云：一官成十年之貴顯，一府就十載之富豐。但於五官之中倘得一官成者，可享十年之貴也。如得五官俱成，其貴老終。

採聽官

耳須要色鮮，高聳過於眉，輪廓完成，貼肉敦厚，風門寬大者，謂之採聽官成。

保壽官

眉須要寬廣清長，雙分入鬢，或如懸犀新月之樣，首尾豐盈，高居額中，乃爲保壽官成。

監察官

眼須要含藏不露,黑白分明,瞳子端定,光彩射人,或細長極寸[①],乃爲監察官成。

審辨官

鼻須要梁柱端直,印堂平闊,山根連印,年壽高隆,準圓庫起,形如懸膽,齊如截筒,色鮮黄明,乃爲審辨官成。

出納官

口須要方大唇紅,端厚角弓,開大合小,乃爲出納官成。

一曰耳爲採聽官

成敗傾欹,

傾,缺也。欹,低也。傾欹,主破散成敗也。《萬金相》云:左耳缺,先損父。右耳缺,先損母。左右廢缺,雙親並損,主妨剋離祖。亦不欲低於眉也。詩曰:偏堂降地,破祖無疑。兄弟稀少,自身不利。偏堂,耳名也。又曰:降地,耳低於眉。

聰明高聳。

高聳,過於眉也。郭林宗曰:耳爲君,眉爲臣,君宜上而臣宜下。高起過眉者,主貴。聰明文學,才俊富貴也。《萬金相》云:耳高眉一寸,永不受貧困。又曰:耳如攏起,名播人耳。宋齊丘曰:耳齊日角曰大貴。許負曰:耳能齊日角,曾服不死藥。又主平生病少壽長,才智過人。

皮粗青黑飄蓬,

郭林宗曰:左耳爲金星,右耳爲木星。色鮮者,貴而安穩。若皮粗及青色黑而乾者,主一生奔馳南北,散走他鄉,終無定基也。宋齊丘曰:皮粗青黑走異鄉。《廣鑑集》云:耳輪青黑,腎藏喪不久也。飄蓬,謂如蓬草也。中原郊野多生,俗名蓬子科,止根類竹根。其枝葉如楊柳,盤盤旋旋,團欒而生,圓如燈毬,分圓若丈餘。秋天枯死之時,風吹出土。若東風起,吹輥往西無阻者,迤邐進去,忽然换西風,復吹還東而去。

---

① 極寸,《麻衣相法》作"入鬢"。

若耳皮粗青黑者，爲人似蓬草，朝暮走他鄉，無定止也。

色如瑩玉，年少作三公。

《廣鑑集》云：耳若貴賤不取大小，先要色鮮瑩白爲上。昔歐陽文忠公耳白如面，名聲天下。《大統賦》曰：白或過面，主聲譽之飛揚。瑩白貫輪，主信行之敦厚。

貼肉垂珠紅潤，自然主財禄亨通。

貼肉者，隱伏也。紅潤者，垂珠鮮澤也，主平生財禄綿綿，百謀百成，千求千遂，天生自然富貴。《大統賦》云：壽越眉兮，貴喍血；聰重明兮，富貼肉。許負云：耳貼肉，富貴足。《大清神鑑》云：對面不見耳，問是誰家子。似此貼肉隱伏而垂珠紅潤者，主平生旺相而長富貴。一歲入運，至十五歲蔭成，父母病少之相。

若尖小直如箭羽，安得不孤窮。

尖小者，謂之猴耳，主孤貧。如箭羽者，其耳形直豎似矢之翎，最爲貧賤之相，主十五歲男女並有妨財破敗，長大貧賤孤獨之相。《五總龜》云：反耳無輪最不堪，直如箭羽少資糧。又曰：雙耳尖小多妨剋。

命門難入指，壽原慳短，忘淺愚蒙。

命門者，耳孔也。若窄小難入小指尖者，主愚頑短壽，無智之人。《洞中經》云：耳孔容針，家無一金。《太清神鑑》云：耳門如墨，二十之客。夭壽也。

無輪兼反薄，家破囊空。

薄者，主貧也。一歲至十五之内，妨剋破祖。長大孤貧夭壽之相。《太清神鑑》云：輪爲城，内爲廓。城兜廓吉，廓兜城凶。《金鏡經》云：耳無輪廓多破散。《大統賦》云：耳薄如紙，貧而早死。《五總龜》云：能可城兜廓，不可廓兜城。

厚大垂肩，極貴天年，過八十方終。

《廣鑑集》云：耳大四寸，高聳垂肩者，主大貴壽長。蜀劉先主耳毫垂肩，目顧其耳。宋太祖口方耳大。

只因是毫生竅内，頭白老龍鐘。

毫者，孔内生毫也。龍鐘，竹名，其曲頭垂向地。若人生耳毫，主長壽似龍鐘之竹，緩曲頭低，極老之相也。郭林宗曰：借問何人年過百，耳内生毫頭半白。項下雙絲成一縷，此是人間壽星魄。

論曰：運限者，上古之壽一百二十歲爲終，今之七十者稀。

《萬金相法》三主七十五歲爲約,左耳七年,右耳八年,男左女右,又天部十年,共二十五年爲初主。黑子生在輪上者,主聰明。有大痣耳内者,壽長。垂珠上者,主有財。耳前命門者,主火厄,作事有始無終。耳顯三珠者,左定嗣,右定妻。一曰白珠,耳尖上貴,陰亦同。二綵紅珠,右耳中生,一珠一子,二珠五子,陰亦同。其珠如粟米大,圓者應如緑豆大。圓者少,應氣色瑩白。紅潤者,貴而吉。黄者,病。青者,腎衰。黑燥者,腎喪。忽輪上紅色如炎火者,七日口舌破財。或暴焦色、慘青色,其壽不永也。

二曰眉爲保壽官

濃厚淹留孤獨,

眉黑稠濃密,主淹留,蹇滯久困。《五總龜》云:眉濃髮厚人多滯。《萬金相》云:陽,男子也。陽得虎眉,蹇滯。虎眉,稠濃密也。主平生少快。二十六歲入運,至三十五歲,此一運中,主上五年多淹滯。

短促兄弟非宜。

《廣鑑集》云:眉爲君,目爲臣,宜清長過目,宜如雁行。若短不及目者,難爲兄弟。縱有二三四,終須不靠也。《萬金相》云:眉長於目,兄弟五六。眉如掃帚,兄弟八九。與目同等,兄弟一兩。短不及目,兄弟不足。縱有一兩,非是同腹。二十六至三十五上,四五年不利。

骨棱高起,性勇好爲非。

棱骨高起者,言眉骨尖峻顯露也,則主人粗鹵,知進而不知退,知存而不知亡,知成而不知敗。自强自勝,作事不應爲而强爲。性暴好鬥,不可爲友之相也。平生宜遠之。

清秀彎如月樣,文章顯折桂榮奇。

《廣鑑集》云:眉是目之君,膽之苗,面之表也。若得清秀彎如月樣,主爲人聰明智慧，文學博雅，必攀蟾桂，高明富貴之相，知爲平生之福。二十六歲運至中主，便得顯焕功名。郭林宗曰：眉如新月樣，名譽四方聞。許負曰：眉如月弓，衣食不窮。《太清神鑑》云[①]：眉曲樂彎多學識。

印堂廣雙分入鬢，卿相位何疑。

眉中爲印堂，名曰官禄宫、相貌宫、福德紫氣宫。一面之中，此位最干禍福。所以眉毛欲得寬廣，雙分入鬢，主生平多福而貴。二十六歲入運行中，主大發功名。瑋林真人曰：眉爲羅計之星，宜闊而不欲侵犯紫氣宫。陳圖南曰：翠眉入鬢，位至公卿。《廣鑑集》云：朝中無交眉宰相。

豎毛多主殺，神剛氣暴，豈有思維。

豎眉者，謂眉毛直立而生也，多主殺性。《大統賦》曰：主性急神猛，好鬥貪殺，無思算之相也。又云：毛直性狠。

交頭并印促，背禄奔馳。

交頭者，言兩頭印提交鎖侵犯印堂也。蓋緣印堂是官禄宫，若得眉宇寬，則爲官平生安穩。若交促者，無禄而一生走驟愚夫。印堂又爲命宫，眉宇爲羅計星。羅計侵犯交促，不利財禄。胡人不在此限，神强者不在此限。在此限即爲平生之滯，六六交運至四十一，此四五年最緊。

横直妨妻害子。

夫直者，言眉毛凡生，直豎不順也。左妨子，右妨妻。左右如此，妻子俱傷。然爲平生不利，二十八限至三十，此五年最是不利。

旋螺聚，必執鎗旗。

旋螺，言其中毛盤旋，似螺螄尾尖盤盤旋旋而生者，主爲人剛健勇猛，可車前鎗旗之首，當先無懼而戰也。

低壓眼，相連不斷，運至必災危。

《廣鑑集》云：眉爲羅計之星，眼爲日月之象。相眉緊緊貼而與眼相連不斷者，是羅計二星侵犯太陰太陽。太陰太陽爲日月之臺，一身之主，二十六限至二十九不利，三十七八九亦不利。若孛星高廣，日月分明，災禍減半。

---

① 太，原作“大”，改，後仿此。

論曰:運限者,兩眉管四年,入中主。左二年,二十六七。右二年,二十八九。眉生四理。黑子眉中生者,初主水厄。眉頭生者,主性剛。眉上生者,主貴官。紋理眉中,十字元字紋者,大亨。有坤卦紋者,禄二千石。有成土字并魚鳥形紋者,主大將公卿之位。眉上氣色忽然白者,主哭泣聲,服忌。忽然紅色者,三日七日主口舌官訟。黄明入華蓋,日近遠喜信入宅,又主動出爲吉。眉中忽然生毫長,謂之壽毛。然不宜早生。《萬金相》云:二十生毛三十死,四十生毛命壽長。若四十之上,忽然生一毫長者,三年内遇貴。

三曰目爲監察官

兩眼浮光,雙輪噴火,殺人賊,好奸謀。

兩眼浮光者,謂噴突不收,光射人也。雙輪噴火,上下眼堂紅赤,如炎火噴外也。似此者,則主人凶惡奸狡貪鄙,衷懷姦盜之心。然平生之惡,三十歲入運,至三十五,此五年大發。三十七至四十,此四年亦不利。《大統賦》云:睛如點漆。許負曰:目中赤沙起,法死須妨己。又謂之蛇眼赤沙,便是噴火。

睛如點漆,應不是常流。

《廣鑑集》云:兩睛黑光如點漆,昭暉明朗,光彩射人者,極貴人臣,神仙高士,奇異之相。然爲平生之福,三十歲至三十五歲,此六歲顯耀功名。

眼大者,多攻藝業。

《月波洞中經》云:眼睛大而端定,不浮不露,黑白分明者,主可學藝業,異於衆人,成家立業。

上視者勿與交游。

上視者,或看物觀望,或觀人昂面,睛昂向上視者,主爲人賊性,自强自是不容物,太察多疑,不可爲友。同行須在富貴之中,不可深交。又曰:上視者人多狠。

斜觀狼目强獨勝，慳吝更貪求。

斜觀者，主爲人稟性剛强獨能。慳吝者，自慳不施，貪鄙愛聚，損人安己。縱居富貴能文，亦不改慳吝之心，口腹不能相應之人也。《廣鑑集》云：目爲心之外户，觀其物外而知其内也。《孟子》曰：胸中正，則眸子瞭焉。胸中不正，則眸子眊焉。眸子不能掩其惡也。善惡在目中偏正。善者正視神清睛定，惡則斜視不定神濁。《太清神鑑》云：眼有些小病，心有些小毒。眼有十分病，心有十分毒。眼善心亦善，眼惡心亦惡。《大統賦》云：斜盼者，人遭其毒。然居富貴知書，只是心中不正，何況於小人乎。

圓大神光露，心懷凶狠，訟獄堪憂。

若圓大眼睛突露光者，主凶暴，多招禍患，常遭囹圄之囚繫。然爲平生之凶，二十八限至三十五歲不利，三十七八九亦然。雖居富貴，亦爲凶徒。若肯讀書，近君子遠小人，其凶減半。《月波洞中經》云：莫交眼突，往往見災迍。又曰：眼露心亦露。

似鷄蛇鼠目，不濫須偷。

《月波洞中經》云：鷄目無痕，好鬥貪淫。蛇目上胞厚而心毒。鼠目左小而竊盜。似者，男女盜竊，貪婪無恥。然居富貴，亦不改姦妒之象。

三角深藏毒害。

眼生三角，凶狠之人，常能損物害人。若是女子，妨夫不良。《大統賦》云：三角多嗔，爲妨夫命。刃者，劍刃也。婦人眼生三角，如殺夫之劍也。

頻偷視，定無良籌。

頻偷視者，謂談話之間，廣會之座，低目沈吟，常常用眼偷觀人者，乃爲人心性不定，多疑智淺之象。

神清爽秀，長如鳳目，身顯作王侯。

神清秀者，瞳子瑩潔，黑白分明，如曉星光射四遠也。長如鳳者，鳳目細長入鬢，極一寸五分，陰陽大富大貴。蜀關雲長、唐房玄齡俱應。

論曰：運限者，兩目管六年。左目三十三十一二，右目三十四五。目有四神。黑子生在眼胞上者，貪婪作竊。眼下者，妨害。氣色者，三陰三陽忽然生黑氣，深者二五日，淺者二七日，家宅不寧，陰人是非。紅者，火災。眼下鋪青者，連累口舌。赤者，官災。黑者,破耗。黄明者,最吉。陰人目下青者,喪夫。赤者,産厄。眼尾其色瑩白光潤者,主夫位增遷財禄之喜。

四曰鼻爲審辨官

竅小慳貪。

竅者,鼻孔也。《萬金相》云:左右胞謂之仙庫。左胞名左庫,右胞名右庫。夫庫欲高豐厚。竅者,庫之户也。户欲小而齊,庫厚而隆,庫小而齊者,庫内有積也。庫狹而薄,户大而薄者,庫無積也。竅小庫齊之相,好聚而不捨。户寬反仰之相,無積而好施也。

高隆顯宦。

《廣鑑集》云:鼻爲土宿,萬物生於土,歸於土。象乎山嶽,山不厭高,土不厭厚。又爲一面之表也。夫天地人三才之中,鼻爲人也。欲得高隆而貴。《大統賦》云:惟鼻者號嵩嶽,居中爲天柱而高聳。梁貴乎豐隆。漢高祖隆準,終爲平生之福。三十五至五十中,大顯功名。

偏斜曲陷堪傷。

偏斜者,不端正,主孤滯也。曲者,主孤貧。《萬金相》云:鼻偏左,先損父。偏右,先損母。又曰:梁柱不直,中年遭厄。六七八限,至九六不利。許負曰:鼻仰突多,孤獨。陷者,坑低,四陷瘡窩,疵瘕痕傷也,亦主妨厄,最不利。《萬金相》云:印堂缺陷,才禄不旺。三十六歲不利妻房。山根缺陷,自身傷害,三十八歲本身不利。金匱缺陷,鎖在他鄉,三十九遠出不利,亦重破祖。年上缺陷,哭聲不祥,四十歲孝服哭泣動。月孛缺陷,百事爲傷,四十一歲凡幹迍邅難成。壽上缺陷,作事乖舛,四十二歲凡幹不利。準頭缺陷,人事不和,四十三歲妨是非口舌。左庫缺陷,財物消散,四十四歲破財。右庫缺陷,横事極多,四十五大破財。此十缺陷,然爲入限不利,必須更看别位滿缺乘除。若是神陷,魚尾陷,文武陷,天地陷,色更青赤,乃爲一生孤剋貧下之相也。蓋緣缺處多。若天地豐,目下平日月明,魚尾滿,氣色正,似此者,運至有災。《大統賦》云:完美宜官,破露憂辱,最忌準頭。

若還短促，未敢許榮昌。

短促，鼻小跼促也。《大統賦》云：巢窩面之儀表，欲其廣大，主富貴。若短小跼促，主貧賤。許負曰：鼻小莫求官。《大統賦》云：小而滯者作童僕。若鼻短促，童僕之相，爲平生貧賤。六六至五九，最不利於己。然鼻小之相，終身不富貴，縱有神骨相貌，亦不祥。

生怕十分昂露。

昂露，鼻孔仰。孔爲二庫之門。十分昂露者，謂户門開闊，内無積也，難爲平生不利，五九大破。《廣鑑》：相中大忌，鷹嘴露竅。《大統賦》云：井竈露破，廚無粟。井竈者，鼻孔也。又云：斜如芰藕之狀，困乏預儲。斜如芰藕者，鼻斜露似刀切藕也。預儲，爲盛米之器也。困乏，爲無米也。《照膽經》云：鼻孔外仰成惡敗。

如懸膽，必作朝郎。

如懸膽者，其形從印堂隆隆懸垂，直下準頭，準頭完美如彈者，是也。似懸掛豬羊之膽。有骨法，貴作朝郎；無骨法者，富有千金。《心鏡經》云：鼻如懸膽終須貴，土曜當生得地來。若是山根連額起，定知榮貴作三台。許負曰：鼻如懸膽，家財巨萬。《大統賦》云：圓如懸膽之形，榮食鼎餗。爲平生之福，六六至五九，大發財禄。

年壽上縱橫紋理，家破苦窮忙。

鼻爲年壽二位，屬中央戊己土，萬物生成之地，又爲巢窩。欲其光隆無犯者，吉。若有縱橫亂紋交雜者，破祖離家，一生馳驟奔波，若終日揭貧困而厄。若得形正神剛，則主成敗走驟。若女子不可爲配。《大統賦》云：紋若亂交，慎勿爲乎眷屬。平生大破。

山根更折[①]，田園不守，妻子先亡。

低者，塌也。折者，横紋斷流也。似此者，則主破祖離巢，妨害妻子也。終爲平生之患，三十七至四十歲，運行到此，男女並同，蓋緣爲生日不順也。若更眉壓眼，神氣薄，梁柱偏，輕則中年大病刑獄。重則喪軀矣。或得形正神强，色明聲喨，其實減半。《五總龜》曰：月孛宫中折又尖，家財早破事相煎。妻兒晚見尤難保，況是迍邅屬少年。《萬金相》云：山根斷折，三十九四十九三年命禄中。又曰：月孛名山根，又名疾厄宫，又名妻子宫，又名月孛宫，又名嶺斷宫、司囚宫。在山根上一分，名玉嶺，根斷自身傷。

① 更，據注文當作“低”。

又曰:嶺斷宫司不自由,嶺根折斷自身休。山根嶺斷三十九,嶺根道斷自身休。又曰:山懸橋,道耗財,主嶺山根金道三位折也。嶺根平梁財聚,三位高也。此三位嶺根道於一面之中,諸部之内,最關禍福,學者可用意觀之。

形如鷹嘴樣,狡狠。

鷹嘴樣者,嶺根道三位細細低下,年壽孤聳,準頭尖垂向下者,是也。可旁觀得見,主最毒。《廣鑑集》云:鼻如鷹嘴,啄人心髓。《貧女》曰:旁觀曲凸如鷹嘴,心裹奸謀暗殺人。許負曰:生怕如鷹嘴,一生奸詐不堪言。《月波洞中經》云:相中大忌,鷹嘴露竅。似此者,主爲人最毒,常懷嫉賢妒能,外貌僞和假寬,内實毒害。然居富貴知書,不免貪婪奸狡,何況小人乎。又主好成要敗,四十五歲主人破財。

廣大巢窩須穩。

《萬金相》云:鼻爲巢窩,人之家宅也。欲其梁柱端直,年壽豐隆,廣大肉厚,接迎東西二嶽,準圓庫起者,主家宅廣,人口多。三十六歲入運,至五十九歲,此十年大進人口并宅舍。《大統賦》云:梁廣者,窩巢穩。

光明主財禄殊常。

《太清神鑑》云:面部有五嶽之位。額爲南嶽衡山,屬離火。頦爲北嶽恒山,屬坎水。左顴爲東嶽泰山,屬震木。右顴爲西嶽華山,屬兑金。鼻爲中嶽嵩山,屬中央土。金木水火土各有時,火主夏,水主冬,木主春,金主秋,惟土每季旺十八日,乃爲萬物生成之地。所以鼻貴乎高隆,光明色黄者,得其土之本色也。若有骨法者,主有貴禄。在庶人,得財入宅。《大統賦》云:梁貴乎豐隆貫額,高也;色貴乎光瑩溢目,明也。許負曰:準明印正,諸事亨通。鬼谷先生曰:欲觀在任吉凶者,看年壽二位。一分黄明,一年無事;二分黄明,二載平安;三分黄明,三周吉利。若見非來之色,或青,或赤,或黑,並主當年不利。《五總龜》曰:年壽四時黄,財帛喜非常。《廣鑑集》云:心善三陽光點點。左眼胞也。脾安鼻準見黄明,耳輪焦黑腎臟喪。年壽黄明福德生。右目上下。忽然準頭明更浄,等閑有土是亨通。土者,黄明也。曰印堂至準庫中間,四季常得黄明,寒暑不侵,喜怒不變,乃爲平生之福也。

準頭黑,蘭臺黯慘,旬日必身亡。

準頭者,是土之主。蘭臺,左鼻胞名蘭臺。又右爲廷尉。《海底眼》曰:夫鼻者,運五臟之精華,肺之苗。肺虚則通而色瑩,光明無病,多吉。肺災則塞,而色慘黑暗,大患至而多凶。若見準頭，蘭臺色慘黑暗者，大病速至，不出十日之内喪矣。病人最怕此色。

論曰：運限者，鼻管十年。自印堂三十六，至右庫四十五。鼻有二節。黑子在山根者，主妨妻害子。鼻側，大凶不利。年上者，兄弟難爲。印堂當中圓黑者，貴吉。夫氣色印堂山根光明者，吉。黯慘者，滯。年壽黄明者，吉。黑病赤，官災。青，破耗。白，哭泣。準頭黄明者，喜慶立至。黑，大病。赤紅者，破耗。白者，破毒。

五曰口爲出納官

短促唇掀[①]，色青，齒露偏斜，骨肉相煎。

促者，口聚也。短者，横窄也。促短者，並主孤也。《大統賦》云：口如吹火似寒酸。吹者，撮聚也。《通神鬼眼相》曰：口有三聚，一曰猴口吹火聚。注：令人無子孑立自身亡。二曰羊口飲水聚。注：令人孤寒，好歌樂，無衣糧。三曰鵲口縮囊聚。注：令孤寒性寡，親子另房。唇掀者，口唇番蹇也，亦主孤剋。《太清神鑑》曰：眼露睛，唇皮蹇，男憂賊盜，女憂産難。若去寺觀及出家，免得一身見八難。青色者，言唇氣青黑，亦主孤貧。《五總龜》云：貧窮似鼠常青黑，破盡田園不住家。《大統賦》云：青黑禍發。齒露者，凡語笑露齒牙，孤剋。《廣鑑集》云：相中大忌，露齒也。偏斜者，口不正也，亦主孤貧。《萬金相》云：海朝文陽，十七禍至陰，二八大病。海朝武陽，二八災病陰，十七禍生。文左武右也。又曰：水星不正，骨肉相煎。水星，口也。骨肉，六親也。然主平生之象，五十六歲入運，至六十四歲，不利骨肉。

闊而不正，虚詐不堪言。

横口不收，而偏斜不正者，主爲人多奸猾，虚謬不實。《大統賦》曰：大言無信者，略綽。略綽者，即横闊不收也。《五總龜》曰：若傷歸於左畔，是非奸詐愛便宜。口唇

① 短促，依注文順序應作“促短”。

左邊也。

偏薄,是非謗訕。

偏薄者,口唇薄橫偏也,主好説談是非。謗訕者,不知己口快舌長,專提人語失,取笑渾語,毁善譏調,不顧忌諱。似此之人,雖居富貴,亦不脱小人也。《五總龜》曰:水星偏陷兩頭垂,尖薄無棱作乞兒。無棱者,薄也。

如硃抹,名譽相傳。

如硃抹者,口唇紅鮮,似塗抹硃砂之紅色也,主文章才俊,其名姓傳揚四方。陳圖南曰:唇如潑砂,富貴如華。紅色也。許負曰:口如含丹,不受飢寒。郭林宗曰:唇紅齒白食天禄,多藝多才又多富。《貧女》曰:貴人唇紅似潑砂,更加四字足榮華。然主平生之貴,五十六歲入運,大發財禄。

唇裏紫,食肉千里,衣禄自天然。

唇鮮紫紅色者,主富貴,可食千里之爵禄,乃爲天生自然之福。平生之貴,五十六入限快。

覆載多紋理,掩人過惡,得子孫須賢。

覆載,唇之名也。《萬金相》云:上唇名金覆,下唇名金載。若唇上下有紋理多者,主爲人寬和,見善多爲,遇惡勸歸於善,而喜避其惡,又招貴子賢孫。《大統賦》云:上下紋交子孫衆,周匝棱利仁信全。

食時多哽咽,必主迍邅。

哽咽者,喫飯食吞噎向喉咽之中,作沃沃之聲是也。迍邅者,平生蹇滯不通。張紫萎曰:食爲性之本。所以欲詳而不暴,啜不欲聲,吞不欲鳴也。《五總龜》曰:鳥啄豬餐最賤客,相他衣食必無終。咽粗急者人多躁,鼠食從來飲食空。又曰:相食看詳緩,窮忙豈合宜。更嫌將鳥啄,更忌食淋漓。性暴吞須急,心寬食必遲。問君榮貴處,牛哺福相隨。

常向睡中不合,泄元氣,夭促天年。

口者,宣言語以接萬物,博飲食以安五臟。造化之權,禍福之柄。唇爲口之城郭,舌之門户。一開一合,榮辱所繫也。所以夜睡開口者,泄其元氣。元氣既泄,壽不永也。

親曾見低垂兩角,常被世人嫌。

兩角下垂者，無衣食也，最招人憎嫌。《五總龜》曰：口者心之外表，賞罰之所出，榮辱之所關。欲端而厚，言不亂發，謂之口德。若多言而亂發者，謂之口佞。若方廣有棱者，主壽。形如弓稍向上者，主貴。若尖而薄反者，主賤。若黑子生於唇上者，平生酒肉來自然。生於口角者，災滯。生於壽帶入口，主飢餓而死。女人唇生黑子者，主淫，無媒自嫁也。

論曰：運限者，口管十五年，爲末主。五十六至六十四。口有三聚。黑子生在唇上者，主一生得酒食。唇内亦然。口角生者，末主水災。紋理者，壽帶入口直飢餓，不食而死。氣色紅潤者，則貴。黑者，賤。青者，毒。白者亦然。黄者，病。惟繞口黄明者，最吉。

許負論男女五官

夫人身手欲得厚，大小相覆，滑浄光澤，必應豪貴。顏色光潤，財禄日進。夫人顏色惡者，絶無官分。《墳經》云：頭小爲一極，不得上天力。額小爲二極，不得父母力。目小爲三極，無有廣知識。鼻小爲四極，農作無體息。口小爲五極，無有盛衣食。耳小爲六極，方命難量測。頭雖大，額無角；目雖大；無廓落，無相也。鼻雖大，梁柱弱；口雖大，語略綽；耳雖大，無輪廓；腹雖大，近上著，非奴即作客。是無相。頭雖小，方且平；目雖小，精且明；鼻雖小，梁柱成；口雖小，語媚生，如此之人，法主聰明，兼不少衣食。夫女人共語未了，即面看地，如此之人，必有病也。夫女人當共人語，手拈衣帶者，便低頭答者，必有奸淫之事也。

五嶽

額爲衡山，頦爲恒山，鼻爲嵩山，左顴爲泰山，右顴爲華山。

中嶽要得高隆,東嶽須聳而朝應。不隆不峻,則無勢爲小人,亦無高壽。中嶽薄而無勢,則四嶽無主。縱别有好處,不至大貴,無威嚴、重權,壽不甚遠。中嶽不及且長者,止中壽。如尖薄,晚年見破,到頭少稱意。南嶽傾側,則主見破,不宜長家。北嶽尖陷,末主無成,終亦不貴。東西傾側無勢,則心惡毒,無慈愛。五嶽須要相朝。

四瀆

耳爲江,目爲河,口爲淮,鼻爲濟。

四瀆要深遠成就,而涯岸不走,則財穀有成,財物不耗,多蓄積。耳爲江瀆,竅要闊而深,有重城之副,緊則聰明,家業不破。目爲河瀆,深爲壽;小長則貴;光則聰明;淺則短命,昏濁多滯;圓則多夭;不大不小,貴。口爲淮瀆,要方闊而唇吻相覆載。上薄則不覆,下薄則不載。不覆不載,則無壽無晚福。不覆則家必覆。鼻爲濟瀆,要豐隆光圓,不破不露,則家必富。

五星六曜五嶽四瀆之圖

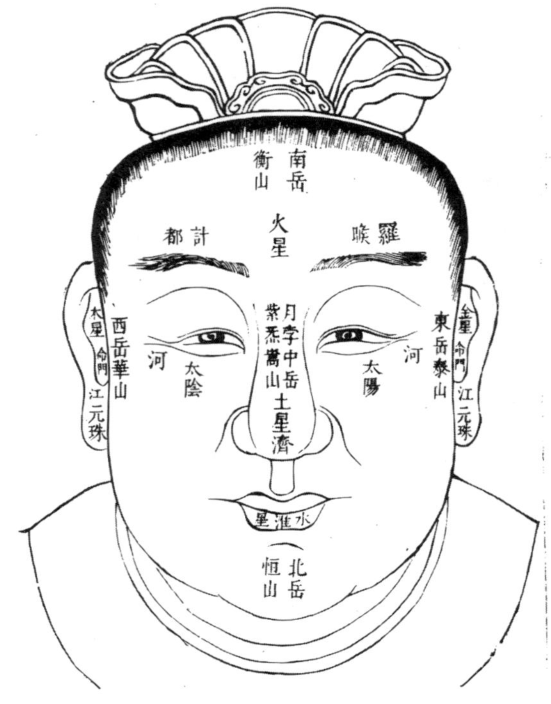

五星六曜説

五星，金、木、水、火、土也。六曜者，太陽、太陰、月孛、羅睺、計都、紫氣。

火星須得方，方者有金章。額也。

紫氣須得圓，圓者有高官。印堂。

土星須要厚，厚者得長壽。鼻也。

木星須要朝，五福並相饒。右耳。

金星須要白，官位終須獲。左耳。

羅睺須要長，長者食天倉。左眉。

計都須要齊，齊者有妻兒。右眉。

月孛須要直，直者得衣食。山根。

太陰須要黑，黑者有官職。右眼。

太陽須要光，光者福禄强。左眼。

水星須要紅，紅者作三公。口也。

五星六曜訣斷詩

金木星是耳[①]，貴要輪廓分明，其位紅白色，不拘大小[②]，如門闊，生得端正，不反不尖，不小一般，更是高過眉眼，白色如銀樣大好，其人當生得金木二星照命，發禄定早。翻反側窄，或大或

① 木，原作“朮”，據《麻衣相法》改。

② 拘，原作“均”，據《麻衣相法》改。

小,爲陷了金木二星,其人損田宅,破財帛,無學識也。

詩曰:金木成雙廓有輪,風門容指主聰明。端聳直朝羅計上,富貴榮華日日新。左金耳也。金木開花一世貧,輪翻廓反有艱辛。於中若有爲官者,終是區區不出塵。右木耳也。

水星是口。名爲内學堂,須要唇紅闊,四角人中深,口齒端正,有文章,爲官食禄。若唇齒粗,口角垂,黄色,主貧賤。

詩曰:口含四字似硃紅,兩角生棱向上宫。定是文章聰俊士,少年及第作三公。水星略綽兩頭垂,尖薄無棱是乞兒。若是偏斜居左右①,是非奸詐愛便宜。口也。

火星是額,如額廣闊,髮際深者,有禄位衣食,及子息四五人。其人有藝學,父母尊貴。當生命宫,得火星之力,入命有田宅,壽九十九。如尖陋有多文理者,是陷了火星,乃不貴,子息一二人②,至老不得力。衣食平常,又不得兄弟力。三方無主,損妻破財。

詩曰:火星宫分闊方平,潤澤無紋氣色新。骨聳三條川字樣,少年及第作公卿。火星尖狹是常流,紋亂縱横主配囚。赤脈兩條侵日月,刀兵赴法死他州。額也。

土星是鼻。須要準頭豐厚,兩孔不露,年上、壽上平滿,直端聳不偏,其人當不陷了土星。入命并滿三方③,主有福禄壽。如中嶽土星不正,準頭尖露,更準頭高,其人陷了中嶽土星,主貧賤少家業,主心性不直。

詩曰:土宿端圓似截筒,竈門孔大即三公。蘭臺廷尉來相

---

① 斜,原作"將",據《麻衣相法》改。

② "子息"前原有"無"字,據文意删。

③ 方,原作"分",據《麻衣相法》改。

應，必主聲名達聖聰。土宿歪斜受苦辛，準頭尖薄主孤貧。傍觀勾曲如鷹嘴，心裏奸謀必害人。鼻也。

紫氣星，印堂下是。印堂分明，無直紋，圓如珠，主人必貴。白色如銀樣，主大富貴。黄者，有衣食。如窄不平，内有隱紋者[①]，不吉。子息二三人，不得力，無厚禄，損田宅。

詩曰：紫氣宫中闊又圓，拱朝帝主是英賢。蘭臺廷尉來相應，末主官榮盛有錢。紫氣宫中窄又尖，小短無腮更少髯。自小爲人無實學，衣食蕭條更没添。印堂。

太陰太陽是眼。要黑白分明，長細雙分入鬢者，黑睛多白睛少，光彩者，其人當生得陰陽二星照命，作事俱順，骨肉俱貴。如黑少白多，黄赤色，其人陷了二星，損父母，害妻子，破田宅，多災短命。

詩曰：日月分明是太陽，精神光彩一般强。太陽。爲官不拜當朝相，也合高遷作侍郎。左眼。日月斜窺赤貫瞳，更嫌孤露又無神。太陰。陰陽枯暗因刀死[②]，莫待長年主惡終。右眼。

月孛星是山根。從印堂直下分破者，其人當遭月孛照命，陷了山根，主子孫不吉，定多災厄。修讀無成，破産業，剋妻害子息[③]。

詩曰：月孛宜高不宜低，瑩然光彩似琉璃。爲官必定忠臣相，末主高官有好妻。月孛宫中狹又尖，家財早破事相煎。爲官豈得榮高禄，孛位當生困歲年。山根。

羅計星是眉。二星粗黑，過目入鬢際者，此衣禄之相，子息

---

① 内，原作“勻”，據《麻衣相法》改。

② 因刀，《麻衣相法》作“困方”。

③ 剋，原無，據《麻衣相法》補。

父母皆貴,親眷亦貴。此二星入命,如眉相連,黄赤色[①],更短,主骨肉子息多犯惡死。

詩曰:羅計星君秀且長,分明貼肉應三陽。左羅。不惟此貌居官職,恩義彰名播遠方。羅睺稀疏骨聳高,爲人性急愛凶豪。眉毛。奸邪狀似垂楊柳,兄弟同胞有旋毛。右計。

六府三才三停之圖

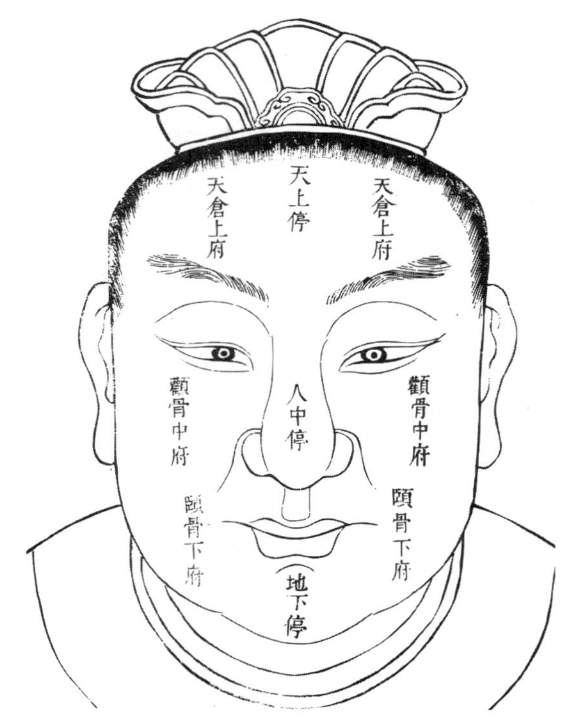

六府論

六府者,兩輔骨、兩顴骨、兩頤骨。欲其充實相輔,不欲支離

① 黄,原作“横”,據《麻衣相法》改。

孤露[①]。《靈臺秘訣》云：上二府自輔角至天倉，中二府自命門至虎耳，下二府自頤骨至地閣[②]。六府充直無缺陷瘢痕者，主財旺。天倉峻起多財禄，地閣方停萬頃田。缺者不合。

三才三停論

三才者，額爲天，欲闊而圓，名曰有天者貴。鼻爲人，欲旺而齊，名曰有人者壽。頦爲地，欲方而闊，名曰有地者富。三停者，自髮際至印堂爲上府[③]，是初主。自山根至準頭爲中府，是中主。自人中至地閣爲下府，是末主。自髮際至眉爲上停，眉至準頭爲中停，準頭至地閣爲下停[④]。訣曰：上停長，少吉昌[⑤]。中停長，近君王。下停長，老吉祥[⑥]。三停平等，富貴榮顯。三停不均，孤夭貧賤。

詩曰：面上三停仔細看，額高須得耳門寬。學堂三部奚堪足，空有文章恐不官。鼻梁隆起如懸膽，促者中年壽不長。地閣滿來田地盛，天廷平闊子孫昌。

相三主

額尖初主災，鼻歪中主逃。欲知晚景事，地閣喜方高。

① 孤，《麻衣相法》作“低”。
② 頤，原作“肩”，據《麻衣相法》改。
③ 自，原無，據《麻衣相法》補。
④ 《麻衣相法》無“自髮際”至“爲下停”段文字。
⑤ 少，原作“老”，據《麻衣相法》改。
⑥ 老，原作“少”，據《麻衣相法》改。

論三柱

頭爲壽柱,鼻爲梁柱,足爲棟柱。

身相三停

身分三停,頭爲上停。人矮小而頭大長者,有上梢無下梢。身長大而頭短小者,一生貧賤。自肩至腰爲中停,要相稱。短而無壽,長則貧。腰軟而坐俱動者,無力而無壽。自腰至足爲下停,要與上停齊,而不欲長,長則多病。若上中下三停長大短小不齊者,此人無壽。一身三停相稱爲美。

上停豐秀厚而長,此是平生大吉昌。若是下停長且薄,似此貧窮走四方。身上三停頭足腰,看他長短要均調。上長下短公侯相,長短無差福不饒。中停長者人多貴,背聳三山足寶珍。萬一脚長身又短,區區浪走一凡民。又云:下長上短賤人體,形貌乾枯骨又粗。若見眼圓如竹葉,中年裹面産田無。上停短下停長,終日區區促壽疆。上停長下停短,衣食自然倉廩滿。三停俱短無虧陷,五嶽端嚴富貴全。上下兩停兼短促,一生終是受迍邅。

五行形相

詩曰:木瘦金方水主肥,土形敦厚背如龜。上尖下闊名爲火,五樣人形仔細推。木色青兮火色紅,土黄水黑是真容。只有金形是帶白，五般顔色不相同。青主憂兮白主喪，黑主重病及官方。若還進職并添喜，看取新黄滿面光。

神相全編三

五行象説

夫人之受精於水,稟氣於火而爲人。精合而後神生,神生而後形全。是知全於外者,有金木水火土之相,有飛禽走獸之相。金不嫌方,木不嫌瘦,水不嫌肥,火不嫌尖,土不嫌濁。似金得金剛毅深,似木得木貲財足,似水得水文學貴,似火得火見機果,似土得土厚櫃庫。故豐厚嚴謹者,不富即貴。淺薄輕燥者,不貧則夭。如女子之氣,欲其和媚,相貌欲其嚴整。若此者,不富則貴也。

論形

人稟陰陽之氣,肖天地之形,受五行之資,爲萬物之靈者也。故頭象天,足象地,眼象日月,聲音象雷霆,血脈象江河,骨節象金石,鼻額象山嶽,毫髮象草木。天欲高遠,地欲方厚,日月欲光明,雷霆欲震響,江河欲潤,金石欲堅,山嶽欲峻,草木欲秀,此皆大概也。然郭林宗有觀人八法是也。

論神

夫形以養血，血以養氣，氣以養神。故形全則血全，血全則氣全，氣全則神全。是知形能養神，托氣而安也。氣不安，則神暴而不安。能安其神，其惟君子乎。寤則神遊於眼，寐則神處於心。是形出處於神而爲神之表[①]，猶日月之光外照萬物，而其神固在日月之内也。眼明則神清，眼昏則神濁。清則貴，濁則賤。清則寤多而寐少，濁則寤少而寐多。能推其寤者，可以知其貴賤也。夫夢之境界，蓋神遊於心，而其所遊之遠，亦不出五臟六腑之間，與夫耳目視聽之門也。其所遊之界與所見之事，或相感而成，或遇事而至，亦吾身之所有也。夢中所見之事，乃吾身中，非出吾身之外也。白眼禪師曰：夢有五境，一曰靈境，二曰寶境，三曰過去境，四曰見在境，五曰未來境。神躁夢生，神静則境滅。夫望其形，或洒然而清，或朗然而明，或凝然而重。然由神發於内而見於表也。神清而和，徹明而秀者，富貴之相也。昏而柔弱，濁而結者，貧薄之相也。實而静者，其神安。虚而急者，其神躁。

達摩相主神有七

藏不晦，藏者，不露也。晦者，無神也。安不愚，安者，不摇動也。愚者，不變通也。發不露，發者，發揚也。露者，輕佻也。清不枯，清者，神逼人也。枯

① 神之表，原作"形之表"，依文意改。

者,清而死也[①]。和不弱,和者,可親也。弱者,可狎也。怒不争,怒者,正氣也。争者,戾氣也。剛不孤。剛者,可敬也。孤者,可惡也。

詩曰:神居形内不可見,氣以養神爲命根。氣壯血和則安固,血枯氣散神光奔。英標清秀心神爽,氣血和調神不昏。神之清濁爲形表,能定貴賤最堪論。

論氣

夫石藴玉而山輝,沙懷金而川媚。此至精之寶,見乎色而發於形也。夫形者,質也。氣所以充乎質,質因氣而宏。神完則氣寬,神安則氣静。得失不足以暴其氣,喜怒不足以驚其神,則於德爲有容,於量爲有度,乃重厚有福之人也。形猶材,有杞梓楩柟荆棘之異。神猶土,所以治材用其器。聲猶器,聽其聲然後知其器之美惡。氣猶馬,馳之以道善惡之境。君子則善養其材,善御其德,又善治其器,善御其馬,小人反是。其氣寬可以容物,和可以接物,剛可以制物[②],清可以表物,正可以理物。不寬則隘,不和則戾,不剛則懦,不清則濁,不正則偏。視其氣之淺深,察其色之躁静,則君子小人辨矣。氣表而舒[③],和而不暴,爲福壽之人。急促不均,暴然見乎色者,爲下賤之人也。醫經以一呼一吸爲一息,凡人一晝夜計一萬三千五百息。今觀人之呼吸疾徐不同,或急者十息,遲者尚未七八。而老肥者大疾,幼瘦者差遲,故恐古人之言猶未盡理。夫氣,呼吸發乎顔表,而爲吉凶之兆,其

① 清,原作“神”,據《麻衣相法》改。
② 此句原無,據《麻衣相法》補。
③ 表,《麻衣相法》作“長”。

散如毛髮,其聚如黍米。望之有形,按之無迹。苟不精意以觀之,則禍福無憑也。氣出入無聲,耳不自察。或卧而不喘者,謂之龜息。氣,象也。呼吸氣盈而身動,近死之兆也。孟子不顧萬鍾之禄,能養氣者也。争可欲之利,悻悻然戾其色而暴其氣者,亦何足論哉[①]。

詩曰:氣乃形之本,察之見賢愚。小人多急燥,君子則寬舒。暴戾災相及,深沉福有餘。誰知公輔量,虚受若重淵。

柳莊曰:從髮際至承漿左右,氣止一百二十五部。若言黑子皆爲助相,視其骨氣美者爲妙也。

論五音

五行散而爲萬物。人生萬物之上,聲亦辨其五音。故木音嘹喨高暢,激越而和。火音焦烈燥怒,如火烈之聲。金音和而不戾,潤而不枯,如調簧奏曲,玉磬流音。水音圓而清,急而暢,感條達之間也。與形相養相生者,吉;與形相剋相犯者,凶。

論聲

夫人之有聲,如鐘鼓之響。器大則聲宏,器小則聲短。神清則氣和,氣和則聲潤深而圓暢也。神濁則氣促,氣促則聲焦急而輕嘶也。故貴人之聲,多出於丹田之中,與聲氣相通,混然而外達。丹田者,聲之根也。舌端者,聲之表也。夫根深則表重,根

① 足,原作"以",據《麻衣相法》改。

淺則表輕。是知聲發於根而見於表也。若夫清而圓,堅而亮,緩而烈,急而和,長而有力,勇而有節,大如洪鐘騰韻,鼉鼓振音;小如玉水流鳴,琴徽奏曲,見其色則睟然而後動,與其言久而後應,皆貴人之相也。小人之言皆發舌端之上,促急而不達。或則急而嘶[①],緩而澀,深而滯,淺而燥[②]。大則散,散則破,或輕重不均,嘹喨無節;或睚眦而暴,繁亂而浮;或如破鑼之響,敗鼓之鳴;又如寒鴉哺雛,鵝雁哽咽[③];或如病猿求侶,孤雁失群,細如蚯蚓發吟,狂如青鼃夜噪,有如犬之吠,如羊之鳴,皆賤薄之相也。男有女聲主貧賤[④],女有男聲亦妨害。然身大而聲小者,凶。或乾濕而不齊,謂之羅網聲。大小不均,謂之雌雄聲。或先遲而後急,或先急而後遲,或聲未止而氣先絶,或心未舉而色先變,皆下賤之相也[⑤]。夫神定於内,氣和於外,然後可以接物。非難言有先後之叙,而色亦不變也。苟神不安而氣不和[⑥],則其言失先後之叙,辭色撓矣,此小人之相也。夫人稟五行之形,則氣聲亦配五行之象也。故土聲深厚,木聲高唱,火聲焦烈,水聲緩急,金聲和潤。又曰:聲輕者,斷事無能。聲破者,作事無成。聲濁者,謀運不發。聲低者,魯鈍無文。清吟如澗中流水者,極貴。發聲溜亮,自覺如甕中之響者,主五福全備之人也。

---

① 或,原作"何",據《麻衣相法》改。

② "燥"字,後原有"大"字,據《麻衣相法》删。

③ 鵝,《麻衣相法》作"孤"。

④ 主,原作"單",據《麻衣相法》改。

⑤ 下,原無,據《麻衣相法》補。

⑥ 氣,原作"意",據上文及《麻衣相法》改。

許負聽聲篇

聲小亮高,賢貴之極。語聲細嫩,必主貧寒,兼須危困。女人雄聲,終身不榮,良人早殞,虛有夫名。男子雌聲,妨婦多男。女聲急切,妨夫一絶。

詩曰:木聲高唱火聲焦,和潤金聲最富饒。土語却如深甕裏,水聲圓急又飄飄。貴人音韻出丹田,氣實喉寬響又堅。貧賤不離唇舌上,一生奔走不堪言。

聲大無形,托氣而發。賤者,浮濁。貴者,清趣。太柔則靡,太剛則折。隔山相聞,圓長不缺,斯乃貴人,遠見風格。

富格例

形厚,神安,氣清,聲揚,眉闊,耳厚,唇紅,鼻直,面方,背厚,腰正,皮滑,腹垂,牛齒,鵝行,已上皆富貴相也,主少年奮發,家財豐厚也。

大富格

耳大貼肉,鼻如截筒,鼻如懸膽,面黑身白,背聳三山,聲如遠鐘,背闊胸平,腹大垂下,頭皮寬大,主大富也。

中富格

三停平等,五嶽朝歸,五長俱全,五短俱全,五露俱全,眼如丹鳳,聲似鳴鐘,秉此格者,主中富也。

貴格例

面黑身白,面粗身細,脚短手長,身小聲大,龍來吞虎,面短眼長,不臭而香,肉角少頂,已上皆貴相也。若人有此相,求功名者,官高職顯;求財利者,錢穀巨富之相也。

大貴格

虎頭燕頷,日月角起,伏犀貫頂,眼有定睛,鳳閣插天,兩手垂膝,口中容拳,舌至準頭,虎步龍行,雙鳳眼,此爲大貴之相也。

中貴格

鬚如鐵綫,耳白過面,眼如點漆,上長下短,口如四字,三十六牙,龍吞虎吻,此爲中貴之相也。

小貴格

天庭高聳,地閣方圓,小便如珠,大便方細,齒白而大,眉疏目秀，口如弓角，唇似珠紅[①]，此爲小貴之相也。

富相口訣

腰圓背厚者，富貴。有梁柱，左右顴起，口方而地閣方圓，四維有朝拱者，主富之相。氣色潤秀，身體細膩，面正平滿，背格古怪清奇者，主富。手背厚，行立坐食端正者，主富。精神秀異，舉止沉重者，主富相也。

貴相口訣

看官貴在眼，有神有骨聳秀，皆異常人。身短而面長者，貴。面方眼長者，貴。肩背重厚者，貴。頭有角骨者，貴。面有骨格者，貴。鳳目龍睛者，貴。額有角起，聲音清亮，耳白如面，額有幞，頭棱者，貴。髯鬚似鐵，手足似玉，不貴而富。

壽相格

顴骨重貫耳者，壽。命門光澤者，壽。項下有皮如絛者，長壽之相也。雙絛，妻偕老。一絛，則孤。人中著齒而齊者，福壽。喉音高者，臥而不喘，謂之龜息，乃壽相。顴骨相連入耳，耳後骨高起[②]，年壽上不陷者，主壽。耳是木星，又爲壽星。山根上正直

① 珠，依文意似當作“朱”。

② 耳，原無，據文意補。

者,主福壽。耳後有骨,名壽星骨,生豐起者,長年。腦後三玉枕,如果栗者,福壽。鼻梁隆起者,壽相。食物急登溷緩者,壽。五嶽豐隆,法令分明,眉有長毫,項有餘皮,額有横骨,面皮寬厚,聲音清響,背肉負厚,胸前平闊,齒齊堅密,行坐端莊,兩目有神,耳有長毫,鼻梁高聳,已上皆壽相也。

福德格例

眉長過目,主妻得美貌曉事。眉如新月,主人聰明,文章折桂,舉業有成。面有和氣,主高人相敬,陰人得力。星辰拱朝,主人作事有成,有立之命。金木朝元,主有口禄,兼得遠方財物。目秀而長。主貴人相敬,有財壽禄全。

成格例

正面開敷,城郭端正,眼光不流,五拱六滿,三處平闊,三光五澤。

成敗不足格

地角尖削者,主成敗。骨節粗惡,面上塵埃,面赤氣黑,行步擺揺者,主成敗。鼻露梁者,主耗散。

進格例

紅黄不改,五嶽光華,氣和色潤,氣宇軒昂,五星朝拱,四瀆無傾。

退格例

額上斷紋,口眼偏斜,背皮單薄,氣色塵昏,灰色如黑,城郭欠明,鼻露土流,齒牙不齊,印堂穿破,兩耳焦黑。

動格例

耳反無輪,山根無肉,面無城郭,上短下長,身長項長,三尖六削。

散格例

雙眉尾散,兩耳無弦,面無城郭,鼻頭仰露,四大空亡,面皮急綳,氣色煙塵,紋破痣侵。

發達

滿面光潤者,發達。紅黄滿面者,發財。氣體充越者,發福。神氣清爽者,發福也。

清閑安樂

手足細膩,一生清閑。面皮滑澤,一生安樂。眉毛疏淡,一生清閑。骨格清雅,一生安寧。神清氣和,一生聰慧。

穩厚

形貌端謹,言語詳細,作事有始有終,氣宇寬和,精神不露,部位無傷,穩厚端重,方正公平,近君子,遠小人。

聰明

目秀神清,主聰明。肉皮細滑,主聰明。指甲尖秀,主聰明。耳有輪廓,主聰明。眉毛疏秀,齒白而齊,骨格清楚,主聰明。

愚頑慵懶

神昏昧者,愚頑。面骨横粗者,愚頑。耳前暗昧者,慵懶。眉重濁者,性懶。氣濁者,愚魯之漢。

剛强狠癖

眼中如火,主剛强。面上青容冷面,主狠癖。眼有三角,面肉横,主剛勇。唇高嘴趫①,主性剛。眼白多,主性癖。

---

① 趫於意不合,疑誤。

伎巧

眉毛纖細，重重技藝。眉中黑子，必有伎倆。鼻廣面長，伎倆非常。

孤格

骨重者，主孤。垂珠大者，眉交眉濃，鬢髮厚者，俱孤。冬天出汗者，主貧孤。耳反者，孤。華蓋重者，孤。骨體響者，孤。聲如雷者，主孤。有腋氣者，主孤。地角虧者，主孤。又曰：顴骨生峰者，孤。口角低者，孤。眉如八字者，主孤。

夭相

肉重無骨者，夭。兩目無神，兩耳低小，筋骨柔弱，無神無氣，身長面短，面皮綳急，背負坑陷，桃花面色，步折腰斜，已上所説當與後《夭相歌》、《十知》同看也。

窮蹇

滿面憂容者，迍而貧。塵埃滿面者，貧。背負薄肉者，多迍。井竈露孔者，不聚財。氣色困滯者，多迍。神氣不定者，多迍。

刑剋

結喉露齒，眼下無肉，淚堂深陷，人中紋理，人中黑子，山根斷折，魚尾枯陷，顴骨枯槁，眼帶桃花，口如吹火，嘴如卧蠶穿破，兩耳反掀，眼下淚痣，眼下又如荔枝色者，皆刑剋也。

剋父母

左偏損父，右偏損母。二處有疤痕，露齒結喉，損父。陰氣重者，損母。

剋妻妾

兩顴骨凸露，主剋三妻。山根有横紋，剋三妻。魚尾枯陷，剋頭妻。眉重壓眼，剋妻。山根陷，剋妻。結喉露齒，剋妻害子。眉中有痣，妨妻。面如麵袋，剋妻妨子。羊紋者，刑妻。一紋刑一妻，兩紋下低刑三妻。左目小，損妻。眼尾有紋，剋妻。三紋剋三妻。左眼角下神光之位有青色者，主七旬内難爲妻子。黑子者，主生離。華蓋骨重，眼尾紋長，魚尾枯，山根痣斑麻，三次作新郎。

剋子息

眼下淚痕，剋兒。女人中斜側，剋兒。耳無輪廓，主刑剋。山根斷折，剋兒。女人中高尖，剋兒女。三陰三陽不宜疤痕及有紋痣。鼻如界方，鼻梁劍脊骨見，地角有虧，陰氣太重，有女無男。有背無脊，頭低步緩，狼虎之聲，主刑剋也。

孤神格

顴骨生峰，

主孤無子。縱有，亦是螟蛉兒，此乃俱不得力之相。

耳無弦根，

主父母妻子生離死別，田園秏散，無祖業之相。

面無和氣，

主有妻無子，父母隔各，六親無情。

眉棱骨起，

主三妻，有破祖無情，主有宿疾，性剛氣暴。

眼下無肉。

主兒女有剋，得力者少，與人無情，小人不足之相。

寡宿格

面無人色，

主與人寡合，爲人心毒，最愛便宜。

處事不和，

主人常招是非，主孤，有妻無子。

不愛老幼，

主六親不和，救人無功。

眉頭常蹙，

主早年剋傷，見孤單，不傷妻女，早見刑傷。

不哭常淚。

必主傷妻剋子，晚景孤單，一雙流淚眼，只會送人亡。

亡神格

頭尖項大,

主人牢獄之分,性急無定。

面小鼻大,

主守空房,爲事顛悔,才禄俱滯。

鬚拳鬢捲,

主人凶暴,性狠毒。

鼻梁横起。

主與朋友難交,性嚴難犯。

劫殺格

眉骨枯棱,

主妻子難爲,六親冰炭,性情不常。

鼻梁尖薄,

主殺妻害子,其心最毒,孤單相。

眼深無肉,

主人奸詐便宜,早年父母不得力,兄弟分離,財壽不足。

喉下結高。

主傷妻子,壽命不長。

六衡格

面多漏氣,

主作事犯重，妻子重見，亦主離親相。

眉眼不朝，

主爲人六親不和。

口角下垂，

主爲人愛便宜。

齒亂牙疏，

主骨肉不和，陰人不和。

星辰不拱，

主背禄奔波，無成無立。

眉目雜亂。

主有人口生離死别，百事無成。

六害格

鼻尖齒亂，

主自家不睦不和，陰人不得力之相。

懸針梁露，

主兄弟分離，父母隔各，持刀弄斧。

肉露肉横。

主爲人反面無情，爲事不仁，女人主孤。

華蓋格

横紋額上，

主人幼年辛苦勞碌，妻遲子晚，又主孤單。

眼上露堂，

主人有藝壓身,爲人慳吝。

鼻準豐大,

主爲人心善愛道,爲事進退。

額上高骨。

主有壽,不染瘟病,相刑妻子。

羊刃破家紋

印堂上穿,

主持刀把斧,性重,别祖離宗之人。

鼻露尖薄,

主田宅破耗,屋宅破財,限行到此必危。

鼻梁劍脊,

主六親冰炭,三十六九一厄,末年田園耗散。

兩眼昏沉,

主一世貧窮,奔波勞碌,妻離子散。

魚尾偏虧,

主小人不足,妻子刑剋,財散。

面如洗光,

主自破家産,一世貧窮。

皮薄繃鼓,

主人無壽,一生財禄不聚,奔波勞碌之相。

灰土塵蒙。

主爲人死無所歸。

面上十大空亡

額尖爲天空。額尖繃鼓,官貴無分,祖業難招,主孤刑。父母有傷，五十不齊，五十以前，凡事不吉利也。

頦削爲地空。無地角，主晚歲孤寒，妻子難爲，無結果之處，夫妻隔各，六親不和，此爲平常之相也。

天倉陷爲一空。此空主食禄淺薄，主人齋戒，口腹淺薄，得祖業難，招奔波，晚景辛苦之相也。

面無城郭爲一空。此相大忌，主人無成虚花，無壽而無略，亦無祖業之人，此爲平常之相也。

山根陷爲一空。此空主人離祖，六親無力，骨肉無情，兄弟隔各，爲人少力也。

風門露爲一空。此空當主財散，六親隔各，夫妻不能偕老，莊田祖業主有破難存也。

鬚不過唇爲一空。此空主爲人費力，朋友無情，財帛破耗，主其子孫不得力之相也。

耳無弦根爲一空。此空之相主人破祖離宗，身無居住之地，財禄耗散，無成亦無結果之相也。

唇無鬚爲一空。此空主孤刑，晚景貧寒，衣食困乏，決無妻子。若有，定是虚花，到頭一場辛苦，此爲賤相也。

十殺格

人行如醉，爲一殺；鼻曲者，爲二殺；面如散麻者，爲三殺；面如苽蔓，爲四殺；眉濃爲五殺；豺聲爲六殺；聲高爲七殺；寅申戌爲八殺；口闊爲九殺；眼大爲十殺。

奸詐格

斜視者多詐;口尖唇薄者,多妄;冷笑無情,多詐;偷視不正,多詐;視上顧下,多詐;妄説語言,如太急者,多詐;牙齒疏者,多詐。又曰:鼻尖毫出,眼細視低,口角高低,步履縱横,行步不匀,脚走高低,多詐。

寬大格

升斗滿,部位中正,印堂開闊,諸部圓滿,鼻竅微露,陰德眼,上下堂有黄氣,卧蠶出見,印堂黄氣,精舍黄氣,帶令,地角朝天,耳有輪廓朝水,口有棱角,眼帶桃花,眉如綫,又如新月,久視意氣可人。

貪食格

鼻如鷹嘴者,多貪。心狡眼紅者,多貪。心毒眉卓者,多貪。嘴尖者,多貪。鼻勾者,多貪。

勞碌格

眼長多勞碌。骨粗多勞碌。面如馬面驢唇,勞碌。眉重氣弱者,勞碌。魚尾紋多者,勞碌。

四反格

耳無輪，口無棱，鼻仰孔，目無神。

三尖格

鼻尖，頭尖，額尖。

六削格

眉無尾，額無角，目無神，鼻無梁，口無棱，耳無輪。

惡死格

眼睛黄色，主卒死。眉卓如刀，主横亡。面黑常帶怒容，眼中如血者，皆主暴亡。赤脈貫睛，鼻露梁，主惡死。眉生逆毛，主惡亡。此爲惡死之相也。

溺水格

人中交紋，溺水招魂。額上忽如塵污者，五十日内主墜井亡，名曰横殃休廢。眉間黑子，初年水厄之憂。痣生魚尾之中，主水厄之憂。口角黑靨，末防水厄。

火災格

山根赤,七日之憂,慎火。天羅紋在額上數十條者,有災,遭火殃。痣在眉毛,終年必遭火厄。

妻美格

靨下黄色起紛紛,貴人欲要立爲婚。有妻必是多賢德,才子文章入帝京。

《神機》云:準頭圓,竅不露不昂,蘭臺廷尉二部相應,人生主得美貌之妻。山根有奇骨伏起者,爲婚得貴妻。眉如畫者,一生得陰人之財。

人面總論

天庭欲起司空平,中正廣闊印堂清。山根不陷年壽潤,準頭齊圓人中正。口好四字承漿闊,地閣朝歸倉庫盈。山根圓滿驛馬豐,日月高兮邊地静。陰陽肉多魚尾長,正面顴骨有神光。蘭臺平滿法令正,金匱海角生微黄。三陰三陽不枯焦,龍藏虎伏仍相當。五嶽四瀆無剋破,便是人間可相郎。

論面

列百部之靈居,通五臟之神路,惟三才之成象,定一身之得失者,面也。故五嶽四瀆欲得相朝,三停諸部欲得豐滿也。貌端神静氣和者，乃富貴之基也。若夫欹斜不正，傾側缺陷，色澤昏暗，氣貌醜惡者，貧賤之相也。是以面色白如玉潤，黑如漆光，黄如蒸栗，紫如絳繒者，皆屬吉相[①]。面色有赤暴如火者，命短卒亡。面色塵埃，貧下夭死。面色怒變青藍者，毒害之人。面作三拳者，男主剋子而貧，女主剋夫而賤。面如滿月，清秀而神彩射人者，謂之朝霞之面，男主公侯將相，女主后妃夫人。面皮厚者，性純而富。面皮薄者，性敏而貧。身肥面瘦者，命長性緩。身瘦面肥者，命短性急。面白身黑者，性易而賤。面黑身白者，性難而貴。若面如黄瓜者，富貴榮華。面如青瓜者，賢哲堪誇也。

相面

面欲長而方，若上下尖如棗核者，貧賤。面有六府，頭骨爲上二府，顴骨爲中兩府，頤骨爲下兩府。上尖者，不利。下尖狹者，賤無下稍。顴骨有壽紋入耳，若兼入鬢者，貴。高狹者，孤。頷骨闊者，富。尖者，窮。腮骨大開闊，耳後見者，心毒。面有三停，上自髮際至眉爲上停，自眉至準頭爲中停，自準頭至地閣爲下停。上停長者，貴。中停長者，無中主。下停長者，無下梢。面有六曜五星，頭爲火星，鼻爲土星，左眉爲羅睺，右眉爲計都，口爲水星，左眼爲太陽，右眼爲太陰，左耳爲金星，右耳爲木星，眉中爲紫氣，山根爲月孛。二卷三停先見，以附訣語也。

詩曰：鼻梁高起豈尋常，紋促中年壽不長。地閣豐圓田宅盛，天庭平闊子孫昌。

① 屬吉相，《麻衣相法》作“大富貴”。

又云:對面不見耳,問是誰家子。主大貴。對面不見腮,此人何處來。大不好。又云:面粗身細人之福,面細身粗一世貧。總有玉樓無縱髮,一生無義又無親。

相頭并髮

頭者,一身之尊,百骸之長,諸陽之會,五行之宗。居高而圓,象天之德也。其骨欲豐而起,欲峻而凸;皮欲厚,額欲方。短則欲厚,長則欲方。頂凸者,高貴。陷者,夭壽。皮薄者,主貧賤。頭有肉角者,主大貴。右陷者,損母。左陷者,損父。耳後有骨,名曰壽骨。起者長年,陷者壽夭。太陽穴有骨,名曰扶桑骨;耳上有骨,名曰玉樓骨,並主富貴。行不欲摇頭,坐不欲低首,皆貧賤之相。髮際低者,性愚而夭。髮際高者,性和而壽。項後髮高,其性僻下。髮欲疏而黑,短而潤。頭小髮長,散走他鄉。髮黄而焦,不貧則夭。髮短如拳,立性剛强。或赤或白,貧窮之相。

詩曰:腦後太陽骨豐起,爲官享壽自延年。髮疏面薄皆貧相,父母難爲左右偏。頭小頸長,貧乏異常。蛇頭屈曲,糟糠不足。頭短而圓,福禄綿綿。腹肚下垂,人僕相隨。又云:頭小髮長蹤迹散,髮長頭窄命難長。髮生到耳須餓死,髮捲如螺必有傷。髮早白者凶,白而再黑者吉。自古無濃髮宰相,亦無突髮之健兒。大概髮欲潤澤而黑,不喜焦枯而濃。若雙頂者,多妨父。又云:頭上方圓額又平,定是富貴有高名。頂骨連鼻終拜相,世世生生不受貧。頭生角骨武封侯,腦後連山富貴流。枕骨更生終不賤[1],上尖下長賤薄人[2]。兔頭多是性輕狂,額上金微父早亡。少年白髮多妨剋,兩鬢毛疏性不良。頂中低下是賢人,女長頭青嫁貴人。更得髮光面圓潤,必爲妃后國恩頻。男女頭鼻面靨多,靨音業,面上黑子也。再嫁重婚苦奔波。無病面帶塵埃色,短命孤寒受坎坷。又云:髮青髮細貴榮高,女妃男貴佐明朝。黄粗更有捲毛者,定主亡夫殺婿苗。兩鬢毛疏好殺人,少生白髮剋雙親。有旋垂額兼垂項,多淫殺婦豈堪論。

論髮

人之有髮,象山嶽之有草木。草木茂盛,則山嶽蔽而不明,鬱而不清。故毛髮欲得密而細,短而潤,黑而光,秀而香,乃貴人之相也。若夫髮色黄者,多妨剋。髮色赤者,多災害。髮粗硬而索者,性剛而孤獨。髮繁多而氣臭者,迍滯而貧賤。髮如蓬拳者,性狡而貧苦。髮際多者,貧賤。髮際高者,性和。項後髮高,其性僻毒。是以耳邊無鬢,心懷毒刃。侵眉亂額,多見災厄。鬢髮粗疏,財食無餘。鬢髮乾燥,憂愁至老。鬢髮細密則血氣充滿,粗疏則血氣浮薄。滋潤則血氣旺,乾燥則血氣弱。髮細潤澤,宜求官職。黑細如絲,榮貴之資。髮鬢亂生,狡詐人憎。髮中赤理,必主兵死。額髮亂垂,妨母之宜。鬢髮不齊,剋害妻兒。未及四十而髮白者,是謂血衰,乃性樂而命短矣。毛髮硬礫如蝟毛者,爲子爲臣,必不忠孝矣。

---

① 不賤,《麻衣相法》作"是福"。

② 上尖下長,《麻衣相法》作"上粗下短"。

論眉

夫眉者,媚也。爲兩目之華蓋,一面之表儀,且謂目之英華,主賢愚之辨也。故眉欲細,平而闊,秀而長者,性乃聰明也。若夫粗而濃,逆而亂,短而蹙者,性又凶頑也。若眉過眼者,富貴。短不覆眼者,乏財。壓眼者,窮逼。昂者,氣剛。卓而竪者,性豪。尾垂眼者,性懦。眉頭交者,貧薄,妨兄弟。眉逆生者,不良,妨妻子。眉骨棱起者,凶惡多滯。眉中黑子者,聰貴而賢。眉高居額中者,大貴。眉中生白毫者,多壽。眉上多直理者,富貴。眉上多横理者,貧苦。眉中有缺者,多奸詐。眉薄如無者,多狡佞。

訣曰:眉高聳秀,威權禄厚。眉毛長垂,高壽無疑。眉毛潤澤,求官易得。眉交不分,早歲歸墳。眉如角弓,性善不雄。眉如初月,聰明超越。重重如絲,貪淫無守。彎彎如蛾,好色雖多。眉長過目,忠直有禄。眉短於目,心性孤獨。眉頭交斜,兄弟各家。眉毛細起,不賢則貴。眉角入鬢,爲人聰俊。眉俱旋毛,兄弟同胞。眉毛婆娑,男少女多。眉覆眉仰,兩目所仰。眉若高直,身當清職。眉中紋破,迍邅常有。

相眉

雙眉爲羅計星,欲疏而秀,平而闊,直而長過目,豐富。左有旋紋者,損父。右則損母。毛長者,壽。毫白者,主超群。眉愁者,孤。短不覆目者,孤貧。粗者,愚夫。斜而卓者,性豪。頭起尾低者,性懦。眉交者,貧賤不得兄弟力。眉頭有旋紋者,多好争鬥劫殺。眉是人倫紫氣星,棱高疏淡秀兼清,一生名譽居人上,食禄榮家有政聲。

眉濃髮厚人多賤，眉逆毛粗不可論。若有長毫過九十，愁容蹙短乏田園。眉細平過眼，清疏秀出群。更加新月樣，名譽四方聞。眉長過眼目，弟兄須五六。後曲兒孫淫，絶毛離鄉曲。眉短家無兄弟真，濃長過目四三人。不過兩目只言二，淡薄短散孤伶仃。

眉毛濃黑財難破，紋過耳頭長不樂，眉頭有痣道人術。更云：有壽官寂寞。眉後毫長壽更長，逆生非見一親亡。左眉尾上還生痣，奸私盜賊切須防。眉後旋毛多獨自，男帶女眉淫色事。毫毛長生莫去嫌，此是保壽更無二。眉後一旋弟兄二，兩旋知君有三二。三旋濃長四五人，濃潤無疏六七是。眉生逆毛小幼孤，女兒如此必妨夫。兩眉相接人多厄，淡薄財散兄弟殂。眉骨棱高無孝心，女眉彎曲更多淫。旋毛生向眉頭後，客走他鄉少信音。眉上紋生八字形，知君兩妾悵平生。日月骨生於額上，長壽官高富且榮。

鬼眉

眉粗壓眼心不善，假施仁義暗毒奸。百般生活無沾染，常思竊盜過平生。

疏散眉

平生財帛多興廢，不虧我用亦無餘。外和内淡如無有，始末虚盈更不舒。

黄薄眉

眉短疏散目且長,早年財帛有虚張。部位雖好發不久,神昏氣濁喪他鄉。

掃帚眉

前清後疏眉散朗,兄弟無情心妒欺。定有一二無後裔,老年財帛不如之。

尖刀眉

眉粗惡煞心奸險,見人一面假和情。執拘梟雄性凶暴,典刑不免喪其身。

八字眉

頭疏尾散壓奸門,到老數妻結不成。財帛一生足我用,子息終須倚螟蛉。

羅漢眉

此眉相中大不歡,妻遲子晚早艱難。晚年娶妾方一子,正妻不産主孤單。

龍眉

眉秀彎彎毫且稀，雁行六七拜丹墀。父母清壽皆齊貴，拔萃超群天下奇。

柳葉眉

眉粗帶濁濁中清，骨肉情疏生子遲。友交忠信貴人盼，定須發達顯揚名。

劍眉

眉若山林秀且長，威權智識輔君王。縱貧不日成清貴，孫子行行後且康。

獅子眉

眉毫粗濁喜高眼，此相須當發達遲。三停得配獅形像，富貴榮華老更輝。

前清後疏眉

眉清尾散散中清，早歲功名財帛平。中歲末年名利遂，收成顯擢耀門庭。

輕清眉

眉秀彎長尾帶疏,飛翔騰達拜皇都。榮華兄弟情皆順,交結相知亦似初。

短促秀眉

秀短之眉壽且高,聯芳雙桂俊英豪。平生不違鷄黍約,忠孝仁廉子亦高。

旋螺眉

旋螺之眉世間稀,威權得此正相宜。平常之人皆不利,英雄武職應天機。

一字眉

毫清首尾皆如蓋,富貴堪誇壽且高。少年發達登科早,夫婦齊眉到白頭。

卧蠶眉

眉彎帶秀心中巧,宛轉機關甚可人。早歲鰲頭宜可占,雁行猶恐弗相親。

新月眉

眉清目秀最爲良，又喜眉尾拂天倉。棠棣怡怡皆富貴，他年及第拜朝堂。

虎眉

此眉雖粗且有威，平生膽志有施爲。不富終能成大貴，遐齡鶴算雁行虧。

小掃帚眉

若濃若大毫不粗，齊拂天倉尾不枯。兄弟背情分南北，骨肉刑傷不可無。

大短促眉

短秀毫清尾略黄，眉頭豎立最爲良。貲財來往難居積，子俊妻和雁侶强。

清秀眉

秀彎長順過天倉，蓋目入鬢更清長。聰明早歲登科第，弟恭兄友姓名香。

間斷眉

若黄若淡有勾絞,兄弟無緣有必傷。財帛進退多興廢,後損爹兮先損娘[①]。

交加眉

最嫌此眉主大凶,中年末景陷牢中。破家累及兄和弟,父在西兮母在東。

相目論

天地之大,託日月以爲光。日月爲萬物之鑑,眼乃爲人一身之日月也。左眼爲日,父象也;右眼爲月,母象也。寐則神處於心,寤則神依於眼,是眼爲神遊息之宫也。觀眼之善惡,可以見神之清濁也。眼長而深,光潤者,大貴。黑如點漆,聰慧文章。含神不露,灼然有光者,富貴。細而深者,長壽兼性隱僻。浮而露睛者,夭死。大而凸,圓而怒者,促壽。凸暴流視者,淫盜。眊然而偏視者,不正之人。赤縷貫睛者,惡死。視定不怯者,其神壯。羊眼者,孤而狠。短小者,愚賤。卓起者,性急。眼下卧蠶者,生貴子。婦人眼黑白分明者,貌重。眼下赤色者,憂産厄。偷視,淫蕩。神定不流者,福全。大抵眼不欲怒,縷不欲赤,白不

① 後,《麻衣相法》作"先";"先",《麻衣相法》作"後"。

欲多，黑不欲少，勢不欲堅，視不欲偏，神不欲困，眩不欲反，光不欲流。其或圓而小，短而深，不善之相也。兩眼之間，名子孫宫，欲豐滿而不失陷。

達摩相眼

秀而正，秀者，論其光。正者，論其體。細而長，細而不長，小巧之人。長而不細，則惡矣。定而出，定則不露[①]，若不出則愚人也。出，謂神出。出而入，出則有神，然不入則蕩子也。上下不白，上白多，必奸。下白多，必刑。視久不脱，神足也。遇變不眊。有養也。

訣曰：目秀而長，必近君王。眼似鯽魚，必定家肥。目大而光，多進田莊。目頭破缺，家財歇滅。目露四白，陣亡兵絶。目如鳳鸞，必定高官。目有三角，其人必惡。目短眉長，愈益田莊。目睛如凸，必定夭折。赤痕侵瞳，官事重重。目赤睛黄，必主夭亡[②]。目長一寸，必佐明王[③]。目烈有威，萬人皈依[④]。目如羊目，相刑骨肉。目如蜂目，惡死孤獨[⑤]。目如蛇睛，狼毒孤刑。目尾相垂，夫妻相離[⑥]。又云：紅眼金睛，不認六親。烏睛小而白睛多，不爲囚繫，主奔波。

眼如日月要分明，鳳目龍睛切要清。最怕黄睛兼赤脈，一生凶害活無成。

---

① 則，原作“而”，據《麻衣相法》改。

② 《麻衣相法》此句後有“目光如電，貴不可言”。

③ 《麻衣相法》此句後有“龍睛鳳目，必食重禄”。

④ 《麻衣相法》此句後有“目如卧弓，必是奸雄”。

⑤ 《麻衣相法》此句後有“目如鬥鷄，惡死無疑”。

⑥ 《麻衣相法》此句後有“目尾朝天，福禄綿綿。女人羊目四白，姦夫入宅。目色通黄，慈憫忠良。黑白分明，必主朝京。若是女子，必主廉貞。目白長細，貧寒無計。目下一字平，所平作甚分明。目下亂紋理，女人多子孫。目下有卧蠶，足女還少男。目下光浸亂，姦淫須可嘆。右小女怕夫，左小男怕婦。隨其男女，小心不虚。目長一寸五分，刀筆力經凌雲”數句。

浮大羊睛必主凶，身孤無著貨財空。細深多是無心腹，斜視之人不可逢。

睛目爲身主，還同日月臺。群星天上伏，萬象鑑中開。秀媚官榮至，清長富貴來。莫教黄更露，往往見迍災。

眼内多白女殺夫，男兒似此亦多愚。更兼睛黄及赤脈，男人發病女妨夫。

眼深定是乏資糧，帶泣妨夫子不强。更見目中塵蒙現，多應貧賤死他鄉。

眼中黑靨女多奸，兩眼方而保壽顔。莫見黑睛圓更大，定知賢士更多賢。

看君左眼雖然小，我且知君是長男。見右眼輪還不薄，女人最大敢言談。

兩眼胞下痣分明，家有食糧僧道人。左眼直下還生痣，封侯伯子至公卿。

眼下横肉卧蠶子，知君久遠絶子嗣。更生紋靨多瘢疵，尅子無兒端的是。

眼下一字封侯伯，龍眉鳳眼人中貴。黑白分明信義流，鷄眼昏暗終是害。

兩眼光明是貴人，虎觀獅視國將軍。牛眼多慈龜目滯，蛇睛羊眼莫爲鄰。

偷眼視人賊兵死，鼠望貓窺亦如此。鷹眼從來道不慈，猿猴之眼顛狂死。

左眼小知君怕婦，魚目多在兵刑死。大小不同何所招，弟兄生時異父母。

妻刑財破要知根，眼後紋多入鬢門。更見右邊口角畔，豎紋黑靨没毫分。

龍眼

黑白分明精神彩,波長眼大氣神藏。如此富貴非小可,竟能受禄輔明皇。

鳳眼

鳳眼波長貴自成,影光秀氣又神清。聰明智慧功名遂,拔萃超群壓衆英。

猴眼

黑睛昂上波紋矗,轉動機關亦有宜。此相若全真富貴,好餐果品坐頭低。

象眼

上下波紋秀氣多,波長眼細亦仁和。及時富貴皆爲妙,遐算清平樂且歌。

龜眼

龜眼睛圓藏秀氣,數條上有細紋波。康寧福壽豐衣足,悠遠綿綿及子孫。

鵲眼

上有如紋秀且長,平生信實有忠良。少年發達如平淡,終末之時更吉昌。

獅眼

眼大威嚴性略狂,粗眉趁此又端莊。不貪不酷施仁政,富貴榮華福壽康。

虎眼

眼大睛黄淡金色,瞳人或短有時長。性剛沉重而無患,富貴終年子有傷。

牛眼

眼大睛圓視見風,見之遠近不分明。興財巨萬無差跌,壽算綿長福禄終。

孔雀眼

眼有波明睛黑光，青多白少惡凶强。素廉清潔嫌乍暖[①]，始末興隆姓氏揚。

鴛鴦眼

眼秀睛紅潤有紗，眼圓略露帶桃花。夫妻情順又且美，若還富貴恐淫些。

鳴鳳眼

上層波起亦分明，視耳睁睁不露神。敢取中年而遇貴，榮宗耀祖改門庭。

睡鳳眼

平平瞻視不偏斜，笑帶和容秀氣華。天性容人而有量，須知富貴足堪誇。

① 嫌乍暖，《麻衣相法》作“兼仁愛”。

瑞鳳眼

日月分明兩角齊,二波長秀笑微微。流而不動神光色,翰苑聲名達鳳池。

雁眼

睛如黑漆帶金黄,上下波紋二樣長[①]。入相爲官恭且蘊,連枝同氣姓名香。

陰陽眼

兩目雌雄睛大小,精神光彩視人斜。心非口是無誠實,富積奸謀詭不奢。

鶴形眼

上層波秀到奸門,黑白分明清秀瞳。正視無偏人可愛,高明廣大貴而榮。

---

① 二,《麻衣相法》作"一"。

鵝眼

數波紋秀射天倉，視物分明神更長。白少黑多心且善，綿綿福禄老安祥。

桃花眼

男女桃花眼不宜，逢人微笑水光迷。眼皮濕淚兼斜視，自足歡娛樂且嬉。

醉眼

紅黄混雜却流光，如醉如癡心昧昂。女犯貪淫男必夭，僧人道士亦淫荒。

鶴眼

眼秀精神黑白清，藏神不露顯功名。昂昂志氣衝牛斗，富貴須當達上卿。

羊眼

黑淡微黄神不清，瞳人紗樣却昏睛。祖財縱有無緣享，晚歲中年又且貧。

魚眼

睛露神昏若水光,定睛遠近視汪洋。如逢此眼皆亡早,百日須驚嘆夭殤。

馬眼

皮寬三角睛睜露,終日無愁濕淚堂。面瘦皮繃真可嘆,刑妻剋子又奔忙。

豬眼

白昏睛露黑光濛[1],波厚皮寬性暴凶。富貴也遭刑憲罹,縱歸十惡法難容。

蛇眼

堪歎人心毒似蛇,睛紅圓露帶紅紗。大奸大詐如狼虎,此目之人子打爺。

① 光,原作"尤",據《麻衣相法》改。

鴿眼

鴿眼睛黄小垤圓，摇頭擺膝坐還偏。不拘男女多淫亂，少實多虚心湛然。

鸞眼

準頭圓大眼微長，步急言辭媚且良。身貴近君終大用，何愁不似雪衣娘。

狼目

狼目睛黄視若顛，爲人貪鄙自茫然。愴惶多錯精神亂，凶暴狂徒度百年。

伏犀眼

頭圓眼大兩眉濃，耳内毫長體厚豐。此目信聰台鼎位，定教富貴壽如松。

鷺鷥眼

眼黄身潔不沾塵，行摇動縮本天真。眉縮身長脚瘦細，縱然巨富也教貧。

猿眼

猿目微黄欠上開,仰看心巧有疑猜。名虚多子俱靈性,終作伶人且不才。

鹿眼

鹿目青黑兩波長,行步如飛性且剛。義隱山林沉映處,自然福禄異尋常。

熊眼

熊目睛圓又匪豬,徒然力勇逞凶愚。坐伸不久喘息急,敖氏還能滅也無。

蝦眼

蝦目操心貌卓然,英風挺挺自當前。迍邅火歲水得志,晚末雖榮壽不延。

蟹眼

蟹目睛露又頑愚,生平賦性喜江湖。有兒不得供親養,休問斑衣有與無。

燕眼

口小唇紅更擺頭，眼深黑白朗明收。語多準促而有信，機巧徒勞衣食周。

鷓鴣眼

眼赤黄兮面帶紅，摇頭征步貌非隆。小身小耳常看地，一生終不足珍豐。

貓眼

貓目睛黄面闊圓，温純稟性好飽鮮。有才有力堪任使，常得高人一世怜。

神相全編四

相印堂

印堂爲紫氣星,在面眉頭中間。要豐闊平正,兩眉舒展,及得蘭臺、廷尉之處相朝,方爲貴相。若小而傾陷,眉頭交促,及腮短少髯,即主破産。習下學問無成,且平生孤賤。印堂中有骨隆隆起者,貴。尖狹,貧乏。印堂中眉頭相連,一生不貴不習好人,破祖業,妻子難爲,又無實學,碌碌之人也。印堂中有三紋直下如川字者,主多憂事也。

詩曰:印堂名爲紫氣星,兩眉頭角要寬平。分明隆起無相雜,祖業家財作事成。

相山根

山根爲孛星,鼻梁上也。宜高不宜低折,若鼻梁不斜曲而常常瑩潤者,晚年有禄,主男得賢妻,女得賢夫,富貴壽考。若是無肉,與人不足,可宜守善心,不可與交接。山根連額,鼻梁隆隆而起與額平者,主位至三公。山根蹙折,鼻梁蹙小,陷折者,主貧乏無成。山根枯暗,鼻梁無肉而枯暗者,主與人多不足。山根不陷,主壽。山根斜曲,官災。

詩曰:凡人眼下枯無肉,定見妻兒多不足。更及山根肉亦薄，夫妻對面相泣哭。

相鼻

鼻爲中嶽，其形屬土，爲一面之表，肺之靈苗也。故肺虚則鼻通，肺實則鼻塞。故鼻之通塞，以見肺之虚實也。準頭圓，鼻孔不昂不露，又得蘭臺、廷尉二部相應，富貴之人。年上、壽上二部皆在於鼻，故主壽之長短也。光潤豐起者，不貴則壽富也。色黑肉薄者，不賤則夭。隆高有梁者，主壽。若懸膽而直截筒者，富貴。豎有骨者，壽相。準頭豐大，與人無害。準頭尖細，好爲奸計。多生黑子者，迍蹇。有横紋者，主車馬傷。有縱理紋者，養他人子。鼻梁圓而貫印堂者，此人主美貌之妻①。

訣曰：鼻如截筒，衣食豐隆。孔仰露出，夭折寒索。鼻如鷹嘴，取人腦髓。鼻有三曲，孤獨破屋。鼻有三凹，骨肉相抛。準頭而直，得外衣食。準頭豐起，富貴無比。準頭帶紅，必走西東。鼻厄露骨，一生汨没。準頭垂肉，貪淫不足。準頭圓肥，足食豐衣。準頭尖薄，孤貧削弱。鼻聳天庭，四海馳名。鼻梁無骨，必夭壽没。鼻露見梁，客死他鄉。鼻準尖斜，心事勾加。準頭常欲光潤，山根不得促折。

鼻如懸膽身須貴，土曜當生得地來。若見山根連額起，定知榮貴至三台。

鼻頭尖小人貧賤，孔仰家無隔宿糧。又怕曲如鷹嘴樣，一生奸計不堪言。

---

① 《麻衣相法》此句後有"鼻梁洪直，富貴無極。鼻梁高危，兄弟羸微。鼻梁未直，欺詐未息。鼻孔出外，誹謗凶害。鼻上黑子，疾在陰里。鼻上横理，憂危不已。若是明大，富貴如是。鼻柱不平，委的他姓。鼻柱單薄，多主惡弱。鼻如缩囊，到老吉昌。鼻如獅子，聰明達士。鼻直而昂，仕宦榮昌。鼻上光澤，富貴盈宅。鼻頭短小，志氣淺小。鼻柱廣長，必多伎倆。鼻直而厚，主子諸侯。鼻有缺破，孤獨飢餓。"數句。

準頭尖薄最窮波,鼻上横紋痣厄多。露穴主貧短無壽,鼻長有壽百年過。

鼻偏左去父先亡,右去須知母亦傷。穴孔大而財不聚,準頭圓厚富而長。

山根青色有災侵,法令紋深好殺心。鼻準如鈎財上毒,宜垂如膽富年深。

準頭有靨陰中有,上下生靨左右同。梁柱有靨陰背上,見時敢道有神功。

法令紋中靨子惡,左邊父死而無覺。右邊母喪亦是然,萬個之中無一錯。

四嶽窊低鼻獨高,財散貧寒宿世招。露齒結喉鼻孔露,必然餓死在終朝。

龍鼻

龍鼻豐隆準上齊,山根直聳若伏犀。鼻梁方正無偏曲,位至居尊九鼎時。

虎鼻

虎鼻圓融不露孔,蘭臺廷尉亦須無。不偏不曲山根大,富貴名褒世罕夫。

胡羊鼻

胡羊鼻大準頭豐，蘭臺廷尉亦相同。山根年壽無脊露，大貴當時富石崇。

獅鼻

山根年壽略低平，準上豐大稱蘭廷。若令獅形真富貴，不然財帛有虛盈。

牛鼻

牛鼻豐齊根且大，蘭臺廷尉又分明。年壽不高且不軟，富積金資家道成。

截筒鼻

功名富貴截筒佳，準頭齊直不偏斜。山根略軟年壽滿，中年富貴大成家。

蒜鼻

山根年壽俱平小，蘭臺廷尉準頭豐。弟兄情欠心無毒，晚景中年家必隆。

盛囊鼻

鼻如盛囊蘭廷小,兩邊尉竈亦圓齊。始末貲財俱大盛,功名必定掛朱衣。

猴鼻

山根年壽平且大,蘭臺廷尉要分明。準頭豐紅不露孔,雖然富貴恐奸情。

鷹嘴鼻

鼻梁露脊準頭尖,又如鷹嘴鎖唇邊。蘭臺廷尉俱短縮,啄人心髓惡奸殘[1]。

狗鼻

狗鼻年壽起骨峰,準頭蘭尉孔邊空。此鼻之人主有義,惟嫌竊取濟時窮。

---

[1] 残,《麻衣相法》作"偏"。

鯽魚鼻

壽年高起如魚背，山根細小準頭垂。骨肉無親睛露白，一生衣食主伶仃。

三彎三曲鼻

鼻有三彎爲反吟，鼻有三曲爲伏吟。反吟相見是絶滅，伏吟相見淚淋淋。

劍鋒鼻

鼻梁露脊如刀背，準頭無肉竈門關。兄弟無緣子剋盡，勞勞碌碌主孤單。

偏凹鼻

年壽低壓山根小，鼻面相生差不多。準頭臺尉些須見，不夭不貧疾見磨。

孤峰鼻

鼻大無肉竈門開，兩顴低小鼻崔嵬。此鼻縱大無財積，若爲僧道免哀哉。

露脊鼻

鼻瘦露脊山根小,形容粗俗骨神昏。土無萬物皆零落,縱然平穩也孤貧。

露竈鼻

孔大鼻高竅又長,須知家下少衣糧。艱辛受苦多勞碌,末喪他鄉實可傷。

獐鼻

鼻小準尖庭竈露,金甲二櫃肉綳纏。徒勞遺蔭難居守,四復三番迍且邅。

猩鼻

猩猩之相鼻梁高,眉眼相挨粗髮毛。面闊唇掀身廣厚,寬懷德重貴英豪。

鹿鼻

鹿鼻豐齊準更圓,情寬步急義仁全。驚疑坐起渾無定,福禄增添得自然。

猿鼻

鼻竅小而口頦尖，猖狂輕躁不尊嚴。性靈嗔怒多憂慮[①]，花果常時手好拈。

人中論

人中者，一身溝洫之象也。如溝洫疏通，則水流而不壅。如淺狹不深，則水壅而不流。夫人中之長短，可定壽命之長短。人中之廣狹，可斷男女之多少。故人中所以爲壽命、男女之宫也。是以欲長而不欲縮，中深而外闊，直而不斜，闊而下垂者，皆善相也。其或細而狹者，衣食逼迫。滿而平者，迍邅災滯。上狹下廣者，多子孫。上廣下狹者，少兒息。上下俱狹而中心闊者，子息疾苦而難成。上下直而深者，子息滿堂。上下平而淺者，子息不生。深而長者，長壽。淺而短者，夭亡。人中屈曲者，無信之人。人中端直者，忠義之士。正而垂者，富壽。蹇而縮者，夭賤。明如破竹者，二千石禄。細如懸針者，絶子貧寒。上有黑子者，多子。下有黑子者，多女。中有黑子者，婚妻易而養兒難。有兩黑子者，主雙生。有横理者，至老無兒。有豎理者，主養他子。有縱理者，主兒宿疾。若人中漫漫平而無者，是謂傾陷，至老絶嗣，窮苦之相也[②]。

① 嗔，《麻衣相法》作“好”。

② 《麻衣相法》此句後尚有“斜左損父，斜右損母”兩句。

相人中篇

人中平長,至老吉昌。兼有年壽,更益兒郎。人中短促,子孫不足。人中高厚,壽年不久。人中廣平,養子不成。雖即生産,常聞哭聲。人中廣厚,奸淫未足。人中兩黑,的生可擬。

詩曰:人中平淺短何堪,無信無兒見者嫌。若見直深長一寸,定知兒女轉加添。人中平平子不成,三陽赤色主相争。黄色得財無盜賊,赤黑妻與外奸情。

又曰:人中井部水横紋,每到臨船莫進程。偏左生兒右生女,上下平平子不成。

相耳

耳生貫腦而通心胸,爲心之司、腎之候也。故腎氣旺則清而聰,腎氣虚則昏而濁,所以聲譽與性行也。厚而堅,聳而長,皆壽相也。輪廓分明,聰悟。垂珠朝口者,主財壽。貼肉者,富足。耳内生毛者,壽。耳有黑子,生貴子,主聰明。耳門闊,主智遠大。紅闊,主官。白,主名望。赤黑,貧賤。耳薄向前,賣盡田園。反而偏側,居無屋宅。左右大小,迍否妨害。光明潤澤,聲名遠播。塵粗焦黑,貧薄愚鹵。其豎如木,到老不哭。長而聳者,禄位。厚而圓者,衣食。大抵貴人有貴眼無貴耳,賤人或有貴耳而無貴眼。善相者,先相其色,後相其形可也。

訣曰:耳如提起,名播人耳。兩耳垂肩,貴不可言。耳白如面,名滿天下。棋子之耳,成家立計。耳黑飛花,離祖破家。耳薄如紙,夫死無疑①。輪廓桃紅,性最玲瓏。兩耳如紙,貧窮無倚。耳如鼠耳,貧賤早死。耳反無輪,祖業如塵。耳有垂珠,衣食自足。耳薄無根,必夭天年。耳門廣闊,聰明豁達。耳有城廓,壽命不促。耳下骨圓,未有餘錢。

許負相耳篇

耳高於目,合受他禄。作爲人師也。高如眉一寸②,永不踐貧困。耳高輪廓,亦主安樂。耳有刀環,五等高官。耳門垂厚,富貴長久。耳門容筯,家貧易去。耳有毫毛,長壽富貴,兼没災殃。目能自睹者吉。耳如獸耳,自安自止。耳門寬大,聰明財足。耳門薄小,命短食少。耳白於面,名滿赤縣。

輪廓分明有墜珠,一生仁義最相宜。木星得地招文學,自有聲名達帝都。

耳反無輪最不堪,又如箭羽少資糧。命門空小人無壽,青黑皮粗走異鄉。

耳生貼肉廓輪成,紅光盡屬富而榮。露反薄乾貧苦相,毛長出耳壽千春。

耳白過面少高名,前看不見富貴榮。前看見耳多貧苦,耳前生靨近聾貧。

詩曰:下有垂珠肉色光,更來朝口富榮昌。上尖狼耳心多殺,下尖無色亦無良。

① 夫,《麻衣相法》作“夭”。

② 一,《麻衣相法》作“二”。

土耳

土耳堅厚大且肥,潤紅姿色正堪宜。綿長富貴六親足,鶴髮童顔輔佐時。

棋子耳

耳圓輪廓喜相扶,白手興家貴可圖。祖業平常自創立,中年富貴若陶朱。

虎耳

耳小輪廓又缺破,對面不見始爲奇。此耳此人多好險①,亦能有貴有威儀。

箭羽耳

上節高眉寸有餘,下生箭羽没垂珠。父手祖財雖萬貫,尤能破散走東西。

① 好,《麻衣相法》作“奸”。

金耳

高眉一寸天輪小，耳白過面並垂珠。富貴聞名於朝野，只嫌損子末時孤。

木耳

輪飛廓反六親薄，尤恐資財不足家。面部若好碌碌度，不然貧苦定虚花。

水耳

水耳厚圓高過目[①]，又兼貼腦有垂珠。硬堅紅潤如卓立，宜是人間大丈夫。

火耳

高眉輪尖廓且反，縱有垂珠不足誇。山根卧蠶若相應，末年無子壽彌加。

① 目，《麻衣相法》作"眉"。

豬耳

無廓有輪耳雖厚,或前或後或垂珠。縱然富貴成何濟,晚景多凶災害生。

低反耳

耳低廓反又輪開,年幼刑孤且損財。應有家財也消耗,他年恐死没人埋。

垂肩耳

耳厚廓豐珠橐肩,過眉潤澤色明鮮。頭圓額潤形容異,九五之尊奪尚賢。

貼腦耳

兩耳貼腦輪廓堅,壓眉壓眼是高賢。六親昆玉皆豪貴,百世流芳樂自然。

開花耳

耳輪開花兼又薄,縱然骨破也徒然。巨萬貲財尤破盡,末年貧苦不如前。

扇風耳

兩耳向前且兜風，破盡家財及祖宗。少年享福中年敗，末歲貧苦受孤窮。

鼠耳

鼠耳高飛根反尖，縱然過目不爲亨。鼠盜狗偷常不改，末年破敗喪牢檐。

驢耳

有輪有廓耳雖厚，又嫌軟弱反垂珠。此耳之人必貧苦，末年凶敗事躊躇。

相口

口爲言語之門，飲食之具，萬物造化之關，又爲心之外户，賞罰之所出，是非之所會也。端厚不妄誕，謂之口德。誹謗多言，謂之口賊。方闊有棱者，主壽貴。形如角弓者，主官禄。横闊而厚者，福富。正而不偏，厚而不薄者，衣食。如四字，富足。尖而反，偏而薄，寒賤。不言口動，又如馬口，飢餓。鼠口，謗毁嫉妒。如吹火，孤獨。狗口，平下。縱紋入口，飢餓。紫黑者，多滯。口開齒露者，無機。有黑子者，主酒食。口如含丹，不受飢寒。口如一撮者,貧薄。口能容拳者,出入將相。口闊而豐,食禄萬鍾。無人獨語者,其賤如鼠。唇爲口舌之城郭,舌爲口之鋒刃。城郭欲厚,鋒刃欲利。厚則不陷,利則不鈍,乃善相也。舌大口小,貧薄折夭。口小而短者,貧。口色欲紅,口音欲清,口德欲端,口唇欲厚。

訣曰:口如潑砂,食禄榮華。口如抹丹,不受飢寒。口如紅硃,富貴相宜。口如牛唇①,必是賢人。非特口德,又且性純。

許負相口篇

口角如弓,位至三公。口如含丹,不受飢寒。一則主富,二則主官。口如撮聚,供承人後。虚用心情,人賤如狗。口如縮囊,飢死無糧。縱然有子,必主别房。口如吹火,飢寒獨坐。口如縮螺,常樂獨歌。龍唇鳳口,不可爲友。好説不真,常懷粗醜②。口如赤丹,不入殷蘭。若是女子,亦得夫憐。口寬舌薄,必好歌樂。如此之人,永無凶惡。縱理入口,飢死不久。口邊紫色,貪財妨害。口開齒出,當失算數。必不久長,少即身故。口中有理,長相對益。豐財足禄,終無妨害。口未語,將唇起,奸邪在心,常懷不足。口如馬口,妒害貪醜。口中黑子,食噉皆美。

貴人唇紅似潑砂,更加四字足榮華。貧賤似鼠常青黑,破盡田園不顧家。

水星得地口唇方,榮貴肥家子息昌。上下各偏棱角薄,出言毁謗大難防。

① 牛,原作“生”,據《麻衣相法》改。

② 醜,原作“酌”,據《許負相法十六篇》改。

口方四字信宜真，兩角低垂説惡聲。唇上紋多仔細相，青薄川紋餓死名。

口如吹火少兒孫，偏左妨妻婦死迍。右畔豎門田產破，黑子當唇藥毒頻。

口如吹火家無子，面上三唇有義兒。舌上常青難可斷，同胞兄弟也離分。

四字口

口角光明唇兩齊，兩頭略仰不垂低。聰明更有多才學，富貴應須著紫衣。

方口

方口齊唇不露牙，唇紅光潤似硃砂。笑而不露齒且白，定知富貴享榮華。

仰月口

口如仰月上朝彎，齒白唇紅似抹丹。滿腹文章聲價美，竟能富貴列朝班。

彎弓口

口似彎弓乍上弦，兩唇豐厚若丹鮮。神清氣爽終爲用，富貴終年福自然[1]。

牛口

牛口雙唇厚且豐,平生衣禄更昌隆。濁中帶清心靈巧,富貴康寧壽若松[2]。

龍口

龍口兩唇豐且齊,光明口角更清奇。聚呼喝散權通變,玉帶圍腰世罕稀。

虎口

虎口闊大有收拾,須知此口必容拳。若然不貴且大富,積玉堆金樂自然。

羊口

羊口無鬚長且尖,兩唇又薄得人嫌。口尖食物如狗樣,賤且貧而凶又邅。

---

① 終,《麻衣相法》作“中”。

② 壽,原作“福”,據文意及《麻衣相法》改。

豬口

豬口上唇長粗闊,下唇尖小角涎流。誘人訕謗心奸險,落在途中半路休。

吹火口

口中吹火開不收,嘴尖衣食苦强求。生成此口多貧夭,蔭下須教破且休。

皺紋口

唇上皺紋似哭顔,縱然有壽主孤單。早年安樂末年敗,若有一子屬幽關。

櫻桃口

櫻桃口大唇胭脂,齒似榴牙密且宜。笑如含蓮情和暢,聰明拔萃紫袍衣。

猴口

猴口兩唇喜又長,人中破竹更爲良。平生衣禄皆榮足,鶴算龜齡福壽康。

鮎魚口

鮎魚口闊角低尖,梟薄雙唇又欠圓。如此之人主貧賤,須臾一命喪黄泉。

鯽魚口

鯽魚口小主貧窮,一生衣食不豐隆。更兼氣濁神枯澀,破敗漂蓬運不通。

覆船口

口角渾如覆破船,兩唇牛肉色煙聯。人逢此口多爲丐,一生貧苦不須言。

論唇

唇者,爲口之城郭,作舌之門户,一開一闔榮辱之所繫者,唇也。故欲厚而不欲薄,欲棱而不欲縮矣。唇色紅如丹砂者,貴而福。青如藍靛者,災而夭。色昏黑者,苦疾惡死。色紫光者,快樂衣食。色白而豔者,招貴妾。色黄而紅者,招貴子。蹇縮者,夭亡。薄弱者,貧賤。上唇長者,先妨父。下唇長者,先妨母。上唇薄者,言語狡詐。下唇薄者,貧賤蹇滯。上下俱厚者,忠信之人。上下俱薄者,妄語。兩唇上下不相覆者,貧寒偷盜。上下兩相稱者，言語正直。龍唇者，富貴。羊唇者，貧賤。唇尖撮者，貧死。唇墜下者，孤寒。有紋理，多子孫。無紋理，性孤獨。

訣曰：唇如鷄肝，至老貧寒。唇如青黑，餓死塗陌。唇色光紅，不求自豐。唇色淡黑，毒殺之客。唇平不起，飢餓莫比。唇缺而陷，主人下賤。長唇短齒，長命不死。唇生不正，言詞難定。

許負相唇篇

下唇過上唇，妨夫的是真。上唇過下唇，法多虛假人。唇紫色，足衣食。唇常赤，爲貴客。上唇厚，命非久。下唇薄，主貪食。唇上下相當，語音易善，好集文章。女唇紫，夫早死，兼妨首子。唇赤如丹，不要師看。唇上下不相覆，常懷盜竊，終身不富。唇多紋理，兒多無比。

唇上紋多紅似花，一生富貴足榮華。唇厚少語薄多訟，依此言之定不差。

論齒

搆百骨之精華，作一口之鋒刃，運化萬物，以頤六腑者，齒也。故欲得大而密，長而直，多而白爲佳也。堅牢密固者，長壽。繚亂疊生者，狡横。露出者，暴亡。疏漏者，貧薄。短缺者，愚下。焦枯，横夭。語不見齒者，富貴。壯而齒落者，壽促。三十八齒者，王侯。三十六齒者，卿相。三十四齒者，朝郎巨福。三十二齒者，中人福禄。三十者，平常之人。二十八者，下貧之輩。瑩白者，百謀百稱。黄色者，千求阻滯。如白玉者，高貴。如爛銀者,清職。如榴子者,福禄。如劍鋒,貴壽。如粳米者,高年。如黑葚者,命短。上闊下尖,如列鋸者,性粗而食肉。上尖下闊,如排角者,性鄙而食菜。龍齒者[①],子息顯達。牛齒者,自身起榮。鼠齒者,貧夭。大齒者[②],毒忿。

訣曰:齒如含玉,受天福禄。齒如爛銀,富貴不貧。白而密者,仕宦無殃。黑而疏縫,一生災重。直長一寸,極貴難論。參差不齊,心行詐欺。

許負相齒篇

齒白如玉,自然歌樂。財食自至,不用苦作。齒如斬銀,必是貴人。齒如石榴,富貴他求。齒如龍齒,法生貴子。齒齦竅出,每事漏失。齒縫疏稀,財食無餘。如此之人,與鬼同居。齒數三十六,貴聖有天禄。若三十向上,富貴豪望。足滿三十,衣食自如。齒色黑,多妨剋。三十已下,漸多飢寒。衣食必少,壽命短促。

詩曰:齒密方爲君子儒,分明小輩齒牙疏。色如白玉須相稱,年少聲名達帝都。唇紅齒白文章士,眼秀眉高是貴人。細小短粗貧且夭,燈窗費力枉勞神。

論舌

夫舌之爲道,内與丹元爲號令,外與重機爲鈐鐸。故善性靈液也,則爲神之舍體。密傳志慮也,則爲心之舟楫。是以性命樞

① 龍,原作“羊”,據《麻衣相法》改。

② 大,疑當作“犬”。

機，一身得失有所托焉。由是古人評其端醜，戒其妄動也。故舌之形欲得端而利，長而大者，上相也。若狹而長者，詐而賊。禿而短者，迍而蹇。大而薄者，多妄謬。尖而小者，爲貪人。引至鼻者，位至侯王。剛如掌者，禄至卿相。色紅如硃者，貴。色黑如翳者，賤。色赤如血者，禄。色白如灰者，貧。舌上有直理者，官至卿監。舌上有縱紋者，職任館殿。舌紋有理而繞者，至貴。舌豔而吐滿口者，至富。舌上有錦紋者，出入朝省。舌上有黑子者，言語虚僞。舌出如蛇者，毒害。舌斷如掘者，蹇滯。未語而舌先至者，好妄談。未言而舌餂唇者，多淫逸。

訣曰：舌短而大，愚鹵懈怠。舌小而長，仕宦吉昌。長而餂鼻，位隆輔弼。舌出如蛇，毒害淫奢。舌形欲方，舌勢欲深。舌無紋理，尋常之侶①。

許負相舌篇

舌小窄方，法主公王。舌上長理，三公可擬。舌小多紋理，安樂常不已。舌至鼻頭，必得封侯。舌大而薄②，萬事虚耗。舌大口小，言不了了。舌小口大，言語捷快。舌過粗大，主多飢餓。舌小而短，法主貧賤。舌上黑紫，必無終始。口語未出，其舌先見。好語他事，必自改變。舌上繡文，奴馬成群。財帛千萬，富貴凌雲。舌有支理紋，富貴必超昇。

① 此段《麻衣相法》作“舌大口小，語不能了。舌小口大，言語輕快。舌小而短，即是貧漢。舌小而長，仕宦吉昌。舌府交紋，貴氣凌雲。舌無紋理，尋常之侶。大抵舌欲紅，不欲黑。舌欲赤，不欲白。舌形欲方，舌勢欲深”。

② 大，《許負相法十六篇》作“長”，意勝。

論髭髯

上爲禄,下爲官。寧可有禄而無官,莫教有官而無禄。有禄無官,主富,有福有壽。有官無禄,貧賤,財散人離。縱有五官,亦主貧寒,却有壽。若官禄雙全,五福俱全之相。鬚拳髮捲,可作貧窮之漢,則爲弓兵衹候[①],死凶之相也。髭鬚黑而清秀者,貴而富。滋潤者,發福。乾燥者,蹇滯。勁直者,性剛,不住財。柔者,性柔。赤者,孤剋。又曰:捲髮赤鬚,貧困路途。黑而光澤,富貴無虧。

相魚尾

眼尾生魚尾,多財必主榮。太陰相對照,晚歲定功名。

論頸項

上扶一首之謂棟,下據四體之謂梁,高然特立者,項也。故立隆光潤者,大貴。豐圓堅實者,大富。側而小,細而弱者,非棟梁之材也。肥人項欲短,瘦人項欲長。反此者,不貧則夭。或太長如鵝,或短如豕,或大如櫻木,或小如酒瓶者,皆不合之表也。項有結喉者,貧滯多災。瘦而結喉者,迍邅尚可。肥人結喉者,多招橫禍。項後豐起者,主富厚。項後有皮如緣者,主上壽。短

① 衹,似當爲"祗",古有"祗候"一詞,未見"衹候"。

而方者，福禄。細而長者，貧賤。頸褭而斜曲者，性弱。貧苦項斑而不潔者，性鄙多滯。頸勢前臨者，性和而吉。頸勢偃後者，性弱而凶。頸立端直者，性正而福薄。側如馬頸者，妨害。圓疊如衣袖者，富壽。圓粗如虎頸者，善而福薄。曲如蛇頸者，毒而貧。圓長如鶴頸者，清貧。圓肥如燕頸者，高貴。項若不勝頭者，貧下短命。項立相應面者，清貴長吉。

詩曰：肥人項短瘦人長，少後聲名播四方。莫教反此應難斷，必然離祖走他鄉。

論背

夫背之爲質，觀其厚薄也，一身所恃之安危。詳其豐陷也，百歲可定之貧富。故平闊而豐者，一身少災而福。偏狹而陷者，一世多厄而貧。有骨隆然而起，如伏龜壯者，二千石禄。背三甲成者，貴而壽。豐厚突起者，福多子孫。斜薄窪下者，貧寒孤獨。方而長者，有智而福。偃而短者，無識而賤。圓厚如團扇者，至貴。窪深如溝渠者，至貧。前見似仰而後見似俯而前者，不貴則富矣。

相背

背欲長，不欲短。欲厚，不欲薄。坑陷者，貧賤之人。平闊豐厚則安於一身矣。背如有負。袁天罡相馬周曰：馬君背若有負，貴驗也。後至宰相，背行隆起，如負物在背也。豐厚突起，主後福。又云：多子孫。偏薄則貧夭。

詩曰:背脊豐隆福自堅,莫教偏薄損長年。不知三甲如何説,借問先生覓正傳。三甲者,壘字也。

論腰

腰者,爲腹之山,如物依山以恃其安危也。故欲端而直,闊而厚者,福禄之人也。若偏而陷,狹而薄者,卑賤之徒也。是以短薄者,多成多敗。廣長者,禄保永終。直而厚者,富貴。細而薄者,貧賤。凹而陷者,窮下。裊而曲者,淫劣。蜥蜴腰者,性寬而善。黄蜂腰者,性鄙而邪。夫臀高而腰陷者,主賤。腰高而臀陷者,主貧。大抵腰欲端闊,臀欲平圓,則相稱也。

相腰

行步緩而輕,坐起直而平,前視如負物,後視如甲形。有背無腰,初發平平,中滯。有腰無背,初困中亨,但於横發[①],多憂疑也。腰背兩全,富貴雙全。毁辱不能及,利害不能動。此乃腰背好也。

詩曰:腰背負物似甲形,行輕坐起直而平。有腰無背中年好,有背無腰早歲成。

① 《太清神鑑》此句作"於是發中"。

論腹

腹者,身之爐冶,所以包腸胃而化萬物者也。欲圓而長,厚而堅,勢欲垂而下,皮欲厚而清。故曰:腹圓向下,富貴壽長。腹墜而垂,智合天機。腹象陰而藏物,勢欲向下,萬物皆聚此,所以爲貴也。腹近上者,賤而愚。腹上而短,飯不滿碗。腹如抱兒,四方聞知。皮厚者,少病而貴。皮薄者,多病而賤。

相腹

許負曰:腹小而下,大富長者。腹大垂下,名遍天下。腹如抱兒,萬國名題。腹如雀腹,貧賤無屋。腹有三甲,背有三壬,如此之人,法蓄黄金。腹臍突出,壽命早卒。

詩曰:貌有殊形各有宜,腹皮垂厚足豐衣。莫言一見知凶吉,須用留心仔細推。

論胸乳

夫胸者,百神之掖庭,萬機之枕府。宫庭平廣,則神安而氣和。府庫傾陷,則智淺而量小。故胸欲平而長,闊而厚,乃爲智高福禄之人。若夫突而短,狹而薄者,乃是神露貧薄之人也。胸能覆身,富貴。胸短於面者,貧賤。突然而起者,愚下。窪然而傾者,貧窮。平闊如砥者,英豪。狹窄如堆者,頑鈍。骨起如柴者,貧苦。凹落如槽者,窮毒。胸中黑子者,爲兵萬里。胸中毫毛,播名四方。一二毫長而黑光者是。胸闊而長者,財易積。胸狹而長者,謀難成。骨肉平匀者,仁智。骨肉高低者,愚狠。既已論乎胸,次則評乎乳。乳者,道血脈之英華,據心胸之左右。乃哺養子息之宫,爲辨别貴賤之表。故乳欲得闊而黑,垂而墜,不可狹而白,曲而細也。是以乳闊一尺二寸者,至貴。乳闊一尺者,次貴。乳頭大者,志氣而多兒。乳頭小者,懦弱而絶嗣。乳頭狹者,易貧賤。乳頭曲者,難養兒。乳頭仰者,子如玉。乳頭低者,兒如泥。乳頭壯而方大者,壽而福。乳頭白而黄者,賤而乏嗣。乳頭紫如爛葚者,貴,多子孫。乳頭細如懸針者,財無一分。薄而無肉者,衣食不足。實而有肉者,財帛豐隆。乳頭生毛者,多藏見解。乳頭黑子者,必生貴子。

相胸乳

胸中爲萬事之府,平正而廣闊者,富貴。凹凸而狹薄者,貧賤。男昂則愚,女昂則淫。乳爲血脈之穴,圓紫而垂下者,富貴而多子。白小而斜狹者,窮困而蹇滯。胸狹而長,不可求望。胸廣而長,主得公王。胸短於面,法主鄙賤。胸上黑紫,爲兵萬里。胸獨高起,貧賤不已。胸若覆身,富貴名真。胸不平均,未足爲人。胸均平滿,豪播天畔。胸有毫毛,必主貴豪。凡十毫已下[①],三毫已上者,必主人長。古多生毛者亦主貧。胸廣而長,方智榮昌。

詩曰:胸爲血氣之宫庭,平廣方而衣禄榮。若是偏斜并凹凸,定知勞碌過平生。

① 下,原作“上”,據《許負相法十六篇》改。

麻衣相心

有心無相,相逐心生。有相無心,相隨心滅。斯言雖簡,實人倫綱領之妙。心又爲五臟之主宅。神形體内不可得而見也,其可見者,心之外表也。是知心乃神之宫室,玉户金闕,智慮之所居。心欲寬平博厚,不欲坑陷窄狹。寬博者,智慮深。窄狹者,愚知淺。心頭生毛,其性剛豪。心頭骨凹,其性貪酷。

訣曰:心爲身主,五宫之先。神爲合止,智慮之元。寬博平厚,榮禄高遷。坑陷偏側,貧弱夭年。善則福至,惡則禍纏。心宜坦然,先觀動静,次見心田,運智藏神,一體之先。相者但能觀外表,内者誰能識得全?寬平榮貴,狹隘無錢。不言不語心機重,發語無私梗直人。最怕笑來嗔怒者①,口唇尖薄語非真②。

三十六善養心要訣

身凸心須懆,心寬氣必和。深沉言語少,終是福來多。心思立功名,此心有剛柔。慕善近君子,有美食分人。不評近小人,行陰德方便。能治家有法,不厭人乞覓。常利人克己,不逐惡貪殺。聞事而不驚,與人不失信。不易行改换,夜卧不便睡著。馬上不回顧,見人不憎怒。不文過飾非,作事務周匝。受人恩不忘,度量不褊窄。不毁善害惡,能濟人之急。不助强欺弱,常不忘故舊。爲事衆人同,不多言妄語。得人物知感,言語有次序。語次不先起,常務行善事。不嫌惡衣食,能方圓隨時。行善常不

① 笑來,《太清神鑑》作"心中"。

② 語非真,《太清神鑑》作"性難任"。

倦,能知人勞苦。不念人舊惡,能竭心救難。

詩曰:人倫何處定枯榮,先相心田後相形。心發善端諸福集,時藏毒害禍須生。

相臍

臍爲筋脈之舍,六腑總領之關也。深闊者,智而有福。淺窄者,愚薄。向上者,福智。向下者,貧愚。低者,思慮遠。高者,無識量。大能容李,名播人耳。或凸而出,淺而小,非善相也。

詩曰:臍爲臟腑之外表,只要深寬怕窄小。居上則智居下愚,此理凡人知者少。

相下部

穀道急而方者,貴。水道寬而圓者,賤。大便細而方者,貴。小便如撒珠者,貴。陰生黑子者,貴。陰莖聳出者,賤。陰頭縮者,貴。陰毛逆生者,夫婦不相和睦也。又云:大便遲緩者,富貴。速者,賤。小便散如雨者,貴。直下如篙攢者,賤。

詩曰:壽夭窮通各有因,相來僻處便驚人。陰頭有痣人多貴,穀道無毛一世貧。穀道無毫,故賤相。而毫過多者,膀胱火盛,亦非貴相。

神相全編五

相行論

夫行者，爲進退之節，所以見貴賤之分也。人之善行，如舟之遇水，無所往而不利也。不善行者，如舟之失水，必有漂泊没溺之患也。貴人之行如水之流下而體不摇，小人之行如火炎上身輕脚重。行不欲昂首而攫，不欲側身，不欲折脚。高則亢，太卑則曲，太急則暴，太緩則遲。周旋不失其節，進退各中其度者，至貴之相也。脚跟不至地者，貧而夭。發足如奔，散走他鄉。大抵脚不欲折，頭不欲低，發足欲急，進身欲直，起步欲闊，俯然而往，不礙滯者，貴相也。龍行虎步，至貴。鵝行鴨步，豪富。鶴行聰明，鼠行多疑慮，牛行巨富，蛇行性毒夭，雀行食不足，鵲行孤獨，龜行壽相，馬行辛苦。行如流水，貴人。行步沉重，榮貴。行步輕驟，貧賤。行步趨越，聰明。行步跳躍，孤獨。行不低昂，富貴雙全。

詩曰：虎驟龍奔定貴榮，腰身端厚福來臨。累財積福家肥盛，看取牛龜鵝鴨行。行如驟馬獲如猿，終日區區不可言。步狹腰斜人最賤，趨蹡中度富田園。

相行篇

許負曰:凡相行,須行十步,即喚迴頭,須看左轉,必有官職,右轉無官職,又無衣食。行則龜行,必主聰明。行作鹿行、馬行,必主辛苦。行不低昂,富貴之相。行步兩踵相,衣食早衰[①]。

又云:凡相行須令立定,即喚之舉足。行若先舉左足者,貴。先舉右足者,賤。行走低頭者,多思慮。行步自言自語者,賤。行時一跬步而一俯一仰者,賤相也。

相坐

凡行則屬陽,坐則屬陰。陽主動,陰主静。凝然不動者,坐之德也。摇膝動者,財散之人。反身轉首,入坐如狗,不端不正,貪薄之相。其貌不恭,其體不謹,謂之筋緩肉流,非壽相也。坐欲如山,行欲如水,體欲重,步欲舒,乃行坐之相法也。坐如釘石,貴。坐如山據,貴。坐常摇膝,木摇葉落,人摇財散。

詩曰:坐如釘石起浮雲,情厚情寬説與君。端重謹言多食禄,須知榮貴四方聞。相人坐貌不須偏,擺膝摇身未是賢。爲事一身多妄語,必無珍寶住居邊。

① 衣,原無,據《許負相法十六篇》補。

論卧

卧者,休息之期也。欲得安然而静,怡然不動,福壽之人也。如狗之蟠者,上相。如龍之曲者,貴人。睡而開口者,短命。夢中咬牙者,兵死。睡中開眼者,惡死道路。睡中亂語,賤中奴僕。仰形如屍者,貧苦短命。卧中氣吼者,愚而易死。合面覆卧者,餓死。就床便困者,頑賤。愛側卧者,吉壽。多展轉者,性亂。少睡者,神清而貴。多睡者,神濁而賤。卧易覺者,聰敏。卧難醒者,愚頑。喘息調匀者,命長。出氣多而入氣少者,短命。氣出嘘嘘之聲者,即死[①]。若睡卧輕摇,未嘗安席者,下相也。

相卧

睡常龜息,氣出於耳,主貴。睡輕易醒者,聰明。睡如豬豬,氣相吼者,貧。身如仰屍,氣粗如吼,睡不安席,展轉摇動者,皆下相也。

詩曰:貴人卧起氣調匀,喘息恬然似不聞。連睡一宵君不覺,手如攀物福神尊。卧似豬豬氣不和,貧窮乏食走奔波。更於夢裹多狂語,每向人前妄語多。

① 《太清神鑑》"即死"後有"喪夫"二字。

論食

氣血資之以壯,性命繫之以存者,飲食也。飲食失節,則性暴不和矣。是故舉物欲徐而有序,嚼物欲寬而有容。下手欲緩,發口欲急。坐欲端莊,首欲平正。急而不暴,遲而不緩,應節者,相之貴也。含物不欲語,嚼物不欲怒。食急者,易肥。食遲者,易瘦。食少而肥者,性寬。食多而瘦者,性亂。食急而性暴,食緩性和。仰首含物者,寒賤。如食而啄者,貧窮。斂口食者,純和。哆口食者,不義。食而齒出者,辛苦短命。食而淋落者,餓死路岐。食如鼠者,餓夫。食如馬者,貧賤。嚼似牛者,福禄。食如羊者,尊榮。食如虎者,將帥之權。食如猴者,使相之位。嚼在舌頭,一生寒苦。邊食遷顔,終身窮餓。食欲快而不欲留,欲詳而不欲暴。啜不欲聲,吞不欲鳴。

詩曰:虎食狼餐貴不同,逡巡不覺一盤空。端詳遲緩宜相應,牛嚼羊吞福自豐。鳥啄豬餐最賤庸,相他衣禄必無終。咽粗急者人多躁,鼠食從來飲食空。

又曰:相食看詳緩,慌忙豈合宜。更嫌如鳥啄,又忌食淋漓。性暴吞須急,心寬下筯遲。問君榮貴處,牛哺福相隨。

相德

能忠於君,孝於親,爲衆德之先,衆行之表,不得陽賞,必爲陰報,不在其身而在其子孫。善相者,先察其德,後相其形。故德靈而形惡,無妨爲君子。形善而行凶,難掩爲小人。荀子曰:

相面不如相心，論心不如擇術。此勸人爲善也。形者，人之材也。德者，人之器也。材既美矣而副之以德，猶加雕琢而成器也。器遇拙工而棄之，是爲不材之材也。是知德在形先，形居德後也。郭林宗觀人有九德：一曰容物之德，二曰樂善之德，三曰好施之德，四曰進人之德，五曰保常之德，六曰不忘之德，七曰勤身之德，八曰愛物之德，九曰自謙之德。

詩曰：幾輩堂堂相貌精，幾人相貌太輕盈。要知説相無他技，先相修持後相形。

相善

善惡在心而見於貌，爲心之表也。表端則心正，表欹則心曲。故曰：觀其表則知其裏矣。

訣曰：頭聳而堅，額方而廣，眉疏而秀，眼長而清，耳輪平厚，鼻梁聳直，心廣而寬，背隆而厚，人中分明，口唇端正，氣和而順，聲圓而寬，形正而峻，色明而澤，言語有叙，飲食有節，進退有儀，行坐有度，貴人之相而心之善行矣。

詩曰：鷄鳴而起果何如，一念孳孳善有餘。相取外形知内裏，莫將相法藐江湖。

相惡

頭尖額窄，眉重髮焦，耳反舌露，口大唇薄，赤脈貫睛，白暈入眼，神如驚，色如垢，準頭尖，地閣削。

詩曰：羊目四白皆爲惡，耳小唇寬貌亦非。齒鼻偏斜心地窄，準尖額薄性情卑。堪驚蜂眼常懷毒，又説豺聲好害人。有此形聲須改節,莫教陰禍自來侵。

又曰:相惡元來是惡鄰,平生心不契蒼旻。豺聲蜂目難作伴,不是人傷傷别人。

相名標

耳白過面光凝脂,竦過於眉若挈時①。腹如抱兒臍納李,學堂豐滿額相宜②。日角光隆驛馬肥,司空平滿神光威。將軍案上生紅紫,骨堅肉實行如飛。睛如點漆耳門寬,書上豐隆肉不乾③。虎視更加獅子鼻,眉疏清薄秀而彎。四瀆清明及印堂,犀牛望月最爲强。日月麗天頞額古,膚薄色黄年少昌。

相蹇難

瘦而露骨人多難,火色鳶肩事必乖。氣色不常隨語變,陰陽相反面塵埃。形豐上鋭筋纏束,顧視精神昏不開。眉逆毛旋并壓眼④,懸針破印步如雷。眉蹙口小山根折,食物欲吞須哽噎。不知喉結三兩重,定應肌骨如冰鐵。聲似損鑼云不足,面若塗膏名沐浴。此人重濁露胸臀,南相枯乾形蹺踻。

---

① 挈,原作"有",據《廣鑑集説》改。

② 額,《廣鑑集説》作"頗"。

③ 書,原作"壽",據《廣鑑集説》改。

④ 逆,原作"尾",據《廣鑑集説》改。

相忠信慈孝

當門兩齒號學堂，齊大而平信有常。若論忠信與慈孝，定知潔白氣温黄。

相愚僻凶暴

目細而深名隱僻，下斜偷視亦如然。人中上廣及狹下[①]，笑冷無情露兩顴。突然項後肉且起，静坐不言口自褰。摇頭弄舌胸堂窄，寐語狂言豈是賢。眉斜如草豎還長，皮肉横生性暴剛。睫下看人神反射，豺聲蜂目神光鮮。鳶肩虎吻并長鷙，赤縷於瞳氣不藏。音似破鑼枝榦折，心多姦賊主凶亡。

相形帶殺

火氣貫睛謂之眼帶殺[②]，色如昏醉謂之神帶殺，聲如破鑼謂之聲帶殺，肢傷節破而體不具謂之形帶殺，好行賊害謂之性帶殺。已上涉惡深者，主凶賊惡死。涉惡淺者，主沾宿疾。

① 上，原作“正”，據《廣鑑集説》注文改。

② 睛，原作“精”，據文意改。

相疾病

緇衣生面耳[①],面色帶煙塵。既竭天精位,看看喪汝身。黄黯滿天倉,乾枯色不揚。須知脾有疾,不久見身亡[②]。面白皮膚薄,胸高氣不舒。髮焦鬚鬢赤,扁鵲亦醫難[③]。青氣光浮見[④],唇焦眼肉乾。損肝兼面赤[⑤],尤忌鼻頭酸。神亂及神癡,心中未可疑。脈紅雖見血,傷損更無兒[⑥]。

觀人八相法

一曰威。尊嚴可畏謂之威,主權勢也。如豪鷹搏兔而百鳥自驚,如怒虎出林而百獸自戰。蓋神色嚴肅而人所自畏也。

二曰厚。體貌敦重謂之厚,主福禄也。其量如滄海,其器如萬斛之舟,引之不來而摇之不動也。

三曰清。清者,精神翹秀謂之清。如桂林一枝,崑山片玉,灑然高秀而塵不染。或清而不厚,則近乎薄也。

四曰古。古者,骨氣岩棱謂之古。古而不清,則近乎俗也。

五曰孤。孤者,形骨孤寒,而項長肩縮,脚斜腦偏,其坐如

① 《廣鑑集説》此句作"粥衣生兩耳"。
② 不,《廣鑑集説》作"積"。
③ 《廣鑑集説》此句作"肺病定難除",依韻律似《廣鑑集説》意長。
④ 青,原作"貴",據《廣鑑集説》改。
⑤ 赤,《廣鑑集説》作"黑"。
⑥ 兒,《廣鑑集説》作"時"。

摇,其行如攫,又如水邊獨鶴,雨中鷺鷥,主孤獨也[①]。

六曰薄。薄者體貌劣弱,形輕氣怯,色昏而暗,神露不藏,如一葉之舟而泛重波之上,見之皆知其微薄也,主貧下。

七曰惡。惡者,體貌凶頑,如蛇鼠之形、豺狼之狀。或性暴神驚,骨傷節破,皆主其凶暴,不足爲美也。

八曰俗。俗者,形貌昏濁,如塵中之物而淺俗,縱有衣食[②],亦多迍也。

相富

形厚神安,氣清聲暢,項大額隆,眼明眉闊,厚耳紅唇,鼻整面方,背厚腰正,皮滑腹垂,牛齒鶴行,皆富相也。

詩曰:五形敦厚形豐足,地閣方平耳伏垂。口帶鐘音甕中響,齒如榴子項餘皮。背聳三山如負甲,臍深納李腹垂箕。三陽卧蠶如卧指,鼻梁平直樂且宜。虎頭燕頷山林秀,口角珠庭抱兩眉。四水流通不相反,玉倉俱滿福遲遲。眉尾不欺中嶽正,鼻如懸膽鬢毛微。四字之口齒平正,牛嚼羊吞悉有儀。虎睡龍蟠息不聞,眉疏有彩眼藏神。山根不斷年壽潤,輪廓分明貼肉平。三停端正如角起,五嶽隆高八卦盈。山移嶽峙身軀重,肉滑筋藏骨更清。欲識始貧終富者,滿面塵埃骨法成。凡在五行皆有禄,只宜豐滿不宜偏。天倉隆起多財禄,地閣方平萬頃田。背闊似龜還主貴,額高如鳳主福堅。鵝行鴨步身腰厚,須信榮華家世傳。

① 主,原作"生成",據《廣鑑集説》改。
② 縱,原作"總",據《廣鑑集説》改。

又曰:骨重皮膚慢,豐隆接地倉。口方齒齦白,金玉滿倉箱。頭小額頤光,神凝體骨寬。語聲沉更遠,珠玉掌中看。牆壁平如砥,蘭臺闊更長。雖然形氣濁,其奈蓄金囊。貴骨連金匱,豐隆聳更端。掌紅如噀血,幃幄擁金鑾。大抵身形瘦,聲高氣韻舒。耳朝方口正,積聚自愉如。

相貴

詩曰:自從鑿開混沌殼,二氣由來有清濁。孕其清者生聖賢,孕其濁者生愚樸。貴相之來固非一,或自修來或神匿。星辰謫降或精靈,或自神仙假胎息。精神澄徹骨隆清,剛毅汪洋誰可識。巉岩氣宇旋旋生,行若浮雲坐若石。身小聲大隔江聞,日角龍顏額懸壁。目光爛若曙星懸,鼻梁聳貫天中出。背後接語身不轉,體細面粗情性懌。眉根細絲新月分,獨坐如山腰背積。不帶芝蘭身自香,上長下短手垂膝。重瞳二肘人難會,龍顙鐘聲面盈尺。糞如疊帶尿如珠,膚似凝脂目如漆。身如具字面如田,虎驟龍奔自飄逸。顴骨隆平玉枕豐,舌至準頭有長理。相對咫尺不見耳,正面巍然如隱指。口丹背負皮生鱗,天地相朝生骨起。清中藏濁濁中清,足下生毛兼黑痣。龍來吞虎指圓長,肉骨出頂聳雙耳。九州相繼驛馬豐,邊地隆高無蹇否。

又曰:骨細皮膚滑,應知是貴人。坐時神氣穩,須作大功臣。兩眼神清爽,雙眉入鬢長。骨清伸聳直,早見坐朝堂。坐覺身形重,臨行疾似飛。語聲聞遠處,先看錦衣歸。聲地金玉潤,議論春風生。若也形神秀,留傳萬古名。古貌清奇怪,聲沉骨更隆。不爲州刺史,便作國三公。

相貧賤

頭小額窄，耳薄皮粗，口小肉緩，形俗神怯，氣濁聲破，腰折背薄，脚長肩促，鼠食蛇行，皆貧賤相也。二局中論備矣，此乃大概論貧賤人形。

詩曰：欲知貧賤人形貌，鼻仰無梁露齒牙。雀腹下輕空上重，攢眉蹙額髮交加。背陷成坑胸露骨，乳細如針額削瓜。腰闊露臂眉壓眼，身粗藏黑面如花。開口欲言涎已墜，膝拳肩卓步攲斜[①]。口尖一撮如吹火，掉臂摇頭喜嘆嗟。四水反傾神似困，三停上短鼻門賒[②]。食遲溷速如屍睡，縱文入口號螣蛇。蜂腰步速及聲乾[③]，氣短來從肝膽間。形過於體體不足[④]，色因其色又奚安。準頭垂肉頤尖短，壽上懸針口縮囊。青藍滿面生塵垢，皮若枯柴食禄慳。眼堂枯陷奸門聳，笑語無規身束寒。蛇行雀鼠聲雄濁，蠅面毬頭法主奸。口臭生髭兼顧步[⑤]，勾紋鼻上切須看。五形不正體偏斜，笑語褰唇露齒牙。額小頭尖頤頷窄，面容憔悴髮交加。常懷悲色如啼泣，鎖蹙眉頭有怨嗟。此相定知終始薄，仍須防害破人家。

又曰：面細骨頭粗，膚乾爪更枯。準頭尖且細，那解得安居。耳薄精神濁，額高鼠腹尖。聚口如吹火，貧賤得人嫌。口闊無收拾，掀唇定破家。下輕空上重，怎得見榮華。行步身攲側，精神

① 肩，原作“眉”，據《廣鑑集説》改。

② 上，原作“長”，據《廣鑑集説》改。

③ 步，原作“聲”，據《廣鑑集説》改。

④ 二“體”字《廣鑑集説》皆作“神”。

⑤ 步，原作“地”，據《廣鑑集説》改。

似醉癡。口渦言語亂,不是養兒家。牆壁皆傾倒,頭尖地閣無。鼻頭仍露孔,貧薄指頭粗。

相孤苦

詩曰:人生孤獨事因何,顴骨高兮氣不和。更兼魚尾枯無肉,喉結眉交鼻骨齹。耳薄無輪唇略綽,淚堂坑陷及眉峨。立理人中應抱子,山根斷折六親孤。行如馬驟頭先進,食似豬飧淋漓多。項短齒疏顴骨高,突胸削額皮如鼉。眉揭露棱羊目狠,吊庭低窄髮生過。色帶桃花仍不立,喉音焦細走奔波。輔骨露筋年上紋,準頭常赤汗何頻[①]。舉步脚跟不至地,眉短何曾覆眼輪。日角缺陷足横平,絲髮渾鶩弱冠人[②]。尺陽紋理兼卑賤,背陷成坑亦主貧。若是時師依此訣,相中十有九人真。齹音癡,齒參差不整齊也。

相壽

詩曰:富貴在人誠易見,世所難知惟壽焉。休將形樣定長短,龜鶴未必其可然。神粹骨清肉又堅,朗朗聲韻谷中傳。背膊如龜行亦似,人中髭滿手如綿。笏紋隱隱朝書上,法令相侵地閣寬[③]。鶴形龜息頭皮厚,顴骨横飛與耳連。毫生耳内眉長白,項下雙絛成骨堅。陽不輕浮陰不膩,精實神靈及省睡。伏犀三路

① 何,原作"河",據《廣鑑集説》改。

② 絲,原作"纔",據《廣鑑集説》改。

③ 寬,《廣鑑集説》作"邊"。

貫天梁，溝洫深平闊更長。陰騭龍宫更深滿，荆揚徐豫冀相當。壽堂有骨須隆起[①]，固密齊平瓠齒方。目有守睛神隱藏，天庭生骨居中央。更若天根有雙腫，三甲三壬入老鄉。

又曰：肉緩精神爽，如龜背脊豐。雙絲垂項下，此壽比椿松。耳大分城廓，人中深更長。眉高毫出白，宜入老人鄉。古貌雙眉起，神清眼更深。自然期上壽，何必問三壬。安坐腹如囊，唇紅口更方。氣寬皮肉厚，享福坐高堂。壽堂深一指，知是老人鄉。眉耳毫長白，閑居百歲長。

相夭

詩曰：欲識人間速死期，山根青氣號魂離。少肥氣短色浮緊，眼泛神光肉似泥。蛇行腰折筋寒束，露鼻眉攢蹙似悲。中正生毛眉八字，耳薄無根弱且低[②]。人中漸滿唇先縮，失志溶溶坐立欹。睛凸露兮項欲折，耳鼻如綿聲似嘶。項陷背深腰又薄，邊地全無驛馬羸。精神不醉看如醉，鼻毛反出鬢毛垂。眉交鎖印妻刑剋，氣冷形衰壽豈宜。

又曰：氣短兼疏齒，神迷色帶煙。三長更三短，那得有長年。肉重皮膚急，神强氣不舒。結喉連露齒，夭折在中殂。氣短精神慢，眉濃目色昏。髮焦唇更白，指日伴青山。黯黑雲煙起，形虧骨不隆。眼斜神更亂，四九歸冥空。口細胸脯凸，頭低視不昂。肥人如氣促，妻子守空房。

---

① 堂，原作“長”，據《廣鑑集説》改。

② 弱，原作“肉”，據《廣鑑集説》改。

相分七字法

一曰清。漢高祖隆準龍顔,唐太宗龍鳳之姿天日之表,李珏月角庭珠是也。

二曰古。老子身如喬木,孔子面如濛淇,閎夭面無見膚是也。

三曰秀。張良美如婦人,陳平潔如冠玉是也。

四曰怪。唐盧杞鬼貌青色,龍唇豹首;趙方眼望地觀天;鬼谷子露齒結喉是也。

五曰端。皋陶色如削瓜,李白形自秀曜,張飛環眼虎鬚是也。

六曰異。堯眉八彩,舜目重瞳,大禹參漏,文王四乳,蒼頡四目,李嶠龜息是也。

七曰嫩。顔淵山庭日角;岑文本眉過目[①],肉不稱骨是也。

五行歌

秀麗爲金骨又清,鼻高豐起貫天庭。語言響喨如鐘鼓,自是朝中有大名。

廣長爲木若琅玕,形似青松耐歲寒。方便所爲心性緩,自然憐物作清官。

水勢能方面又圓,骨清神秀幾多般。爲人自是心難測,終是

① 本,原作"夷",據文意改。

嗚珂一品官。

骨肉高低面不平，火家兼瘦氣須清。有權猛烈多能斷，建節封侯直取成。

敦厚兼清秀又豐，虎眉龜背項如熊。平生自是多豪富，位應中央不可窮。

五行所生

木爲仁，主精華茂秀，定貴賤也。火爲禮，主威勢勇烈，定剛柔也。金爲義，主刑誅危難，定壽夭也。水爲智，主聰明敏達，定賢愚也。土爲信，主載育萬物，定貧富也。

五臟所出

肝出爲眼[①]，又主筋膜爪甲[②]。心出爲口[③]，又主血氣毛髮。肺出爲鼻，又主皮膚喘息。脾出爲唇，又主肉色[④]。腎出爲耳，又主骨齒也。

五行相應

眉是南方丙丁家，切宜竦秀有英華[⑤]。高高細曲横天貴，不

① 出，原無，據《太清神鑑》及後文補。
② 膜，《太清神鑑》作"脈"。
③ 口，《太清神鑑》作"舌"。
④ 《太清神鑑》無"色"字。
⑤ 竦，疑當作"疏"。

用低濃壓眼斜。

眼爲甲乙屬東方,黑白分明勢要長。凝然不動藏瞻視,必向清朝作棟梁。

鼻爲庚辛屬西方,切要隆高貴印堂。偏曲左父右傷母,山根還斷失須防。

口爲戊己土中央,唇若丹砵勢要長。齒白細多齊更密,自然平地作公王。

耳爲壬癸北方中,輪廓相朝白又紅。下有垂珠兼過口,壽齊松柏與山同。

五行相生歌

耳有輪珠鼻有梁[①],金水相生主大昌。眼明耳好多神氣,若不爲官富更强。口方鼻直人雖貴,金土相生紫綬郎。唇紅眼黑木生火,爲人志氣足財糧。舌長唇正火生土[②],此人有福中年聚。眼長眉秀足風流,身掛金章朝省位。

五行相剋歌

耳大唇薄土剋水[③],衣食貧寒空有智。唇大耳薄亦如前,此相之人終不貴。鼻大眼小金剋木,一世貧寒主孤獨。眼大耳小

① 二"有"字原皆作"爲",據《太清神鑑》改。

② 正,《太清神鑑》作"厚"。

③ 土剋水,《太清神鑑》作"水剋火",意勝。

學難成[①],雖有資財壽命促。舌小耳大水剋火[②],急性孤單區人我[③]。耳小鼻蠢亦不佳[④],慳貪心惡多災禍。舌大鼻小火剋金,錢帛方盛禍來侵。鼻大舌小招貧苦,壽長無子送郊林。眼大唇小木剋土,此相之人終不富。唇大眼小貴難求,到老貧寒死無墓。

五行比和相應

耳反須貼肉,鼻仰山根足。眼露黑睛多,唇反齒如玉。臉不近於眼[⑤],合主公卿富。只恐壽不延,性氣剛難伏。

相五長

一頭長,二面長,三身長,四手長,五足長。五者俱長而骨貌豐隆,清秀滋潤者,善也。如骨枯槁,筋脈迸露,雖是五長,反爲賤惡之輩也。或有足長手短者,主貧賤。足短手長者,主富貴。

詩曰:五長之人骨貌粗,只憂筋脈出皮膚。又嫌枯槁無滋潤,衣食看來不似初。

又曰:脚長手短人多賤,賣盡田園走四方。手足俱長榮盛相,莫教脚側手空長。

訣曰:大凡五體要均長,合形入相富文章。下停長者人多賤,只恐終身絶雁行。

---

① 耳,《太清神鑑》作"鼻"。

② 耳,原作"口",據《太清神鑑》改。

③ 區,原作"足",據《太清神鑑》改。

④ 鼻蠢,《太清神鑑》作"舌大"。

⑤ 《太清神鑑》此句作"臉近於眼口"。

相五短

五短之形:一頭短,二面短,三身短,四手短,五足短。五者俱短而骨肉細滑,印堂明闊[1],五嶽朝揖者,乃爲公卿之相也。雖是五短而骨肉粗惡,五嶽傾陷,則爲下賤之人。或上長下短,則多富貴。上短下長,主居貧下也。

詩曰:五短之人形要小,更須骨細印堂豐。笏門五嶽相朝拱,食禄封侯有始終。眉圓眼大額如熊,脚短身長上下同。五短氣全爲證候,居然官禄至三公。

相五合

骨正直而有陰陽,言正直而有剛柔,是爲天地相合也。視瞻穩而聲音清,體貌重而行步輕,是爲天官相合也[2]。氣温粹而有光華,色净潔而無瑕疵,是爲天心相合也。識量多而權亦重,度量大而面可訣[3],是爲天機相合也。敬上下而懷忠厚,愛朋友而足信行,是爲天倫相合也。解曰:應多合少,官崇聲譽[4]。合多應少,名重官侯[5]。應合相[6]。

---

① 闊,《太清神鑑》作"潤"。

② 官,《玉管照神局》作"宫"。

③ 《玉管照神局》此二句作"識見明而機變,度量深而寬厚"。

④ 《玉管照神局》此句作"官崇位寡"。

⑤ 《玉管照神局》此句作"譽大官卑"。

⑥ 《玉管照神局》此後尚有"稱,則兩得矣。能以分數增減看之,自選人至兩府皆可見之"等字句。

相五露

眼突，鼻仰，耳反，唇掀，結喉，是也。眼突促壽，耳反無知識，鼻仰主路死，唇掀惡死，結喉必貧薄。

訣曰：一露二露，有衫無袴。露不至五，貧夭孤苦。五露俱全，福禄綿綿。

詩曰：五露俱全福自來，二露三露反爲災。胸門臀高爲外露，平生此相有何財。若遇三尖五露人，但言此相便埃塵。有時驛馬臨邊地，也作加官食禄人。

相五小

五小之形：一頭小，二眼小，三腹小，四耳小，五口小。五小者，若端正無缺陷而俱小者，乃合貴之相也。其或三四小而一二大者，則不應而貧賤也。若夫頭小而有角，眼小而清秀，腹小而圓垂，耳小而輪廓成，口小而唇齒正，則反爲貴人矣。

相六大

頭、面、耳、鼻、口、腹六者，反常而不得其正也。

訣曰：頭雖大，額無角；目雖大，閃電爍；鼻雖大，梁柱弱；口雖大，語略綽；耳雖大，無輪廓；腹雖大，近上著，皆貧賤之相也。蓋頭雖大，角要聳；目雖大，不正流光；耳大，輪廓要正；鼻大，梁柱要高；口大，聲要清；肚腹大，勢要下垂，如此則是富貴之相也。（引許負篇。）

詩曰：六大相停相貌高，平生富貴作英豪。若教偏側爲貧賤，不缺衣粮有苦勞。

相六小極

頭小,額小,目小,鼻小,口小,耳小,是也。

訣曰:頭小爲一極,夫妻不得力。額小爲二極,父母少恩恤。目小爲三極,平生少知識。鼻小爲四極,農作無休息。口小爲五極,身無剩衣食。耳小爲六極,壽命促朝夕。有一如此,皆非富貴之相也。(引許負篇。)

詩曰:六極元來相最佳,先賢斷法更無差。勿令不足須全備,衣食平生壽逾遐。

相六惡

六惡者:一曰羊眼直視[①],主性不仁,内藏毒害。二曰唇不掩齒,主性不和,難與交接。三曰結喉,主妨妻子,多招災厄。四曰頭小,主貧下而夭。五曰三停不等,主賤而貧。六曰安行如走,主奔波寒苦。有此六惡,不可與之同處矣。

相六賤

六賤者:額角缺陷,天中低下,爲一賤;胸背俱薄爲二賤;聲音雄散爲三賤[②];偷目斜視爲四賤;鼻曲低塌爲五賤;目無光彩爲六賤。有六賤,主爲僕隸也。

① 羊,原作"平",據《太清神鑑》改。

② 雄,《太清神鑑》作"雌"。

相六小貴

額小且方平，眼小要精粹，鼻小梁柱平，耳小朝太陰，肚小垂下生，口小紅更青，腰小要圓成，身小三停勻，皆主富壽之相也。

詩曰：額眼方平要精粹，鼻平耳小君須記。身圓腰小相惟嘉，小肚元來貴垂下。

相貴中賤

額須廣，頤却尖[①]；骨須峻，皮却粗；耳雖厚，鼻梁低；眼雖長，皺破眉；行雖正，聲若嘶；背雖厚，手如枝；謂相如木枝。舌雖紅，口如吹；唇須方，齒不齊；氣須清，行步欹；腰須厚，行如馳；似駝馬奔。語雖和，神似癡；色雖明，視東西；卧似静，食淋漓；頭雖長，腰折枝。

已上數相者，皆係所生之不齊，或富則夭，或貧則壽，或貴則貧，先富後貧，皆據理而推也。

詩曰：眼睛黑白甚分明，性若風强渾俗情。言語似鐘神有異，便知塵内有先生。

相八大

八大者：眼雖大，昏且濁。鼻雖大，梁柱弱。口雖大，垂兩

① 頤却尖，原作"尖却顊"，依文意改。下句"皮却粗"原作"粗却皮"，亦依文意改。下《辨美恶二十種》亦有此二句，作"尖却顊"、"皮却粗"，径改不出注。

角。耳雖大,門孔薄。額雖大,骨無著。聲雖大,破且悲[①]。面雖大,塵且翳。身雖大,舉止危。以上八大,苟有如此,缺一不應,則反主貧賤也。

相八小

八小者:眼雖小,秀且長。鼻雖小,梁且柱。口雖小,棱且方。耳雖小,堅且圓。額雖小,平且正。聲雖小,宫且商。面雖小,清且朝。身雖小,停且齊。以上八小,苟有如此端美相並,反爲富貴之人也。

辨美惡二十種

頭雖圓,折腰肢。額雖廣,頤却尖。骨雖峻,皮却粗。耳雖厚,梁柱低。髮雖黑,粗且濃。眼雖長,眉且促。背雖豐,手如枝。胸且闊,背成坑。舌雖紅,口如吹。唇雖方,齒不齊。腰雖厚,行如馳。脚雖厚,粗無紋。身雖大,聲音細。面雖白,身粗黑[②]。肉雖豐,結却喉[③]。面雖短,眼却長。氣雖清,行步欹。語雖和,人似癡。色雖明,視東西。坐雖正,食淋漓。以上二十種,皆有美惡相雜。若此相者,或富則夭,或貧則壽,或貴則貧,或先富而後貧,或先貴而後賤,宜精思而裁之也。

① 破且悲,《太清神鑑》作"宫商虧"。
② 身,原作"色",據《太清神鑑》改。
③ 結却喉,依文意當作"喉却結"。

形神

相人之形，又當相神。神在眼，眼惡則傷和，恐招橫禍。神不欲露，露則魂遊，遊則必亡也。神貴則隱然望之有畏服之心近則神喜就之則爲貴。凡相，寧可神有餘而形不足，不可形有餘而神不足也。神有餘者，貴。形有餘者，富。神不欲驚，驚則損壽。神不欲急，急則多懼。又當相人器識，寬宏則能容，而德乃大。識高則能曉，而心乃靈。器淺卑，雖有餘資，則君子未免爲小人也。

精神

一見精神瞻視速，坐來却慢事如何。中年定有貧窮厄，破了田園事不多。初見精神慢不全，坐來致久色方鮮。初年雖則爲貧士，老後榮名必定賢。

相十天羅

滿面黑色四起者，謂死氣天羅。白色者，爲喪哭天羅。青色者，爲憂滯天羅。黃色者，爲疾病天羅。如脂膏塗抹者，爲酒食天羅。眼流而視急者，爲奸淫天羅。色焦如火者，爲破敗天羅。如醉未醒者，爲刑獄天羅。語笑失節者，爲鬼掩天羅。氣如霧昏者，爲退敗天羅。

相十一天羅

形曜天羅會者稀,額偏腦側更無鬚。印堂唇薄皮細急,休望文章折桂枝。

休廢天羅不可當,唇如牛肉面澆湯。青藍滿面焦枯色,使盡家財免禍殃。

女面天羅色易明,貌如婦女又嬌聲。家財巨萬徒然有,虛負平生志不成。

脂粉天羅面似油,浮光煙焰急須收。文章縱有無官禄,妻子及刑始得休。

光研天羅色似銀,面如綳鼓起埃塵。雖然面帶紅光色,虛氣元來到底貧。

鰥寡天羅赤色多,更看兩角旋成螺。語輕粉面無富貴,二十看看赴閻羅。

井竈天羅會者稀,鼻頭仰露齒牙疏。有時行動胸堂突,休把文章赴棘闈。

倒曜天羅旺不朝,桃花之面語輕飄。富貴之家生此子,縱有千金日漸消。

刑獄天羅目反睛,面横脂色小人情。黑色面豐來往見,前途恐有市遭刑。

祟砂天羅遍若涯,鼻頭斑點亂如麻。狡貪色濫還奸竊,下梢孤苦總堪嗟。

急脚天羅頭帶偏,生居正在印堂邊。抛祖離親防父母,辛苦三更不得眠。

詩曰:男兒不欲帶女色,女人不欲帶男形。陰反於陽夭必死,老帶嫩色壽年傾。丈夫女子兩般詳,女要柔兮男要剛。女子屬陰本要静,不言先笑亦非良。良婦有威而無媚,娼婦有媚而無威。令人一見便生侮,是以生身落賤微。

神氣章

神濁氣清神不見,神清氣濁氣無形。直須神氣俱清快,神氣元來忌大清。大清曰孤,大濁曰愚。孤而露則貧,濁而暗則賤。神愁自然偏多蹙,氣蹙由來懷不足。多憂却是一生娱,遇喜須臾生悲哭。更看氣促人風韻,宜遠觀兮不宜近。無憂愁嘆或嗟吁,神不和兮命將盡。胸中洞徹神在眼,神在眼兮事何限。眼神穩静必台輔,眼神端正司臺諫。計足謀多神氣俊,暗暗奸斜神氣傾。要須神彩與人交,一生得意無消散。君不見萍梗相逢古友義,從前傾蓋與識面。執手交歡與論文,每嘆相逢何大晚。奸淫之目神光鮮,人生須得神在眼,神在眼兮事何限。蛇目神居兩目尖,羊目神垂四方轉。牛眼神光不動摇,虎視耽耽威勢猛。神靈省睡多聰睿,將戾神昏足貧賤。斜視隨神自去來,淫亂幽居與深院。此論神居目與睛,要須傾復細叮嚀。相形先得神所止,決定言談有重輕。重輕在人不在目,以神寓目分遲速。寤則神游寐處心,心處於形安可卜。實因氣引血通流,通流血化精神流。神清定則心守宅,氣清息則守其魂。神與魂游魂守氣,生死存亡在斯義。壽安之人神遂悟,將死之人神以去。神寤方能守恥廉,神去不能認其故。經年面上無光色,舉動逐時人事改。改常蓋爲神不靈,因疏骨肉身懈怠。神離言亂出口忘,神昏妄語卧方床。

神爲鬼奪肉枯槁,神爲人奪精荒唐。有精養血神氣見,精脱氣竭神俱亡。精神似得不衰耗,氣血欲得不損傷。神勞四肢不能久,神去觸事無威光。神與氣兮兩相守,神既病兮氣何久。神使機關主動摇,五行在氣相纏守。氣在丹田聲遠聞,氣短聲低如猴猻。氣結於肺鼻必滯,氣結於肝眼必翳。神氣憑君仔細看,賢愚莫出言談義。神不怒兮氣不住,氣住令人成病痼。氣假於血而成形,癭瘤癰節從此病。欲病之色與氣離,氣不青兮色元合。氣元三月憂病符,氣赤目前官事匝。得財聞喜復何如,準上天地漫如蠟。氣若浮雲色若天,色有正定本自然。金得白兮火必赤,黄黑青兮色如焉。惟有氣色無定處,朝吉祥兮暮憂苦。亦如雲霧在青天,曉則晴兮夜風雨。色自色兮氣則氣,勸君要取玄談義。神氣未容人易去,氣色聲元由密秘。人生造物五行中,每與天地相流通。神流如夢如影響,目力觀兮如日象。夜夢火燔心必熱,腎虚涉水乘扁舟。始知神氣難尋論,指下分明亦關寸。秘藏何須鞫細微,神氣一觀君試問。斷死言神與見機,憑神不必師元遁。

體論章

試聽聲氣最爲先,體論目前分貴賤。舉動堂堂出衆儀,吐珠森玉稱群彦。行之若流坐如擲,動似浮雲静如石。動静之中體用殊,更看作事操胸臆。鴨步鵝行主富榮,鶴形龜息壽彌高。結喉露齒多貧賤,騾嘴豬唇身必勞。身如鼉皮必下愚,面若塵灰多乞化。鼻露竅兮主無安,齒露齦兮文學失。荀卿非相殊可師,徒見文兮不見斷。相形不論心所爲,慢恃形容寧富貴。仁存心兮義處身，何必清眸與高鼻。屈原鼻斷竅，莊周缺三字。原豈虛誕妄？周豈文學鄙？目下分明有卧蠶，隱隱侵年陰騭氣。耳内生毫忽夭亡，鵝行鴨步忽富至。目下如有痣，終歲常垂淚。口低二角垂，乞食與街市。憑君目，看神氣，人道更將人事比。内狠之人言語默，内熱之人言語利。善人簡略言辭間，舉止謙恭不自滿。以仁擇其心，以義斷其人。敬老慈幼憐寒賤，遇物常懷不忍看。積毁可消骨，積德可忘怨。每在人事不在遠，天理之爲君試看。相與神氣扶，更在常爲善。一如成金人，始因逢百煉。

器氣章

五行秀氣生英特，體貌堂堂佐明國。其器由如百斛舟，引之摇動不可得。頭圓象天足象地，血脈江河與同類。草木既與毛髮俱，聲象雷霆分巨細。骨肉須相副，皮膚須潤膩。步驟輕快怕偏側，又要骨重兼軟美。五長之人，隔江聲可聞。五短之人要堅實。眼不欲滿，長眉目分，形象相刑相剋。存斯勻五短，推排細尋趁。其言人定形，形以剛柔應。五位皆有相剋勝，氣在五相最爲定。不用他觀與我求，識取休囚旺相神。且如木形生修長，頭短肩縮幼年亡。忽然乍肥與乍白，定知客死在他鄉。金形方兮水圓秀，骨肉敦宏土重厚。土形氣青官鬼臨，水形金形同納音。金盈赤兮主憂滯，金得青兮多稱意。要識人生俱五行，乍勝乍舉同斯文。

神相全編六

神異賦有序

五代間有聖人陳摶[①],宋太祖賜其號曰希夷先生。

陳摶,字圖南,自號扶搖子。精相法,嘗相宋太祖,後乘驢入小路,聞宋太祖即位,大笑墜地曰:天下定矣。太祖召至,以野服見,服華陽巾還山,賜號白雲先生[②]。

師麻衣乃仙翁也。學相,諭以冬深擁爐而教之,希夷如期而往。至華山石室之中,

華山石室,乃麻衣先生修道之地也,後希夷亦隱於此。

不以言語而度與希夷,隱而授之也。

但用火箸畫字於爐灰之中,以傳授此賦,又名《金鎖賦》[③],又別有《銀匙歌》,悉皆授之希夷,盡其學也。

賦云:相有前定,世無預知。

欲預知相之前定,都非奇妙異常之資不能知。然密授此書者,又豈世俗凡下之人所能解推哉! 意必希夷能之者[④]。

非神異以秘授,豈塵凡之解推。

人之生也,富貴、貧愚、壽夭、福禍、善惡,一定於相之形貌、皮髮、骨格、氣色、聲音焉。世人無有能預知者,惟希夷而已[⑤]。

---

① 聖,《麻衣相法》作"至"。

② 《麻衣相法》此句作"賜號希夷"。

③ 名,《麻衣相法》作"有"。

④ 《麻衣相法》此段注文屬於"非神異以秘授,豈塵凡之解推"句下。

⑤ 《麻衣相法》此段注文屬於"相有前定,世無預知"句下。

若夫舜目重瞳，遂獲禪堯之位。

舜，虞帝名。瞳目，童子也。舜有重瞳之異相，遂受帝堯之禪而有天下。

重耳駢脇，果興霸晉之基。

重耳，晉文公名。駢，并也。文公有駢脇之奇骨，果興晉室之基而成霸業也。

發石室之丹書，莫忘吾道。剖神仙之古秘，度與希夷。

麻衣謂今日開發石室寶册之書，剖破古仙秘奥之傳授爾希夷，吾之相法盡於此矣，當念念不忘可也。

當知骨格爲一世之榮枯，氣色定行年之休咎。

骨格無異相之體也，則一世之榮枯可由此而知。氣色旋生，相之用也，則判行年之休咎可由此而驗①。能知者，參之人之貴賤，思過半矣。

三停平等，一生衣禄無虧。

自髮際至印堂爲上停，山根至於準頭爲中停，人中至地閣爲下停，此面上三停也。頭、腰、足爲身上三停也。古云：面上三停額鼻閣，身上三停足頭腰。三停平等多衣禄，長短如差福不饒。則衣禄豐虧，於此可見矣。

五嶽朝歸，今世錢財自旺。

左顴爲東嶽，右顴爲西嶽，額爲南嶽，地閣爲北嶽，鼻爲中嶽也。此五嶽欲其朝拱豐隆，不宜缺陷傷破。《混儀》云：五嶽不正，相君終始薄寒。八卦高隆，須是多招財禄。則錢財旺相，於此知矣。

頦爲地閣，見晚歲之規模。

豐厚者，富饒；尖削者，貧薄。凡相人末限在此。地閣爲水星，屬下停。若推金水形人尤準也。

鼻乃財星，管中年之造化。

豐隆端正者，貴顯；掀露斜曲者，下賤。凡相人中限在此。鼻乃土星，屬居中停。若推土形人最應。

額方而闊，初主榮華。骨有削偏，早年偃蹇。

---

① 驗，原無，據《麻衣相法》補。

額爲火星,乃官禄父母之宫,在限爲初。若方正寬闊,必主初年榮華。其骨削偏陷,須早歲見不利矣。

目清眉秀,定爲聰俊之兒。

眉分羅計,目屬陰陽。眉宜秀而不粗散低垂,目宜清而不昏暗斜視。雖未富貴①,必爲聰明俊秀之人。

氣濁神枯,必是貧窮之漢。

相中言神氣最多,人所難辨觀。夫白閣道者云:神氣者,百閱之秀裔也。如陽氣舒而山川秀發,日月出而天地清明。在人爲一身之主,諸相之驗。故《清鑑》云:大都神氣賦於人,有似油兮又似燈。氣神不濁人自富,油清然後燈方明。然則神氣濁枯者,終身不達之相也。

天庭高聳,少年富貴可期。

天庭位印堂之上,髮際之下,以其處於至高之位,故曰天庭。宜高聳,如立壁覆肝,無瑟缩偏陷②,更兼五嶽朝拱,幼必顯貴。

地閣方圓,晚歲榮枯定取。

地閣在承漿之下,頤頦之間,爲田宅奴婢之宫。若方則貴,厚則富③。薄則貧。方又圓,末主榮華。

視瞻平正,爲人剛介平心。

視不欲偏斜。若斜視者,其人奸邪,心必險惡。正視,心地坦直,志氣剛介耳。

冷笑無情,作事機深内重。

凡與謀爲,惟冷笑而不言情由者,其人機謀必深而難測,心量必重而不輕也。

準頭豐大心無毒,面肉横生性必凶。

準頭爲土星,主乎信。若豐大如獅子截竹者,心必善。如鷹嘴者,性多毒也。面肉,即顴骨與肉俱露而横生者,其性必凶暴。

智慧生於皮毛,苦樂觀乎手足。

---

① 雖未富貴,原作"知富貴早",據《麻衣相法》改。

② 缩,原作"絞",據《麻衣相法》改。

③ "富"字後原有"可期"二字,據《麻衣相法》删。

皮膚細膩光瑩，毛髮疏秀潤澤者，主智慧聰明。若反此者，必粗俗之人也。手指節枯大粗硬，足背瘦長乾燥者，其人必辛苦。手若細軟潤澤，足若骨肉圓肥者，其人必然逸樂。

髮際低而皮膚粗，終見愚頑。指節細而脚背肥，須知俊雅。

髮際若額而低，皮膚燥枯而粗者，畢竟愚頑之徒也。指節細潤如春葱，脚背肥豐而有肉者，必俊秀閑雅之人也。

富者自然體厚，貴者定是形殊。

體貌豐隆者，倉庫無虧而必貴[①]。清奇者，骨格異常而必富[②]。

南方貴宦清高，多主天庭豐闊。

南方以天庭爲主，天庭爲額，乃火星也。南方之人若頭額豐闊而不偏陷，官禄星得躔，故多爲清高貴宦人也。

北方公侯大貴，皆由地閣寬隆。

北方以地閣爲主，地閣爲頦，乃水星也。北方之人若頤頦寬隆而朝天庭，若臣相得局，故多爲大貴公侯也。

重頤豐頷，北方之人貴且强。

頦頤肥大而若重，兩腮頷闊而如燕頷者，貴相。北人尤强。

駝背面田，南方之人富而足。

駝背豐厚類駝峰，面貌方圓如田字，南方之人有此相者，既云富足矣。觀夫上文有曰：南方貴宦清高，多主天庭。似乎相戾。及觀《廣鑑》云：浙人俗於清。若面背豐厚，得北方厚重之相，不貴而富矣。

河目海口，食禄千鍾。

眼爲四瀆之官，河也。口爲百納之官，海也。目若光明而不露，口若方正而不反，貴顯，食禄千鍾。謂之河目海口者，言有容納而不反露也。

鐵面劍眉，兵權萬里。

① 無虧，原作“形相異常”，據《麻衣相法》改。

② 異常，原作“無虧”，據《麻衣相法》改。

鐵面者,神氣黑若鐵色也。劍眉者,棱骨如劍脊也。此相乃羅計横行於天位①,水氣遠居於火方,非兵權萬里之兆歟?言神氣忽變而黑色,定主凶也。

龍顔鳳頸,女人必配君王。

顔貌如龍光之秀異②,而頸若彩鳳之非常,乃后妃之相也。

燕頷虎頭,男子定登將相。

頷在頬額之間,骨肉豐滿稍起者,如燕頷也。頭頷方圓③,口眼俱大,視有威神者,如虎頭也。男子有此者,超群之相也。

相中訣法,壽夭最難。不獨人中,惟神是定。

相書中訣法惟壽夭爲最難,如郭林宗觀人八法而不及壽夭者,非難而何?不獨曰人中爲保壽宫,欲分明如破竹之形者壽夭,當以神氣爲之主也。學者宜參之可矣。

目長輔采,榮登天府之人。神短無光,早赴幽冥之客。

輔,即星輔,眉也。采,即光也。若目細長而有神,眉清秀而有光,必聰明登第之士也。目神短促而無光,視瞻無力而昏暗者,主夭折。

面皮虚薄,後三十壽難再期。

虚者,肉不稱骨也。薄者,有皮而無肉也。故經云:面皮急如鼓,不過三十五。此之謂也。

肉色輕浮,前四九如何可過。

肉者,骨之榮衛,體之基本也。色者,氣之精粹,神之胎息也。肉宜稱骨而實,色宜有氣而顯。若輕薄浮暗者,必夭。故經云:肉緩筋寬色又嫩,三十六前是去程。正此之謂也。

雙絛項下,遇休咎而愈見康强。

蘭臺左右④有兩紋下至于項者,謂之壽絛,主壽。老人有此絛,若遇休囚而不凶,愈見其康吉矣。故經云:眉毫不如耳毫,耳毫不如項下絛也。

---

① 計,原作"討",據文意改。
② 顔,原作"龍",據《麻衣相法》改。
③ 頷,《麻衣相法》作"額"。
④ 蘭臺左右,《麻衣相法》作"老人頸下"。

凡骨頂頭中，有疾厄而終無艱險。

一作九骨頂中蓋，謂頂額有九貴骨[①]。然人難得俱全，恐非是，終不若凡骨頂中爲有理。但凡有奇骨生於頂中者，雖有疾厄而終無危險。古云：面無善靨，頭無惡骨。此其證者也。

骨髮旋生，形容忽變，遇吉則推，逢凶可斷。

夫人未貴之先，雖有骨格。既仕之後，旋有形容。未富之先，雖有形容。既富之後，忽有更變。蓋骨隨貴生，肉隨財長，而形有五行之分，病生於飽暖，憂出於極樂，其氣有五色之變[②]，學者仔細推之，吉凶可斷。

常遭疾厄，只因根上昏沉。

根即山根，位在印堂之下，與年壽三位爲疾厄宫。宜神色光明，不欲昏。暗而不明者，常有疾厄。

頻遇吉祥，蓋謂福堂潤澤。

福堂在兩眉之上，華蓋之傍。若常明潤而色紅黄者，有吉祥而無凶也。

淚堂深陷，蠶肉横生，鼻準尖垂，人中平滿，剋兒孫之無數[③]，刑嗣續之難逃。

下眼眶爲淚堂，宜豐滿不欲深陷。眶中肉虚若腫曰蠶肉，不宜横生。鼻尖爲準[④]，宜齊大，不欲尖垂。準下口上，形如破竹而仰者，曰人中，又名曰溝洫。宜深長，不欲平滿。蓋淚堂爲男女子孫之宫，準與人中乃宫室奴婢之位。若有此破陷，主兒孫之有剋也。

眼不哭而淚汪汪，心不憂愁眉縮縮，早無刑剋，老見孤單。

若眼不哭泣而兩淚汪汪而濕，心無憂愁而雙眉顰縮，此刑剋孤獨之相也。古云：不哭常如淚，非愁却似愁。憂心常不足[⑤]，榮樂半途休。學者宜細推詳。

---

① 二“九”字，原皆作“凡”，據《麻衣相法》改。

② 五，原無，據《麻衣相法》補。

③ 數，原作“類”，據《麻衣相法》改。

④ 準，原作“中”，據《麻衣相法》改。

⑤ 《麻衣相法》此句作“憂驚神不足”。

面似橘皮,終主孤刑[1]。

滿面毛竅如塵垢所拭,云橘皮面是也。《百一歌》云:面色似橘皮,孤刑定不疑。雖然生一子,却换兩重妻。

神帶桃花,也須兒晚。

若神色如桃花,嬌嫩邪淫,此等之人,恐生子不早也。鬼谷詩云:桃花色重仍侵目,戀酒迷花寵外妻。信乎生子必晚矣。

肩峨聲泣,不賤則孤。鼻若梁低[2],非貧則夭。

肩不欲聳而若寒,聲不欲散而似哭。有此二者,貧賤孤刑之相。鼻梁乃年壽之位,不宜低曲[3]。有若此者,必傷財壽,非貧則夭。古云:山根斷,準頭高,到老受波淘。

富貴多生勞漉[4],爲下停長。

《廣記》云[5]:中停長,遇君王。上停長,幼善祥。下停長,老吉昌。三停平等,富貴綿綿。若下停長者,末須富貴,未免平生勞漉也。

貧窮到老不閑,粗其骨格。

凡骨格宜隆聳清明,與氣肉相滋者,乃富貴安逸之相。若暴露粗大,氣肉不稱者,必貧窮奔波。

星辰失陷,部位偏虧,無隔宿之儲糧,有終身之勞苦。

如眼爲日月而不明,鼻爲土星而不隆,此星辰之失陷也。餘皆仿此。額位乎天,宜高而反低;頦位乎地,宜厚而反薄,此部位之偏虧也。餘亦仿此。相有如此,貧賤孤苦,終身勞漉而無隔宿之糧也。

三光明旺,財自天來。六府高强,一生富足。

兩福星及準頭曰三光,若明清而不暗,主有天財,大吉。餘謂五星即三光。兩顴、兩頤、兩額角曰六府,若豐隆朝拱者,不貴必然定爲富矣。

紅光滿面,發財家自安康。

---

① 孤刑,原作"貧窮",據《麻衣相法》改。

② 若,《麻衣相法》作"弱"。

③ 曲,原作"凹",據《麻衣相法》改。

④ 多,《麻衣相法》作"平"。

⑤ 廣記云,原無,據《麻衣相法》補。

五色惟白黑宜秋冬，青宜春，獨紅黄四季皆吉。若滿面常帶紅黄之色者，發財安康之福相也。

豬脂硏光，剋子終無成日。

豬脂者[①]，即面若塗膏也。硏光者，即帛用硏石硏光之類也。面色有如此者，名爲沐浴天羅，多主刑剋子孫之相也。學者宜細推之可也。

面皮太急，雖溝洫長而壽亦虧。

若面皮與肉俱急如繃鼓，雖然人中深，終無壽之人也。

兩目無神，縱鼻梁高而壽亦促。

眼爲上相，以神爲主，骨法次之。若目無神光，縱使鼻梁高聳，亦非壽相之人。

眼光如水，男女多淫。眉卓如刀，陣亡兵死。

眼光，睛之神光也。常要明静，不宜淚濕。故經云：眼濕多淫慾，烏光定不祥[②]。又云：光不欲射外，神不欲流出。若目光如水[③]，兼邪視者，邪淫人也。眉爲羅計，其骨勢直豎似刀者，性燥好勇，終主暴亡。

眉生二角，一生快樂無窮。目秀冠形，管取中年遇貴。

二眉俱有兩尾如角而起者，不貴則安閑之人。兩目細長若冠形，黑白分明而清秀者，中年顯貴。

黄氣發從高廣，旬日内必定轉官。黑色横自三陽，半年期須防損壽。

黄氣，喜色也。高廣，傍尺陽近邊地也[④]。此位若黄氣見者，必遷官。庶人有此氣者，亦主喜慶吉兆。三陽在左目之下[⑤]，若黑氣見此位者，須防身災不遠，亦防子疾。女人在右[⑥]。

奸門青慘，必主妻災。年壽赤光，多生膿血。

① 前後二“豬”字原皆作“諸”，據《麻衣相法》改。

② 光，原作“元”，據《麻衣相法》改。

③ 光，原無，據《麻衣相法》補。

④ 尺，原作“太”，據《麻衣相法》改。地，原無，據《麻衣相法》補。

⑤ 左，原無，據《麻衣相法》補。

⑥ 此句原無，據《麻衣相法》補。

奸門位在魚尾後,爲妻妾宫。若青黑之色見此位者,必妻妾有災。年壽二宫在鼻準之上,山根之下,爲疾厄宫。若紅赤之色見此位者,主生瘡疾。

白氣如粉,父母刑傷。青色侵顴,兄弟唇舌。

白氣主喪亡。若在父母宫見者,必主刑傷。顴位正面者,青色侵此位,主兄弟唇舌之憂。

山根青黑,四九前後定多災。法令綳纏,七七之數焉可過。

山根位在年之上,若此位常有青黑之色者,其年主災疾。蘭臺之傍曰法令,又名金縷,又名壽帶,宜顯順。若綳急而不顯,纏曲而不順,兼若螣蛇鎖唇而入口者,皆不壽也。

女子眼惡,嫁即刑夫。聲殺面横,閨房獨宿。

女人之眼宜細長而清秀。若圓大凸露[①],則惡相顯然,便爲刑夫之格矣。若聲似破鑼,面肉横生者,必主寡居。

額尖耳反,雖三嫁而未休。顴露聲雄,縱七夫之不了。

古云:額尖削耳反輪[②],乃三夫之婦也[③]。古云:剋婿兩顴露,刑夫額不平。要知三度嫁,女作丈夫聲。亦此之謂也。

額偏不正,内淫而外貌若無。步走不正[④],外好而中心最惡。

頭額爲諸陽之首,不宜偏削。若偏而不正,及舉止輕浮而不穩重者,多主淫蕩。行步不平正,如風柳,乃蛇行雀躍之相,主心地險惡也。

腮見耳後,心地狡貪。眼惡鼻勾,中心險毒。

腮即頤也。頤骨不宜太闊露。古云:耳後見垂腮[⑤],平生無往來。必主心地狡猾貪鄙。古云:眼若凸露,人情難睦。鼻如鷹嘴,喫人心髓。

脚跟不著地,賣盡田園而走他鄉。

行步穩重,富而財豐。若行步輕浮不停,如雀躍之狀者,爲破財奔波之相。

---

① 凸,原作"凹",據《麻衣相法》改。

② 輪,原無,據《麻衣相法》補。

③ 《麻衣相法》此句作"不利骨肉克夫"。

④ 正,《麻衣相法》作"平"。

⑤ 垂,《麻衣相法》作"重"。

鼻竅露而仰，卒被外災而終旅舍。

經云：鼻仰唇掀及結喉，夭亡浪迹走他鄉[①]。正謂此也。

唇不蓋齒，無事招嫌。溝洫無髭，爲人少力。

不笑而齒齦常露者，好談人過，與衆不和。經曰：齒疏唇露不合，口唇尖薄是非多，故招人嫌。正謂此也。溝洫即人中。不宜無髭。若少髭而人中露者，其人主一生勞碌。

印堂太窄，子晚妻遲。懸壁昏暗，人亡家破。

印堂宜豐隆。太窄若此者，不惟無官，亦且妻子不早[②]。懸壁爲奴婢宫，宜光潤。若氣色昏暗者，主死亡破敗。

結喉露齒，骨肉分離。粗骨急皮，壽年短促。

結喉者，喉骨若結而高顯也[③]。露齒者，即唇不蓋齒也。二者乃客死招嫌之相，而骨肉分離不亦宜乎。骨格粗大而露，皮肉急緊而薄[④]，此皆爲夭壽之相也。

形容俊雅，終作高賢。骨格清奇，必須貴顯。

形容若桂林之一枝，崑山之片玉，清奇正雅者，必爲上等之人[⑤]，非凡相也。精神翹秀曰清[⑥]，怪異非常曰奇，有此清奇之骨格，終須貴達。先正有云：峨峨古怪若閑雲，崑山片玉已琢成。

卧蠶豐下[⑦]，定子息之晚成。淚堂平滿，須兒郎之早見。

卧蠶在眼下，爲子息宫。若豐大而陷下者[⑧]，主生子必晚成。淚堂即眼眶也。若肉生豐滿而不坑陷者，生子必早招。

龍宫低黑，嗣續難得而愚昧。陰陽眼潤，男女易養而聰明。

龍宫，即眼眶，爲男女宫。若低陷而色暗者，子息不易得也。縱然有得，亦愚而不

① “浪迹”後原有“而”字，據文意删。走他鄉，《麻衣相法》作“死他州”。
② 亦，原作“抑”，據文意改。
③ 結，原作“光圓”，據《麻衣相法》改。
④ “薄”字前原有“帶”字，據《麻衣相法》删。
⑤ 上等之人，《麻衣相法》作“高尚之士”。
⑥ 清，原作“古”，據《麻衣相法》改。
⑦ 下，原作“丁”，據《麻衣相法》改。
⑧ 大，原作“丁”，據《麻衣相法》改。下，原無，據《麻衣相法》補。

肖焉[①]。陰陽即三陰三陽,亦子息宫也。若光明潤澤而不枯陷者,必主男女易養而聰明。

面大鼻小,一生常自歷艱辛。鼻瘦面肥,半世錢財終耗散。

正面雖大而土星獨小,奔波之相也。《廣記》云:鼻小爲四極,農作無休息。面肥鼻隆,錢財豐充。若面肥鼻雖高尖而瘦者,縱有錢財,終須耗散。

邊地四起,過五十始遂亨通。輔骨隆高,纔三九則居官從。

邊地與吊庭[②]、山林、郊外俱高聳者,正晚年榮禄之相。輔骨即兩輔角元骨是也。若聳起而隆高,必早年榮達。

明珠出海,太公八十遇文王。

一本增作明珠出朝大海。解明珠爲耳垂珠,意謂明珠朝口爲壽相,然與下文不合。蓋太公八十遇文王,言發達之遲。馬周三十逢唐帝,言發達之早。若火色鳶肩,馬周之相以火能炎上,鳶能飛騰,發達之早宜矣。若明珠出海,爲太公之相,則未明,缺疑可也。予觀下文有曰:流魄放海[③],須防水厄之災。謂黑氣入口,恐明珠出海亦指氣色而言。學者詳之。

火色鳶肩,馬周三十逢唐帝。

唐帝,乃太宗也。火色,赤氣也。鳶,鴟類,飛則肩聳。馬周赤色而聳肩,其相如此,故早年騰達。蓋飛而炎上,早發達也。

鶴形龜息,洞賓之遇仙得仙。

鶴形,清奇。龜息,異常。吕洞賓有此相,至廬山遇鍾離真人,一夢黄粱而得仙道。息者,氣息也。

龍腦鳳睛,玄齡之拜相入相。

龍腦者,頭角巉巖,高起而顯露也。鳳睛者,兩目細長,黑白分明而光彩也。房玄齡有此相,故唐太宗時入相。

法令入口,鄧通餓死野人家。

---

① 以上數句原無,據《麻衣相法》補。
② 吊,原作"天",據《麻衣相法》改。
③ 魄,原作"龜",據下文及《麻衣相法》改。

法令者,口邊紋也。前漢鄧通有此紋,文帝令許負相之,負指其口曰:他日當餓死。帝曰:富貴在朕。遂賜通蜀道銅山,得自鑄錢。後至章帝罷錢,通竟餓死。

螣蛇鎖唇,梁武餓死臺城上。

螣蛇,即法令紋也。梁武帝亦有此紋,帝都建康,爲侯景逼臺城,飲膳被侯景裁損。帝憂深成疾,口苦,索蜜不得,再曰呵呵①,遂殂。

虎頭燕頷,班超封萬里之侯。

虎頭燕頷,言頭若虎之頭而圓大,頷若燕之頷而垂②。前漢許負相班超曰:燕頷虎頭,飛而食肉,萬里侯相也。後果投筆出玉門關,立大功,威震西戎,後封爲定遠侯。

虎步龍行,劉裕至九重之位。

虎步行而闊,龍行不動身也。經云:虎步龍驤③,位至侯王。劉裕,字德興,彭城人。有此相,元熙二年受晉禪,號宋武帝。

山林骨起,終作神仙。

山林在郊外、髮際之間,有骨而高起者,以其貴在日月天庭之外,故但作神仙而去。

金城骨分,限登將相④。

印堂有骨隆起,分如五指,貫入髮際曰金城。人若有此骨者,主大貴。經曰:金城分五指,極品在巖廊。

又當知貴賤易識⑤,限數難參。

骨格貴賤貧富,相所易識。若夫氣色生剋之限數,實難參詳也。

決死生之期⑥,先看形神。定吉凶之兆,莫逃氣色。

人之一身以神氣爲主,形貌次之。凡相人之法,神與氣色爲要。神有生旺,氣色有生剋。詳而觀之,則吉凶定,死生決矣。

---

① 呵呵,《麻衣相法》作"荷荷"。

② 此數句原無,據《麻衣相法》補。

③ 此句原作"虎行",據《麻衣相法》改。

④ 限,《麻衣相法》作"即"。

⑤ 識,原作"失",據《麻衣相法》改。

⑥ 決,原作"訣",據注文改。

睛如魚目,速死之期。氣若煙雲,凶災日至。

睛圓露而癡者,則如魚目。有如此相,又無光彩,不壽。氣色宜光彩,不欲昏暗。若氣色如煙塵所蒙而昏暗者,必主凶災之相。

形如土偶,天命難逃。天柱傾欹,幻身將去。

形如枯乾[①],與土無異者,不久病亡。天柱者,頸項也。若項傾欹歪而莫起者,虚幻之軀必見將死之兆也。

貌如鏤鐵,運氣迍邅。色若祥雲,前程亨泰。

鏤鐵,飾金曰鏤鐵,言其疏薄也。一身氣色若此疏薄者,其氣運不通。氣明潤若祥雲面紅黄者[②],前程必通泰也。

名成利遂,三台宫俱有黄光。文滯書難,兩眉頭各生青氣。

三台即在兩輔及額角,此位俱有黄氣者,利名成遂。眉頭即輔角也,其氣青黑色,文書必遲滯也。

黄氣少而滯氣重,功名來又不來。

紅黄者,喜氣也。青黑者,滯氣也。若紅黄之色少,青黑之氣多者,求功名似有而無也。

青氣少而喜氣多,富貴至而又至。

紅黄之色滿面而無滯氣,財禄疊至。

滯中有明,憂而變喜。明中有滯,吉而反凶。

氣若滯而忽明潤者[③],憂中必有喜。氣若明而忽暗滯者,吉中必有凶也。

正面有紅光,無不遂意。印堂多喜氣,謀無不通。

正面一寸三分,印堂在闕門之間。二部若有紅、黄、紫喜氣者,謀爲多主遂意之兆也。

年壽潤明,一歲平安。

年壽在山根之下,爲疾厄宫。若光明不暗者,其年必平安。一作懸壁。無光,財

① 如,《麻衣相法》作“體”。
② 若,原無,據文意補。
③ 氣,《麻衣相法》作“色”。

竇將去。甲匱潤澤，吉祥鼎來。

金匱光澤，諸吉鼎來[①]。

金匱，鼻準頭兩傍，即蘭臺、廷尉。若明潤不暗者，主吉而不凶也。

部位無虧，一生平穩。氣色有滯，終見凶迍。

一身部位無虧破者[②]，不遭凶險。諸位氣色不光潤者，終有不利也。

形容古怪，石中有美玉之藏。

形相古怪者，不可作下賤看。若神氣清秀，動止異常，乃濁中清也。非石中之美玉乎？學者詳之。

人物巉巖，海底有明珠之聚。

如龍準龍頭，虎頭虎睛之類，豈非巉巖之人物乎？終遇貴顯，不可一例而推，真若滄海之珠也。

要之一辨其色，次聽其聲，更察夫神，再觀乎皮肉，不可忽也。

四者兼之，萬無一失。

眉毛拂天倉，出入近貴。印堂接中正，終須利官。

天倉在眼角傍。若眉如新月而拂天倉，主聰明近貴之相。若印堂寬隆，上接中正而光潤者，必利乎官也。

呼聚喝散，只因雙顴並起於峰巒。引是招非，蓋謂兩唇不遮乎牙道。

東西二嶽曰雙顴，主威權。峰巒言隆高也。若二顴隆高，其人有聚散之威。唇不蓋齒，好說是非之人也。豈不自招是引非者哉！

狼行虎吻，機深而心事難明。

行而頭低及反顧，曰狼行。無事咬牙若怒而無笑容者，曰虎吻。其人凶狠心機必難明也。

---

① 鼎，《麻衣相法》作"頻"。

② 身，原作"生"，據《麻衣相法》改。

猴食鼠餐,鄙吝而奸謀到底。

食而細疾,其貌如懼者,曰鼠餐。食而不嚼,其貌如不足者,曰猴食。有如此者,必鄙吝奸狡之人也。

頭先過步,初主好,晚景貧窮。竈仰撩天,中限敗,田園耗散。

行若頭低向前過步者,其人必然初年有餘,末年不足也。井竈,乃鼻竅也。不宜仰露。若仰露而撩天,主中年破散。

女人耳反,亦主刑夫。男子頭尖,終無成器。

木金二星失躔,不利夫宫。兼有九醜,孀居女人之相也。頭乃六陽之首,終宜圓大。若尖小者,豈富貴之相也。

觀貴人之相,非止一途。察朝士之形,俱要四大。

四大即四體。

腰圓背厚,方保玉帶朝衣。骨聳神清,定主威權忠節。

腰腹圓肥,肩背豐厚,皆衣禄之人,貴相也。骨格巉巖而高聳,眼神清光而有權。若居官,必有威,忠節之臣也。觀夫下文可驗之。

伏犀貫頂,一品王侯。輔骨插天,千軍勇將。

若有骨[①],自印堂聳入於腦者,曰伏犀,主大貴。輔骨在眉角,有骨豐肥插入天倉者,必主威權。

形如豬相,死必分屍。眼似虎睛,性嚴莫犯。

體肥項短[②],飲食無厭,目朦朧而黑白不分明者,豬相也,多死非命。目圓大而有神,視不轉而有威者,曰虎睛[③],其人之性必燥烈。

鬚黄睛赤,終主横屍[④]。齒露唇掀,須防野死。

古云:眼睛赤,心性急。髭鬚黄,怒氣强。終招災禍。兩唇不遮牙道,曰露齒。若

① 有,原作"負",據《麻衣相法》改。

② 項,原作"貧",據《麻衣相法》改。

③ 曰,原無,據《麻衣相法》補。

④ 屍,《麻衣相法》作"災"。

脣掀喉結，必死他鄉之野。

口脣皮皺，爲人一世孤單。魚尾多紋，到老不能安逸。

《通仙録》云：口邊皮若生皺褶，有子應須出外鄉。豈不孤單？魚尾在眼角之上。經云：魚尾㔽紋長入口，雖有眉壽最勞心。

二眉散亂，須憂聚散不常。兩目雌雄，必主富而多詐。

眉乃兄弟姊妹宫，亦主財星。若散不清，主離耗。目一大一小，曰雌雄。有如此者，雖然財富，必多詭詐也。

面多斑點，恐非老壽之人。耳有毫毛，定是長生之客。

黑青斑點生於面者，神氣衰也。豈能壽乎？經云：眉毫不如耳毫，耳毫不如項下縧。皆壽相。

脚背無肉，必主孤貧。胸上生毛，性非寬大。

《大統賦》云：足者，身之枝，所以運諸身者也。若枯而無肉者，必孤貧跋涉之人也。胸堂上生毛者，性偏急。經云：身上生毛非達器。

莫教四反，五六必主凶亡。更忌神昏，八九也無稱意。

四反者，口無稜，眼無神，鼻露竅，耳無輪也。有此四反，其人主有凶亡之事。有此四反，更兼神氣昏暗者，至老終不稱意也。

天庭高闊，須知僕馬無虧。

前文云：天庭高聳，少年富貴可期。此云高與闊，言其高而且闊，定居官位而無疑也。

地閣方圓，必主錢財堆積。

地閣方圓得乎地，天庭豐隆得乎天①。得乎天者，必貴。得乎地者，必主於富也。

臉上青光汲汲，貪婪孤貧。準頭赤色重重，奔波詭計。

臉上青黑之色疊見者②，主孤苦不足。土星有火，萬物不生之象③，主奔波。若酒後而赤，詭計。

① 隆，原作"備"，據《麻衣相法》改。

② 色，《麻衣相法》作"氣"。

③ 象，原作"相"，據《麻衣相法》改。

圓融小巧,畢竟豐亨。方正神舒,終須穩耐。

五短之形,融和而奇巧者,至老而富泰豐亨也。面目方正而有神氣者[1],終必穩重堅耐而吉。

手脚粗大,難爲富貴之徒。齒鼻齊豐,定享莊田之客。

手脚粗大,貧賤之相。無肉而露筋,安能富貴?齒齊而密,鼻大而豐者,安享田莊之人也。

手軟如綿,閑且有錢。掌若血紅,富而多禄。

經云:手若綿軟富可羡,色若噀紅禄不絶。

眉抽二尾,一生常自足歡娱。

前云眉主二角者,謂頭秀起如角也,但一生快樂而已。此云眉抽二尾,謂眉首尾齊秀,如新月也。其人多戀花酒,一生自樂之相也[2]。

根有三紋,中主必然多耗散。

山根若有三紋侵斷者,多主耗散。《廣記》云[3]:山根若有横紋斷,剋子刑妻少弟兄。

耳白過面,朝野聞名。

《袖裏經》云:耳白過面,終爲名臣。昔歐陽公未貴,有僧相曰:公耳白過面,名聞天下。後官至宰相。

神稱於形,情懷舒暢。

精神者,乃人一身之根本。貴於形神相稱,不宜偏足。若形與神俱完足而不偏者,心身安泰之相也。

足生黑子,英雄獨壓萬人。

左足,男吉。右足,女吉。且昔安禄山少賤事張守珪,爲之濯足,少停之而不言。守珪問之,曰:節度足底有黑子,故少停。珪曰:吾之貴者在此痣也。禄山拜曰:不肖雙足俱有。守珪優待之,後禄山領三處節度使。其驗如此。

① 方正,原作"之正",據《麻衣相法》改。
② 自,《麻衣相法》作"喜"。
③ 記,《麻衣相法》作"鑑"。

骨插邊庭，威武名揚四海。

邊庭在輔角髮際之間，若額聳起入邊地者，主武貴。《廣鑑》云：驛馬連邊地，兵權主一方。

聲自丹田下出，有福而享遐齡。

丹田在臍下，若聲自臍下來者[①]，音韻深遠[②]，主壽。希夷論曰：衆人之息以喉，貴人之息以臍[③]。

骨從腦後横生，發財且增長壽。

腦後有骨横生者，名曰玉枕，主富壽也。《廣鑑》云：骨自腦生少人知，貴禄綿綿福壽期。

地庫光潤，晚景愈好而得安閑。懸壁色明，家宅無憂而多喜慶。

地庫在兩頤，若光潤華彩，末主稱心快意。懸壁解見前，若氣色不暗者[④]，吉而無凶也[⑤]。

土星薄而山林重，滯氣多災。前相好而背負虧，虚名無壽。

鼻小謂之土薄，鬚多謂之山林重[⑥]。若更有滯氣，必主多災。前面形相雖好，而後背形相虧陷不稱者，名壽不足。

陰騭肉滿，福重心靈。正面骨開，粟陳貫朽。

陰騭即淚堂之位。若豐滿不横出者，必聰壽之相也。正面即兩顴也。若骨開闊而不偏陷者[⑦]，廣積財穀之相也。

鬢毛毬織，或先富而後貧。筋若蚓蟠，定少閒而多厄。

若髮鬢濁亂如織毬者，其人性懶，縱財富而後必貧。額面手足青筋亂生者，曰蚓

① 聲，原作“發”，據《麻衣相法》改。
② 深，原作“聲”，據《麻衣相法》改。
③ 貴，《麻衣相法》作“至”。
④ 解見前若色，此五字原無，據《麻衣相法》補。
⑤ 凶，《麻衣相法》作“憂”。
⑥ 鬚，《麻衣相法》作“髭”。
⑦ 闊，原作“潤”，據《麻衣相法》改。

蟠,主辛苦不閒而多厄①。

眉棱骨起,縱有壽而孤刑。項下結喉,恐無兒而客死。

眉骨巉巖,雖云古怪。若眉棱獨起者,雖有壽亦孤刑。經云:齒露結喉,死在他州。

眼如鷄目,性急難容。步若蛇行,毒而無壽。

眼圓小而黄如鷄目,其性急燥,然多淫而有破害②。行而頭足俱動作三折狀者③,曰蛇行,輕而心毒,安能有壽。

色青横於正面,唤作行屍。色黑横於耳前④,名爲奪命。

顴上眼下曰正面⑤,若青氣横生此位者,主有災疾,故曰行屍。耳前爲命門,若有黑色侵者,有病必難療。

青遮口角,扁鵲難醫。黑掩太陽,盧醫莫救。

口爲人之司命,若兩角青黑,非吉兆,病人難治。太陽,左目也。盧醫、扁鵲,名醫。黑掩太陽,陷乎雙目,名醫莫能治。

白如枯骨,亦主身亡。黑若濕灰,終須壽短。

若病人有白氣如枯骨者,本無生氣⑥,有死而已。又有黑氣若濕灰之色者,豈長壽乎。

貧而恒難,只因滿面悲容。夭更多災,蓋謂山根薄削。

容顔常若哭狀,必主貧而多難。經云:不醉却如醉,非愁却似愁。笑驚癡騃様,榮樂半途休⑦。年壽山根陷薄而尖削,主疾病而夭。

平生少疾,皆因月孛光隆。到老無災,大抵年宫潤澤。

年壽即月孛星,此位豐隆有光,平生必少疾病也。

血不華色,少遂多憂。行不動身,積財有壽。

---

① 閒,原作"閑",據上文及文意改。

② 破害,《麻衣相法》作"誠信"。

③ 《麻衣相法》"足"字前有"手"字。

④ 色,《麻衣相法》作"氣"。

⑤ 顴,原作"額",據《麻衣相法》改。

⑥ 本,《麻衣相法》作"體"。

⑦ 半,原作"好",據《麻衣相法》改。

血以養氣，氣以養神。色無光華，中心不足，豈無憂愁乎。行步而身不動者，謂端莊貴重之相也，豈無財壽者乎。

神光滿面，富貴稱心。鬼色見形，貧愁度日。

神光者，色紅黄而有光也。鬼色者，氣青黑而多暗也。故面有神光，利名多遂。面有鬼色者，貧愁日至。

病淹目閉，有神無色者生。神脱口開，天柱傾欹者死。

病人雖目閉，有神無色者，必主生。若眼無神光，口開項倒者，必死。天柱傾也。

五嶽俱正，人可延年。七竅不明，壽難再久。

五嶽註見前。若俱正而不偏斜者，固爲壽相。若耳目口鼻之七竅，反露而不明者，亦主夭折。

華蓋黑色，必主卒災。天庭青氣，須防瘟疫。

華蓋謂福堂之間[①]。黑氣侵之，主有暴疾。天庭在天中之下，青氣生之，主有瘟疾。

赤燥生於地閣，定損牛羊。青白起於奸門，禍侵妻妾。

地閣爲奴僕宫，若生赤氣，如火而燥者，損牛羊。奸門在眼角之前，若有青白二氣，恐妻妾有災。奸門，乃妻宫是也。

三陽火旺，必主誕男。三陰木多，定須生女。

三陽在左眼下，紅氣旺必生男。三陰在右眼下，青氣多即生女。

流魄放海，須防水厄之災。遊魂守宫，定主喪身之苦。

流魄、遊魂，皆黑色也。大海爲口，有黑氣入口者，須防水厄。宫，即龍宫，眼瞳也。若生黑氣，定然多主身喪。

道路昏慘，防跌蹼之災。宫室燥炎，恐火湯之咎。

道路即通關、委巷也。若生滯氣，陟險不利。宫室在竈廚之傍，若生紅燥之氣，須防湯火。

耳根黑子，倒死路傍。承漿深紋，恐投浪裏。

① 間，《麻衣相法》作“傍”。

耳後生黑子者,主客死他鄉。承漿在唇下,若生深紋,必主有水厄之災也。

眼堂豐厚,亦主貪淫。人中偏斜,亦多刑剋。

眼堂固宜豐滿,若豐而加厚,亦主貪淫。人中惟宜顯正,若有偏斜者,亦主刑剋。

鬼牙尖露,詭譎奸貪。保壽崢嶸,凶豪惡死。

當門牙齒宜齊大而平,固主誠信。若傍齒尖露者,曰鬼牙[①],其人必多詭貪。二眉豐隆,固爲壽相。若棱骨高削,性必豪凶,恐非大命也[②]。

人形似鬼,衣食不豐。生相若仙,平生閑逸。

人形古怪,固爲貴相。若形貌如鬼者,雖有衣食,必不豐也。形貌清而且秀異,若仙人之狀,非貴必主安閑。

穀道亂毛,號作淫秒。耳根高骨,名曰壽堂。

糞門多毛,皆由膀胱氣之盛而生,此人必主多淫。耳後骨起,名曰壽堂。經云:欲知人壽考,耳大玉樓成[③]。

骨格精神,瘦亦可取。肉地濁浮,肥何足誇。

骨格雖瘦,而氣色有神者,有可收之吉。皮肉雖肥,而不堅潤者,有不取之凶。

目多四白,主孤剋而凶亡。鼻有三凹,必貧窮而孤苦。

眼如怒睜而露四白者,孤刑凶亡之相也。三凹者,自山根至準而有三曲折也,主破敗刑剋之相。

三尖六削,縱奸巧而貧賤。四方五端,須不謀而富貴。

三尖謂頭、準、閣尖小也。六削謂眉、目、耳、口削薄也。又謂之六惡,主貧賤而奸巧也。兩天倉地庫方滿而不陷,五嶽端拱而不偏者,富貴不求而自來也。

腿長脚瘦,常年奔走不停[④]。唇薄口尖,好説是非無了。

腿脛細長,脚背枯瘦者,辛苦之相也。嘴小尖削,兩唇掀薄,好説是非之人。

部位伶俐,自然無禍無災。紋痣交加,到底有嗟有怨。

---

① 曰,原無,據《麻衣相法》補。

② 《麻衣相法》此句作"死於非命"。

③ 大,《麻衣相法》作"後"。

④ 常,原作"當",據《麻衣相法》改。

部位分明而不駁雜者，吉祥。紋痣亂生於各位者，凶。紋痣交加者，凶禍。

峨肩鼠食，非惟吝而且貪。劍鼻蜂睛，不特凶而又賤。

峨肩即肩聳，鼠食詳見前。有此二相者，主貧吝而凶。鼻梁削而如劍[①]，眼睛露而不轉，如蜂目者，性暴下賤之人。

若夫孩童易養，聲大有神。夭折難成，腎浮不緊。

以下數條論小兒。相小兒初生，啼聲大而有神色者，有病而易養。腎囊虚浮而不緊者，多疾而必夭。

頭圓骨聳，易養而利益雙親。額方面闊，無險而吉祥迭至。

頭圓而無棱，骨聳而入格，主富貴，豈不易養而利於父母乎。額骨方隆，面容闊者，吉多凶少。

山根青色，出胎而頻見災厄。年上黑光，幼歲而多生膿血。

山根、年壽有青黑氣，幼小多生災疾。

陽囊若荔殼，定生堅耐之兒。面肉類浮漚，決是虚花之子。

腎囊堅實而若荔枝殼者，堅固耐病之兒。面肉虚肥而薄如浮漚狀者，乃虚花難育之子也。

頭尖無腦骨，能言而亡。目緩少精神，將行而死。

頭尖小而腦骨低陷，眼緩慢而精神不足者，難存也。

色緊肉實，可養無虞。聲響氣清，端爲穎異。

顔色明緊，皮肉堅實者，可保無虞。聲音響亮，神氣清爽者，爲人異衆。

鼻梁低塌，當生啾唧之災。髮際壓遮，定是孤刑之子。

年壽低陷，乃疾厄宫不足，故多災厄也。髮若遮額壓眉者，多主孤刑。

髮齊額廣，英俊聰明。氣短聲低，糊塗夭折。

髮鬢整齊，天庭廣闊者，主聰秀。氣息短促，聲音低小者，愚夭。

外郊插額，利處山林。正面無權，難居宅舍。

外郊在山林之下，有骨接額者，隱逸之人，幽閑之客。面無顴骨，其人無威，治家

① 削，原作“固”，據《麻衣相法》改。

不嚴,可以獨居而無施爲。

孤峰獨聳,骨肉參商。四尾低垂,妻兒隔角。

鼻高而四嶽低者,六親不和。眉眼四垂者,妻子少息而隔角,不相和睦也。

亂紋額上,男女並主孤刑。黑痣淚堂,子息恐云有剋。

額横三紋,固爲壽相。多而亂,又主孤苦刑剋之相也。兩眼下爲淚堂,兒女宫也。若生黑子,必多刑剋兒女也。

眉不蓋眼,財親離散之人。眼大露睛,壽促夭凶之子。

目長眉短而不覆者,亦主孤貧。管輅云:目長眉短不相附,親者如疏自用心。古云:目大露睛,其性必凶。豈有壽乎。

上輕下重,末主伶仃。上闊下尖,終無結果。額尖鼻小,側室分居。喉結脚長,終臨外處。

下停輕薄,上停厚重者,末主孤苦。身上二停,上闊而下尖削者,亦然。鼻額尖小者,固不和於家。結喉而脚長者,客死於外。

有權有柄,皆因兩臉有顴[①]。無識無能,只爲雙眉不秀。

已上二等,其文異而理則一也。

身白過面,衣食豐盈。神賽於形,莊田榮足。

面粗身細,一身富貴。形神相付,一身榮足。此之謂也。

男兒腰細,難主福財。女子肩寒,孤刑再嫁。

以下數條,言女人之相也。男人腰細不豐者,福必薄。女人肩寒似縮者,命必毒。

頭大額大,終主刑夫。聲粗骨粗,竟爲孀婦。

若女人頭額俱大,聲音粗濁,骨多肉少,皆孤刑之相。

眼光口闊,貪淫求食之人。擺手摇頭,詭濫刑夫之婦。

眼露光而口闊大者,貪淫度日。頭首輕摇而不重者,濫淫刑夫。

髮濃鬢重,兼斜視以多淫。聲響神清,必益夫而得食[②]。

① 顴,原作“權”,據文意改。

② 食,《麻衣相法》作“禄”。

髮濃鬢重而視瞻不正，血氣旺而心必邪，主淫蕩之相。聲音響亮，眼神清明者，益夫食禄之婦也。

山根不斷，必得賢夫。部位停匀，應招貴子。

鼻梁不斷者，配必佳。部位不偏者，子必貴。

骨格細膩，富貴自主清閒。髮鬢粗濃，勞苦終爲貧賤。

骨肉相稱細膩者，清閒。髮鬢低亂濁而粗濃者，辛苦。

皮膚香膩，乃富室之女娘。面色端嚴，必豪門之德婦。

皮肉清香而細膩者，面色潤潔而端嚴者，貴富之女。

髮細光潤，稟性温良。神緊眼圓，爲人急燥。

髮細微而有光者，氣必和而性良。神緊而目圓者，氣必急而性燥。

二顴高凸，刑夫未了期年[①]。兩耳反薄，剋子終無成日。

顴骨高削者，刑夫不定。耳若反而薄者，剋子無休。

手粗脚大，必是姨婆。鼻尖額低[②]，終爲侍妾。

手脚粗大者，巫姨媒婆之相。鼻額尖低者，姬妾之形。

卧蠶明潤而紫色，必産貴兒。金甲豐腴而黄光[③]，終興家道。

眼下有肉如卧蠶而紫色者，必生貴子而主福。金甲二匱在鼻兩傍，若豐腴而黄色光明，必旺家也。

婦人口闊，先食田莊而後貧。美女背圓，必嫁秀士而得貴。

女人之口闊大而無收拾者，貪食懶作而後貧乏也。背若圓厚而清秀者，必配良夫。

身肥肉重，得陰相而反榮華。面圓腰肥，類男形而亦富。

身體肥澤而肉不虚浮，貌稱女形者，主榮貴之相也。女人腰腹肥垂似男子者，主富貴。此榮華富貴之相，亦造化自然之理也[④]。

---

① 了期年，《麻衣相法》作“有了期”。

② 額，《麻衣相法》作“頭”。

③ 金甲，原作“甲匱”，據《麻衣相法》及注文改。

④ 此二句原無，據《麻衣相法》補。

乾姜之手,女子必善持家。綿囊之拳,男子定興財産。

女子皮肉固宜細潤,惟手指瘦實,不露筋者[①],善持家。若男子手如綿軟[②],不求自富。

頭小腹大,一生不過多食。骨少肉多,三十焉能可過。

女人頭小腹大者,不過多食。若又肉有餘而骨不足者,定主夭亡。

眉粗眼惡,頻數刑夫。聲雄氣濁,終無厚福。

眉粗亂而眼惡露者,剋夫。聲雄大而氣濁粗者[③],貧薄。

眼光如醉,桑中之約無窮。媚靨漸生,月下之期難定。

眼露光而神如醉者,多淫慾野合之人。多笑嬌媚者,下賤之婦也。經云:媚靨漸生非良婦。豈無月下之期乎。

面如滿月,家道興隆。唇若紅蓮,衣食豐足。

面色光潤而無缺陷,唇如抹丹而不尖露者,主富貴。

山根黑子,若無宿疾必刑夫。眼下皺紋,亦主六親若冰炭。

黑子生於山根者,身無久疾,夫必刑。亂紋侵於眼下者,身孤而骨肉疏。

齒如榴子,衣食豐盈。鼻若竈門,家財罄盡。

齒密光潔如榴子,富足也。鼻竅仰露者,主貧乏也。

形如羅漢,見子必遲。貌若判官,得兒尤晚。

形貌古怪,如羅漢、判官者,子生遲晚之相也。

三山突闊,萬頃規模。四瀆清明,終生福氣。

額與兩顴高闊者,閎遠發達之相也。耳目口鼻清明者,廣遠富貴之形也。

形清神濁,不久貧窮。人小聲洪,定須超越。

形貌清而神氣困濁者,時雖貧窘,滯氣若退,福吉還來。形貌雖小而聲音洪亮,本源盛大,終主發達之相也。

---

① 筋,原作"肉",據《麻衣相法》改。
② 手,原作"腕",據《麻衣相法》改。
③ 粗,原作"相",據《麻衣相法》改。

頭面寬厚[①],福禄雙全。神氣澄清,利名雙得。

頭圓象天,皮肉寬厚,富貴之相,豈無福壽乎。神氣解見前[②]。澄清而不昏暗者,富貴之相也,亦主喜吉。

面皮綳急,壽促無疑。骨格恢弘,前程可靠。

面肉浮薄皮膚绷急[③],固非壽相。骨格豐隆,五嶽分明者。富貴可期也。

少肥氣短,難過四九之期。唇縮神癡,焉保三旬之厄。

年少而體肥,氣喘而促急,主壽夭。唇反縮而露齒,目無神而如騃,亦不壽之相也。

形體傴促,作事猥瑣[④]。氣宇軒昂,一生快順。

體貌傴縮者,作爲必不寬舒。心廣體胖者[⑤],無往而不利也。

鼻梁露骨,名爲破祖刑家。背脊成坑,號曰虚花無壽。

鼻梁薄削露骨,如劍脊,主破祖業。背脊欲隆厚,若薄陷而成坑者,定是花多實少,又主不壽也。

鼻有三曲,不賣屋則賣田。面見兩凹,必成家而成業。

鼻梁有三曲而不平直者,破敗之人也。天地相朝,太華並拱,發興成立之形也。

獐頭鼠目,何必求官。馬面蛇睛,須遭横死。

頭削而骨露,曰獐頭。眼凹而睛圓者,曰鼠目。皆爲不貴。聲嘶而面長,曰馬面。目凹而睛紅,曰蛇睛。其性粗心毒,弟兄不義,卒至横禍也。

睛青口闊,文筆高人。面大頤豐,錢財滿屋。

目睛如點漆,口闊若抹丹,文章之士也。面方而大,頭豐而闊者,富家之子也。

語言多泛,爲人心事難明。容貌温和,作事襟懷瀟落。

語言貴乎有倫序。若言無統緒,語言濫泛者,必妄而無實[⑥],故許負有云:語言泛濫,作事多亂。其心事豈易明白哉。形容如美玉之温潤,氣宇似春風之柔和者,乃襟

① 面,《麻衣相法》作"皮"。

② 此句原無,據《麻衣相法》補。

③ 绷急,原作"皺",據《麻衣相法》改。

④ 瑣,原作"猿",據文意改。

⑤ 《麻衣相法》此句作"局量高大者"。

⑥ 實,《麻衣相法》作"規"。

懷灑落有德之相也。

骨粗髮重,何曾剩得一錢。體細身輕,那得停留片瓦。

骨髮粗而露,頭毛厚而鬆者,貧寒之相而身迍邅也。身體貴平穩厚重,若行如風擺柳葉者,不夭則貧。

巨鰲入海,必作尚書。龍骨插天,應爲宰輔。

經云:額角入天庭[①],宰相位尊榮。日月角有骨插入天庭,三公輔弼之器也。巨鰲即額骨。龍骨即日月角也。

日月角聳,必佐明君。文武雙全,定爲刺史。

日月角聳即龍骨插天也[②],定爲貴相。若兩顴有骨接邊廷者,文武雙全,亦牧伯之相。

眼若三角,狠毒孤刑。鼻帶兩凹,破財疾苦。

眼爲日月,宜圓明,不宜三角。相有如此,其心不善。婦人主刑夫兒,男子必剋妻子也。鼻乃土星,年壽居之。若兩凹侵破,不惟破財,又兼疾苦而貧敗也。

骨輕手硬,必是庸常。眉秀神和,須知閒雅。

骨格削而輕,手指粗而硬者,庸俗之人。眉目清秀,乃神氣温和者,不貴則清閒人也。

聲乾無韻,何得榮華。膚澀少光,終無安逸。

聲貴乎清亮。若粗乾如破鑼之音無韻者,亦主貧也。皮膚粗澀,又無光潤,主辛苦也。

凶歸十惡,皆因眼赤睛黄[③]。死在九州,蓋謂齦披唇膘。

犯十惡之凶罪者,多因眼有赤縷,睛黄而不黑色也。身死於他方者,多爲齒齦掀露,口唇不膘也。

形神不藴,貧夭兩全。筋骨莫藏,懦愚雙得。

① 角,《麻衣相法》作"骨"。

② 插天,原無,據《麻衣相法》補。

③ 赤,原作"下",據《麻衣相法》改。

若形有餘而神不足，或神有餘而形不足，曰不蘊。如此之人，不貧則夭[①]。筋中顯骨，骨中露筋，骨筋俱露而不藏者，不懦弱則愚鹵之夫也。

眼光嘴趫，爲人執拗不良。齒齧頭摇，其性奸貪無比。

目露睛光，嘴薄唇趫，兼此三者，不良恃强之徒也[②]。咬牙作聲曰齒齧，咬牙而摇首擺頭，狠毒之相，必多奸貪。

得意中面容悽慘，先富後貧。遭窘處顔貌温和，早窮晚發。

利名得意之中，宜喜悦而面容悽慘者，先富而後貧。若處困窮之間，不憂愁而反温和者，心量寬洪，終必發達而晚景優游也。

金形得金局，逢土可比陶朱。

若金形人，又得金局之正者，固云：金得金剛毅深矣。兼得土局形氣，則相生而主財富，陶朱公、范蠡也，能致富豪。自此以後論五行之形。今將五行相貌總解於此，後之學者當熟記而詳察之。

木形人③

木形人更宜修長，木性之直，色清氣秀，得其正也。若腰偏而背薄，非木之善也。

火形人

火形人渾厚上尖，如火之炎，色赤氣枯，得其中也。或衒露浮躁，熛灼之過。故《風鑑》云：一露即曰火④，面深即曰土，似有揭露⑤，皆云火也。

水形人

水形人圓厚⑥，背負腰圓，色玄氣静，肉重面清⑦，骨輕是也。或筋緩肉流，此謂枝不滿幹，則泛濫而無所守也。形同而相悖也⑧。

金形人

---

① 貧，原作“刑”，據《麻衣相法》改。

② 恃，原作“村”，據《麻衣相法》改。

③ 五行之形原混於正文中，今據文意改。

④ 一，《麻衣相法》作“局”。

⑤ 《麻衣相法》此句作“凡有局露”。

⑥ 水形人，此三字原無，據上下文及《麻衣相法》補。

⑦ 面，《麻衣相法》作“骨”。

⑧ 此句原無，據《麻衣相法》補。

金形人方而正,骨堅而肉實,陰陽不欺,色白而氣剛,得其中矣。或局促而攲側,骨少而肉多,則柔弱而不堅剛也。不得乎金之正也①。

土形人

土形人面深,腰背露,形貌軒昂,肉輕骨重,色黄氣榮,得其稱矣。或骨重肉薄,神昏無力,乃淹滯之士也。自金形得金局至此,皆論五行之形,歸重於土。蓋五行之金木水火,無不待土以生者,故土寄旺於四季。所謂若兼形則擇多者,即爲土矣②。

土局得土形,見火有如王愷。

若土形人,又得土局之正者,固云:土得土富財庫矣。若又兼得火局,形氣則相生,亦主財富。王愷與石崇,閉塞者也。

金人火旺,財散若塵③。木主金傷,錢消如土。

金形人得火局,火剋金也。木形人得金局,金剋木也。二者形剋之相。《廣鑑》云:制剋相形曰鬼衰,錢財消散。

火逢光彩,帶紅活而愈進家財。

火形人得火局之中,固云:火得火威武大矣。又得紅活之形色,乃火行純一,不争不奪,貴之次也。

水逢黑肥,得圓厚而倍增福壽。

水形人得水局之稱,故云:水得水文學貴矣。又得圓厚之體貌,乃水行純一,不争不奪,次貴之相④,主福禄也。

火人帶木,必定榮超。

若上小下闊,聲音焦烈,初年稍富者,火形人也。若聲音清秀⑤,瘦直而露骨者,帶木局也。木能生火,超榮之相也。

水局得金,終須快暢。

形貌肥圓背負者,固水形人也。若骨兼方正,色白氣剛者,得金局也。金能生水,

---

① 此句原無,據《麻衣相法》補。

② "自金形"至"土矣",原作"若兼形則擇多者,即爲主之矣",據《麻衣相法》改。

③ 散,原作"發",據《麻衣相法》改。

④ 次,《麻衣相法》作"大"。

⑤ 聲音,《麻衣相法》作"身形"。

主一生發達而無困滯也。

土逢乙木，帶潤澤亦可疏通。

土形得木，固相剋而非吉矣。若土多木少，氣色潤澤，亦疏通之相也。

木遇微金，必斲削方成器用。

木形得金，固相剋而非吉矣。若木多金少，形貌軒昂，必斲削而後成材器也。

水逢厚土，忽破資財。火得微金，卒難進益。

土既剋其水，又土多而水少，破財無疑。火既剋金，又火重而金微，進益實難也。

當看氣色之往來，兼觀痣紋之吉凶，更審運限之長短。

此三者，與前五行生剋相參而觀之，則吉凶無遺也。

額爲火宿，管前三十載之榮枯。鼻乃財星，遇中五六十之休咎。

額主初限，若方正隆厚則吉，尖斷凹則凶也。鼻乃財星，主中限三十年。鼻若豐隆高聳，則坐享富貴。鼻尖削低陷，破敗貧賤。而休咎從可知也[①]。

承漿地閣，管盡末年。髮際印堂，周維百歲。

承漿地閣主末限。若豐厚朝拱吉，尖削短小者凶。髮際及印堂主一生貴賤[②]。

平生造化，當首取於四强。人世元機，須先觀夫三主。

四强：子午卯酉，即額頦兩顴後是也。宜豐隆廣闊，不宜尖削破陷。人生造化，先觀此四者。三主，即初、中、末限是也。又《成和子篇》，分五行之形爲三限，其詳也。

氣色明潤，固爲快順。限步崎嶇，亦多蹇利。

五行並三限之步運，若屈限亦多否雜也。

頭尖額窄，固不可以求官。色慘神枯，兼何由而發迹。眼光如鼠，似偷盜之徒。睛竄若獐，如横亡之漢。

鼠眼光綻露，暗中能見物。人眼似此，必主穿窬之輩。

① “鼻乃”至“可知也”，原無，據《麻衣相法》補。

② 及，《麻衣相法》作“至”。

眼凸如蜂目,亦主凶刑。口扁似鲇魚[①],終須困乏。

以上言前五行之形有此體貌[②],亦主貧賤孤夭。

爲僧者,頭圓必貴。作道者,貌清可榮。

自此以下數條,皆論僧道之相。

頂突頭圓,必住名境。神清骨秀,須加師號。

頭圓而頂骨高突,額闊而印堂方正[③],爲僧必主都綱。眼神清如巖電,骨格秀若龜鶴,爲道者必稱師號矣。

重頤碧眼,富貴高僧。廣額秀眉,文章道士。

重頤主富,碧眼主性慧也。額闊而眉秀者,文章之相也。

耳白過面,善世之封。顴聳印平,天師之爵。

爲僧者耳白於面,必封善世之官。爲道者顴與印平,必得天師之職。

形貌褊促[④],庸俗之徒。聲骨澄清,富貴之輩。

若僧道形貌褊淺者,俗魯。聲骨清秀者,富貴。

骨粗形俗,其人老困山林。形異神殊,此輩遠超雲路。

若骨格粗露,形貌塵俗者,終老山林之相也。形貌秀異者,修行到人不到處[⑤]。

腰背豐滿,衣鉢有餘。鼻準直齊,富貴自足。

腰背豐滿,鼻準直齊,皆富貴相也,僧道同。

眉疏目秀,定近貴而得財。額廣頤豐,須居官而食禄。

眉目疏秀,固常人近貴得財之相,僧道亦然。天地朝拱,固常人官禄之形,在僧道亦猶是也[⑥]。

髮鬢濃重合道貌,聲響始榮。眉目平直入僧相,骨清方貴。

髮鬢濃重奇異,既爲道貌,更聲音響亮,見早年榮華。骨平而秀,目直而朗,既爲

---

① 扁,原作“匾”,據文意改。

② 此,原作“七”,據《麻衣相法》改。

③ 印堂,《麻衣相法》作“上下”。

④ 褊,原作“匾”,據文意改,下注文同。

⑤ 到,原作“道”,據《麻衣相法》改。

⑥ 此注文及上正文原無,據《麻衣相法》補。

僧相，更若骨法清古，方是尊貴之相。

視瞻不正，必定好淫。舉止多輕，須知貧賤。

若偷瞻竊視而不正者，其心奸淫，僧道亦然[①]。

眼若桃花光焰，但圖酒色歡娛。面如灰土塵朦，定主家財破敗。

眼神光蕩，若桃花色者，奸心内蒙之相，酒色狂淫之徒也。僧道可知。面色如灰土，氣色又若塵蒙者，貧厄之相也。在僧道亦主破財疾厄。

若論限運，與俗一同。細辨根基，各求其妙。

相中限運，僧道與俗人則同。若部位骨脈氣色，以僧道俗人基本論之，則各求其妙也。

人生富貴，皆由前世修行。士處貧窮，盡是今生作惡。

未觀形先相心田，人之富貴貧賤，固在於相貌氣色。然作善降祥，作惡降殃，而心田又不可不知也。昔裴度有相者相云：爾貌不豐，爾形無相，胡爲公，胡爲相，一點靈丹貴莫狀。是知心也，此乃相之大者也。

若問前程，先要觀乎氣色。欲求先兆[②]，次則辨其形容。先以五嶽爲根基，後以氣色定禍福。

言相人之法先察此四者，吉凶貴賤可知矣。

大則活人性命，小則救人難厄。

相法小而言之，預知吉凶，可以使人避凶趨吉。大而言之，決知生死，如師德上舟，而凶人免溺，可以使人免禍獲福矣。

不爲世見陰功，亦作來生道果。

學相者窮通此理，其術有益於人，其報亦及乎己也。

志超雲外，上合天機。

麻衣言既通出世之術，妙合天機之理，直乃神仙之術，豈虚語哉！

---

① 亦然，《麻衣相法》作“更甚”。

② 先，原作“仙”，據《麻衣相法》改。

壽夭窮通莫逃相法,富貴貧賤奚出此篇。

明智者得之,自有神仙之見。智術之士能精此篇,兼得師傳,非仙而何。

後之學者,勿傳庸俗之徒。

風鑑之術千變萬化,窮通物理,豈庸夫俗子之流所能學哉。

高山流水少知音,一榻白雲在深處。

此篇譬如高山流水之操,知音者鮮矣。久隱於華山石室白雲深處,今遇知音希夷,故始默而授之也。

悉精妙理,參透玄關。得之於心,應之於目。一覽無遺,方知《神異賦》之不誣也。

苟知悉精研此篇之妙理,參透其中之玄關,了然於心目之間而無遺,方知《神異賦》之妙,信不誣矣。後之學者當敬授兹篇,不可以其易而忽之也。

神相全編七

巖電道人神眼經

二十年後有顯官，妙矣希夷之語。

林放，字明逸，隱居林谷，往見陳希夷先生。一日令灑掃庭除，曰：有嘉客至。明逸作樵夫，拜庭下。希夷挽其上曰：君豈樵者，二十年後當有顯官，名聲聞於天下。後爲諫議大夫，改爲工部侍郎。

一百日内秉國政，至哉唐舉之言。

蔡澤求唐舉相曰：先生相李斯百日之内秉國政，有之？曰：有之。蔡澤曰：臣如何？唐舉曰：吾聞聖人不相，殆先生乎？蔡澤知唐舉戲之，曰：富貴吾所自有，所不知者壽也。曰：先生之壽從今以始四十三歲。

容貌雖出乎天然，貴賤不逃於風鑑。鶴形龜息，棄書往康廬而得神仙。

宋朝陳摶有《風鑑歌》。吕洞賓，唐天寶中十四年四月十四日巳時生，幼習儒業，進士出身，開元中授江州德化縣令。真人鶴形龜息，虎體龍腮，鳳眼而聳，雙眉入鬢，頭闊身長，頂華陽冠，身披唐衣，似漢張子房形容。一日私行徐步至廬山道，逢鍾離真人同懸葫蘆，悟一飯黄粱之語，遂棄官修道。後受天仙，一除煩惱，二去貪癡，三除淫慾，遍度有緣之人，道號純陽子。

燕頷虎頭，投筆出陽關而成功業。

相者謂班超曰：君虎頭燕頷，飛而食肉，萬里侯相也。後投筆硯，出玉門關，立大功，威鎮西域，封定遠侯。

耳白於面，終爲柱石之臣。舌紅如硃，必處廟堂之位。

歐陽公云：少時有相者曰：耳白於面，唇不蓋齒，後官至宰相。相法云：舌如硃紅，位至三公。

天庭起至玉枕,乃極品官。日角近映珠庭,非庸人相。

相法云:天庭骨至玉枕,官居三品也。李白舉明經,李絳曰:日角珠庭,非庸人相。明經碌碌,非子所宜也。

唇不著齒,善調金鼎之羹。口可容拳,能借玉階之地。

歐陽修至宰相。相者云:唇不著齒,無事得謗。昔日宋文圭舉進士,途中遇一叟,目文圭久之,曰:拳必入口,神仙狀也。如學道,當沖虛。不爾,有大名於天下。

龍鳳姿,天日表,知必安民。熊虎狀,豺狼聲,終當滅後。

唐太宗四歲,有書生見曰:龍鳳之姿,天日之表。年幾冠,必能濟世安民。楚司馬子良生子,越椒子文曰:必殺之。是子也,熊虎之狀,豺狼之聲。弗殺,必滅若敖氏矣。

學堂光瑩,天下文名。骨法異常,人中真貴。

袁天罡相岑文本曰:學堂瑩夷,眉過眼,故文章振天下。豫章相者游錢塘,見五代錢鏐,曰:此真貴人也,骨法非常而常願自安。

出將入相,都緣足下龜紋。背印封侯,蓋爲頂中犀骨。

下命論河目龜紋公侯之相註曰:足下有龜紋也。相法云:自天庭起伏犀骨貫頂,位至封侯也。

睡後氣從耳出,貴則無疑。笑則唇揭露牙,貧焉可見。

袁天罡相李嶠云:睡後氣從耳出,名龜息,此大貴也。相法云:笑語掀唇露齒,主貧賤也。

吉凶定矣,富貴昭然。若見於陰德之中,又在於形相之外。

形狀不吉,陰德文現,亦主富貴。《荀子·非相篇》云:相形不如相心。麻衣道者云:有心無相,相逐心生。有相無心,相隨心滅。

位登宰相,自授夫犀帶之功。

裴晉公形相眇小,有相者曰:郎君若不至貴,必當餓死。一日遊香山寺,有婦人以夫被罪,假得玉帶三、犀帶一,以賄津要。挂於欄楯,忘收之。度得而還之。後見相者曰:必有陰德及人,前途萬里,非某所知也。後官至宰相。

選中狀元,由造乃蟻橋之力。

宋郊入試，相者見之，未許其登第。歸於宿處，時大雨，花臺水將没，有蟻萬計，周全無計。郊以竹作橋救之。後數日，再見，相曰：有大陰德及物，今年及第，必中狀元。

吕純陽相賦

相貌有異，富貴不同。量肌肉之輕重，揣骨格之克隆。行似龍騰，此相超群膽志。坐如虎踞，其人出衆英雄。原夫啣啣噥噥者①，地閣尖瘦。氣氣勢勢者②，天庭飽滿。鼻梁聳直者，穀食豐厚。山根不折者，功名俊美。學館清高，印堂也。凌雲折桂。淚堂深陷，子宫也。剋子刑妻。若更持行立正，端的忠良。更兼鷄眼虎睛，決明詞理。鷄眼，黄赤色也③。是以鼻如鷹嘴，喫人心髓。齒如石榴，爲國封侯。腦門敦厚者，常清貴。顴骨尖高者，不自由。懸壁無露，燕腮莫浮。金門一字四横，偏多貪啖。鐵鎖深關罕用，却被拘留。金門、鐵鎖，口也。此如無腮貪婪拘留。八卦也，乾須壯大，欲象蓋盤。乾，頭也。天庭欲圓而聳。坤若寬停，必須朝口。坤，地閣也。宜朝上。坎若清兮，足才學，坎，口也。唇紅聲清。離若垂兮，貪花柳。離，眉也。如分八字。震若寬上者，無定止。兑若離開者，常游走。離、兑，兩顴也。無肉主游走。步重一聲如奔馬，行穿兩脚聊充口。巽起三停於外越，便使愚癡。巽乃兩耳不貼肉也。艮若齊貫而端直，聰明富有。艮鼻正直而平齊貫也。夫何重分次第，目下異端。有刑傷者，太陽陷。無破敗者，面門寬。夭壽者，則辨其唇掀。窮險者，則知其骨寒。金匱滿者，主有厚禄。眼下有肉如横指也。小得大者，必有高官。眼上

① 啣啣噥噥，《玉管照神局》作“郎郎當當”。
② 勢勢，《玉管照神局》作“智智”。
③ 黄，原作“横”，據《玉管照神局》改。

重紋,眼貴有角。妖人邪視,偷人低觀。賊人眼視地也。鳳眉象眼,營生正易。鴨背鵝胸,餓死何難。人中既現,不必鬚長。輪廓雖小,且要有氣。耳雖小,且要白。眼雖薄兮,清奇穩。眼飽寬也。鼻若仰兮,竅不祥。鼻仰,孔露也。眉長者,唇掀無害。眉長而唇掀,則不夭折也。面大者,結喉不良。面雖大,而結喉露者,則凶也。任是猴相之形真,終有財糧之富足。若見形端正直,須知高貴多福。蛇奔雀步,乞丐之輩。狗坐蛟騰,毒害之徒。官殺現以爲殃[①],眼内有赤筋者,是官殺也。蘭臺腫以爲奴。鼻偏面腫,多爲奴僕。柳葉眉齊而有藝,了字眉反而定孤。却知鼻頭如懸膽[②],耳白綴珠[③]。女眉垂兮,在宦族。男額寬兮,達帝都。豈不識御苑公卿,田面本來無異。邊塵將相,龍頭必竟無殊。莫怪泄盡天機,統言道遍[④]。二儀皆能相和合[⑤],二儀:頭象天,足象地者是也。四象相揖則無先[⑥]。面部與色相透四象也。是則富貴,否則貧賤。更有一百二十部星辰,排於一面。

麻衣銀匙賦[⑦]

相法百家歸一理,文字泛多難以揆。删出諸家奥妙歌,盡與後人容易記。

六害眉心親義絶,纔如秋月圓還缺。剋妻害子老不閒,作事

① 殃,《玉管照神局》作"吏"。
② 知,《玉管照神局》作"不"。
③ 白,《玉管照神局》作"末"。
④ 遍,十萬卷樓本《玉管照神局》作"妙"。
⑤ 儀,原作"樣",據《玉管照神局》改,下注文同。
⑥ 《玉管照神局》此句作"四象寧無後先"。
⑦ 銀匙,原作"金鎖",據下文"附於金鎖號銀匙"改。

弄巧反成拙。

山根斷兮早虚花，祖業飄零足破家。兄弟無緣離祖宅，老來轉見事如麻。

眉交面黑神憔悴[①]，愛管他人事掛懷。冷眼見人笑一面，不知毒在暗中來。

乍逢滿座有精神，久看原來色轉昏。似此之人終壽短，縱然有壽亦孤貧。

五星列曜在人面，除眉之外怕偏斜。耳偏口側末年破，鼻曲迎突四十年。

讀盡詩書生得寒，文章千載不爲官。平生雖有衝天志，争奈鶯雛翼未乾。

面大眉寒止秀才，唇掀齒露更多災。終朝脚迹忙忙走，富貴平生不帶來。

上停短兮下停長，多成多敗值空亡。縱然營得成家計，猶如烈日照冰霜。

下停短兮上停長，必爲宰相侍君王。若是庶人生得此，金珠財寶滿倉箱。

形愛恢弘又怕肥，恢主榮華肥死期。二十之上肥定死，四十形恢定發時。

瘦自瘦兮寒自寒，寒瘦之人不一般。瘦有精神終必達，寒雖形彩定孤單。

色怕嫩兮又怕嬌，氣嬌神嫩不相饒。老年色嫩招辛苦，少年色嫩不堅牢。

---

① 交，原作“高”，據《麻衣相法》改。

眉要曲兮不要直,曲直愚人不得知。曲者多學又聰俊,直者刑妻又剋兒。

髭鬚要黑又要稀,依稀見肉始爲奇。最嫌濃濁焦黄色,父在東頭子在西。

議論争差識者稀,附於金鎖號銀匙。眉高性巧能通變,侍待王公在此時[①]。

金鎖歌[②]

股肱無毛最是凶[③],兩頭如杖一般同。雖有祖田并父廕,終須破敗受貧窮。頭痕瘢剥最爲刑,羅網之中有一名。若不剋妻并害子,更憂家道主伶仃。相中最忌郎君面,男子郎君命不長。女子郎君好婬慾,僧道孤獨却無妨。眉毛間斷至額邊[④],嘗爲官非賣却田。剋破妻子三兩個,方教禍患不相纏。好色之人眼帶花,莫教眼緊視人斜。有毒無毒但看眼,蛇眼之人子打爺。無家可靠羊睛眼,却問他人借住場。更有禾倉高一寸,中年猶未有夫娘。眼下凹時又主孤,陽空陰没亦同途。卯酉不如鷄卵樣,只宜養子與同居。下頭尖了作凶殃,典却田園更賣塘。任是張良能計策,自然顛倒見狼當。眼珠暴出惡因緣,自主家時定賣田。更有白睛包一半,也知不死在床前。下頦趟大旺末年[⑤],邊城不佐也無錢。數年荒旱不欠米,只因上下庫相連。鼻梁露骨是反吟,

① 待,《麻衣相法》作“從”。

② 金鎖,原作“銀匙”,據下文“數篇細話名金鎖”改。

③ 《麻衣相法》此句作“股毛無包最是凶”。

④ 額,《麻衣相法》作“顴”。

⑤ 大,《麻衣相法》作“天”。

曲轉些兒是伏吟。反吟相見是絶滅,伏吟相見淚淋淋。眼兒帶秀心中巧,不讀詩書也可人。手作百般人可愛,縱然賣假也成真。薄紗染皂出粟米,縱有妻房也没兒。倘見山根高更斷,五年三次路邊啼。淚痕深處排一點,眼下顴前起一星。左眼無男右無女,縱然稍有也相刑。髮際低而幼無父,寒毛生角幼無娘。左顴骨出父先死,不死不刑便自傷。士人眇眼陷文星,豹齒尖頭定没名。任是文章過北斗,恰如木履不安釘。眉重山根陷破財,更憂三十二年災。土星端正終須發,土星不好去無回。寒相之人肩過頸,享福之人耳壓眉[①]。更有親戚擡不出,只因形似雨中鷄。大量之人眉高眼,眼眉相配不憂悲[②]。眉粗眼細不相當[③],寅年吃了卯年糧。印堂三表是鎡基,只怕下長來犯之。假如水星來救護,不教人受此寒飢。上頭雖有些模樣,下停不均却壞之。鶴脚之人成小輩,又云闊脚。蠻蹄孤子是婆姨。八歲十八二十八,下至山根上至髮。有無活計兩頭消,三十印堂莫帶殺。三二四二五十二,山根上下準頭止。禾倉禄馬要相當,不識之人莫亂指。五三六三七十三,人中排來地閣間。逐一推算看禍福,火星百歲印堂添。上下兩截分貴賤,倉庫平分定有無。此是神仙真妙訣,莫將胡亂教庸夫。胡僧兩眼名識覺,盡識人間善與惡。不帶學堂不是賢,莫將此法亂相傳。家風濟楚眉清秀,偏促之人庫帶紋。擡凳塵埃高一寸,只緣眉似火燒禽。準頭如橐紅更生,或在西時或在東。若得兩頭無剋處,假饒凶處不爲凶。更有頤頦開兩井,準頭須帶兩頭絲。音韜。倉庫空陷不由人,休説良田多萬頃。大

① 眉,《麻衣相法》作“肩”。

② 配,原作“定”,據《麻衣相法》改。

③ 細,《麻衣相法》作“小”。

脚原來夭折災,髻頭可折在層臺。耳聾眼患因羊刃,不折天年也有災。眉頭額角如龍虎,龍虎相争定至愚。接連倉庫反爲災,鼻梁露骨不安居。若是眉間容二指,此人開手覓便宜。眼下若無凶星照,中年不禄亦豐腴。中年倉庫看禾倉,禾倉有陷無屯儲。須要田園入庫倉,禾倉平滿有禾餘。取人性命面上黑,换人骨髓眼中紅。見人歡喜心中破,見人眉皺太陽空。有財不住無他事,只因倉庫有長鎗。露井露竈不周全,那得浮生至晚年。雖然不怕經官府,只無衣禄也無錢。五三六三七十三,水星羅計要相參。逐一分門定禍福,水星莫被土星覆。數篇細話名金鎖,推明禍福令趨躲。試看人生無歸著,耳大無輪口無角。不在東街賣餛飩,便去西街賣餅飥①。

張行簡人倫大統賦上

貴賤定於骨法,憂喜見於形容。

凡人賢愚、貴賤、修短、吉凶、成敗、利鈍,皆定於骨法也。骨爲君,肉爲臣。骨肉欲其相輔,爲貴。若露骨肉薄者,主於下賤。憂喜乃未來之事,人莫能知。憂喜未分,則氣色朝夕發於面部。青憂疑,赤口舌,白哭泣,黑死墓,黄喜慶。

悔吝生於動作之始,成敗在乎決斷之中。

悔吝者,吉凶未見。人情雖知喜利而避害,莫知緣害而見利。易曰:吉凶悔吝生乎動也。成敗者,得失之本也。人之所謀當剛斷而不可狐疑,故舉動所謀,能決則必成,稍疑則事亂②。

氣清體羸,雖才高而不久。神强骨壯,保遐算以無窮。

---

① 餅飥,《麻衣相法》作"餑餑"。

② 稍,原作"少",據四庫本《大統賦》改。

氣清體羸者，謂之形神不足。常以不病似病，雖有文學高才，終無遠壽。人之壽夭，皆在神氣骨法所主。若神强骨壯，必享遠年之壽。

顔如冠玉，聲若撞鐘。

冠玉者，美玉也。人顔色要瑩然温潤，若美玉無瑕，乃貴。鐘聲良久不絶，人聲發於丹田，貴乎深遠。若淺短蹇澀，破散夭賤之相也。

四瀆最宜深且闊，五嶽必須穹與隆。

四瀆最宜深闊，崖岸有川流之形，不爲漫散破缺。五嶽要有峻極之勢。

五官欲其明而正，六府欲其實而充。

五官者：一口、二鼻、三耳、四目、五人中。欲其明而端正，不宜孤露偏斜[1]。六府者：兩輔骨、兩顴骨、兩頤骨。欲其充實相輔，不欲支離孤露。

一官成，十年貴顯。一府就，十載富豐。

此五官中，但一官成就則享禄十年。此六府中，若一府就則十載豐足。

房玄齡龍目鳳睛，三台位列。班仲昇燕頷虎頸[2]，萬里侯封。

唐房玄齡龍目鳳睛，則三台顯貴。漢班超燕頷虎頸，封定遠侯，鎮撫萬里之外。

英眸兮掣電，豪氣兮吐虹。

英眸者，瞻視儼然，目若掣電，眼如鷹視，轉瞬之餘，謂神彩射外也。豪傑者，言詞磊落，志氣峥嶸，若吐虹霓。

若賦性凶惡，禍必及。如修德惕厲，禄永終。

凡人賦性凶惡，禍必及身，終當暴死。若人常能修身慎行，則禄位永保其終。

上長下短兮，萬里之雲霄騰翼。下長上短兮，一生之蹤迹飄蓬。

人身腰長脚短，如鵾鵬飛翔霄漢[3]，摩空萬里之資也。人若脚長腰短，則一生蹤迹飄零流落，老於他鄉。

惟人稟陰陽之和，肖天地之狀。

---

① 斜，原作“邪”，據四庫本《大統賦》改。

② 頸，原作“頷”，據四庫本《大統賦》及下注文改。

③ 鵾鵬，四庫本《大統賦》作“鵾鵬”。

人稟陰陽正氣而生,誠與天地參矣。

足方兮象地於下,頭圓兮似天爲上。

足欲軟而厚者,乃富貴之相。天尊地卑,乾坤定矣。故足方象地,頭圓象天。頭圓足方者,富貴。頭小足薄者,貧賤。

音聲比雷霆之遠震,眼目如日月之相望。

音聲者,人之號令可以及人,故曰如雷霆之震。天之日月能照萬物,人之眼目能知萬情,故眼目猶天之日月也。

鼻額若山嶽之聳,血脈如江河之漾。

鼻額必如山嶽之聳直高隆,可爲入格之相。人周身血脈晝夜循環無窮,故如江河之漾。

毛髮兮草木之秀,骨節兮金石之壯。

毛髮若山川草木發生。圖南曰:陽氣舒而山川秀,日月出而天地明也。骨節宜若金石之堅固。

欲察人倫,先從額上。

人稟三才,額爲天,頦爲地,鼻爲人。天圓則可貴,當先視其額,額主君位,故爲天也。

偏狹兮賤夭足惡,聳闊兮富貴可尚。

額骨偏斜窄狹侵天部,當夭壽貧賤,亦爲足惡之人。額若高聳廣闊,則富貴俱全。

若見伏犀之骨起,定作元臣。如有握刀之横紋[①],決爲上將。

伏犀骨起,印堂至天中隱隱骨起,直入髮際,光澤無破,必任公侯之位。額道紋者,在左邊地至右邊地,横直之紋如刀痕之狀,別無紋理衝破,定爲軍帥大將。

右偏母妨,左偏父喪。

日月角爲父母宫。左爲日角,右爲月角。左爲父位,右爲母位。右偏主妨母,左偏主妨父。

山林豐廣多逸豫,邊地缺陷足悽愴。

① 握刀之横紋,四庫本《大統賦》作"額道之紋"。

山林在天倉上，若此部豐廣，主平生多悦逸寬厚[①]。邊地在驛馬上，邊地驛馬爲遷移宫。若有缺陷，則破散成敗可知。

覆如肝而立如壁，壽福實繁。聳若角而圓若環，食禄無量。

額若覆肝而平，或如立壁而直，則壽考福厚實多也。額高圓而日月骨起，主高貴長命。凡人之額其聳若角，其圓若環，主食天禄以終天壽。

塵蒙而身無所資，玉潤而名高先唱。

額若無潤澤之色，如塵埃蒙覆，則無甔石之儲。額如美玉之温潤，主聲聞清高而先顯早第。

豐隆明者生必早達，卑薄暗者死無所葬。

額豐隆光澤色明而無破，則早歲登科。額小窄狹其色昏暗，或諸部又無所輔，則死無衣衾棺槨。

福堂之上氣黯慘，幼歲多迍。驛馬之前色黄光，壯年受貺。

福堂部在眉上，氣若黯慘不明，如塵垢者，主幼年迍滯。驛馬在邊地下，眉毛後，有紅黄色者，壯歲受君賜。

色貴悦懌，紋宜舒暢。貧薄孤獨，曲水漫浪。

顔色貴乎悦懌，不宜氣雜。若有紋理可尚者，宜乎舒展敷暢。亂紋薄額，縱横相交，謂之曲水漫浪。横紋爲人平昔多憂，主貧薄孤獨[②]。

居侯伯者偃月之勢，處師傅者懸犀之象。

謂額有雙峰，上如偃月，王公侯伯子。師傅者，三公位也。額有懸犀。其懸犀骨在福堂上，高隆若角，直接山林。

鼎足三峙，列三公以何疑。牛角八方，廁八位而無妄。

鼎峙三足者，額有伏犀、日月角俱起，若鼎之三足，定列三公。牛角八方者，蓋額有八角，乃伏犀、日月骨、邊地骨、福堂骨、龍角骨、虎角骨、牛角骨、印堂骨。有此八骨者，必登廊廟，通達八方。

觀夫眉宇寬廣，心田坦平。

① 厚，原無，據四庫本《大統賦》補。

② 薄，四庫本《大統賦》作“賤”。

眉爲紫氣,吉星也。若眉宇寬長平闊者,則心坦然無私。

狠愎者低凹其骨,狂狷者陡高其棱。

性狠之人,則眉骨低凹。若眉陡高者,狂狷之人。故知進而不知退,知存而不知亡,恒有包藏之志。

粗厚魯愚,秀濃慧明。

眉之粗濃濁厚者,其性愚鈍多滯。疏眉秀有彩者,主聰慧才智過人。

短不及目者貧賤,長能過眼者寵榮。

眉短於目者,主身貧下賤[①]。眉長過目者,則身榮貴顯。

尾散者[②],資財難聚。頭交者,身命早傾。

眉尾毫毛脱落而疏稀,主財物破散。初運二十六至二十九,財散。印堂乃命宫也,若眉頭相交如蛐蜓之形[③],毛侵印堂者,短壽之相。

中心直斷惠性少,兩頭高仰壯氣横。

眉中間直斷或紋破者,其性寡有仁慈。眉尾謂凌雲,主人之氣志。眉若兩頭高起,則有丈夫之氣。

毛直性狠,毛逆禍生。

眉毛直生者,爲人性狠,亦主横夭。眉毛逆生者,其人恒有災害,亦當剋祖,主凶惡。

覆目軟柔而少斷,偃月高揭而好争。

眉八字,軟柔壓眼,終無正性,故爲無斷之人。眉若偃月高揭者,則必好鬥而多争。

扣促無開,傷蜉蝣之短晷。毛長及寸,享龜鶴之遐齡。

蜉蝣喜陰而惡陽。人若眉頭促鎖短也,印堂終日不開者,謂之鬼形,故嘆其若蜉蝣之影。眉長及寸者,謂之壽毫。四十以上生者,得其壽考,必享遐齡之慶也。

十字高品,天文大亨。

兩眉間印堂上有紋如十字者,主有高位。若紋理似天字者,一生亨通。縱有災

---

① 貧,原作"質",據四庫本《大統賦》改。

② 尾,原作"眉",據四庫本《大統賦》改。

③ 蛐蜓,原作"蜻蜓",據四庫本《大統賦》改。

咎，自能消散。

作坤字者，禄二千石。成土字者，將百萬兵。

印堂有紋作坤卦者，則禄享千石。成土字紋者，當帥兵百萬。

列土分茅，由玉田之高朗。紆朱曳紫，蓋水鳥之圓成。

有列土分茅之貴者，謂印堂中有紋如玉田之字。紆朱曳紫之官，蓋印堂中紋如水鳥。

欲察神氣，先觀目睛。賢良澄澈，豪俊精英。

人之神在目。夜則神寤於心，晝則神遊於目。欲察神氣虚實，心術美惡，必當先視其目。故觀其外者，則知其内。賢良之士，眼神澄澈若水。豪俊英傑之流，神和惠而黑白分明。

性端正者，平視無頗。情流蕩者，轉盼不寧。

人秉性端正，則平視不側。心情流蕩之徒，則目睛往來，轉盼不息。

黄潤定至於黄髮，白乾終至於白丁。

瞳子黄潤，可至於黄髮之壽。眼若白乾而不秀，終作白衣之士。

顧下言徐，叔向知其必死。視端趨疾，魏主見乎得情。

昭公十一年秋，單子會韓宣子于戚，視下言徐，視不登帶，言不過步，無守身之氣，死將至矣。此年冬而單子果卒。智伯帥韓魏之兵而攻趙。城降有日[①]，智伯之臣絺疵見桓子與康子俱無喜志而有憂色。絺疵謂智伯曰：二子必反矣。智伯以告二子，二子曰：此夫讒臣，使主疑[②]，懈于攻趙也。二子出，絺疵又曰：主何以臣之言告二子。智伯曰：子何以知之。絺疵對曰：臣見二子視臣端而趨疾，知臣得其情故也。

神陷短壽，睛凸極刑。

人之壽夭，皆在於目[③]，神氣所主。若目神已陷，必當夭死。睛凸者，謂之蜂目，其人必至極刑。

斜盼者，人遭其毒。癡視者，自剋其形。

① 日，原作“曰”，據《大統賦》改。

② 疑，四庫本作“信”。

③ 目，原無，據四庫本補。

斜盼之人,謂眼神側視,必遭毒而身亡,或至兵死。神癡不秀,轉盼無力者,雖面部貴顯[①],自剋無禄也。

淫眼神蕩,姦心内萌。

淫亂者,眼神流蕩而不收。狡佞姦罪之人,目神若塵垢之蒙深,不可以爲交友。

睡眼神濁而如睡,驚眼神怯而如驚。

目神濁者,不清也。如睡者,謂神困濁無力,終當夭壽。驚眼者,謂視物急而驚,其人當至暴死。

病眼神困,而如病未愈。醉眼神昏,而如醉不醒。

病眼神困,謂情倦如久病未痊,其人終無遠壽。醉眼神昏者,神力倦怠,恒如帶酒,必至服毒而死。

豁如視而有威,名揚四海。逌然驚而不瞬,神耀三清。

神藏於豁視,威嚴而有力,儼然人望而畏之,主聲名播揚於天下。人若偶遇不測之驚,眼神澄然不改,蓋不染塵俗之汙,出於造物之外,是謂大賢之相。

毗圓者,其機深於城域。堂露者,乃子是乎螟蛉。

毗爲眼蓋。圓成者,言行深奥,人莫能探測[②],故可謂之機深於城域[③]。眼堂破露,當養螟蛉之子。

犬羊鵝鴨何足算,鷄鼠猴蛇奚可憑。

犬眼荒淫,羊眼招禍,鵝鴨之眼不善終。人似鷄鼠猴蛇之目,皆相之賤者,然而察形像應本形者爲吉。

豕視心亂而無定[④],狼顧性狠而難名。

豬眼朦朧,黑白不分,主心術不正,貪而多欲。狼顧者,謂回顧與身皆轉[⑤],性狠,常懷殺人害物之心,多爲毒害之行,絶不可交往。

後尾有如刀裁,文斯博雅。前毗似乎曲鈎,智足經營。

---

① 貴,原作"青",據四庫本改。

② 能,原作"用其",據四庫本改。

③ 機深,原作"樞機",據四庫本改。

④ 亂,原作"圓",據《太乙照神經》改。

⑤ 與身皆轉,四庫本作"而身不轉"。

目若刀裁，文章自來。眼前眦若曲鈎，必爲良賈[①]，深藏而能規運。

惟女賦質，與男異禎。

男子以剛爲貴，女子以柔爲順。圖南曰：陰反於陽夫必損，陽反於陰婦必亡[②]。

和媚有常者，貴重。圓凸不秀者，輕賤。

男子之目必要神旺，婦人之目必要和惠。若和惠有恒之婦，必當貴重。婦人惟眼長爲貴，若圓小高凸，粗俗不秀者，主輕賤之婦。

瞼薄赤而少節[③]，睛瑩澈而多貞。

瞼者，爲目蓋也。若目蓋薄而赤者，主有不廉之行，少有貞節之懿。睛光澄澈，湛然若水者，必有貞烈之性。

眼下氣青夫必死，尾後色白男必憎。

婦女有青氣沖眼者，必喪其夫。眉尾後白色者，夫必憎嫌。

三角多嗔，爲妨夫之霜刃。四白帶殺，作害子之青萍。

婦人眼三角者，性狠而多怒，如殺夫之利刃。婦人眼露四白而神旺者，謂之帶殺，乃殺子之劍也。青萍，劍名。

惟耳者，主聲音之聽聞，爲心腎之司牧。觀其形狀顔色，見乎休咎榮辱。

凡人所言善惡，皆從耳傳於心，故爲心腎之司牧。耳主心腎，又爲禄星。觀其耳之形狀顔色，則人之休咎榮辱皆可知也。

垂珠朝海，必延算以餘財。偃月貫輪，終朝王而執玉。

耳垂朝口，耳尖貼腦垂肩[④]，必取延年算數，死之後必有餘財。耳有城廓，如新月偃仰，光瑩朝接者，定朝拱天子而爲執玉之臣。

圓而成者，和惠。偏而缺者，慘酷。

耳圓成者，主於情和而多惠。偏缺者，必爲慘酷之徒。

① 爲，原作“能”，據四庫本改。

② 婦必亡，四庫本作“禍必當”。

③ 瞼，原作“臉”，據文意改，下注文同。

④ 肩，四庫本作“窄”。

其薄如紙兮,貧早死。其堅如石兮[①],老不哭。

耳小薄如紙者,則貧寒而早亡。古相云:耳硬如木,至老不哭,謂多吉少凶也。

白或過面,主聲譽之飛騰。瑩且如輪,主信行之敦篤。

古相云:耳白過面,名揚四海。耳輪廓如玉之光瑩貫輪者,主忠信篤厚。

似豬者,不聰而貪婪。如鼠者,好疑而積蓄。

豬耳大,龍耳小。只要輪廓分明,大無輪廓又無垂珠,謂之豬耳,則人多愚鈍,性多貪婪。鼠耳本小,有廓無輪。似鼠耳之人,作事多疑而能積蓄。

輪靨雖明,假學則貴。孔毛能長,善持不覆。

耳輪有靨而明,當假學而後顯貴。耳生毫者,乃壽考之相,善持守而不致顛危。

性譎詐而難測,蓋爲如猴。糧匱乏而靡充,率由似鹿。

猴耳尖而向前,耳門窄下,故人莫能測其心也。糧餉匱乏,尚能與朋友同用而無憾者,蓋以耳之似鹿,由鹿有呼群之義故也。

薄而向前,賣盡田園。反而倒後,居無室屋。

《鬼眼》云:耳薄向前,破盡田園。耳若反輪而後倒,耳珠又不朝海者,則貧無居室。

昏暗難議乎登第,焦枯屢歎其空軸。

耳爲禄星。其耳昏暗者,爲禄星不明,則當爲寒士,終無禄位。耳主其腎,若耳色焦枯者,爲腎氣不足,主家首貧窮。軸,卷軸也。空軸,言腹中空洞無物。

壽越眉兮,貴噀血。聰重明兮,富貼肉。

壽長者,耳過於眉。位高者,色鮮噀血。聰重之人,耳色明潤。殷富之人,耳必貼肉。

輪靨生乎黑子,智足經邦。門户起乎匿犀,功當剖竹。

其耳前輪靨生黑子者,可爲興邦智略之臣。耳門骨藏豐滿者,謂之匿犀,當爲封爵之臣。

① 石,四庫本作"木",意長。

神相全編八

人倫大統賦下

惟鼻高者號嵩嶽，以居中爲天柱而高矗。

鼻爲嵩嶽，以鼻中央爲天柱，而高接天庭。

梁貴乎豐隆貫額，色貴乎瑩光溢目。

其鼻所貴，惟在高隆貫額。色之所貴，在乎瑩光温潤而能溢目。

竅小慳劣，頭低孤獨。

鼻孔小者，爲自閉不通[①]，其性多慳劣。凡人準頭低者，主終身無子，孤獨之相。

斜如芰藕之狀，困乏瓶儲。圓若懸膽之形，榮食鼎餗。

鼻昂露如芰藕之狀者，家貧困乏，衣食不贍。鼻準完美，勢若懸膽者，榮食鼎禄。

青黑多凶，黄明廣福。

鼻乃身之主，若氣色青黑者，應遭不測之禍。如其色之黄明，福自至也。

柱缺終身難薦鶚，梁斷三十當畏鵩。

天柱必要端直，若有缺陷則終當困滯，不得騰踏上進。鵩乃不祥鳥，人見之死亡。漢賈誼三十而見此鳥[②]，知必死，故作《鵩鳥賦》。

大而滯者爲商旅，小而狹者作僮僕。

其鼻大而滯者，則爲商賈之人，終身奔波流落。凡鼻小而狹者，則早離父母，必作僮僕。相曰：山根斷而幼年疾苦爲僮僕。

極貴之色，似老鼉之光明。下愚之人，若蜣蜋之局促。

---

① 自，原作“目”，據四庫本改。

② “而”字前原有“畢”字，據四庫本删。

相曰:蠶將老自飼而明[①],然後通於周體。人將發,自準而明,然後通於諸部。故人將貴顯,著見青龍之氣,似老蠶黄明之色,乃爲極貴之兆[②],則無不利也。下愚之人,鼻短低凹,若蜣蜋局促。相曰:欲知貧賤人相貌[③],鼻短無梁露齒牙。

光美宜官[④],破露憂獄。

其鼻完美成就者,宜享官禄。若破露無勢者,則平生憂苦,多致牢獄之囚。

準頭隆者,誠信。法令深者,嚴肅。

夫準頭者,爲面部之標本。準頭高隆,其人誠慤而篤信。法令乃鼻之左右紋也,若其紋理深長者,爲人敦重嚴肅,又有遐齡之壽。

疾病尖薄,慳吝小縮。

鼻尖而薄者,一生多病。蘭臺小縮者,其性慳吝。

蘭臺明兮庭旅實,井竈露兮廚無粟。

蘭臺、廷尉,福德宫也。若蘭臺豐明者,家財殷實而多儲積,能贍百人。井竈若露不收者,當庖廚空乏,恒無自贍之食。相曰:鼻露竅,無歸著。

骨如横起,忌與結於交朋。紋若亂交,慎勿爲其眷屬。

鼻骨横起者,甚不可相親而爲友。鼻上紋理亂交者,必詭行。雖父子,不同其心。若女子者,不可爲之眷屬。

夫人中者,溝洫之態。深則疏通,淺則遲延。

人中者,若大川之溝洫。通流四瀆[⑤],潮接歸海,宜其寬深而長也。深則必致亨通,淺則應當困滯。

淺短絶嗣而夭命,深長宜子以延年。

如其人中淺短者,絶嗣夭命。若得深長者,宜其子孫,富貴又當壽考。

黑子難産乎蓐上,横紋殍卒於道傍。

凡人中者,月孛也。若人中有黶者,主其母産之難。若有横紋截斷,必當餓死於

① 飼,四庫本作"頷"。
② 兆,原作"光",據四庫本改。
③ 欲知,原作"面短",據四庫本改。
④ 光,四庫本作"完"。
⑤ 通,原作"清",據四庫本改。

途中。

上狹下廣兮，多後旺。下狹上廣兮，屢孤眠。

若人中上窄下寬者，主晚年發禄，子孫成群。如下狹上闊者，多爲鰥孤之人。

深長者誠信著，寬厚者功名先。

深長者，著有誠信。寬闊者，早立功名。

微如一綫之文，身填溝壑。明由破竹之仰，家世貂蟬。

但人中微窄如綫之紋痕，主死填於溝壑之間。若如破竹之仰，長遠有棱理者，則祖庭高貴。

唯口者，語言之鑰，是非之關。

發言爲開口之鑰，開口則是非無不至也。

禍福之所招，利害之所詮。

言爲禍福之根[①]，禍福乃利害之本。惟其人之所招，故言不可不慎也。

端厚寡辭者，定免乎辱。誹謗多言者，必招其愆。

吉人之辭寡。若能謹慎於寡辭者，定免乎恥辱。誹謗多言者，謂其專談人之過惡也。如是之人，必禍咎及身。

肥馬輕裘，由方成於四字。出將入相，蓋大容乎一拳。

若乘肥馬衣輕裘者，由其口若四字。出爲將帥，入爲宰輔者，蓋口大而能容其拳也。

唇欲厚，語欲端，音欲朗，色欲鮮。

唇貴乎秀厚，語貴乎端嚴，音貴乎高朗，色貴乎明鮮。

上下紋交子孫衆，周匝棱利仁信全。

唇上下紋交者，子孫甚衆。如周迴有棱利者，仁信皆全。

噀血餘貲，似括囊而貧薄。含丹多藝，如吹火以酸寒。

唇如噀血者，主有殷富之資。如括囊者，貧寒孤苦。古相云：唇若含丹多技藝，口如吹火必孤寒。

---

① 言，四庫本作“口”。

合勢欲小,開勢欲寬。狗貪馬餒,鼠讒蜂單。

口不欲不收,故合勢欲其小,而開勢則欲其大也。凡人食物,若似讒狗之狼餐,餓馬之啮草,如鼠蜂之偷食,皆下賤之相也。

大言寡信者,略綽。無機促齡者,偃騫。

如其口略綽不收,唇無棱理者,主自滿不謙,凶徒寡信。唇若偃騫者,乃無機巧之人,又當夭壽。

青黑禍發,黄白病纏。

口唇青黑者,惡禍將至。色見黄白者,大病臨身。

左右紋粗定凶惡,上下急蕩多迍邅。

其人之左右有粗紋者,定是凶徒之輩,多遭憲網。急蕩者,謂不語而唇自動,多主孤苦之相。

如鳥喙者,高人終難共處。同劍鐔者,義士可與交歡。

若口如鳥喙者,難與爲交。鐔者,劍之隔手。同劍鐔者,主有信義,宜與交。

惟壽算之先定,以牙齒之可觀。

其於壽算,故爲前定。觀其牙齒而預可知矣。

康寧者,齊且密。賤夭者,疏不連。

康寧之人,其牙齒齊固而密。賤夭者,則稀少而疏。

上覆下兮少困,下掩上者晚鰥。

上覆下者,幼年困滯。下掩上者,晚歲鰥寡。

班馬文章,白若瓠犀之美。喬松壽考,瑩如崑玉之堅。

能班固馬遷之文者,其齒牙若瓠犀之白,高貴人也。享王喬赤松之壽者,其人齒白瑩堅,如崑山之美玉也。

當門二齒缺,命蹇於没世。學堂一官全,聲聞於天下。

當門二齒缺者,其命蹇滯,終身困窮。當門二齒爲内學堂,若大而明者,主名聞天下。

焦黑困乏,鮮明足錢。

若其齒牙焦黑者,乏困貧窮。鮮明者,錢財豐足。

二十四兮命折,三十六兮壽延。

二十四齒疏而不連者,謂之鬼形,主命夭。三十六齒,主長年。

尖若立錐,必乏衣食之士。齊如編貝,優登廊廟之賢。

齒尖如錐者,必缺衣食。編貝,海物,色白而瑩。齒若齊如編貝,足爲賢相,以登廊廟。

舌者以短少薄鈍爲下,以長大方利爲先。

舌短小薄鈍者,爲下愚之人。若其長大而方利者,則爲上卿。

方長者咳唾成玉,短小者皂隸執鞭。

舌方長者,主有才德,文高四海,出語可爲珠玉。短小者,俗謂之舌禿,則皂隸執鞭之僕。

黑子凶惡,粟粒榮遷。

舌上有黑靨者,多爲凶惡。有粟粒者,則必居官食禄。

黯紫①,布衣而肘露。鮮明,金帶而腰懸。

舌上色若黯紫之色者,當貧賤露肘。舌若鮮明光瑩者,則有腰金之貴。

七星理明,可享千鍾之禄。三川紋足,必食萬户之田。

舌上有七星靨者,可享千鍾之厚禄。舌上有紋如川者,必享萬户之食。

允謂瘦人項短致災殃,肥人項長必夭横。

瘦人本宜項長,而項短者,決致災禍。肥人本宜項短,而項長者,必當横夭。

如甖如瓶總非吉,似鵝似豕皆不令。

甖瓶,皆瓦器也。項下垂若器者,凶。鵝項太長,豬項太短。如是之人,皆主惡死,不善終也。

豐圓厚實多財産,光隆温潤足權柄。

項若豐圓厚實,與背相稱者,財産多而富足。其項光隆温潤者②,足主樞機重柄。

瘦人結喉身孤兆,肥人結喉刑剋證。

① 黯,原作"黑",據四庫本改。

② 項,原無,據四庫本補。

瘦人結喉者,身必孤獨。肥人結喉者,必遭刑害。

項後豐起,定爲厚福之人。頷下緐垂,永保遐齡之慶。

項後骨豐而起者,是爲厚福。頷下餘緐雙垂者,永保遐齡之壽。

夫貴背之豐隆,身乃恃而安定。

夫人之背,貴於豐隆,必以體之上下安持而爲可稱。

貧夭絶嗣者,偏側欹斜。富貴有後者,闊厚平正。

貧窮壽夭無後者,蓋爲背之偏側欹斜不正。富貴有後者,則背闊澤潤,堅厚而平。

勢若踞山之蹲虎,利賓於王。形如出海之伏龜,考終厥命。

背勢似山中坐虎,有威力者,當利賓於王,足爲王佐。背如出海之龜,則考終壽命。

龍骨欲長其充實,虎骨欲短其堅硬。

龍骨者,臂。虎骨者,膊。上爲君,下爲臣。上壯下細者,龍吞虎。下壯上細者,虎吞龍也。

鳶肩者騰上必速,恐不多時。犀膊者爲儒早亨,優於從政。

鳶鳥之肩者,騰上迅速,早而困乏。故馬周鳶肩火色,任之要職,壯歲辭間,急流勇退。爲人犀膊豐而圓厚,則爲文明之士,幼達,長於大政。

指節欲其纖直,腕節欲其圓勁。

手指欲纖而長,腕節欲圓而勁。

厚而密者,謀必有得。薄而疏者,心多不稱。

掌中豐厚而柔,指節瑩光而密者,則足智多謀。如其掌薄骨硬,指節疏露者,平生智多不遂。

勢若排竿當可羡①,色如噀血貴可競②。

指節若排笋者,身必貴顯。其掌如噀血者,家必殷富。

身卑才薄,涉中滿而起傾。禄厚官榮,有駟馬之形勝。

若掌中心薄,周圍起骨,謂之起傾。如是之人,主卑賤寡學。官禄榮高,謂掌中有

① 當,四庫本作"貴",《統會諸家相法》及《太乙照神經》作"富"。

② 貴,四庫本作"富"。

印旗之形。

横紋下愚，縱理慧性。

凡人掌中若有横紋而短者，乃爲下愚。如有紋縱者，至聰明而多智慧。

骨露筋浮者主身賤[①]，皮堅肉枯者愁囊罄。

手若露骨浮筋，主身貧下賤。若皮堅硬肉乾澀者，當愁囊篋空乏。

家殷而黑子斯明，用足而横紋乃亘。

手中黑子，主家豪富。如有横紋通直者，爲握刀之紋，則主財豐富足。

富貴之相，若苔之滑而綿之軟。壽安之人，如笋之直而玉之瑩。

富貴賢明之士，手滑軟而若苔若綿。康寧遐齡之人，手直如笋而白如玉。

心宰視聽，内主魂魄，帥六腑之氣，統五臟之神。

心乃神之主也。掌其視聽，運行百脈之神，制五臟六腑之神。故《内經》曰：心爲君主之官，神明生焉。

顔色始變，是非已分。

凡人顔色喜怒，方有所變，則一心之明鑑而能預知之。

惡則禍結，善則福臻。

人之所行善惡，咸發之於心。若其行惡則禍結，若其行善則福應。

胸凸者燥而多劣，毛長者剛而好嗔。

胸膺骨高起者，主性急燥而多劣。若其生毛者，每多輕怒。此皆不仁寡合之相也。

坑陷淺窄，愚暗而多居下賤。寬平博厚，賢明而早厠縉紳。

胸貴平闊，若坑陷淺窄者，多爲愚下之流。若其寬平博厚者，則幼年而居官，明賢而享禄。

腹爲水穀之海，臍爲筋脈之源。包萬物而獨化，總六腑以中輪。

腹爲水穀之海。臍者，總六腑以居中，以爲筋脈之源。由是腹肚大而圓，臍必廣

① 賤，四庫本作“殘”。

而深。相曰:腹大垂囊,食禄無疆。

圓厚富安,儉薄食乏。深寬富貴,淺窄孤貧。

腹若圓大而厚者,主家富安閑。如其腹薄而儉小者,必至乏食。腹寬厚者,主能容物,富貴。淺薄窄狹者,褊急孤寒。

勢若垂囊,風雷四方之震。深能容李,芝蘭千里之聞。

腹垂若囊,主聲名冠世,如風雷震於四方。臍深廣能容夫李者,主美譽播於邦畿之外,若蘭之馨香聞於四遠,言其美德之盛也。

足者枝之謂,身者榦之云。枝以蔽其榦,足以運其身。

足爲枝也,身乃榦也。枝當蔭其榦,足可運之身。

豐厚方正者,多閒暇。薄澀横窄者,必苦辛。

足若豐厚方正者,平生閒樂,其禄自至。若人足之薄窄枯澀,必當辛苦終身。

無紋身賤,有毛家温。

足底無紋者,身必貧賤。若其足面有毛者,家必殷實。

家富累千金,蓋有弓刀之理。官高封一品,由成魚鳥之紋。

家積千金之富者,足底有弓刀之紋理。官至一品之極者,足底有魚鳥之成紋。

短小精悍者,形不足而神有餘。長大孱弱者,形有餘而神不足。

人身短小精悍者,蓋其形雖不足,神乃有餘。若身長大孱弱者,是形有餘而神不足也。

伊形神而俱妙,非賢聖其孰能。

形者發乎外,神者藏於内。其形神俱妙者,非賢聖孰能得之。

藏於内者,如淵珠之粹。發乎外者,若焰光之燭。

神藏於内者,如淵水驪珠之精粹。神發乎外者,若清夜焰燭之美光。

善惡在人之憎愛,清濁由目之照矚。

凡人心之美惡,皆著於目。美則人愛,惡則人憎。分明清濁,瞻視是也。

質以氣而宏充,氣以神而化育。

質者,形也。人之以氣而養形,故以神而生氣。

質寬則氣宏而大，神安則氣静而覆。

人形體寬大則心氣宏，若其神之所安，則氣順而能静。

如是寵辱不足驚，喜怒不足觸。

人之所養，氣定而後形固，形固而後神全，神全而後心正。誠能有之，則寵辱不驚，喜怒不觸。

有氣無肉者，譬若寒松。有肉無氣者，猶如蠹木。

人之形體臞瘦而有神氣者，譬若寒松之堅，可享其壽。如其形體肥而無神氣者，猶似蟲之蠹木，故枯朽而速敗也。

李嶠耳息而享百齡，孟軻内養而輕萬斛。

龜息者，氣自耳出，故享其壽。李嶠耳中出息，享遐齡之壽。孟子善養浩然之氣，雖齊宣王授以萬鍾之禄，不顧也。

和柔剛正之謂君子，狹隘急暴之謂士卒。

氣和寬剛正爲君子，氣狹隘急暴爲士卒。

如龜之息兮保其遠大，如馬之馭兮重其馳逐。

龜息之細，渺然不聞。蓋能如龜息者，可保長年之氣。若如馬之馭駕者，生平有馳逐之勞重者，辛苦百般。

身大音小禍所隱，身小音大福所伏。

身大音小者，形聲不相應，故隱其禍而待其發。身小音大，神氣有餘，故藏其福而待其時。

夫聲音之所發，自元宫而乃臻，與心氣以相續。

聲音之發，起於丹田，與心氣相續而出也。

琅然其若擊石，曠然其若呼谷，斯乃内藴道德，終應戩穀。

聲清則琅然若擊磬之音，聲濁則曠然如呼幽谷之奥，此謂内懷道德之人，終當享其厚禄。

謂之羅網者，乾濕不齊。謂之雌雄者，大小相續。或先急而後緩，或先緩而後速，是爲粗俗之卑冗，焉遂風雲之志欲。

聲音有乾潤，出而不等。若聲大聲小，相續亂出，或先急而後緩，或先緩而後急，皆爲粗俗卑下之徒。

辨四時之氣,如春蠶吐絲之微微。察五方之色,如浮雲覆日之旭旭。

辨青、白、紅、黑、黄[1],四時之正氣也。在於皮上者,謂之色。皮裏者,謂之氣。氣者,如粟如豆,如絲如髮,藏於紋理之中,隱於毛髮之內。細者若春蠶之絲。欲察五方正,如浮雲覆日之微。

地閣明而饒田宅,天嶽暗而罹桎梏。

地閣光明者,田宅多廣。天嶽昏暗者,刑獄多憂。

粟黄繒紫多豪貴,脂白苽青合賢淑。

粟黄者,如粟粒之點嬌黄也。繒紫者,如紫綫之亂盤也。是爲青龍之氣。若面部四時常見者,乃豪貴之人。人之面色其白若脂,其青若苽者,廊廟之器。

若相者精究其術,而妙悟於神,安逃禍福。

若學相者能細究此書而得其神妙,則禍福無逃也。

歌曰:嗟嗟世俗不知因,妄將容貌取其形。若得正形爲大貴,依稀相似出群倫。形滯之人行必失,神滯之人心不開。氣滯之人言必懶,色滯之人面塵埃。形神氣色都無滯,舉事心謀百事諧。色在皮而氣在血,脈聚作成多喜悦。散則成憂静則安,部位吉凶皆有訣。

又曰:欲窮禍福貴賤,除觀諸家相文,聽聲觀形察色。有肉神、音神、眼神,總欲觀之,則自然明矣。

又曰:迷而不反,禍從惑起,災自奢生。

老子曰:天之道,利而不害;聖人之道,爲而不争。此之謂也。

陳希夷風鑑歌

人之所稟氣兼神,以火爲神水作精。火本爲心水爲腎,精全

① 黄,原作“豐”,據四庫本改。

而後神方生。神生而後氣方備,形備而後色方成。是知色隨神出,實此乃氣力逐聲鳴。有形又不如有骨,有骨又不如有神。有神又不如有氣,神之得氣旺如春。大都神氣賦於人,有若油兮又似燈[①]。人安本自精神實,油清而後燈方明。夜宿於心常寂寂,日居於眼覺惺惺。其間或有清中濁,有時又取濁中清。更兼風韻細收藏,久坐凝然力轉强。如此之人堪立事,輕浮太急少須忙。其次又看形與骨,骨皮與膚須軟滑。要其就兮與未就,旋有旋兮終不久[②]。忽然未好已先盈[③],花未開兮子已生。老人不欲似年少,後生仍須帶老成。男兒不欲帶女相,女子不欲帶男形。陰反於陽必損壽,老懷色嫩必須傾。丈夫婦女兩般詳,女要柔和男要剛。婦人受陰本要静,未言先笑即非良。良人有威而無媚,娼婦有媚而無威。令人一見便生侮,所以生身落賤微。木要瘦兮金要方,水肥土厚火尖長。形體相生便爲吉,忽若相剋便爲殃。金得金剛毅深,木得木資財足,水得水文學貴,火得火威武大[④],土得土多財庫。金不金多伏吟,木不木多孤獨,水不水多官鬼,火不火多災禍,土不土多辛苦。且如形體本先瘦,次後身肥最爲妙。復加瘦削木乾枯,木帶金兮災轉多。亦如形體始方正,次後背隆最爲應。若然始方次又尖,金帶火兮災愈添。初中最好末後災,腰小行來步又開。初中蹇滯末後好,腹背俱生懸壁倒[⑤]。一生只在選人中,體俗形粗背不隆。有賢自然能賢荷,學堂成就是非同。有金之人必有面,有土之人必有背。其或兩清

① 似,原作"有",據《照膽經》之《白雲歌》改。
② 《照膽經》之《白雲歌》此句作"一時旋生終不久"。
③ 忽然,《照膽經》之《白雲歌》作"或然"。已先盈,《白雲歌》作"色先好"。
④ 威武大,《白雲歌》作"有成果"。
⑤ 背,《神秘論》作"肚"。

多極貴,面似田兮身似具。有時舉眼隨身起,有時接語和身退[①]。近觀有媚遠有威,久視愈明初見晦。眼下三分一正面,常調之中豈曾見。龜息尿散屎必方,相中偏僻見非常。遠看形醜近看好,上馬大兮下馬小。更若藏骨與藏神[②],八座三台官最好。須知顴骨有四般[③],入耳無邊壽更寬[④]。插向天倉須兩府,鬢生鹽司兼守土。借問相中何獲壽,認取神藏骨又明。或然神短骨又露,四十三前大可驚。心灰於内神槁外,相法曾明爲主人。骨氣秀清神肅静,豈在凡間隱却身。瞻視眉平眼又平,不然爲道便爲僧。紫衣師號因何得,三主如金人中臣[⑤]。無禄有官神必汎,有禄有官在神清。走獸飛禽類數般,莫將禽向獸中看。瘦長但向禽中取,肥短當於獸裹觀。似禽之人不嫌瘦,如獸若肥最爲妙。禽肥必定不能飛,獸若瘦兮安快走。虎看腮兮犀看角,鳳看眼兮鶴身削。吁嗟流俗不知音,也向飛走要言形。上貴之人方入相,中下之人豈可評。富人不過厚其身,貴士方當與論神。貴在於眼富在耳,富貴同看誤於人。要知南人體似北,身大而肥面多黑。欲知北體似南人,體瘦身輕氣薄清。南人似北必富貴,北似南人主峥嶸[⑥]。不貴似貴終須貴,不貧似貧終處貧。貧中反貴由何得,看取驛馬先生骨。貴中反貧有何由[⑦],胸高體薄神何昏。清奇古怪秀異端,七者之中亦合看[⑧]。清而無神謂之寒,奇若無神焉有

① 退,《神秘論》作"轉"。

② 骨,《神秘論》作"韻"。

③ 顴,原作"觀",據《神秘論》改。

④ 邊,原作"過",據《神秘論》改。

⑤ 《神秘論》此句作"伏犀骨肉頂中生"。

⑥ 此二句原在"鳳看眼兮鶴身削"句後,據《神秘論》改。

⑦ 《神秘論》此句作"富中反賤又何分"。

⑧ 合,原作"吊",據《白雲歌》改。

官。古而無神謂之俗,怪若無神仍主辱。秀而無神謂之薄,異而無神謂之弱。端而無神謂之粗,有神乜者與常殊。見達之人志必遠,視高之人志必强。最怕下斜並赤暈,心存奸惡氣高昂。更問神生何帶殺,認取白睛多聚血。要辨刑中却帶刑,定刑獄位有紋痕。觀氣與色宜相合,色居皮上氣居血[①]。來如蠶繭曳牽絲,去似馬尾毛方歇。爲福定隨日影去,福必定交終日聚。更看青色與黄紅,又認發時於何部。若言隨部上觀之,吉凶悲喜定無疑。形滯之人行必重,神滯之人形必開。氣滯之人聲必硬,色滯之人面塵埃。得意之人有可識,辨取三光及五澤。忽然時下不如心[②],其部自然多黯黑。最愛有處一如無,又忌易憂兼易樂。須知相貌出天然,我若有之非外鑠。淚堂深陷山根折,少年悲泣何曾歇。父母妨害切須知,更如眉上認高低。素無兄弟眉粗短,耳輪無廓主無妻[③]。更有一法辨防妻,閣中枯陷少人知[④]。日角龍角誰謂奇,所爲不吉任何爲。三尖五露不相入,所爲皆吉禍因齊。若不辨心而論相,是將人事逆天時。天時人事如相稱,相逐心生信有之。大都貴賤不相識,微妙盡夫人眼力。居然由貌以觀之,恐誤世人認凶吉。雖然富貴盡有科,其所不知惟有壽。若將風鑑以規之,長短於中亦無究。

---

① 《白雲歌》此句作"氣在與皮色在血"。

② 如,原作"知",據《神秘論》改。

③ 妻,《神秘論》及《白雲歌》皆作"兒"。

④ 《神秘論》此句作"結喉露齒主妨妻"。

袁柳莊識人賦[1]

乾坤密運兮,品類咸亨。南火北水兮,東木西金。春風夏雨兮,秋霜冬冰。南方丙丁合兮,主文明。北方壬癸配兮,剛威臨。東方甲乙旺兮,主慈仁。西方庚辛秀兮,風氣淳。月滿則虧兮,日中而移程。南人五子兮,多主分。北人五妻兮,多喪身。鳳凰鳴而必利兮,蛇蝎出而方生。時候氣制兮,偏正不均。南人面如鷄子兮,北人頭似斗底平。東人短兮,西人脚長。南不相天兮,北不相顴。東不相嘴兮,西不相腿。南人似北兮,必超群。北人似南兮,終飛騰。東人似西兮,而聲名。西人似東兮,而豐盈。南不相輕清兮,北不相重濁。東不相色嫩兮,西不相老成。南人形相分明兮,北人古怪而精神。東人俊兮,骨氣漸衰。西人秀兮,氣爽而神清。南婦貞潔兮,額廣頂平。北婦貞潔兮,五嶽平正。東婦貞潔兮,瞻視柔順。西婦貞潔兮,神清氣静。南婦淫兮,赤脈貫睛。北婦淫兮,掠鬢斜行。東婦淫兮,笑坐不停。西婦淫兮,顴面不平。南婦妨害兮,髮黄鵶聲。北婦妨害兮,額上横紋。東婦妨害兮,四白羊睛。西婦妨害兮,身硬男形。男子無肩兮,到老貧寒。女子無肩兮,至老榮昌。男子口小兮,貧薄夭亡。女子口小兮,聰慧智良[2]。男子蛾眉兮,損爹損娘。女子蛾眉兮,寵妾寵房。男子剛而明快兮,輔佐君王。女子柔而貞静兮,宜配賢郎。有禄有官有爵兮,十二宫中兼看。無神無色無氣

① 《統會諸家相法》只作“識人賦”,無“袁柳莊”三字,義長。

② 智良,《統會諸家相法》作“志量”。

兮，八卦數内循環。富貴貧賤分定兮，視南北東西人物相當。五嶽四瀆九州兮，識運限四柱禍福災祥。麻衣真秘訣，千載永留芳。

太乙真人書

侍天顔之咫尺，額廣足圓。趨帝闕之須臾，眉清目秀。天庭高闊，不貴還當富有餘。地閣尖長，多憂還是家不足。鼻如懸膽，平生足禄足財。耳若連腮，自是有名有譽。因甚功名較晚，筋骨傷高。緣何壽命不長，人中短促。口無棱角，終爲説是説非。唇若含丹，一世潤身潤屋。常是憂深遠慮，只爲眉攢。然而吉少凶多，皆因目陷。傷殘骨肉，須知眼下淚痕。剋害親情，偏忌怒中喜色。欲識其心不善，眼視偏斜。要知其心不長，唇掀舌薄。齒方而密，聰明勤視詩書。目潤而長，志氣貫通今古。若知貴賤，細看分明。嗚呼！唇若掀翻，言語虚而懷奸詐。眼如深露，詭詐大而藴强梁。五嶽不正，非盡善盡美之人。兩眼雌雄，豈由仁由義之子。色如常變，必蹭蹬而名更遲。聲若破鑼，多刑害而心不睦。眉如一字，豈能潤屋肥家。背若屏風，終是封妻廕子。腹垂腰闊，衣糧足用而倉庫充。胸露臀高，家業散而壽源少。若乃天庭中正，定知事事無憂。假若眉宇長弘，必主般般利益。身宜横闊而正，扁不入相①。維體上短下長，難爲吉論。若夫行步緩重，當爲仁德。更如坐視端莊，必爲福相。神要藏而威不露，貴而可知。色要正而氣要清，富而不謬。色要細察，方斷

① 扁，原作“匾”，據文意改。

吉凶。形要細觀,方言貴賤。或形清而後有福,或貌古而有前程。古怪清奇,必當詳審。不以美善而言福,不必醜怪而言凶。此名太乙真人書,唤作仙家神品鑑。

姚括蒼玉管訣男相

上輔學堂左右分,平如鏡子亦無紋。更兼中正無傾陷,定作公侯爵位尊。中輔學堂七十分,平光潤澤是賢臣。更兼下部俱成就,六部尚書近聖人。下輔學堂地閣朝,承漿俱滿是官高。如教上輔來相注,必坐樞廷佐帝堯。骨秀神清滿面全,學堂坑陷定難前。天生雖有聰明性,若論求官定不然。面部雖然短不朝,神清骨秀氣超超。學堂更及分纏數,亦作郎官助聖朝。部位光充肉又肥,氣昏神暗性多癡。學堂若有朝官禄,壽短須防主卒危。骨格粗肥面闊横,行如鴨子踏浮萍。學堂若有爲官職,短命須防五十傾。上府六官人皆有,個個生來無可觀。若有學堂須食禄,忽然缺陷受飢寒。五露形神有學堂,骨清神爽定朝郎。如無學館並神氣,必定區區死路傍。言人骨好心須好,若有學堂須顯榮。不問富豪全不發,富豪到底得亨通。福見精神漫不全,坐來良久氣方鮮。少年須則未榮達,老享渠田作巨賢。遠看印骨宛如神,近神尤如醉病人。似此形人卑下賤,到頭短命又飢貧。面似銀盤五嶽豐,神昏氣黑必無終。豪家若産如斯子,總有資財亦是空。形神不足頭低側,行步輕浮背又薄。貧賤身窮年老苦,生來必定破亡家。語言虚斜行無步,生若無人定早亡。如此三般應促壽,不過三十入冥鄉。終日連宵神氣清,醒醒睡覺便分明。肉輕骨重無高下,學堂虚陷豈成名。虎頭龍骨人多貴,眉目分明便是官。許負當時一概説，令他後代亂相看[①]。眉目分明骨氣清，眼如點漆更分明。學堂若無官職小，縱有文章恐没聲。口角大雄心地惡，目窺斜視必無良。青多白少斜歪甚，虚妄談非好鬥爭。眼視偏斜視物斜，貧窮奸詐浼人家。不爲盜賊并凶惡，路死街傍無土遮。眼中赤脈雖刑死，露出睛來定惡亡。若不法場臨路死，不然自縊虎狼傷。白多羊眼覷人低，裹帽無頭没了眉。更若露睛須惡夭，刀兵争鬥更須虧。縮囊口輔老無糧，兩畔紋多早死亡。口如吹火家貧賤，縱承祖廕費田莊。耳本生來朝大海，亦看輪廓要垂肩。大主一生多近貴，小無輪廓不榮遷。鼻準生來直更圓，潤如犀伏主高賢。若曲又高孔仰露，心中奸詐不堪言。上部須長下亦長，腰身周正壽高强。坐如山峙行如箭，此人須貴坐高堂。上部雖長下部尖，肥頭大肚不爲賢。此人只是常流輩，任有文章禄不遷。身大鬚長面亦方，眉濃口潤準頭長。三才五嶽皆平滿，必定榮華作郡王。兩部肥圓下部尖，重行露骨不爲賢。讀書萬卷終無立，縱有文章壽不全。額方印闊三才正，出外超群耀姓名。嶽瀆學堂皆飽滿，若非將相定公卿。天庭光潔司空起，中正朝高與準平。更兼鼻聳如懸膽，此是天官必少榮。輔角光隆滿更平，天庭朝起學堂成。城廓闊寬邊地滿，必是王侯將相形。額方有角更身長，高聳伏犀似枕梁。定是貴人多仔細，學堂成就佐君王。眉下黄光闊又平[②]，眼長眉聳是公卿。兩邊顴骨高侵鬢，福壽俱全一世榮。骨生髮際起天中，爲儒必解利名通。貧下之家生此子，不須囊橐自然豐。目秀眉疏細更濃，耳輪貼肉

① 亂，原作"好"，據《統會諸家相法》及文意改。

② 闊，《統會諸家相法》作"潤"。

不愁窮。口須方闊兼紅潤,牙若如紅心不公[①]。聲從臍下響連長,骨秀神清面又方。頭骨更方遐上壽,算來九十始身亡。養男如女多淫慾,滿面嬌姿始害方。促壽更兼無福德,看看三十早身亡。食禄之家生子薄,到頭須是祖光榮。若有一官兼食禄,亦須短命少年傾。形貌雖然好十分,好心不正定沉淪。雖然有一微官職,到老虚名命不存。頭生異骨人爲貴,面若乾枯定是貧。黑子靨紋多苦相,到頭衣食仰他人。大頭無骨兼驢耳,到底貧窮日漸涼。如此之人須剋害,家財盈足也應亡。地閣尖小必貧虚,倉庫蹉跎舍亦無。懸壁生紋並黑子,破家貧賤定區區。頭似鎚尖體細長,眼薄無光定路傍。乞食死時無葬地,充軍做賊自刑傷。口角低垂薄又斜,孤單獨自傍人家。懸壁更兼生黑子,終身貧困不生涯。人生額角潤如卵[②],髮際低生近伴眉。定是爲奴並走使,縱然富貴不多時。立如錐卓坐如削,腰下無臀身又薄。不問豪家與貴子,到老無成自蹇落。額尖腦薄又無髮,眼嘴不堪鼻如墨。此是貧窮下賤人,飢寒處處無衣食。不語自語貧下賤,妨害孤單目下見。一笑唇摇薄業財,到老無成命乖蹇。眼堂黑氣戰中亡[③],手滿光明志氣榮。陷側邊庭刀下死,平高爲將靖邊疆。塚墓凶亡左右看,骨頭豐起必平安。乾枯必是喪父母,歉陷應知幼小難,到老隨人做奴僕。肥不露肉瘦無骨,方覺斯人壽命長。骨若露昂貧且賤,肉如露出少傾亡。

① 心,《統會諸家相法》作"世"。

② 潤,《統會諸家相法》作"渾"。

③ 眼,《統會諸家相法》作"戰"。

鬼眼先生相法

欲推命禄，先相形神。觀姿儀之滿澤，量面部之三停。肥而無餘豪貴，若粟黄繒紫。瘦而弗瘁賢才，定脂白瓜青。眼細而深，機關莫測。體魁而黑，狡猾難明。赤急性傲，瑩緩心靈。男女互容，以防其人情莫久。面色更顔，安保其心事無寧。若辨高低，先看額相。上窄小貧，下寬滿貴。上中分五位，無令瘢靨疵青。横列多名，盡要潤光舒暢。骨起衡山，官居朝望。直懸一理，從髮距印以封侯。横畫三紋，長身未立而父喪。曲水入重乘亂畫，貧困堪裁。山川二並及八字，雄豪可讓。其有眉定信義，自主精神。眉要烏闊而平起，目要清光而正直。缺薄行虧，濃長必豐資之相。低垂智淺，細長定慳劣之徒。尾逆弑父，毫長壽神。目下肉生，或臉無光而絶嗣。睛上胞覆，或瘇異而奸親。緩視性沉，赤急暴虐。豬羊鼠鵝，貪疾夭而多妨害。鷄猴蜂蛄，淫昏蠱而定盜貧。似龜口者，莫言其富。同魚目者，必屢遭迍。赤白者，必遭兵死。昏黄者，定落波津。鼻兮高山，要白於面。竅小而頭低尖曲庸兮，性劣多孤。梁峻準見明圓智譽兮，名資大炫。彎首妨親，分頭害脊。戴靨芰藕兮，賤可觀。懸膽截筒兮，貴可羨。柱多陷缺，女損胎而男憂獄。梁足横紋，婦害婿而夫危賤。狹高危而少雁行，闊横大而好虎戰。山根左右，一名盡要絶瘢。年上東西，四處無令有靨。人中有靨，女性欺夫。或産子而生多媚色，或婚妻而不問良媒。長一寸兮，破竹狀。禄二千石兮，烈士勳。淺短曲而上寬，子少兮信行淡蕩。深長直而下廣，壽遐兮其嗣成群。口必方正，唇雖紋理。有紋有子，無紋無嗣。

劍鐔足義,如含丹而財禄彌豐。鳥嘴多言,似吹火而子孫大鄙。綽薄少信而好偷盜,翻嗟露齒而爲役使。女靨生居兩伴,左貴子而右害夫。男紋立於上邊,深大澤而淺危賤。近觀青白,撮縮多般而貧賤。遥觀通紅,緩急無棱而詭詐。中央不與鼻正,定落横亡。人中牽帶鼻蹇,必遭兵死。耳竅廣洪,性識高虚,醜小而不斂神道,聳長而必誦詩書。猴意難測,禄食無餘。孔毫出兮延年,輔骨起而遐壽。輪靨生兮性必智,垂珠懸而禄自如。三寸長而如田字,官高列土。兩耳大而有輪廓,異寶盈車。上廣下狹,輪翻廓露,身必受苦,錢財不聚。異母元因左大枯黯貧虚,先女只爲右豐潤鮮敏悟。又有察其聲色,分其善惡[①]。黄光色而有慶,清亮聲而多亨。氣定體旺,音分宫羽[②]。辨困苦之將來,知災祥而已過。余乃撮其樞要,舉其大綱。

唐舉玄談神妙訣

入眼先知訣,還觀起坐中。語遲當貴顯,步促主孤窮。犬目應須遠,鷄眸莫與逢。項偏多蹇困,頭小必飄蓬。骨露財無剩,腰圓命早通。形寒身且薄,離祖各西東。

西嶽先生相法

好頭不如好面,好面不如好身。先要三停相稱,五官六府相

① “異母”至“善惡”,原無,據《統會諸家相法》補。

② 此二句原無,據《統會諸家相法》補。

成。眉秀眼長富貴,色明印浄功名。口似含丹不賤,切防唇上縱紋。法令入口餓死,交眉必定多迍。羊眼蛇睛人必毒,毫生眉耳壽源增。眼下肉枯防子,頭偏腦陷傷親。且觀和尚道士,必定貌古神清。眉粗眼小福薄,眉小眼大多貧。眉高眼深人狠,更兼赤脈貫睛。開眼瞳人神露,更兼夢裏多驚。下唇過上貧苦,上唇蓋下伶仃。行看脚步陰毒,堂無紋理遭刑。眉卓如鎗貧賤,口大不合人貧。面細身粗何用,口角下垂無禄。準頭黄色多欣,鼻酸人不入相。皺眉人不聊生,口聚浮生汨汨。耳尖食禄多輕,眉垂多爲僧道。穀道澀者爲榮①。吕后陰毛過膝,李牧神彩射人。吕布身長七尺,叔敖陰德添齡。世上有福有壽,腹垂胸闊臍深。次看脚跟有後,又看其後有根。如此當爲壽考,龍鍾鶴髮之人。陰上無毛淫賤,乳小不黑孤貧。女子面上黑子,不爲妨害風塵。皮緊面緊肉緊,小兒必喪青春。氣促語言不接,指日必見閻君。頭上餘皮餘骨,男兒出衆超群。西嶽先生切法,相人仔細評論②。

① 此句後疑有闕文。

② 此二句原無,據《統會諸家相法》補。

神相全編九

人象賦①

緊相人之有術兮,肇東周之叔服。監昭晰之幽隱兮,亶休咎之是卜。豈惟貧富壽夭藉兹以前知兮,而至貴極賤亦由之以品録。遵先哲之貽則兮,匪聲利之賈鬻。辨氣色於幾微兮,定吉凶而占禍福。因風土而知稟賦兮,閲清濁以分形局。眇一身而配三才兮,備五行與干支之相屬。列八卦以配九州兮,尊五嶽與四瀆。紛總總其殊相兮,均部位三百六十而又六。隨四時以推生尅兮,妙制化之蠃縮。倘識鑑之不真兮,繆千里於毫忽。若夫頭象之法乾兮,宜峻極而隆圓。頭若小爲一極兮,又忌頂陷而尖偏。惟額之主火星與紫氣兮,司禍福於少年。天庭司空之列位兮,要方闊而壁懸。髮際高而邊地滿兮,伏犀輔骨隱隱而插天。無亂紋之侵角兮,保富貴之兩全。倘削小而凸凹兮,兼雜理之纏聯。矧額小爲二極兮,必困苦而憂煎。惟印堂之於闕庭兮,中正司空之上連。欲豐正而明潤兮,懼促陷而髮侵邊。蓋眉宇之於人兮,實顏面之奇表。左羅右計而對宮兮,須疏秀而光皎。或一字而過目兮,或高長而入鬢杪。或彎如新月兮,皆享天爵而終壽

① 題目原作“袁柳莊人象賦”,《統會諸家相法》作“人象賦”,下題“四明袁忠徹著”,據文意則《統會諸家相法》是,據改。

考。若旋螺而粗濃兮，必罹禍而凶狡。苟攢蹙而主憂煎兮，骨格露而剛躁。倘壓眼而交連兮，必行伍之凶暴。論兩目之主監察兮，按右陰而左陽。黑白分明而視瞻平正兮，聲華早振於巖廊。龍睛大而光明兮，鳳睛秀而入鬢長。神收斂而澄徹兮，朱門顯達乎侯王。黑點漆以清秀兮，蔚爲蓋世之文章。赤縷干瞳而急轉兮，一身寧免於刑傷。雙睛鬥露以浮白兮，性少匹而夭殤。短細深而圓小兮，心拗毒而無良。似醉則淫而睡則困兮，仰剛俯險而斜不減。鷄蛇鼠而偷盜兮，羊不慈而蜂横亡破。山根爲月孛兮，要柱直而圓平。貫印堂以亘中正兮，多富貴而壽寧。下接鼻而不曲兮，又瑩潤而朗明。男得美妻而女賢夫兮，榮戚里之有徵。中陷折而枯暗兮，則妨害而絶親朋。看鼻居中而爲肺主兮，奠中嶽而位土星。要端直而堅厚兮[①]，準光瑩而黄凝。如截筒懸膽而骨堅兮，風門闊大而藏形。蘭臺廷尉之相應兮，則貴顯而富盈。苟尖小而薄狹兮，或凸曲而斜傾。必失禄而破産兮，或巧險而凶刑。準黑暗而斑駁，復亂理之縱横。匪貧病之倚伏兮，必憂疑之相因。鼻毛出而誹謗滋蔓兮，孔昂露而甑釜塵生。夫耳之採聽兮，金星左而木星右。耳環白而深肥兮，輪廓分明而圓厚。上周眉而下齊準兮，輪貼肉而垂珠朝口。倉門容指而紅潤兮，斯富貴之兼有。耳有毫而後有骨兮，乃期頤之長壽。倘軟缺而無輪廓兮，尖薄如箭羽而貧無守。反無珠而不貼肉兮，雖見成而不久。更皮粗而青黑兮，則破家而奔走。緊人中之象溝洫兮，貴疏通而不塞。内欲深而外闊兮，闕不垂而長不縮。髭或交而藏隱兮，多子孫而壽益。或短促以漫漫兮，或紋理之横直。則男女之不育

① 堅，《統會諸家相法》作“隆”。

兮,並孤滯而可惜。滿平斜蹇而不正兮,擬貧賤而困逼。惟上廣而下狹兮,慨世緣之孤逆。厚肥卷而肉疾兮,必壽命之夭。人中有黑子而立理兮,養他姓之子息。肉痣塞而不通兮,主無媒之婚匹。口出納而主水宿兮,位奠坎而爲河海之源。横闊而端正兮,方四字而朝天。開大闔小而角上向兮,内寬綽而容拳。若銜丹而潑砂兮,官將相而禄食綿綿。忌開小而闔大兮,及尖反而薄偏。大而語略綽以撮緊兮,縮螺吹火而孤寒。或無人而獨語兮,或未語而唇先掀。食淋漓而言露齒兮,兩角垂而流涎。必貧賤以貪狡兮,抑孤夭而遭愆。但亂紋之入口兮,終餓死之必然。唇爲口之城郭兮,要上下之相稱。無紋理之侵破兮,欲棱角而方正。或紫赤似凝硃兮,此富貴之夙定。若淺薄而誕墮兮,紛謗議之相并。或青黑而似鼠兮,破田園而貧病。上不蓋而下粗厚兮,主兵刃之非命。舌爲口之鋒刃兮,欲方大而微紅。似潑砂而噀血兮,長至準而王公。紋駁雜而横直兮,主禄庫之盈充。紋八字之分明兮,卜異相於九重。雖小窄而方赤兮,亦珥貂而扳龍。苟紫暗而長薄兮,終困厄於寒窮。舌大口小兮貧夭,舌小口大兮言語如蜂。短而黑子兮無始終,吐舌如蛇兮性狡凶。無事舐唇兮孤毒,漫勞心兮言無蹤。齒當門爲學堂兮,欲齊大而密固。苟堅排而平整兮,則誠信而壽富。色如銀而瑩如玉兮,必榮達於當路。綴石榴而光潤兮,貴九州之顯布。數六六而享福兮,滿三十而財豐。齒若黑細尖斜兮,貧滯疏漏。短折兮,誑誕而夭。故事多阻兮如竅出,窮無依兮開口露。且夫人之有面兮,要圓正而平方。然五嶽朝拱峙兮,須上下之相當。大如斗而方如田兮,欲皮厚而無紋傷。山林秀而法令正兮,牆壁滿而豐禄倉。承漿深兮地閣厚,三停等兮日月光。但肥白而潤澤兮,或黄白而紫糖。必福壽而貴顯，宜富厚於田莊。色雖黑而身白，面雖短而眼長。皮雖粗而身細，皆早入於朝堂。面無肉而焦枯兮，主家耗而奔忙。皮薄無神兮破敗，肉横生兮刑亡。橘皮破兮少子，甲黯散兮心非良。藍赤見兮公訟，白無光兮空囊。頰帶拳兮剛毅，塵埃暗兮志不揚。髮繄天而欲圓兮，黑長委地而極貴。髭須在中而繄人兮，欲三稜而拔萃。秀長硬直以黑潤兮，必朝總之善類。僻處下生而不露兮，法欲方而應地。或額上之有毫兮，實威權之雄勢。鬚髮黄而多病兮，赤則氣熱而多訟事。項爲一身之棟兮，上扶首而下總百骸之會。富者豐圓而堅實，貴者方隆而光潰。肥人欲短而瘦欲長兮，有餘皮骨而食豐裕[①]。倘雙縧而合一兮，必黄耇而鮐背。苟頸挺而形魁兮命夭[②]，反小弱兮非大器。折無毫兮貧寒，擁如癭兮凶滯。喉有結兮多賤流，瘦禍緩兮肥必戾。胸平正而長闊兮，斯福智之駢臻。肉豐厚而覆舟兮，子貴禄而龐醇。有數毛而益壽兮，凹陷短薄而孤貧。乳紫黑而下垂兮，又安榮之貴人。若細小而窄白兮，乃下愚之庸民。腹圓厚如懸箕兮，有三壬之超倫。若皮粗而上重兮，或雀腹而貧病之邅迍。心頭有毫而性剛兮，骨凸陷窄以走風塵。寬平皮厚兮，妙聰察而德有鄰。臍要寬深而向上兮，忌突淺而向低。眉平厚而背若負兮，腰正直而有支。坐碇石而不動兮，行平穩而有儀。苟形局之豐偉兮，或滯氣之未舒。戒逞才而輕進兮，在藏器而待時。嗟貴人之未遇兮，猶槁木之含滋。羡一日之秀發兮，則名播於華夷。蓋氣色之在面兮，豈淺識而見窺。青主驚兮赤主擾，白憂服兮黑病罹。黄主

① 《統會諸家相法》"食"字前有"衣"字。

② 挺，《統會諸家相法》作"促"。

吉兮參四季,隨生剋而例推。惟女婦之於相兮,比男子而異。宜骨法峻峭兮,神色嚴威。五嶽寬大兮,持重而無媚姿。口小含丹兮聲音清徹,眉圓背負兮重閣豐頤。行不動塵兮笑藏齒,法令過口兮富貴滋。此女中之翹楚,必椒房之結縭。乳頭白而向上兮,斯子息之難爲。若子息之易得兮,必乳頭紫而下垂。居九醜兮非良婦,且十惡兮豈美妻。唇紫黑而下掩上兮,身必寡。臉薄赤而媚無威兮,節必虧。面三顴兮夫薦喪,眼四白兮淫無疑。緊南北之殊産兮,紛形肖之絶異。廓千態而萬狀兮,政貴賤之靡類。雖外貌之環持兮,或心德之奸獪。惟表裏之相副兮,則大福之可冀①。苟存養之不恒兮,則災殃之難避。外陋惡而内純厚兮,庶禎祥之來萃。固善惡之萌於心兮,夫何相之足恃。昔先子之精鑑兮,幸文皇之隆遇。既閲形以辨色兮,復察心而驚勵。指仁義以爲干櫓兮,申孝弟而爲鑿枘。俾修省以懲艾兮,全堂堂之德器。余踵武以紹先烈兮,揆淺陋而懷愧。感聖恩之念終始兮,賜懸車之嘉惠。述舊聞以示同志兮,嗟精奥之罔備。或堯言舜趨而蹠其行兮,雖深察而難試。故莽懿之有是兮,貽禍患於漢魏。識介甫於未萌兮,惟老泉與吕誨。蓋金玉之混沙石兮,在良工之陶淬。粤簡編之有傳兮,必心融而面諭。若無稽而肆言兮,則羞吝之並至。倘明哲之有取兮,亦庶幾乎垂世。

吴心鑑通玄賦

陽生陰育,天尊地卑。賦絶通玄,大父親傳於心鑑。術高神

① 大,《統會諸家相法》作"天"。

異，麻衣默度於希夷。實口傳而心授，皆意領而神知。蠢蠢群生，按五行而取像。紛紛品彙，列八卦以開頤。驗風土之厚薄，識人物之賢愚。問其年甲高下，知其運限興衰。觀形貌而可取，分貴賤以無疑。清奇古怪，骨法見而貴必殊。老幼嫩弱，氣色濁而貧可知。聽其聲而審其滯與不滯，察其神而觀乎離與不離。無神必壽夭，無聲必命危。聲韻似破鑼，終身孤獨。神清如電灼，才學衆推。南人似北相，家有青蚨而綰紫綬。北人類南相，身登翰苑而衣朱衣。瘦人木形，見重金而最怕瘦。肥人土局，遇濁水而豈嫌肥。火尖水下，末年不遂。金方聳上，初主爲魁。形色焦枯，夭折易相。面皮繃急，壽不可期。魚尾陷枯，安有賢妻俊妾。蠶囊綻裂，必無親子孫枝。準小鼻狹而最慳最吝，齒疏唇薄而多是多非。眼露睛凸，性剛氣暴。色昏神散，夢杳魂飛。腐肉横生，夭亡之兆。人中短促，速死之期。赤脈貫瞳，性惡而亡填溝壑。螣蛇入口，項折而倒死街衢。陰陽不宜相反，君臣要得其正。三陰三陽俱陷，難爲子息。魚尾奸門盡露，豈獲賢妻。婦人口角痣生，親夫早喪。男子眼下黑見，有子先歸。龍宫要乎平滿，子位豈宜偏虧。卧蠶盈滿而多男足女，淚堂深廣而無妾少妻。眉清而平生性無偏無黨，睛明而轉處心知變知機。手如綿囊，一生享安閒之福禄。面似灰袋，半世遭夭折而傷悲。頭額尖而早被刑害，骨法見而顯達不遲。五嶽相朝，仕路早登於金闕。四瀆俱美，顯官正守於邊陲。耳白過面，而名標虎榜。睛黑如漆，而身到鳳池。名譽視乎兩耳，及第在於雙眉。文官清秀，掛金魚而朝玉闕。武將古怪，佩虎符而拜丹墀。法令顯見，聳金縷鎮江山之永固。虎眉露凸，連牛角保社稷以無危。龍瞻虎視而平定北狄,燕頷狼顧而清蕩西邊[①]。背厚腰圓,九州威鎮。面方耳大,四海名馳。劍眉骨縱而性好殺,駢脇胸闊而戰多奇。貴宦有全於五露,富貴豈削於兩頤。天地必相朝揖,嶽瀆勿要傾攲。地闊厚而多田宅,天倉闊而實鎡基。家肥屋潤,髆厚面肥。四倉豐盈,而玉簪珠履。九州平滿,而金鎖銀匙。口闊唇方,必定有財有禄。鼻隆頤滿,果然豐食豐衣。金匱甲匱豐盈,庫中青蚨聚積。日角輔角平起,廐中寶馬交馳。耳有垂珠更朝口,毫長一寸可延期。行若龍奔,英雄出衆。坐如虎踞,富貴當時。發越睹乎神氣,厚實視於面皮。氣清出自丹田,貯積千鍾之粟。背隆高聳肩髆,堆積萬斛之珠。貌古形殊,富格先觀於面頬。神清精實,壽毫早見於雙眉。項縧明而彭祖再生於中國,法令長而壽星永現於南箕。面貌厚實,坐立如虎。背髆豐起,氣息如龜。福厚積而背腰圓,美德高而腹乳垂。人中長,倉庫滿,福禄全美。壽骨高,準頭厚,富貴雙奇。魚尾笏紋朝耳,非壽星而其誰。龍宫黄氣盤眼,有陰騭而孰知。三甲三壬,遐齡永保。四反三露,寒賤何依。口小唇掀,食難充腹。肩寒齒露,身無所居。四瀆皆濁,五嶽俱離。背陷胸窄,眉散齒疏。行時手足褰掣,坐時眼目偷窺。天倉陷,祖業破敗。地角尖,貲産灰飛。面上闊下尖是反形,初年勞碌。身上短下長爲逆局,一世遷移。面貌昏昏若塵垢,氣色黯黯比污泥。井竈露而廚無糧米,精神怯而舍没塘池。耳反無輪兮田園賣盡,頦尖少肉兮家業遷移。頂偏斜視手常擺,唇薄肩束口似吹。眉濃眉淡散,口闊口高低。鼻孔仰天,錢無貫百。倉庫陷缺,食不充飢。對人言未語而面常羞澀,與人行未動

① 西邊,《統會諸家相法》作"東夷"。

而足失東西。齒缺而語多妄誕，言汎而信不可期。格局察乎雜與不雜，氣色觀乎移與不移。形像取乎彷彿，禍福不差毫釐。賦語詳熟，果然神見。相法明鑑，參透玄機。

管輅人倫淵奥賦[1]

狀貌各異，形神不舒。男心狠而害子，女性剛而殺夫。髮厚眉連，盡是凶愚之輩。頤尖額窄，但爲孤寡之徒。原夫聲乏韻而貧夭，目有神而高壽。威顯體重者，功名必遂。背削肩寒者，資財莫守。伏犀隆峻，終爲廊廟之英賢。俊目修長，必作文章之領袖。果爲善惡易見，曲直莫量。斜視偷觀兮，自然損害。下視高窺兮，必致刑傷。嗟夫！骨肉之間，何喜怒之不常。且如失志之時，遽遭破財窘迫。若稱心之際，偶爾添禄榮昌。大抵表直形端，言繁性燥。傲劣而可見愚濁，温厚而深知機巧。鼠齒漏而多非，猴面長而不飽。黨結奸邪之輩，讎似孫龐。締攀温粹之流，義同管鮑。而況氣有煙露之象，色欺日月之明。或散或聚，或重或輕。察其優劣，審其性情。滯則三寸之希，喜則八卦之盈。黑既見於陰陽，身災无咎。青若有干年壽，官訟相縈。且夫肉不澤兮，競起旋途。語失常兮，徑趨冥路。腮昏暗而朝夕，鼻慘黯以旦暮。黄淺有遷變之喜，赤重有羈囚之苦。如絲貫準，知泣淚以煎憂。火氣侵眸，忌官非之恐懼。或有耳紅更好，唇紅愈奇。似波瀾之潔兮，顯則莫比。如脂膏之膩兮，破而可知。静則求其望

① 《統會諸家相法》無“管輅”二字。

用[①],雜則阻其所爲。鬢髮如拂鑑之光,欣然得禄。淡白若温灰之狀,災喪求醫。誠哉!富不在於衣冠,貴不專於儒雅。慕德修義者,固窮守道。方頦豐頤者,輕裘肥馬。的然聲不附形而身處優游者,未之有也。

驚神賦

觀夫神堯眉分八彩,大舜目有重瞳。武帝有三漏耳,文王有四乳身。漢祖龍顔,宋玉驢耳。孔夫子河目海口,楚項羽燕頷虎頭。虞姬身似凝脂,陳平貌如冠玉。漢高祖左股七十二黑子,楚襄王堂中現出五花紋。前賢既有如斯,後世焉能無相。氣色乃行年休咎,骨格乃一世鎡基。三停平等,一生衣禄無虧。五嶽朝天,一世資財足用。天庭高聳,少年富貴可期。地闊豐肥,晚景風光獨占。口爲水宿,定一世衣禄有無。鼻是財星,管中年窮通造化。眉清目秀,攀龍附鳳之賢。氣濁神昏,鞭馬牧羊之輩。髮際低而皮膚粗澀,終是貧窮。手指密而脚背圓肥,當爲富貴。準頭豐大多爲福,面肉横生性必凶。智慧生於皮毛,苦樂觀乎手足。黿頭鼈腦,關門喫食之徒。羊目魚睛,緣木求魚之子。雙眸點睛,蓋世英雄。一點生臍,超群志氣。秋水爲神玉爲面,女人必作后妃。芙蓉如貌柳如眉,男子當爲臬客。眼横秋水鬢如鴉,月約星期。口是窑竈行似雀,東奔西走。亂紋生於口角,當餓死之亞夫。赤脈貫於瞳中,是難封之李廣。吕望耳毫紅細,石崇鼻孔圓收。廉頗兩眼尾以竪天,鄧通雙口角而向地。亞夫兩縧垂

① 求,《統會諸家相法》作"有"。

下，文王一痣當胸。因形見心足辨人之貴賤，聽聲察色便知人之賢愚。嗟夫！露齒卓眉，豈作朝廷任用。攢眉撮口，難爲臺閣臣僚。鼠目獐頭，必竟難登仕路。蜂腰燕體，如何去問功名。林泉有碧眼神仙，朝野無交眉宰相。名高玉册，應知心廣體胖。身拜丹墀，蓋是天庭高闊。龍行虎步，將軍勇節制之臣。獅鼻龍睛，廊廟作股肱之佐。龜形鶴骨，樂道山林。雀步蛇行，遭官囹圄。逢凶有救，印堂静而黑不侵。遇難無凶，福堂明而神不露。眼深骨起，至親恰似他人。邊地豐隆，非親即同自己。犬形豕視，常懷嫉妒之心。鷂眼蝦睛，不脱强梁之性。下長上短，浪走他鄉。齒露結喉，難爲眷屬。聞喜不喜，爲金匱之有虧。當憂不憂，緣玉堂之朝拱。耳如紙薄，休望榮華。面似皮繃，莫言壽算。天庭高闊，得上貴以提。地閣傾斜，招下人之訕謗。若乃神與氣清，雖色滯而不貧。假饒氣弱神枯，縱色明而何用。嗚呼！貧寒婦女，無非胸凸臀高。淫泆娼妓，一定身粗面細。殺夫聲出雄壯，好慾面帶桃花。背負眉提，唇掀齒露，倚門立户。鼻仰唇搴，兒女刑傷。淚堂深黑，田園賣盡。井竈撩天，手脚摇動，平昔言而無信。承漿豐滿，晚年壽命有歸。紋理攢眉，年年不樂。雜紋貫印，日日多憂。説是説非，蓋爲唇輕舌薄。不仁不義，亦因眉厚睛流。有福者手似綿囊，無福者唇如黑葚。女多子少，兩眉只看兩頭垂。父死母傷，額角方知生黑子。塵生滿面，其人不久前程。黑子人中，抱養他人之子。髭鬚拂右，定然妻弄夫權。行坐端莊，定是子承父業。若論運限，各部推之。細辨根基，各尋元妙。賢愚壽夭，莫逃此篇，學者觀之。

燭膽經

人稟陰陽之正氣，形似天地以相同。面分金木水火土，色映東西南北中。中聖雖有全德，造化終無全功。分清奇古怪之貌，班秀氣純厚之容。清者寒潭秋月，奇者聳壑喬松。古似嵯峨盤石，怪似峭壁孤峰。人能有此，富貴龍鍾[①]。秀若深根直幹，異者舞鳳回龍。純如良金美玉，重如泰嶽華嵩。有一於此，爵禄非庸。陳平有冠玉之顏，身居九鼎。衛青有覆肝之額，食禄萬鍾。或三高六下而不等，或六勢三端而不克。身有七人之魁偉，面無一尺之豐隆。早年發福，中歲困窮。神昏氣滯，初主迍蹇，末主亨通。面粗身細者，多趨利達。身粗面細者，少吉多凶。道骨端圓，掇高科而登要路。鳳姿龍表，非世格而豈凡庸。玉枕分品字者，超群特達。伏犀貫頂門者，光祖榮宗。骨肉停勻者，財通胡越。身形粗滿者，壽不穹窿。天有陰陽寒暑，人有悔吝吉凶。皆出身形之外，超乎骨格之中。面部星辰如圓壯，時間氣色欲鮮明。日月侵於印堂，仕宦騰路。山根驛馬光顯，動用皆成。左額角偏，父必先亡。右額角陷，母必早喪。下長上短，始於憂勤。下短上長，終於逸樂。懸針印上，骨肉拋離。黑痣印堂，夫妻隔角。氣哭聲和，淺見易知。氣緩神利，深機莫測。面方耳大，官持一道之權。口大聲細，位至三台之列。顴骨入鬢，清貴玉堂。口弓朝天，姓名金闕。面無肉，口縮囊，孤寡破敗易飄蓬。淚堂陷，山根折，少懷忠信何曾歇。九醜者羈難，六反者滅絶。天庭

① 龍，原作“隆”，據文意改。

牆壁而方，早有騰昇。地角尖削而短[1]，終無發越。魚尾深凹，男子多淫。奸門凸起，婦人少節。金匱光明，兒孫利益。眼下偏枯，妻子有刑。聞喜不喜，多因印綬之糢糊。當憂不憂，乃有陰功而保免。行則摇頭，處事陰謀。坐則低首，爲人詭譎。清奇拱應，少年龍虎榜中人。古怪藏神，終歲鳳凰池上客。體骨如油如鐵，鬼魅胞胎。肌膚似蘭似馨，非凡骨格。鶴形龜體，心靈變化若鵾鵬。龍腦鳳睛，浩氣凌摩干鵰鶚。手眼脚身帶破，未免徒刑。面耳鼻髮焦枯，必無餘剩。髮亂之人，仁義多疏。腮凹之漢，情性更虚。婦人骨起，陰反於陽定孤剋。男子肉緜，陽生於陰必夭壽。川紋印上，數損憂煎。水字如弓，終主愚頑。顴高頤突，剥削鰥夫寡婦。面藍色脱，靠子假妻窮漢。學者先宜熟觀此鑑，然後依各部相之，禍福有準。

胡僧相訣[2]

凡人形相定有方，不見街頭在鋪郎[3]。神凜凜，貌堂堂，地閣承漿更濟鏘。色雜神光都不見，直饒富貴也尋常。

羅真人相賦[4]

貴賤前緣，何須怨天。山根斷而幼遭疾苦，頤額尖而老受迍

① 而，《統會諸家相法》作"目"。

② 此篇全文被《玉管照神局》收入《陳摶袖裏金》篇。

③ 郎，原作"廊"，據《統會諸家相法》改。

④ 真人，《統會諸家相法》作"先生"。

遭。莫教言語凄鳴,必防兒女[①]。倘若耳輪反露,定破田園。開唇露齒,黑子多咎切記。承漿平闊,善能杯酒山林。井竈缺而乏食,印堂明而官休。體香必有官位,屍殖定知無壽。手短若蹄,昏迷可知。少資金人面塵土,多妻妾人楊柳眉。貧賤下卑,卧若屍而食若鼠。富貴榮重,坐如山而行若龜。虚步稀逢,鐘聲少遇。眼睛明白男聰知,頭髮稀疏婦刑剋。是以知碧油紅旆,因印堂廣而封衛青。眉秀閣黄,與額骨隆而王石勒。日月有角,不公即卿。行傍觀而定無子,食陷唇縮應没情。鶴形仙態,龜背壽形。骨明大方居頭,一生獲福。耳白長光過面,四海張名。胸高骨露,鼻竅毫長。唇齒露齦而子孫薄,獐目凸睛而兄弟少。舌上有兩條紅絡,食禄天倉。眉間有三道横紋,死於兵刃。骨法雖備,榮年未至。伎藝外巧,聰明内惠。骨重身輕,獲財之俊。上長下短,官印得禄之位。幼而心亂,先卑而後榮。長而性悟,始貧而後富。雙眉入鬢,胸襟懷冠世之才。黑睛如環,藴藉抱出群之器。有禄有壽,却見三堂之貴。位極人臣,肉潤骨剛之秀。五嶽豐而貴永,三才缺而殍殃。項後露頬,田園廣而私佞多。眉散目黄,結喉露而子孫少。睡神入耳,禄承紫綬以何虚。龜息藏形,貴顯廟堂之半代。眉濃多滯,目在視而不可觀。下視偷窺,言潔冷而自判。目有四白而多義,忽低首者而殺人。神不藏而横夭,口眼小而壽短。近觀内明遠視者大貴,耳大輪漫者壽永,雙眸有力者禄昌。耳竅有全絲,三寸貴而一寸富。目視有神光,陽左顯而陰右昌。耳大有垂,必見華髮而富。朝結珠子,定知晚

① 防,似當作"妨"。

歲而榮[1]。前後不見耳雖貴，語言輕作必强。隨口和人者内空，低言頻語者内剛。陰頭有靨，位至侯伯豈非揚。雙手龜紋，禄慶終而官自久。時有先後貧富。睡易醒難，初中坎坷，白首孤單。目乏蓋而終身貧賤，耳無輪而眉若擔山。唇掀齒露，遭凍餓以何疑。縱口理紋，圖口食而寡聚。手足應紋，醫卜爲術而妙道。喟嘆在口，平生一日不舒顔。披裘貴顯，榮禄優閑。有髮無髭，不可與之同侶。髭髯大密，得藝術以翻翻。髮鬢全美，有禄位而極壽。鬢下垂而口小，離鄉失業。頂平額廣，眼黄眼碧，爲僧爲道以高榮，受平生之福德。

楊氏論神氣

古而無神謂之露，露而無氣謂之孤。清而無神謂之寒，寒而無氣謂之亡[2]。怪而無神謂之粗，粗而無氣謂之枯。奇而無神謂之薄，薄而無氣謂之弱。秀而無神謂之衰[3]，衰而無氣謂之虚。異而無神謂之醜，醜而無氣謂之拙。端而無神謂之黯，黯而無氣謂之敗。

達摩動静論

相之大段略備，尚有小節當知。喜時常怒，必是艱心苦力之人。怒時反笑，定主刻厲狠堅之性。對人頻頻偷視，莫與交遊。

① "耳大"至"而榮"，原無，據《統會諸家相法》補。

② 亡，《玉管照神局》作"失節"。

③ 衰，《玉管照神局》作"薄"。

無人忽忽自言,豈堪遠大。坐每低頭,心同豺蠆。食多淋落,身似絮萍。無痰常吐而吐不收,先富而貧。不收聲也。有話欲言而言不足,有頭無尾。不盡言也。疾言而口常撮聚,必破産飄蓬。無事而動每匆忙,終離宗困頓。紋絲纏眼,山根青筋起者,重刑。犯重刑也。丹珠抹唇,滿目桃花浮者,浪蕩。

袁柳莊雜論上篇[①]

人貴之相有三:曰聲,曰神,曰氣。蓋聲清則神清,神清則氣清。驗此三者,形骨次之。是以古者方伎之妙,有聞人之謦欬而知其必貴者,得之於神也。有察人之喜怒操守而知其必貴者,得之於氣也。聲欲響闊而長,神欲精粹而藏,氣欲舒緩而浄。反此者,弗貴也。有聲而神氣怯聲緩,則其貴遲。有神而氣怯聲破,則其貴不遠。富貴而神濁聲慢,未可以言貴也。此三者,幽而難明,玄而難測。惟意所解,言莫能窮也。部位形骨,書於首篇[②]。

中篇

形成而不可變,體具而不可缺。大凡形體惟在完滿,隆厚清潤崇重平正華秀者,不貴則富也。惜夫怪而粗,古而露,清而寒,秀而薄者,皆非美相。古人論部位法,以額、準、地閣、左右顴爲五嶽,以眼、耳、口、鼻爲四瀆,以上下左右分爲九州十二辰。由

① 《統會諸家相法》作“袁先生雜論”。

② 此二句原無,據《統會諸家相法》補。

此觀之，則一形之徵，其所該也烏可淺淺而論之哉。故上有天子，下逮庶人。其五臟六腑九竅之形皆同，然其所爲形則異也。若辨折之，須於三停五行中求其要妙，次求氣色。左顧右盼，尋根揣本，則貴賤貧富、吉凶壽夭灼然可見。

下篇

形體，相之根本也。氣色，相之枝葉也。根本固則枝葉繁，根本枯則枝葉謝。夫論相所以先究形骨而後觀其氣色，此皆氣色也。夫氣舒則色暢，氣恬則色潤，氣潤則光澤華美見於色，此皆氣色之善也。氣偏則色焦，氣滯則色枯，氣蔽則憔悴黯黑見於色，此皆氣色之凶也。若夫形如槁木，心若死灰，淡然不與世俱，此又聖人之相，不可以氣色論也。

麻衣雜論

凡人之相必以清、奇、古、怪而爲貴，惡、俗、貧、薄而爲敗。清奇則名高位顯，古怪則貫朽粟陳。惡俗則貧賤之徒，貧薄則刑害之子[①]。貴人則身重脚輕，小人則身輕脚重。齒似乾而濕，目似水而乾，手掌熱如火軟如綿，色常潤者，乃福人也。眉高則名高，職高則鼻高。眼長而有學，口方而有辨。名在眉，職在鼻，計在口，俊在目，壽在耳，貴在額，福在背，富在腹。上視高貴，下視陰毒，遠視賢，近視愚，平視德，高視激，下視狠，斜視盜，亂視淫，

① 貧，原作"孤"，據上文改。

猛視暴。凡有此視者,必有此驗矣。欲食貴人禄,須生貴人齒。欲穿貴人衣,須生貴人體。貴人頭上少髮,賤人身上無毛。人有金木水火土之相。金不嫌方,木不嫌瘦,水不嫌肥,火不嫌尖,土不嫌重。紋欲深而不欲淺,深則志深,淺則志淺。用則神施於外,收則神合於心。近觀有志,遠觀有威。瞻視有力,睡卧易醒,此乃神之全也。氣之爲氣要内堅,即須音潤和暢,不在剛健震鳴急促。内蘊則和,外施則暢。有清中之濁,則内輕而外重。有濁中之清,則内蔽而外明。浙人氣重而不明,閩人氣明而不重。南人氣清而不厚,北人氣厚而不清。所以陰陽朗而山川秀,日月出天地明,此乃氣之謂也。色須形於面目皮膚,欲深而不欲浮,欲聚而不欲散。發於五臟之表,爲一身之光彩。有所得而喜主於内,有所失而憂生於中。或有老而色嫩者,謂之弱也。或有少而色老者,亦弱也。面有三光,烏有四澤,烏有三暗。形與神相照,氣與色相附。神全則氣全,氣全則色全矣。

貴賤相法

夫人之生爲萬物之貴,懷天地五常之性,抱陰陽二氣之靈。雖秉彝之本同,肖容貌之非一。觀其人當觀其氣色,知其相則知其賢愚。是以龍犀爲帝王之形,龜鶴爲公卿之器。子穀下豐則知其有後①,李廣數奇則宜其不侯。龜形鶴骨而終軍棄繻,虎頭燕頷而班超授策。學堂既瑩,岑文本立顯詞章。蘭臺已全,范仲淹身居輔弼。乃知相法端造,元機當觀次第。蓋先觀其額而别

① 子,原作"於",據《統會諸家相法》改。

其眼，然後察其形而聽其聲。乃取貌形，細觀氣色。貴賤不逃於藻鑑，災祥瞭若於筮龜。善有則善之形，惡有則惡之相。有善藏於惡之内，有惡隱於善之中。善爲福之基，惡乃禍之兆。頗得其意，始舉其凡。是必頭聳腦豐，面方印闊。眼湛寒波而分明清媚，眉彎秋月而疏淡秀長。獸耳下垂，獅鼻隆起。髮疏細而染漆，口方厚而含丹。語無囁唇，笑不露齒。腹垂而腰厚，肩圓而背平。人中長而井竈明，山根厚而倉庫滿。三方皆正，五嶽俱全。言簡且清，若流泉之響。幽谷坐端，又直如釘石而起浮雲。不陷無虧，非貴則富。如權秉鈞衡，牆壁方厚。掌欲微紅，面生潤白。眼下陰陽有光，鼻邊法令修長。凡賦此形，皆爲善相。以上相之善者。

其眼雖長而眉促，額頦廣而頭尖。背隆骨潤而嬈其腰[①]，耳聳唇方而坑其腦[②]。形魁而雀步，骨細而鴨聲。語清而神似癡，色瑩而坐不正。皆有深淺之善惡，豈無先後之吉凶。此言善中之惡者。

或男顴低而女顴高[③]，或女手軟而男手硬。準或斜曲，頭或欹偏。眉或低昂，齒或疏缺。其爲妒害，豈其尋常。甚而肉緩皮粗，髮焦唇薄。猴睛鼠耳，馬口鷄胸。手短而脚長，身大而音小。脊高眉縮，額尖鼻低。眉曲則非愁而若愁，目視則不怒而似怒。色昏而神不粹，語泛而步如奔。貪而不厭，淺識難明。或有青浮赤緩，或有臉發青藍。乃不令之形神，爲非常之凶惡。以上相之惡者。

① 骨潤，《統會諸家相法》作“胸闊”。

② 腦，《統會諸家相法》作“胸”。

③ 二“顴”字《統會諸家相法》皆作“观”。

然而體雖薄而額廣,頭雖偏而氣清。兩目粗大而身滑如苔,及眼迷蒙而聲聞似甕。耳雖似薄,起唇上之覆舟。牙或有尖,聳額中之圓鼓。未易置善惡之論,亦可爲富貴之人。此言惡中之善者。

凡欲定其容貌,可不取於形狀。欲知飛走,巧以推尋。要髣髴以略求,不必拘泥於全似。鳳睛龍眼者爲文貴,蜂睛豺聲者爲武榮。猿背猿聲,未有不登科甲。虎視虎骨,當知定至兵刑。龜鶴者益年齡,牛豬者豐衣食。鷹嘴須防於蜂蠆,烏喙必畜於狼心。如蛇則少食而孤,似羊則多淫而夭。以上飛走取形。

隨衆形而爲喻,特片語之强名。與其形似於群類之殊兮,未若細繹於五行之妙。金方木瘦,水圓火尖,土主肥厚。形分差别,有體形之相生。尅則爲災,生則爲福。但看或肥或瘦,須要旋成旋就。以上五行取形。

雖然論相而論形,尤必觀氣而觀色。發有本末,應有深淺。如蠶口吐絲,似蜂唇挑粉。取五行而論五色,按四季而定四方。更有一日之間,綴以八年之内①。氣色由微至著,占往知來。在心目之妙觀,非唇舌之可述。其初入孔孟之室,浪登許負之門。唐舉許負,裒集諸子百家,不勝千岐萬轍。或彼此之相反,吉凶之未詳。剪其繁蕪,撮其樞要。先緝簡易之數語,繼陳次第於篇中。倘有補於缺辭,不敢望於同志。

心鏡歌

大凡相法有兩般,須看三停端不端。五嶽四瀆要端正,一長

① 綴,《統會諸家相法》作"驗",義長。

一短不須論。額要闊兮鼻要直，口方四字豐衣食。頭圓象日照天庭，眉曲彎彎多學識。眉頭昂昂稟性剛，縱紋不使入天堂[1]。下眼觀人多毒害，羊睛四白定孤孀。鼻曲之人多孤獨，項短結喉神不足。男面似女女似男，心中懷事多淫慾。眼眇微小有重睛[2]，披緇學道有音聲。紅潤相兼秋水色，男人文學女多情。耳形雖小有輪廓，衣食自然多不錯。直須高聳平印堂，玄珠朝口内，上截平印堂。定掛金章膺品爵。眉清秀而終不散，入鬢雲鬢多燦爛。若教散短又無光，兄弟斷然不相盼。唇要紅兮怕紫色，細潤分明富貴客。嘴尖唇薄招非辱，紫黑多傷凶暴厄。手要長怕指劣節，紋紅紅如噀血軟。紅長細定高攀，形如鼓槌衣食難。眼睛露，口唇反，男憂犯盜女憂産。坐要端，立要直，不端不直人不識。先笑後語人非良，不言不語人難測。聲音細，語雖小，必在人間隨衆走。髫髮長，如蓋漆，形似虎狼當貴職。那堪紅紫短而乾，孤獨一生無福德。髮細長而黑且潤，不蓋天庭聰與俊。委曲拳旋若蓋垂，水色人情多少信。

得意歌

凡相於人有三般，三停須要端。陷損面部定貧窮，隆厚萬般通。山根見陷子孫少，義子來相叫。卧蠶豐滿多子孫，損破定無因。何爲積穀多財住，眼下爲財庫。日月角中得骨生，貴壽永長榮。面上顴骨有權衡，衆中最馳名。頭大須要地閣應，下尖無餘

① 使，《统会诸家相法》作“死”。

② 眼眇，《統會諸》作“睛白”。

剩。地閣爲宅又爲田,肥厚富天然。天地若陷定窮途,終是一樵夫。耳輪須要三般厚,尖薄忙忙走。兩頭尖薄中心小,衣食終年少。兩耳兩眼俱兩般,父母異無端。左是假爺右假娘,細看不須忙[①]。凡人衣食容易看,光澤面團團。火相火色真姿容,黑變定貧窮。貴人之形體不同,五嶽自然豐。黄氣紫氣頰中生,有財兼福德。一生好道眼中黄,赤氣必性剛。腦後有骨伏犀生,此是封侯因。若無相應即平平,衣食却持均。印堂破時終少官,失職擾相干。更無牢獄兩邊勾,妻兒每爲愁。徒刑之處有三般,印堂横紋斷。第三更看天中紋,仔細定元因。天中印堂謂妻娘,破時損田莊。眉中直上有三紋,喫酒賭錢人。酒池若陷少酒器,肥滿能杯是。破陷少肉爲坑池,因酒捐身已。又名法令壽帶長,富貴彭祖上。四十之年要法令,五十年須定。若無法令爲中平,財食兩難便。凡相學堂有三端,三處一時看。三處拜將又轉官,兩處作公卿。學堂若無定少官,只作衣食斷。金形金色真爲貴,有火終須滯。熾也。木形木色是三清,此必是文人。水形水色若分明,衣食自然成。火形火色多官災,災禍不曾停。土形土色部中看,衣食定無官。金木水火土五行,要金要木正。五行之部只怕偏,莫斷作官員。五行形中有古貌,古貌其中少。眼目顴骨勢見高,終是作賢豪。五行其中正色昌,無光終須汪[②]。舉人來問科場事[③],天中黄色美。天中白氣終須滯,必主悲泣至。秋間是火定爲殃,金火反爲害[④]。若無黄氣定無解,終是碌碌輩。冬間黄,春得官,

---

① 忙,《統會諸家相法》作"無"。

② 汪,原作"旺",據《統會諸家相法》改。

③ 舉,《統會諸家相法》作"學"。

④ 火,《統會諸家相法》作"水"。

終是樂且歡。天中印堂見國印，甲科分明定。山根準頭地閣黄，及第登科忙。冬月無黄不須行，免其禍患生。樓臺之中見頭垂，腰曲面白死。五行之中見分明，眼昏終是貧。面見黑色及白氣，此是死須記。春間見有春間殃[①]，萬事不相當[②]。四季之中皆準此，樓臺倒定死。唐符國印定來因，四邊牆壁應。唐符爲大國星黄，只怕發中陽。國印爲主定天宫，三陽逢火星。天中直下地閣排，終是見和諧。唐符國印爲異説，赤氣分明别。赤者名符黄名印，不得外人聽。五行凡相不相人，波波受苦辛。國印紫色黄旗薦，定是轉官星。號名赦書不日到，罪者心中好。面如鍾馗應少子，至老孤獨死。口似吹火絶嗣夫，飢餓日無餘。男面似女定家破，活計少人做。面如水洗犯天羅，官災非横多。面如麪袋終是破，妻子不團坐。男帶桃花眼主淫，不免被奸侵。女人掩口掠眉頭，終是外人偷。大凡看人相部位，一一須仔細。面帶塵埃終是薄，心口多謀度。但作巧藝及師人，一一定無因。齒露結喉不足相，衣食終無旺。壽在中年不善終，終是主顛風。羊睛四白終是惡，猝[③]死更無錯。鷄睛蛇睛眼愛偷，日夜使心謀。貴人上下分長短，終是富貴看。腰薄頭尖終壽夭，衣食終年少。肥人不見肉爲貴，瘦者神清是。骨粗皮粗終是破，至老招災禍。欲識多災似病人，一世守孤貧。似醉不醉神不足，看取五行留。多言多語似顛狂，老後少兒郎。眼下無肉不須問，心毒難言論。却要相識交個友，眼下卧蠶走。若是卧蠶終有常，碌碌小人當。頭尖額小不

① 殃，《統會諸家相法》作“色”。

② 萬事，《統會諸家相法》作“力定”。

③ 猝，《統會諸家相法》作“卒”。

相應,只作蛇形狀[①]。虎形虎腮三部圓,封禄富天然。眉長眼黑秀如鳳,四遠人相重。面小團團又見短,只作猿形斷。若也三般一體肥,定作犀形是。顴骨高起眼帶深,終是作猿形。頭小耳又小,鷄形取最妙。頭大骨粗項又長,只作鶴形狀。頭輕項短嘴又長,只作龜形狀。萬般不離此樣看,形貌不般般。學者冥然珍寶藏,不得外人揚。昔時唐舉元妙理,遇者莫妄毀。凡對時流莫亂吟,言秘密謹似珠金。若人收得得意集,此法須收拾。價值千金句莫傳,世上有神仙。氣色之中有異般,四季休囚看。是事未會調清濁,豈解爲人觀。七部之中形色全,生死氣顯然。依稀如常曲如鈎,凶惡辨根由。所别須分五色氣,另是先賢意。夏秋黑氣堂上起,侵入三陽位。似絲如蟻帶微茫,七七泉中鬼[②]。若還赤色陽中起,枷鎖旬日至。白氣同侵黄與赤,全家人變白。黑色氣也。來侵中位隔,瘟病人難測。春夏秋冬準此言,不離此根源。天中黄氣主財榮,赤色是憂煎。二七家中主禍至,堂前見哭聲。紅紫若有同面上[③],渾家入鬼鄉。白氣如螺左右傍,不久上高岡。準頭似綫赤如鈎,損財更損牛。滿面蜘蛛網眼生,白日卧荒墳。眉心赤氣貫三陽,七日妻病床。昏花偶向天中起[④],尊親不日亡。奸門黄氣似雲生,偷淫切莫争。又見奸門赤似鈎,五七配他州。太陽内外黑雲侵,野花在山林。青絲彷彿發三陽,兒孫不用詳[⑤]。定取日辰三七日,滿宅火茫茫。若是貴人要轉官,旗庭紫氣端。

① 狀,《統會諸家相法》作"飛"。

② 七七,《統會諸家相法》作"茫茫"。

③ 同面,《統會諸家相法》作"司典"。

④ 昏,《統會諸家相法》作"梅"。

⑤ 詳,《統會諸家相法》作"祥"。

黄氣如雲四七日，慢慢細詳看。先言有應如加職[①]，連疊轉資官。驛馬部中同此斷，須是仔細看。炎炎之災古與今，六缺大來臨[②]。是事要知真訣處，赤色處山林[③]。更兼魚尾連山起，火過災遠至。雲火之災有自來，牢獄青黄是。殷殷淡淡九十日，急斷三日遲。蛇虎所傷氣難見，三日入黄泉。山林一位青青色，枉死怨皇天。何以知人落水厄，寅申巳上頭白黑，如花點點死莫疑。二眼中黄白灰黄，定作路中亡。昏昏六七見三陽，身死少人扛。如癡如醉失魂人，多記莫言嗔。遠斷一旬近兩日，悲泣哭聲頻。客氣常在三陽上，家憂人繫項。黄居白氣起承漿，三日慎刀鎗。黑入奸門上墓門，子父同時喪。赤氣直從年上發，災禍急求拔。青黑連侵兩眼攣，五七離人間。又見赤從陽位發，三日葬高山。壽上紅絲垂法令，不免主虚驚。七旬災禍重重至，四遠盡傳聲。日月角中見黄氣，重重主財至。凡事求之無不達，妻兒一宅喜。盗門青氣主憂官，非横自相干。一月日中難捧子，子父不曾歡。牢獄青紋號死紋，枉死入丘墳。急定時辰三七日，沉香故不存。田宅黄雲日見生，家盛主昌榮。五七南方求進宅，百里盡傳聲。紅氣若居倉庫上，財帛自臨門。酒池赤色主官災，三日口舌來。劫門青氣主凶殃，一七見官方。多逢虎兔遭唇舌，修之主吉辰。廚帳黄雲不用看，唇舌立遭官。六旬之内憂災患，愁眉主不歡。白氣如絲入壽門，父子各離分。六七祝之修得過，不免自刑人。顴骨兩邊赤氣生，先來死弟兄。更慎一旬并七日，謀事主相争。甲匱黄生紅紫氣，財寶時時至。印堂黄色似雲生，家宅重重喜。眉心赤氣

① 應，《統會諸家相法》作“印”。

② 缺字處，《統會諸家相法》作“七”。

③ 色，原作“子”，據《統會諸家相法》改。

主多災,定在七日來。更歸上墓印堂開①,官事破錢財。父母山林紫氣生,名利達朝廷。多因投殺功名得②,七七主官榮。陽赤山中連武庫,黑氣來相聚。如霧如煙左右旋,滿宅無情緒。山根青氣人難測,失財兼被賊。若是居官有此氣,七七須退職。或見如煙滿面生,數年不稱意。黄居印堂連武庫,六九入朝廷。嬰門玄壁青氣生,數年不稱意。又見黑雲同處起,剋爺妨兄弟。一年之内頻撓括,飢饉愛相爭。客舍少府黄雲現,必位三公上。三榮遷職八遷階,不免中書相。商旅邊地及三女,青紫細看取。後先多記莫妄言,三堂黄財聚。祖宅荒墳青破家,災來自落花。不信直言一百日,一死卧黄沙。坑塹陂池氣似鎗,爲是黑紋長。急急直言三五日,死葬高岡上。赤白如螺準頭起,數年身不利。忽見高聲語不來,立便有迍災。面多青色笑無顔,久病在人間。眼前白練尤且可,準白災難過。白練如煙拂面生,數載招災禍。唐符國印紫氣生,非久處朝廷。驛馬重重發紫氣,朝命不日至。唐符驛馬國印生,紅黄定稱意。三日宣頭速夜天,勅召入朝廷。

相人歌③

龍形及虎形,龜形與鶴形。鳳目獅子目,黑白自分明。眉濃如八字,口方四字平。耳輪皆貼肉,手足紋理縈④。登高如五嶽,齊整於三停。舉頭兼視正,開口響鈴鈴。骨格能平正,皮膚自滑

① 印,《統會諸家相法》作"戰",意長。

② 殺,《統會諸家相法》作"荒"。

③ 《統會諸家相法》作"有相人歌"。

④ 縈,《統會諸家相法》作"榮"。

凝。心神如鎮石，口肉自香隆。廣學如無學，憂驚不自驚。隱然色滑淡，神氣迫清清。更欲看心相，元來肉有明。腦邊居五骨，胸上點三星。腦上通紋理，頤邊骨肉盈。手中有黑子，足下踏龜成。餐啜如龍虎，如龜理步行。秀從元氣足，紫氣抱胎生。不怒人皆畏，含嗔不欲争。等閒無處捨，當世不崢嶸。語媚令人愛，喉嚨是鼓聲。睡眠如伏虎，夢寐有真徵。是可皆先兆，心神似有靈。縱然連禍難，終有福神并。

窮相歌

頭骨無稜角，髮拳黄落索。眉散眉心交，眼睡眼皮薄。鼻斜孔雙露，目小唇掀薄[①]。牙齒疏黄尖，音聲散臺鐸[②]。兩目不相同，耳内無輪廓。兩頤尖復斜，鬢髮皆交錯。夜睡開眼眠，晨朝困冥寞。不醉似醉人，不病形如惡。不愁似愁多，不忙常霍索。結喉骨太多，骨前骨寥落。肚臍凸多露，乳頭如太嶽。皮血大粗疏，豎起於肩膊。手内無紋理，脚步如行雀。餐飯羹不珍，口中滋味惡。飲酒未三杯，言辭盡交錯。時聞抵對人，眼目似東郭。若與人知聞，三好即兩惡。背面是非人[③]，言語難度著。看人如視地，結交無宿諾。抵對少精神，行步多虚霍。聞人失即歡，見人得不樂。何用相精神，此人心相惡。

---

① 小，原作“少”，據《統會諸家相法》改。
② 散臺鐸，《統會諸家相法》作“焦落索”。
③ 面，原作“而”，據《統會諸家相法》改。

妍媸歌

妍媸歌訣不尋常,貴賤榮枯有陰陽。南北東西風土異,必須參究要相當。若論此相有十法,先相三停與短長。次觀骨法及顴頷,三看神清露昏光。四聽聲響亮焦破,五視行輕重緩忙。六見坐立身偏正,七推心事善和强。八定星曜美與惡,九察部位豐與陷。十背胸腹手足隆,厚薄窄狹有低昂。若能依此十法相,禍福妍媸日昭彰。

何知歌

何知君子多災迍,春夏額上帶昏昏。何知君子百事昌,準頭印上有黄光。何知人家漸漸榮,顴如朱色眼如星。何知人家漸漸貧,面如水洗耳生塵。何知白衣换緑袍,天倉豐滿福堂高。何知爲官不食禄,坐時伸起頸頭縮。何知人家不生兒,三陽暗發如黑煤。何知人家怪常來,朦朦黑色繞唇腮。何知兄弟成雙吉,山根高聳眉如一。何知兄弟成雙凶,山根斷折眉不豐。何知人家鬼打屋,天庭數點黑如粟。何知其人不及第,眼中赤脈如絲曳。何知人主早發解,福堂豐滿精神快。何知人家頻换妻,眉頭帶殺下位攲。何知人家妻妾淫,奸門暗黑眉如金。何知人生不聚財,但看法令破蘭臺。何知人家被火傷,眉頭數點赤换長。何知人家弟殺兄,山根常黑不分明。何知人家常被賊,但看雙嶽如煙黑。何知生女不生兒,眉間但看兩頭垂。何知小兒常被驚,山根年壽色常青。何知人家妻受邪,奸門黑漆不光華。何知人家兒受災，三陽暗色如煙煤。何知人家竹林旺，山根氣色繞周黄。何知人家貯積財，甲匱紫色常堆堆。何知爲官多災難，坐時眉攢口常歎。何知爲官一舉超，未發言詞語含笑。何知突睛殺人惡，但看當門兩齒落。何知人家殺頭妻，必是山根年壽低。何知人家殺頭夫，左頸肥大右頸枯。何知兄弟生同胞，必是眉頭有旋毛。何知官員剋舉主，鼻曲印破多紋縷。何知僧道有高名，必是古貌與神清。何知人家遭劫盜，赤脈地位常乾燥。何知人家孝服生，眼下喪門白粉痕。何知壽年九十六，天庭高聳精神足。何知壽年八十二，法令低垂是。何知其人四十五，面皮如繃鼓。

何知訣

何知有貴人，水土肥且明。何知愛弓鎗，露睛赤脈長。何知妻兩换，眉毛且入眼。何知有錢爛，土星如懸膽。何知有文章，牙細口唇方。何知賣祖業[①]，口尖舌能急。何知人聰明，肉紅赤眼睛。何知父母早不全，黄毛額角旋。何知無兄弟，上高山根傾。何知必作屠，眼赤眉毛粗。何知妻破家，頭尖額更斜。何知命不長，聲音女人樣。何知多殺人，眼内赤貫睛。何知兩度嫁，女作丈夫聲。何知富貴昌，頭圓而面方。何知有病苦，年壽金木生黑子。何知九十壽且隨，其翁晚景肥。何知其人定生財，看看五露分明來。何知其人常作寇，月孛鼻頭尖且小。何知其人一生閒，坐如釘石眉頭寬。何知獄厄有災迍，但看眉間有斜紋。一紋一度入獄内，二紋二度入牢危。何知其人無兄弟，眉短眉交皆

① 業，《統會諸家相法》作“田”。

不利。何知破家不齊整[①],面皮光滑薄如紙。何知其人發禄遲[②],鬢毛重厚迍邅隨。何知爲官不超陞,坐時神暗眉常蹙。何知一世不生兒,三陽陷了色如脂。何知人家被劫奪,兩眉起紋生過目。何知人生服毒藥,土上損破黑子惡。何知人生卒暴死[③],唇青年上生黑子。何知人生命帶空[④],長脚蜂腰總一同。何知其人心偏曲,豹牙缺齒黄面目。何知其人主餓死,縱紋入口乃如此。何知其人主水厄,看他眉間雙黑子。何知父母早不全,其人上唇若𪘏天。何知女人定剋夫,眼大眉高顴骨粗。何知破敗且伶仃,看他兩脚如杖形。何知其人主大殃,耳焦眼赤禍難當。何知剋子又刑妻,面形恰似破菰兒。何知貪財并好色,龜背龜胸如何説。何知其人死相隨,初年即便身充肥。何知殃財且貧窮,看他上下露臀胸。何知男子定孤刑,項喉恰似鷺鷥形。何知兄弟各相抛,眉毛蹙定常相交。何知幼小災厄故,但看鼻頭井竈露。何知破祖又離鄉,三尖三露爲之殃。何知女人定抛夫,額角入鬢更何如。何知作事倫序無,看他眉睫長而疏。何知父母兄弟異,耳眼大小高低是。何知其人兩三婚,但看奸門有多紋。一紋必定剋一妻,二紋兩度重婚娶。何知刑剋事招嫌,口下生鬚直到顴。何知末年主多災,但看其人無下腮。何知女人是婆姨,看他一雙好蠻蹄。何知刑妻并剋子,魚尾偏枯顴骨露。何知破祖閒事侵,額尖頭尖項後深。何知兄弟皆不和,但看兩眉粗更多。何知享福又清閒,看他兩脚毛多生。何知不久剋妻兒,但看氣色白生

① 齊整,《統會諸家相法》作“齊全”。

② 發禄遲,《統會諸家相法》作“無禄衣”。

③ 生,《統會諸家相法》作“主”。

④ 帶,《統會諸家相法》作“中”。

眉。若看眼下白色起，右剋妻兮左剋子。何知官貴顯文章，眉秀目清好印堂。何知人妻産孕易，陰陽位上安兒女。何知其人剋父娘，但看眉粗又更黄。何知妻子值千金，但看眼下淚堂深。何知刑剋子難言，眉粗目大帶雙弦。何知一生衣禄榮，印堂寬正且無紋。何知富貴名聲譽，耳生貼肉皆相濟。何知害子又剋身，看他形似豬肝形。何知破祖剋妻子，面似桃花眼如水。何知女兒孤且淫，聽他一片鷄公聲。何知臨産閻王覓，看他眼下氣色赤。何知一生多凶害，但看眉毛生出來。何知人主他鄉死，看他眉上生縱理。何知其人生得貧，額上陷得一枝星。何知平生多破敗，土孛倉庫皆陷害。何知末年敗郎當，看他決定無承漿。何知主有美貌妻，看他兩眼長而細。何知禄破命不逸，看他兩脚粗如柴。何知男女位上厄，看他眼下帶赤黑。何知子孫生災厄，準頭分上有青色。何知病患來不饒，看他眼下黑而焦。何知不讀書與經，看他恰似青蠅聲。何知人常招口舌，看他面形多火色。何知其人損頭妻，面皮光滑粉如脂。何知病女偏命長，其人面瘦身肥壯。何知丈夫主有刑，請看此婦額不平。何知夫婦主分離，四白多生額決虚。何知其人主路死，滿面白色恰如泥。何知處世多豐榮，其人天庭有福星。

勇智歌

邊地隆隆起，顴高氣吐雲。雙眉尖入鬢，塞外上將軍。横肉面毛長，銀紅面色光。聲如雷電擊，提劍助高堂。額廣鋒鋩起，眉濃眼怒神。爲官居將帥，聲骨異他人。後俯前如仰，通宵坐不昏。貴兼文武相，聲響隔山聞。喜怒神如一，窮通氣不殊。面横金紫色,安坐體璇樞。

孤貴歌

眼凸神光異,眉長骨更隆。手摇猿鶴體,因此墓前峰。眉目雖然秀,唇掀耳不朝。莫教聲韻破,棄禄自逍遥。五寬兼五急,三短間三長。中有一孤處,必居泉石鄉。面色雖華潤,身形瓜蒂枯。兩眉如蹙額,清貴在江湖。不似歸雲水,眉彎鼻露風。眼圓神色定,此相有誰同。

凶暴歌

眉尖雙眼豎,赤目貫瞳人。氣横人情急,凶亡不保身。骨節粗無比,言高作虎威。鼻梁垂劍脊,凶暴見身危。羊眼口尖捲,身粗坐更偏。色焦神氣露,因此喪天年。鬢側若無德,凶亡爲氣豪。眼傷賢者避,須中小人刀。横死三顴面,微微貫赤筋。白圓睛目凸,此暴遂亡身。

刑害歌

上下雲煙黯,身形骨帶寒。早年刑父母,孤獨得身安。眼凸眉粗逆,形枯脚又長。三孤兼露齒,妨害最難當。面愁如哭泣,形倒似顛癡。蠅面兼孤耳,名爲抱養兒。左右額孤毛,眉濃齒又高。陰陽如點破,那得報劬勞。山根傾陷處,點抹見青痕。兄弟應稀少,猶疑壽不臻。

無子歌

面色如橘皮,至老亦無兒。縱饒生一子,須換兩重妻。淺淺人中縮,黄眸面似啼。蘭臺傾又窄,臨老自孤棲。滿滿如銀色,中間一點紅。外陽無一指,頭白少兒童。淚痕垂兩面,眼赤更頤尖。有子身還老,終不免孤單。子部君知否,豐年怕點痕。若還傾陷了,猶恐耳無根。

惡死歌

形部帶空亡,知君必惡傷。眼尖頭與尾,暴卒爲强梁。眉亂凶神起,雙眸帶殺光。額尖通口聚,虎口遇豺狼。兩眼微如劍,雙肩短似鎗。莫教聲帶殺,垂淚赴磚場。睡眼開還合,惟嫌露白睛。假饒形相善,生不保歸程。口闊無收拾,形粗眼帶凶。莫教神氣暴,賊死向山中。

正形歌

水形肥且厚,肉慢見尖垂。聲潤還相稱,須爲富貴兒。火形看上下,下大聳形高。若也聲焦烈,初年稍富豪。木形長且瘦,筋骨更條條。青直還須貴,枯乾禄未饒。金形方是正,體重極威嚴。聲響兼和潤,官高禄位全。土形完滿處,且向準頭看。背若如龜厚,何愁不作官。

正色歌

黄色分明吉,尤看紫更紅。光華須富貴,滯暗便爲凶。青色須還正,春風偃柳條。若如煙霧靄,憂恐在祟朝。赤色宜華潤,焦悴定不安。兩唇相印吉,終歲位高官。白色如銀煆,匀匀透肉光。若還乾不潤,唤作犯金亡。黑色無煙黯,光華喜可知。有時如點漆,一死定無疑。

正聲歌

木聲多遠實,鳴亮起喉間。焦破應孤獨,完清定有官。火聲焦且散,完響望中聞。定是居官貴,飄然破子孫。土聲沉重遠,一響衆人驚。若也多淫慾,中年敗又成。金聲完遠妙,焦破不堪聞。黄在丹田起,知君位最尊。水聲無散亂,清浄成群倫。若也微焦澀,中年破且迍。

體骨歌

骨清肉中秀,端然體更隆。清奇兼聳正,印是位三公。骨細皮膚滑,青青不撓身。自然成德貴,何必藉他人。骨乃人根本,須還秀且清。若還粗更澀,那解獲功名。手骨欹横賤,龍吞虎必榮。纖纖十指潤,知識使人驚。無骨應斜側,貧寒體不平。虎强龍又强,猶自望身榮。

神相全編十

論手

夫手所以執持，用以取舍。纖長者，性慈好施。短厚者，性鄙好取。手垂過膝，蓋世英賢。手不過腰者，一生貧賤。身小手大者，福禄。身大手小者，清貧。手薄削者，貧。手端厚者，富。手粗硬者，下賤。手軟細者，清貴。手香暖者，清華。手臭污者，濁下。指纖長者，聰俊。指短秃者[①]，愚賤。指柔密者，蓄積。指硬疏者，破敗。指如春笋者，清貴。指如鼓槌者，愚頑。指如剥葱者，食禄。指粗如竹節者，貧賤。手薄硬如鷄足者，無智而貧。手倔强如豬蹄者，愚魯而賤。手軟滑如綿囊者，至富。手皮連如鵝足者，至貴。掌長厚者，貴。掌短薄者，賤。掌硬而圓者，愚。掌軟而方者，福。四畔豐起而中窪者，富。四畔肉薄而中平者，貧。掌潤澤者，富貴。掌乾枯者，貧窮。掌紅如噀血者，貴。掌黄如拂土者，賤。青色者，貧苦。白色者，寒賤。掌心生黑子者，智而富。掌中四畔生横理者，愚而貧。

① 秃，原作“突”，據《太清神鑑》改。

玉掌圖

八卦十二宫之圖

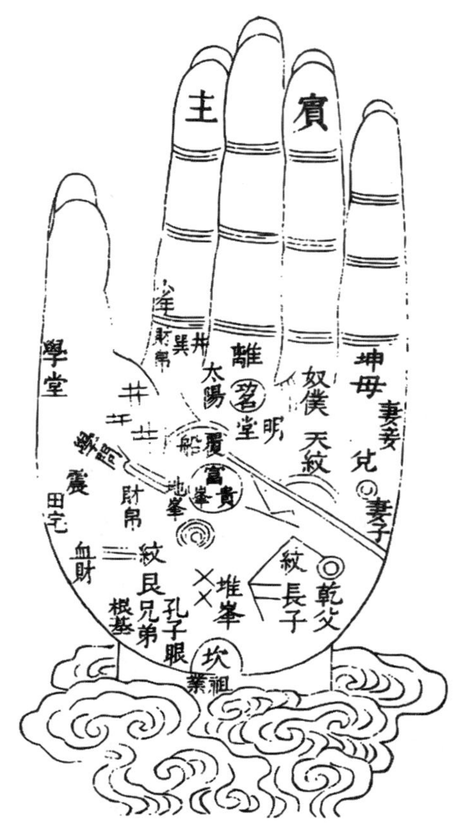

三公奇紋之圖

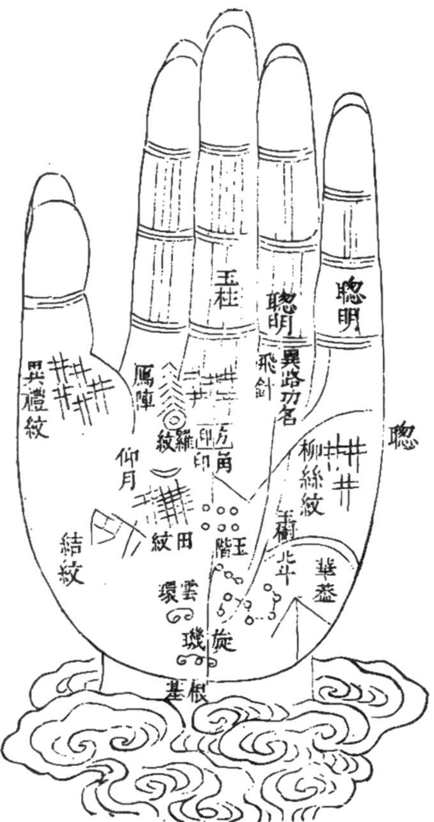

富貴奇紋之圖

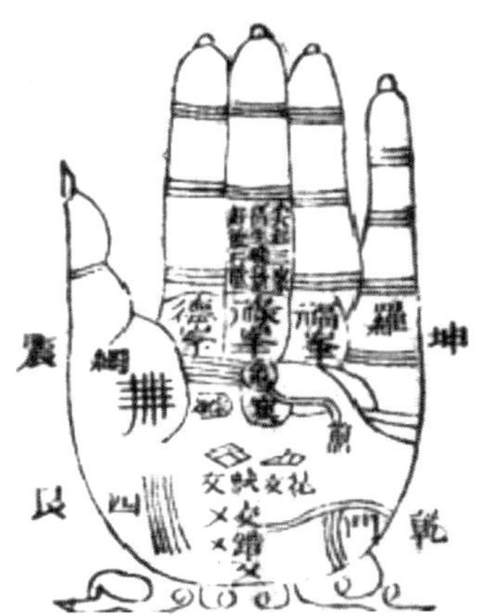

疾厄祖業紋之圖

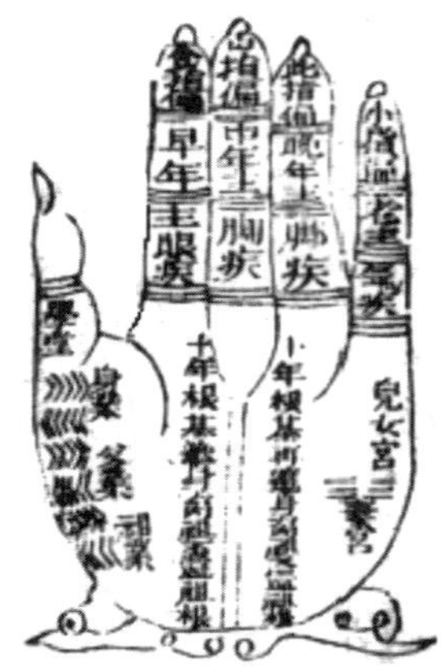

四季紋

春青夏赤秋宜白，四季之中黑喜冬。秋赤冬黄春見白，夏間逢黑總爲凶。

拜相紋

拜相紋從乾位尋，其文好似玉腰琴。性情敦厚文章異，常得君王眷顧深。

帶印紋

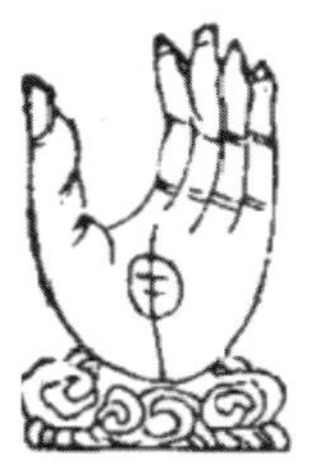

掌上紋如帶印形，前程合主有功名。莫言富貴非吾願，自有清名作上卿。

兵符紋

兵符紋現掌中央，年少登科仕路長。節鉞定應權要職，震戎邊衛擁旌幢。

金花印紋

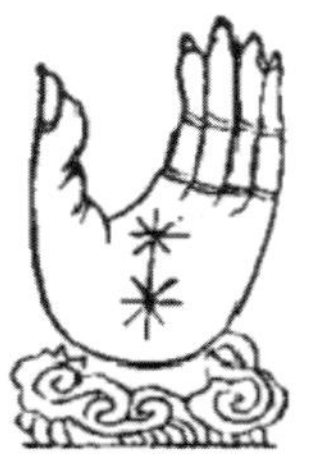

紋帶金花印立身，此生富貴不憂貧。男兒指日封侯相，女子他年國内人。

雁陣紋

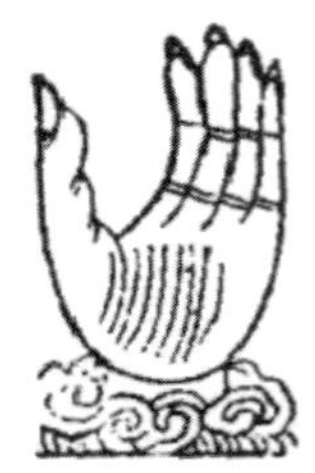

朝衙文類雁排行,一旦功名姓字揚。出入皇都爲宰相①,歸來身帶御爐香。

雙魚紋

雙魚居放學堂中,冠世文章顯祖宗。文過天庭更紅潤,爲官必定至三公。

六花紋

若人有此六花紋,他日身沾雨露恩。可許爲官須侍從,慶來晚歲曜朱門。

懸魚紋

① 宰,《玉管照神局》作“將”。

懸魚紋襯學堂全,富貴當時正少年。一舉首登龍虎榜,跨龍作馬玉爲鞭。

四直紋

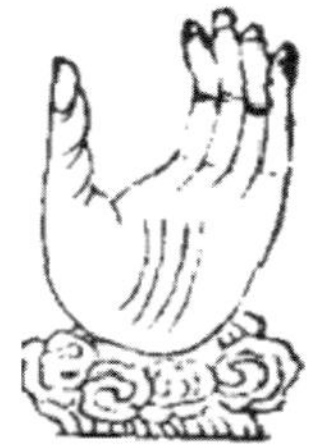

四直可名求,中年不用愁。更宜紅潤色,一旦便封侯。

獨朝紋

獨朝文出正郎身,若逢靴笏更聰明。因官好好難和事,必定中年禄位陞。

天印紋

天印紋身乾位上,文章才調自榮華。爲官平步天街上,凡庶堆金積滿家。

寶暈紋

寶暈文奇二相形[①],端如月暈掌中心。如環定是封侯相,錢様須多穀與金。

三日紋

三日精榮現掌心,文章年少冠儒林。須知月闕高攀桂,四海聲名值萬金[②]。

金龜紋

① 二,《玉管照神局》作"異",意長。

② 《玉管照神局》此句作"須知才是翰林人"。

兑宫西嶽起隆隆，文似金龜勢象雄。遐算定須過百歲，居家金寶更雍容。

高扶紋

高扶紋出無名指，膽氣高强難並比。手紅色潤是多能，自是一生招富貴。

玉柱紋[1]

玉柱紋從掌直去，爲人膽智必聰明。學堂更得文光顯，一定中年作相公。

三奇紋

① 玉，原作“王”，據文意改。

三奇紋現無名指,一路分開三個紋。生在震宫並掌内[1],拜相金門宰相臣。

筆陣紋

筆陣紋生陣陣多,文章德行勝鄒軻。十年得意登科第[2],福壽無疆著綺羅。

立身紋

立身紋上印帶手,堂堂形貌氣如虹。他年顯達須榮貴,終作朝中一宰公。

玉井紋

① 震,原作"遐",據《玉管照神局》改。

② 十,《玉管照神局》作"中"。

一井紋爲福德人，二三重井玉梯名。此人必定能清貴，出入朝中佐聖明。

三峰紋

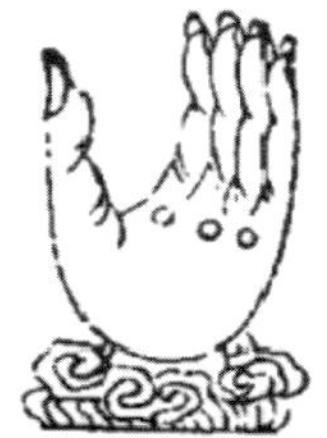

三峰堆起巽離坤，肉滿高如棗樣圓[①]。光澤更加紅潤色，家中金玉有良田。

美禄紋

美禄紋如三角形，偏宜三角帶横生。自然衣禄常豐足，到處追陪自有名。

學堂紋

① 棗，原作“束”，據《玉管照神局》改。

學堂紋小却相宜，清貴之中有福隨。開廣主人爲技藝，大凡事事巧能爲。

學堂紋

拇指山根論學堂，節如佛眼主文章。金門選舉須科甲，名譽清高遠播揚。

車輪紋

此紋圓滿主車輪，必是皇朝館殿人。更看文全名杖鼓，封作諸侯百里臣。

福厚紋

福厚紋生向掌偎，平生無禍亦無災。憐貧好施多陰德，必主年高又主財。

異學紋

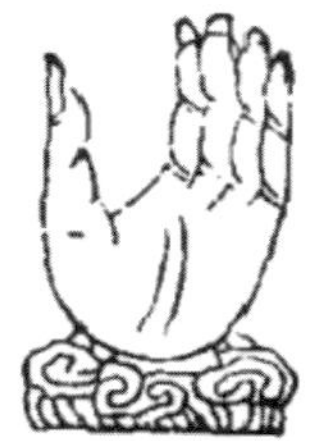

異學紋須招異行，聲名長得貴人欽。爲僧爲道增殊號，塵俗還須百萬銀。

小貴紋

小貴紋奇小貴官，縱無官禄積閑錢。那堪紅潤兼柔軟，僧道須還管要權。

天喜紋

立身帶天喜,一生多福祉。榮旺樂人安,事事皆全美①。

川字紋

五指俱生川字紋,人人益壽得延年。男兒可比籛鏗老,女子堪如王母仙。

折桂紋

折桂紋名有大才,儒生及第擢高魁。姮娥月裏頻相約,一日登雲攀桂來。

三才紋

① 美,原作"義",據《玉管照神局》改。

三才紋上得分明，時運平生可得平[①]。主命與才俱有氣[②]，一紋沖破便無情。

千金紋

人生若欲問榮華，紋若千金直上加。設使少年人得此，前程富貴有人誇。

離卦紋

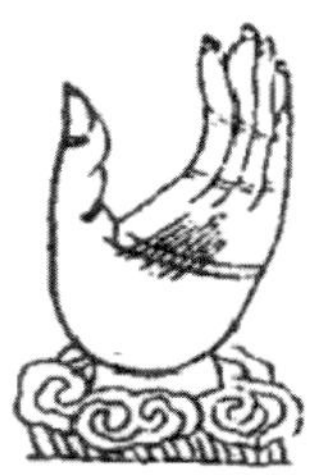

離紋沖亂多勞碌，坎位如豐稱晚年。八卦若盈孤賤相，三山要厚主榮官。

震卦紋

① 得平，《玉管照神局》作“昌榮”。

② 才，《玉管照神局》作“財”。

震豐色潤有男兒,紋細誰知子息稀。或遇其中還帶煞,只宜招取别兒宜。

銀河紋

銀河碎在天紋上,必主妨妻再娶妻。震坎亂紋沖剋破,不宜祖業自興基。

華蓋紋

華蓋青龍陰德同,此紋吉利儘陰功。或有凶紋加掌上,得之爲救不爲凶。

文理紋

文理如魚坎位藏，妻饒相受富田莊。因何子受官班爵，賴得乾宮井字紋。

陰德紋

陰德紋從身位生，常懷陰德合聰明。凶危不犯心無事，好善慈悲好念經。

智慧紋

智慧紋名遠譽揚，其紋長直象文鎗。平生動作常思慮，慈善兼無横禍殃

山光紋

山光紋現好清閑,閑是閑非兩不干。此相最宜僧與道,閑人多是主孤鰥。

住山紋

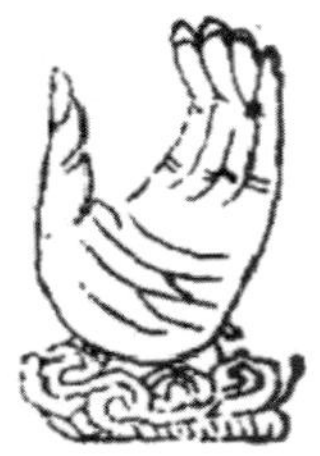

身立斜紋是住山,又貪幽静又貪歡。老來處世心常動,尤恨鴛鴦債未還。

隱山紋

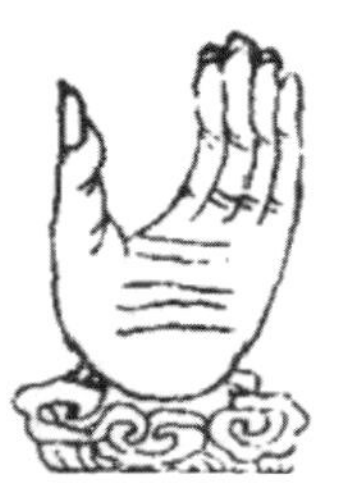

隱山紋現掌中央,性善慈悲好吉昌。愛樂幽閑憎鬧起[①],末年悟道往西方。

逸野紋

① 憎,原作"增",據《玉管照神局》改。

逸野紋從命指尋，兩重直植手中生。性好幽閒饒好術，一生嫌鬧怕人侵。

色慾紋

色慾紋如亂草形，一生終是好風情。貪迷雲雨心無歇，九十心猶似後生。

亂花紋

身畔朝生是亂花，平生天性好奢華。閑花野柳時攀折，只戀嬌娥不戀家。

色勞紋

紋如柳葉貫穿河[①],巷泊風花度歲多。暮雨朝雲心更喜,中年因此患沉痾。

花酒紋

花酒紋生向掌中,一生酩酊醉花叢。疏狂好用無居積,只爲貪迷二八容。

桃花紋

桃花殺現好奢華,既愛貪杯又好花[②]。情性一生緣此誤,中年必定不成家。

花柳紋

① 貫,原作"貴",據《玉管照神局》改。

② 既,原作"只",據《玉管照神局》改。

花柳紋生自不憂，平生多是愛風流。綺羅叢裏貪歡樂，紅日三竿纔舉頭。

鴛鴦紋

鴛鴦紋見主多淫，好色貪杯不暫停。暮雨朝雲年少愛，老來猶有後生情。

花釵紋

花釵紋現主偷期，巷陌風花只自知。到處得人憐又惜，貪歡樂處勝西施。

桃花紋

桃花紋見主情邪,柳陌花街即是家。正是中年臨此限,夢魂猶戀一枝花。

偷花紋

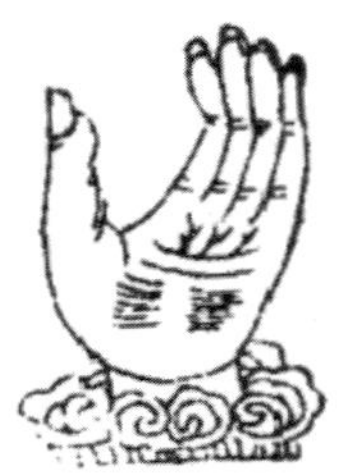

偷花紋見自多非,别處風花戀暗期。自有好花心不喜,一心專戀别人妻。

魚紋

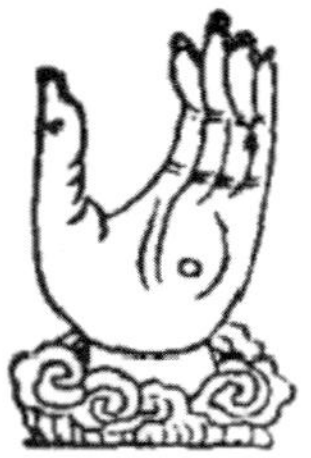

妻位紋有魚,清貴更何如。期妻能守節,沖破却淫愚。

華蓋紋

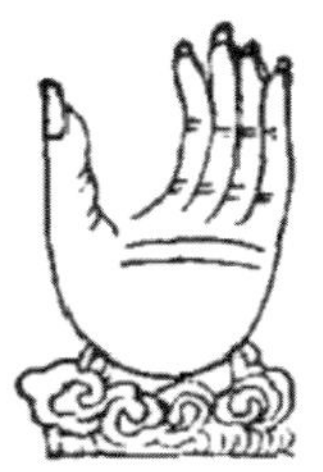

妻宫華蓋蓋朝妻，招得妻財逐後妻。皆是五行并掌相，他年更許有男兒。

朝天紋

妻紋朝入向天文，妻起淫心悔父尊。交合遂成雲雨事，人倫不正亂家門。

奴僕紋

奴僕紋朝入向妻，必然奴僕共淫之。妻心不正奴心壯，致此君家有此爲。

生枝紋

妻位紋生枝,天生狡猾妻。丈夫能省半,閫事賴施爲[①]。

妻妾紋

妻妾生入奴僕宫,有妻意欲通私事。

一重紋

妻宫只有一重紋,没個妻奴及弟兄。若有兩紋并四畫,許君後續好兒孫。

剋父紋

① 事,原作"子",據《玉管照神局》改。

天文劈索朝中指，此是魁心成可喜。更有二指縫中心，少年剋父無所倚。

剋母紋

太陰若有紋沖破，必定親生母見亡[1]。若是過房猶自可，親生必定見閻君。

過隨紋

掌法文名是過隨，早年無怙可傷悲[2]。豈思却有隨娘嫁，拜啟他人作養兒。

貪心紋

① 亡，原作"之"，據《玉管照神局》改。

② 可，原作"不"，據《玉管照神局》改。

天紋散走有貪心,只愛便宜機未深。對面身心難捉摸,他人物事苦相欺[①]。

月角紋

月角陰紋出兑來,平生偏得婦人財。好事也須當戒忌,莫教色上惹官非。

亡神紋

手中横直號亡神,破了家財損六親。到處與人皆不足,更防性命險難憑[②]。

劫煞紋

① 苦,原作"若",據《玉管照神局》改。

② 命,《玉管照神局》作"行"。

劫殺金紋散亂沖[①]，又多成敗又多凶。初中災了無刑害，末限須教得意濃[②]。

三煞紋

三煞紋侵妻子位，妨害妻子空垂淚[③]。若還見剋後須輕，免致中年孤獨睡。

朱雀紋

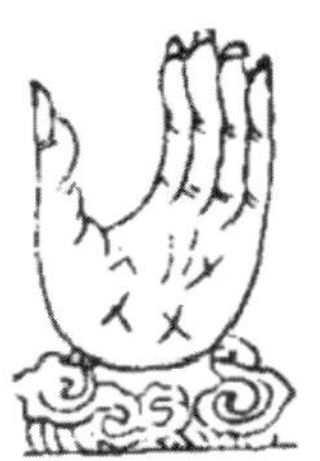

朱雀紋生向掌來，一生終是惹官非。若有叉紋猶自可，最忌兩頭口又開。

酒食紋

① 金，《玉管照神局》作“全”。

② 末，原作“妨”，據《玉管照神局》改。

③ 妨，原作“末”，據《玉管照神局》改。

橫來酒食紋何似,坤上差池入巽宫。好似斜飛三燕子,每逢橫俎貴交中。

相手

大抵人手欲軟而長,膊欲平而厚,骨欲圓而低,腕節欲小,指節欲細,龍骨欲長,虎骨欲短。骨露而粗,筋浮而散,紋緊如縷,肉枯而削,非美相也。昔王克正死身後無子,其家脩佛事,惟一女,十餘歲,跪爐於像前。陳摶入吊,出語人曰:王氏女,吾雖不見其面,但觀其捧爐手相甚貴。若果男子,白衣入翰林。女子嫁即爲國夫人。後陳晉公爲參知政事,無妻。太宗曰:王克正,江南舊族,一女令淑,卿可作配。太宗教諭再三,遂納爲室,不數日封郡夫人。手垂下膝。蜀先主身長七尺五寸,垂手下膝,目顧見其耳①。手白如玉,貴。手直如笋,福壽。手滑如苔,福壽。龍長虎短。臂至肘名龍骨,象君,欲長而大。肘至腕名虎骨,象臣,欲短而小。

① 見,原無,據《統會諸家相法》補。

許負相手篇

手紋亂剉,合有福禄,永無災害。手有横理紋,殺害不須論。手有縱横紋,爵位至三公。黑子掌中,財食無窮。黑子手裏,多婦少兒。掌四方厚,中央薄,兼有深,法益仕宦,財食安樂。掌通四起,容止君子。手有仰羊,行不裝糧。手中有仰羊者,即難得也。手有三的紋[①],必使奴僕。指上紋有三行,名三道者是也。手一紋,必爲奴走脚,或作客,兼貧無福。十指三紋並通,財食無窮。手如虎屈,貧寒至骨。手爪如瓶瓦,必作大富長者。爪忽缺落,厄病數著。若似龍虎,貴名難得。龍龜紅直,必得官職。男手如綿囊,禄位似公王。相士人[②]、庶人,各富貴也[③]。女手竹竿槍,福禄至無疆[④]。

詩曰:貴人十指軟纖纖,不但清閑福自添。若還損折非君子,可斷凶愚不識嫌。

論掌紋

手中有紋者,亦象木之有理。木之紋美者,名爲奇材。手之有美紋,乃貴質也。故手不可無紋。有紋者,上相。無紋者,下相。紋細而深者,吉。紋粗而淺者,賤。掌上三紋者,上畫應天,象君,象父,定其貴賤也。中畫應人,象賢,象愚,辨其貧富也。

---

① 紋,《統會諸家相法》作“約”,後皆同。

② 相士人,原作“上相人”,據《統會諸家相法》改。

③ 各,原作“名”,據《統會諸家相法》改。

④ 至,《統會諸家相法》作“智”。

下畫應地,象臣,象母,主有壽夭也。三紋瑩浄,無紋破者,福禄之相也。縱理多者,性亂而災。横理多者,性愚而賤。竪理直貫上指者,百謀皆遂。亂理散出指縫者,諸事破散。紋細如亂絲者,聰明美貌。紋粗如櫟木者,愚頑貧賤。紋如亂剉者,一世貧苦。紋如散糠者,一生快樂。有寶錢紋者,主進貨財。有端笏紋、插笏紋者,文官朝列。十指上如旋螺者,榮貴。紋漏出指節者,破散。十指上紋横三鈎者,貴使奴婢。十指上紋横一鈎者,賤被驅使。有龜紋者,將相。有魚紋者,郎官。有偃月紋、車輪紋者,吉慶。有陰騭紋、延壽紋者,福禄。有印紋者,貴。有田紋者,富。有井紋者,福。有十紋者,禄。有五策紋上貫指者,名光萬國。有按劍紋加權印者,領軍四海。有結關紋者,凶逆而妨害。有夜叉紋者,下賤而偷竊。大凡紋雖好而久破者,皆爲缺陷無成之相矣。

論手背紋

手背之紋,其驗尚矣,故有人和之理。五者皆近於上兩節者,謂之龍紋,主爲天子之師。下節爲公侯,中節爲使相。無名指者,主卿監。小指者,主朝郎[①]。大指者,主巨富。手背五指皆有横紋旋繞者,主封侯。生立理貫者,主拜將相。手背食指之本,亦謂之明堂。有異紋黑子者,主才藝高貴。若成飛禽字體者,主爲清顯之貴。大指本有横紋者,謂之空谷紋,至裕,無所不納,主大富。有繞腕紋周旋不斷者,謂之玉釧紋,主人敬愛。一

① 朝郎,原作"郎朝",據《統會諸家相法》改。

紋二紋者，主朝暮之榮。三紋仰上者，主翰苑之貴，男女皆同。其紋雖得周匝，若或斷絶不匝，乃取證無驗矣。

玉掌記

相掌之法，先看八卦，次察五行。指有長短，掌有厚薄，或見星辰應於文脈。命中華蓋，掌上分明，或成文章玉樹。結角紋、日羅紋、隻魚紋、玉堦紋、金井紋、飛針紋、雁陣紋、偃月紋、雲環紋。南星見於中宫，北斗列於正位。禽獸紋，或作龜紋，已上此等異紋爲貴。九羅生於八卦，定爲列土諸侯。一路二路穿過三節，乃是歸朝宰相。離宫五井，必爲一品之官。掌心印紋，定主諸侯之位。錦紋噀血，貲財百萬。掌軟如綿，文武雙全。紋横一路，其人必棄於市中。指生兩節，此輩終亡於途路。骨重定主高明，紋奇但當小爵。浮筋露骨，身樂心憂。腫節漏風，神昏意懶。五常紋見，投水自縊。結喉紋如覆船，溺水而死。鞭節亂紋而決徒遠方，羅網四門乾坤艮巽。而投身健卒。心虚者，其紋必顯。心昧者，其理不明。至於乾右頤下[1]。宫高聳，生長子之權豪。坎唇下。位高堆，受前人之庇蔭。艮左頤下。宫剋陷，損子父於初年。震右耳前。上高朝，置田宅於一世。巽右額旁。宫散亂，多爲游蕩之徒。離天庭上。位突高，必作功名之士。坤左額旁。宫帶破，招兒女以凋零。兑左耳前。位有傷，定夫妻之鰥寡。冷黄似水，平時多夢陰人。暖色

[1] 此文說掌，注釋云面部似有不當，下同。《統會諸家相法》無面部部位之注釋。

如丹,到老少逢疾苦。甲如銅瓦,脱洒心神。甲似瓜皮,沉昏神氣。甲薄者,命年短促。甲厚者,壽算延長。甲尖者,小智。甲破者,無成。甲明潤,則財穀豐盈。指尖長,則文學貴顯。高張華蓋,平生智出於衆人。尖起三峰,限數福生於晚景。有紋無掌,晚年衣禄平常。有掌無紋,早歲貲財散失。掌平手薄,身賤。指甲皮乾肉枯,命孤而夭。手大指小,浮蕩難聚貲財。掌細面寬,榮辱艱辛不免。節如鷄卵,一生多得横財。掌似燕巢,萬頃富饒田産。掌有堆峰,宜福厚。腕無孤骨,主官榮。田畔相近,三限俱良。凶吉須決,貴賤以分,學者精詳,萬無一失。

相掌善惡

此紋朝三指上者,平生快樂風流。此紋在坎宫,似柳絲者,積代簪纓富貴。此紋合主聰明,爲顯官。此名繩紋,在明堂者,主自縊。此名交紋,在兩指下,主兩處根基,假子興家,異姓同居。此名兩條紋,合主聰明,在掌内紋爲華蓋星。此紋似生魚,平生手足兄弟和美。若魚尾貫指,須富。此爲金井紋,掌中者大貴。雙井、三井,富貴。坎宫井朝震宫井,萬頃田。此爲十字紋,手中貫出天庭者,大發,平生有權。此爲金印紋,在明堂方正明白者,少年登科。此爲玉堦紋,在堂中,主有科名。此爲棋盤紋,在艮宫者,心本無事,愁緒萬端。此爲穿錢,主富貴。

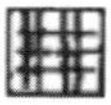

詩曰:手軟如綿色更紅,巽宫離位起高峰。若然官禄紋端

正，坐享榮華勝祖宗。坎宫紋直上離宫，富貴平生處盛隆。更有一般堪羡處，老年又見好家風。

印紋不拘部位，但是印足矣。交紋印、象眼印、三角印、手字印、女字印。凡手中有印，爲人有信。自小無非横之災，一生不畏鬼神，近高有權柄。此爲衝天紋，在掌中爲天柱，主壽。穿過離宫，直過指節，主富貴。此宫名天一貴宫，離爲官星貴宫。坤爲福星貴宫，五指俱穿，爲五福俱備。過初中末限，有此紋不流出者，主此限發福。隨掌高低斷之，一斷一續，一成一敗。此爲斷紋，左右手爲把刀紋[①]，不利母。左手爲執劍紋，不利父。俗云：左斷右不斷，骨肉損一半。兩手一切斷，兄弟不相見。此是眼紋，在大指，名夫子眼，主聰明。在坤宫爲佛眼，主孤剋[②]。在掌中爲道眼，主性靈。此爲金梭紋，主得陰人力。此爲三角眼，在坎宫爲鼠眼，主好偷盜。此爲花柳眼，好淫洽，在坤宫爲流淚眼。在第二指爲青眼，近貴。在巽爲貫索眼，主發横財。此爲蓮花紋，在掌中爲合堂蓮花，宜作僧道。此爲棺材紋，逐年旋生。在艮宫非有紋乃自起，生不全者，無妨。生全者，不問前後，其年生其年死。一片淹滯災撓，二片孝服，三片重重災事，四片死在旦夕。如艮宫掌中黑，死期近矣。古人云：艮上不宜鋪白板，掌中曾認宿烏鴉。坎宫黑者，落水死。震宫黑者，被雷傷。兑宫黑脈過艮，主虎傷。巽宫黑脈過

① 左右，《統會諸家相法》亦同，依文意"左"字當衍。

② 孤，原無，氬《統會諸家相法》補。

乾,主蛇傷。離宫黑脈過坎,主見災。此爲盤旋紋,主自縊亡,如無紋乃黑脈也。兑宫棺材紋,有黑脈相衝,謂之催屍殺,必死。若有黑紋,自立身。紋起直穿二指上節,謂黑氣衝天,性命過關,縱無棺材亦凶。三點相連大好,更以所出處成字異相。凡手中成一字,終身受用不盡。生在身命宫上,自身主貴。生在父母宫上,父母貴。生在子宫上,子孫貴。生在妻位上,妻貴。生在兄弟位上,兄弟貴。但要紋理方正,斷頭紋、横屍紋、刀字紋、丁字紋、枷鎖紋、夜叉紋、土字紋、火字紋、産死紋、乃字紋、妒妻紋,已上凡手中犯一字者,大凶。若是甲破而黄,手斜而曲,骨粗而毛旋逆角紋横直,指折曰廢疾,主徒絞,刺字,軍役,自殺,自刑,十五種凶亡數。内有紅潤色,及有陰德華蓋紋,可折一半。華蓋紋主聰明。看指紋大小,尖秃淡濃,淺深曲直,隱浮聚散。起伏大粗,爲人性慢,作事不思前後。好紋得利,惡紋爲災殃。紋深入内,爲機沉思慮,作事不測曲。紋背曲,偎僻,不忠不直,一生作事難成。直聳而長,不曲,性直而忠誠,不藏事而聰明。有隱紋不見,作事不顯,難知。浮紋不入内,爲人輕浮好高,事多難成,一生浩蕩。聚紋交鎖,爲人心邪,多學少成,得人嫌,一生勞碌。散紋無定,一生散失,作事無就,吉凶未應。起自下而向上,作事有成無廢,吉凶皆應。起自高而向下,作事性快不成,沉滯少通。大抵有掌有紋,繁華一世。無紋有掌,始終不足。有紋無掌,有榮無辱。紋大性小,有事高叫,一語便嗔,回頭相笑。

詩曰:斷紋性難理,高强起伏低。言多招怨恨,朋友不相宜。棋盤志萬端,撓事心無足。弄巧又成拙,終須幹一般。紋大應無毒,心慈口却多。自身愁自脱,閑事又相過。六合心慈善,爲人多應變。出入衆所欽,貴人偏相戀。紋直所爲直,直言諫别人。忠言多逆耳,轉背却生嗔。羊刃性憂煎,般般手向前。雖然多執拘,終得貴人憐。

合相格

人瘦掌漏,人肥掌厚,人大掌大,人小掌小,人清掌清,人粗掌粗,面大掌大,人粗掌軟,掌若軟厚、紅潤、清秀、細匀、明朗,主富貴聰明。

破相格

掌大指短,無事得謗。骨深筋浮,少樂多憂。手背骨高,到老勤勞。人小掌大,只好使錢。骨硬薄勞,淺大紋濁,昏粗交雜,主孤貧愚昧。

根基所屬

乾爲天門,爲父,居戌亥,屬金。

詩曰:乾爲天位主四時,包含萬象察元機。若要知得兒孫事,此位濃肥貴子孫。

坎爲海門,爲根基,居子丑,屬水。

詩曰:坎地肥濃貴可尋,有紋穿上貴人欽。此宫低陷紋衝散,曾遇風波水患侵。

艮爲田宅,爲墳墓,居丑寅,屬土。

詩曰:艮土飛針兄弟稀,縱然多有也分離[①]。長幼不及中年事,各自分居獨自棲。

震爲妻妾,爲立身,居卯,屬木。

詩曰:震爲身位自居東,聳起滋紅百事通。低陷此宫妻有剋,須教此位作書籠。

巽爲財帛,爲禄馬,居辰巳,屬木。

詩曰:巽宫驛馬位高强,若起高峰性必良。低陷更兼紋又破,縱然富貴也顛狂。

離爲龍虎,爲官禄,居午,屬火。

詩曰:離爲官禄鎮南方,破陷榮華不久長。若起文官加禄位,仕者爲官入廟堂。

坤爲福德,爲父母[②],居未申,屬土。

詩曰:坤宫屬土位西方,怕見紋深剋陷傷。紋亂兒男終見破,更憂母位主分張。

兑爲奴僕,爲子息,居酉,屬金。

詩曰:兑爲僕位此中求,肥潤高起性温柔。其宫低陷紋如破,子僕終須命不留。

掌中央爲明堂,五黄之宫,主目下之吉凶。

詩曰:中央深處號明堂,目下凶危此處藏。紋有印角方必

① 縱,原作“總”,據《統會諸家相法》改。

② 父母,《統會諸家相法》同,依文意當爲“母”。

貴,色如暗黑定災殃。

相指掌

掌爲虎,指爲龍。只可龍吞虎,不可虎吞龍。四指爲賓,中指爲主。賓主相濟爲美。二指長者,平生近貴。四指長者,小人不足,性不耐煩。掌長指短,暗惹人嫌,少年難養。五指斬傷,若或病損,亦有所主。大指破祖,二指剋父,三指剋母,四指妨妻,五指刑子。大指駢母,亦主疾苦。齒殘指甲,心緒多。古云:咬甲疑人。指長紋横、紋多者,亦惹人嫌。

相骨肉

福生於骨,禄在於肉。骨重則福重,骨輕則福輕。骨清受清福,骨濁受濁福。肉多食禄多,肉少食禄少。肉少骨多,有福無禄。肉多骨少,有禄無壽。骨肉相稱,福禄雙全。肉肥促急軟而有骨,食禄已定,死期可卜。

相骨

夫掌最要有骨。骨露則寒,寒則主貧。大抵骨肉均平,衣禄自有。手若露骨,六親無力。此論至驗,凡有獨骨者,老必凶亡。

相肉色

夫手掌之肉,分春夏秋冬四時之氣。春潤,夏温,秋清,冬燥。得其正者,必然清高。手背筋露肉堅,爲人辛勤。筋藏肉積,真實多財。若夫夏而燥,冬而温,必貧賤愚癡。大抵手掌手背一般色,斯爲上相。若掌面白而掌背黑者,富。掌面黑而掌背白者,貧。總而言之,肉厚一寸,家積千金也。

相三主

掌則巽爲初主,管二十五年。離爲中主,管二十五年。坤爲老主,管二十五年。看何宫豐滿,則財福興發。若缺,則有成敗。論財,則掌中紋縷密者財禄聚。紋疏者,財福不聚。

相三才

三才紋者,乃掌中三大紋也。不論高低,人人有之。乃在母胎受氣成形,擎拳掩耳而成。十分辛苦,此三紋不没。自上至下第一紋居火,爲天紋,主根基。第二紋居土,爲地紋,主財禄。第三紋居明堂,爲人紋,主福德。於三限中取三限上紋。若三限上無紋,於壽紋上取壽紋。壽紋上無紋,三才上取三才紋。須取於面相參之,庶得其真矣。

相三奇

三奇者，坤、離、巽突起三肉峰也。《玉掌記》云：掌中有堆峰，主福厚。紋突起，三峰限内福增。如巽宫一峰最高大者，旺財，初年發福。離宫一峰高大者，主享高官重禄，中主顯達。坤宫一峰峻者，主有福德，終吉。

相根基

坎宫有紋如絲者，享見成鎡基。自艮上生一紋直上者，受祖考之福蔭。坎宫紋開三股，主三處住場。不然離祖斷續者，承接他人根基。紋自坎宫不斷直上，自手根而起，平地發福，白手成家。

相財禄

巽宫有井紋，名關鎖[①]，或印紋第三大紋，不出指者，主性慳吝，可住財[②]。坤兑有女字，可得陰人財。掌中有女字端正，因女人成家。紋理穿破，因女人敗。震宫有紋，主招性急多口之妻。不然有疾，能主家旺財物。坤宫有十字紋，平生得横財，陰貴扶助。若女人掌震宫高，厚軟而紅潤，有穿錢、劍印紋，主奪男子權

① 關，《統會諸家相法》作“開”。

② 住，原作“主”，據《統會諸家相法》改。

柄,必大發福。低陷紋流,不可主財,仍主刑夫剋子,難爲骨肉。

相心性

夫察人之心性,觀紋見掌,知掌地則知心地。掌平心亦平,紋正心亦正,紋横則性横。紋淺機亦淺,紋深機亦深。紋多心緒多,紋少機關少。紋小見小,紋大見大。紋生斷續,易勤易懶。紋生屈曲,多疑多慮。紋深不出掌,機深難可量。

相志膽氣

志者在於甲。甲乃筋之餘,肝之所出,膽之所附焉。甲堅而大者,志高膽大,諸事敢爲。短而軟者,志弱膽小,臨事怯懦。甲堅者,心高多貧。甲硬者,性剛,作事風火。甲軟者,臨事懶惰,立身窮蹇,多學少成,有始無終。腫節通風,心志不定,巧中生拙,内無機關,不能藏事。紋直上而流者,口快心直。

相氣色

氣色在於掌心,一觀爲定,久看則昏。古云:掌有紫色,眼下亦有之,須參同推之。青主憂驚,赤主官事,白主孝服,黑主病厄,黄主喜慶。青色應在正、五、九月,寅午戌日①。赤色應在二、六、十月,亥卯未日。黑色應在三、七、十一月,申子辰日。白色

① 寅午戌,三合屬火;亥卯未,三合屬木。木爲青色,火爲赤色,故兩者當調換。

應在四、八、十二月，巳酉丑日。黄色應在三、六、九、十二月，辰戌丑未日。色淡事已過，色濃事未至。黑色看起何部，若田宅部上起，則是因田宅惹事，其餘以意推之。

相色[①]

相掌妙訣，只在觀形察色。掌中噀血，衣禄自得。掌中噴火，衣禄無窮。掌中生黄，家有死亡。掌中生青，是非憂驚。且看精神四時決斷，一日禍病全在眼力。若人飲酒，不可相。只在朝晨相之。開掌未可便相，少待片時，神定色見，相之必見。掌中有噀血色，主榮貴。掌白如面者，主起家成立。掌軟如綿者，主高年富足。掌有雜路，指上有刀剉痕者，主貧賤。掌中有痣，指上有挫路者，主少年駁雜，晚年成立。

相憂喜

面若黑，準頭明，掌紋紅潤，憂中有喜。面若光，準頭枯黑，掌乾燥，喜中有憂。女人有六甲，掌中青紅生男，黑白生女。明豔易産，枯槁難生。如懷胎左脚先舉爲男，右脚先舉爲女。

相死生

人雖久病，不怕瘦削，但十指紅潤，準頭明朗，雖危不死。若

① 此二字原無，據《統會諸家相法》補。

天庭黑,山根青,竹衣生兩耳,髭鬚似鐵條,眼光流射出,身死在三朝十日[①]。指甲黑[②],棺材紋見,朝病暮死。自《玉掌記》至此,皆相手法。

論爪

爪之爲相,亦可詳其善惡,見其賢否也。纖而長者,聰明。堅而厚者,老壽。禿而粗者,愚鈍。缺而落者,病弱。色黄而瑩者,主貴。色黑而薄者,主賤。色青瑩者,忠良之性。色白浄者,閒逸之情。如銅葉者,榮華。如半月者,快樂。如銅瓦者,伎巧。如板尾者,惇重。如尖鋒者,聰俊。如皺石者,愚下。

論足

足者,上載一身,下運百體。爲足之量焉,爲地之體象。故雖至下而其用大,是可別其妍醜而審其貴賤也。欲得方而廣,正而長,膩而軟,富貴之相也。不可側而薄,横而短,粗而硬,乃貧賤之質也。脚下無紋理者,下賤。足下有黑子者,食禄。雖大而薄者,下賤。雖厚而横者,貧苦。脚下成跟者,福及子孫。脚下旋紋者,令譽千載[③]。脚下平如板者,貧愚。脚下可容龜者,富貴。足指纖長者,忠良之貴。足指端齊者,豪邁之賢。足厚四方

① 三,《統會諸家相法》作“二”。
② 指,原作“主”,據《統會諸家相法》改。
③ 載,《統會諸家相法》作“里”。

者，巨萬之富。足排三痣者[1]，兩省之權。大抵貴人之足小而厚，賤人之足薄而大。

足圖

相足

足者，相地也。要有跟，宜厚而正，閒樂官榮。横窄小薄，辛苦惡弱。足下無紋，愚賤之相。闊大而薄，亦主貧下也。

許負相足篇

脚下龜理紋，主二千石禄位，君子之相。脚下容龜，三公封侯。脚下理長，位至公王。有相理紋者好。通心達理，三公刺史之位。脚心黑紫，禄至二千石。脚下三紋理，公王將相位。脚下無紋，法主寒貧。足薄而指長之子，没兒郎。足中指長，客死他鄉。足蹈齊短，爲人安穩。脚骨節强，妨非一兩，兼主辛苦。足厚四寸，必主大禄，富貴人也。

① 痣，原作“指”，據《統會諸家相法》改。

論足紋[1]

足下軟細而多紋者,貴相。足下粗硬而無紋者,貧賤。足下有龜紋者,二千石禄。足下有禽紋者,八位之職。足下五指有策紋上達者,兩府使相。足下有十字一策紋上達者,六曹侍郎。足下有紋如錦繡者,食禄萬鍾。足下有紋如花樹者,積財無數。足下有紋如剪刀者,藏鏹巨萬。足下有紋如人形者,貴壓千官。有三策紋者,福而禄。有螺紋者,富而貴。兩小指無則是也。兩小指皆有,謂之十螺紋,主性鄙慳。十指皆無紋者,多破散矣。足下有紋,大旺子孫。足下龜紋,一世清名。足下黑痣,富貴賢士[2]。

論四肢

夫手足者,謂之四肢,以相四時。加之以首,謂之五體,以相五行。故四時不調則萬物夭閼,四肢不端則一身困苦。五行不利則萬物不生[3],五體不稱則一世貧窮。是以手足亦象木之枝榦也。多節者,名爲不材之木。然手足欲得軟而滑,浄而筋不露,其白如玉,其直如榦,其滑如苔,其軟如綿者,富貴之人也。其或硬而粗大,筋纏骨出,其粗如土,其硬如石,其曲如柴,其肉如腫者,貧下之徒也。

---

① 論足紋,原作"論足",據《統會諸家相法》改。

② "足下有紋"至"富貴賢士",《統會諸家相法》無。

③ 利,《太清神鑑》作"和"。

相毛

脚上多毛者好,柔細者貴而禄,粗大者賤而貧。

詩曰:脚上毛多好,貴榮必是柔。不宜粗與大,貧賤定須憂。

神相全編十一

達摩婦人相

凡相婦人，骨法峭峻，神氣威嚴持重而少媚，五嶽寬大，行動快如流水，聲音如玉在石璞，后妃之相也。五嶽端厚，骨氣磊落，神色温和，觀視不凡者，夫人之相也。若醜面蓬頭，蛇行雀躍，豕視龜胸，眉反聲雄，髭唇臀高，已上十惡有之，則爲貧賤孤淫之相也。

麻衣秋潭月論女人

天地日月與星辰，江湖山石配山林。五行造化成秀氣，三才應物合人倫。古怪清奇定富貴，金木水火土當形。真古真怪切要神，真清真濁在分明。靈臺一點合天意，既富且貴前程榮。怪古清秀無神氣，虚用心機更不成。不特男兒分富貴[1]，女人也要合人倫。和媚温柔量有餘，語言詳緩步行舒。婦禮三從並四德，因緣有分字賢夫。準尖齒露並喉結，額側唇掀骨格粗。髮焦似火龍宫陷，敗盡人家剋盡夫。毬頭額廣背豐隆，耳反神清唇更紅。須剋一夫並破祖，骨清衣禄自然豐。眉如新月氣神清，鳳閣

① 特，原作“待”，據《統會諸家相法》改。

龍樓滿更成。手似乾薑身必貴,腹垂肩厚必聰明。只恐露臀並露背,刑夫剋子過平生。山根斷盡準頭偏,短促人中更露顴。眼長黑白神如水,初主艱難貴晚年。水木形人並鳳體[①],百年終保子孫賢。面大額方如手底,地閣方圓準勢豐。語話輕清神更好,步如流水立如峰。最忌蛇行並雀步,一生長在是非中。眼短聲雄氣又剛,手如鷹爪甲如鎗。一身肉滑如紅土[②],少年親近貴公卿。氣粗屍睡多夢驚,寤寐强言不暫停。體氣行欹無可取,半爲奴妾半風塵。虎睡龍蟠息不聞,身無蘭麝自然馨。坐如山嶽精神緩,鶴骨松筠福海深。聲速肩寒顧後頻,坐久精神却似驚。下長上短蜂腰細,説盡媒人夫不成。髮長清薄天庭黄[③],耳大頭圓地閣方。三壬三甲和丹厚[④],眼似刀裁福吉昌。莫教射視精神短[⑤],背婿尋夫做不良。目洗寒波貴氣清,少年魁滿露臂肩[⑥]。假饒富貴帷中坐,只恐頭尖少子孫。缺唇火目頭無髮,肢體相傷神帶殺。妨刑父母剋夫多,鰥寡孤獨思不歇。陰陽消盡如坑井[⑦],邊地全無驛馬羸。斜視桃花並色冷,不犯風塵必作尼。女人娠孕要先知,預識胎中女與兒。三陽黑色須生女,火起三陰必是兒。陰陽部主如塵土,産育難分定是遲。女人蟬面更毬頭,口上髭生不自由。眉濃髮厚腰肢折,私地隨人走外州。頭尖額窄鼻勾紋,雀鼠蛇行顧後頻。頭小露臀肩背聳,不爲婢妾必風塵。女

① 形,原作“刑”,據《統會諸家相法》改。
② 土,《風鑑相法人相編》作“玉”。
③ 黄,《統會諸家相法》及《風鑑相法人相編》皆作“廣”。
④ 和丹,《風鑑相法人相編》作“如舟”。
⑤ 射,《風鑑相法人相編》作“斜”。
⑥ 臂肩,原作“眉臀”,據《風鑑相法人相編》改。
⑦ 消,《統會諸家相法》作“陷”。

人生得男兒相,氣冷神剛骨不清。一床錦被須間半,休問兒孫枉用心。尊嚴威重精神秀,美貌輕盈舉步徐。眼似桃花常帶殺,中主刑夫休要圖。顴高額窄鳳池深,粗骨三堂少子孫。眼下羅紋還宿債,兩次刑夫三度婚。看人斜視並回顧[①],淫蕩精神賤有餘。項短髮濃腰背露,未出閨門早剋夫。端嚴尊重身肥滿,額上横紋語氣雄。雖殺多夫猶未止,空房獨坐月明中。男兒若得生陽氣[②],假饒清潔也貪淫。女帶桃花摇膝坐,雖爲良婦亦私情。懸針入印山根斷,相貌全虧額不平[③]。夫災莫問三堂位,歲歲生男定是空。女人眼下肉乾枯,不剋三夫剋二夫。見人掩口笑不斷,愛逐行人夜半逋。聲雄唇厚面顴聳[④],縱得身榮必守孤。膝摇背聳多淫蕩,手似乾薑福有餘。雖然窈窕從夫貴,眼似流星口似吹[⑤]。發言先笑腰肢折,相法名爲破敗豬[⑥]。額窄唇掀微露齒,殺夫無子亦無居。口如四字神清徹,温厚堪同掌上珠。墳宫水好人須好,陰陽清而人亦清。墳水交加人必亂,方寸深坑禍必生[⑦]。山秀水清墳地隱,人心陰德合天心。生兒富貴榮家計,女貞必定嫁良人。作事不須施巧僞,吉凶禍福兩分明。形不稱心猶可恕,心不稱形愁殺人。

---

① 回,《風鑑相法人相編》作“四”。
② 陽,《風鑑相法人相編》作“陰”。
③ 平,《風鑑相法人相編》作“豐”。
④ 顴,原作“擷”,據《風鑑相法人相編》改。
⑤ 吹,《風鑑相法人相編》作“珠”。
⑥ 豬,《統會諸家相法》作“緒”。
⑦ 深,原作“滑”,據《統會諸家相法》改。

鬼谷相婦人歌

有威無媚精神正，行不動塵笑藏齒。無肩有背立如龜，此是婦人貞潔體。有媚無威舉止輕，此人終是落風塵。假饒不是娼門女，也是屏風後立人。眼睛黄赤家無糧，剋子刑夫别異鄉。若不投河自縊死，也須產厄血中亡。婦人須要婦人形，行不離形出本情。絶却本形帶男相，雖教剋害主伶仃。婦人眼下肉常枯，不殺三夫定二夫。見人掩面嘻嘻笑[①]，愛唤他人作丈夫。髪長雲黑天庭廣，額正頭圓地閣方。唇若丹砂銀齒密，謹身節用永無憂。鳳頭龍瞳兩位强，身無蘭麝自然香。若不益財三十載，也須伴個緑衣郎。若是面長額又長，刑夫剋子决難當。眉粗口闊精神急，到處無媒自嫁郎。婦人髪亂顔色無，頭斜背反及乾枯。雄聲更帶男兒面，此輩雄豪殺丈夫。嗟哉貧賤婦，胞凸臂高擎。殺夫三顴面，離夫額不平。若知三度嫁，女作丈夫聲。若然有此相，終見不安寧。獨自倚門立，搔頭整頓衣。無媒身自嫁，月下與人期。仰面眸偏顧，難爲子息宫。托腮並咬指，必定入煙花。背人如對語，低首弄衣襟。測識其中意，私情似海深。婦人掩口笑，或是整娥眉。倚物常閒立，逢人必趁隨。與人摇膝語，背是面言非。若見蜂腰相，終宵不見歸。詩曰：口銜羅帶號咸池，命帶天羅惹是非。若還不是風塵女，也作人間一小妻。

① 面，《統會諸家相法》作“口”。

秋潭月説婦人歌

殺婿三顴面,離夫額不平。欲知三度嫁,女作丈夫聲。

女人摇膝坐,蜂腰口大垂。如斯衣食薄,背婿却爲非。

女人桃花眼,須防柳葉眉。無媒猶自嫁,月下與人期。

見人掩口笑,手慣掠眉頭。對人偷眼覷,終須趁客遊。

骨粗終是賤,眼大不爲良。眉如新月曲,夜夜唤新郎。

行步身摇動,臀高足不閑。挑蘿給爲日,鼻孔自朝天。

面仰多貧賤,胸高必困窮。聲雄妨害重,色潤意情濃。

羊目意情多,蝦睛意不和。無毛陰户賤,無處不呵呵。

無事帶憂容,塵灰滿面籠。生癍並黑子,死向杳冥中。

腰折步行横,終朝受苦辛。衣糧難度日,背脊是成坑。

聲似破銅鑼,三刑六害多。語言如結澀,到處被人磨。

牙齒若參差,青黄黑不宜。若如榴子樣,富貴是賢妻。

口薄鼻又薄,耳輪又反廓。髮短眼眉濃,一生不安樂。

手冷如冰鐵,衣食隨歇滅。瞳重唤難應,下賤爲愚拙。

飲食大淋漓,難爲貴顯妻。眉尖生黑子,夜夜趁人歸。

女玉管訣

有女生來面細圓,五官六腑細須看[①]。眼長髮黑蓮花臉,定嫁朝中富貴賢。婦女身形上下停,目如點漆必聰明。身材周正

① 看,《統會諸家相法》作"添"。

三才滿,富貴豐饒足一生。婦女身形端聳直,行周坐正不曾偏,頭圓齒白唇方正,富貴豐盈更有錢。婦女身形富貴全,行藏温語氣聲圓。更兼一顧無欹側,必主安詳老亦賢。婦女身形面大方,眼長眉聳足衣糧。三才五嶽俱豐厚,利益兒孫活計昌。婦女身形吉慶羅,神清體潤髪猶烏。更兼耳聳山根直,争奈生來富貴殊。有女生來髪鬢無,頭斜身側面輕枯。更兼斜視多嬉色,一夜三夫與四夫。頭仰窺斜面有毛,額方眉大殺夫刀。雄聲更若男兒貌,至老孤單獨自勞。頭方額起鼻生低,在室無貞却有非。任有親夫都害了,及當再嫁又分離。頭額俱長面又長,殺夫妨子實難量。有人斜視精神急,到處隨人覓嫁郎。目露眉黄幾嫁人,養男不得老來貧。妨爹害母貲財滅,嫁得人家甑有塵。眼大目拳面帶凹,逢人説語口嘐嘐。側頭斜視須貪色,背了賢夫走外郊。目細頭圓眼口尖,貪淫多愛暗偷鄰。更兼行步如禽雀,須信腰長脚又懸。髪捲也須防損害,面歪鼻陷剋爹娘。更兼唇薄身形蹙,過盡人家走外鄉。頭面横肥鬢髪枯,眼光傾側背兒夫。行行坐坐無多定,到處逢人便是夫。婦女淫多面帶青,眼根斜起室無貞。額方盡是偷情疾,嫁夫剋子受多辛。婦人頭仰多淫慾,自嫁心情常不足。無鬢生毛滿面過,通同到處隨人宿。羊目婦人色慾多,偷姦淫亂奈如何。丈夫抛却隨人去,世得爲妻定是婆。一見嬌姿多笑語,低頭側視暗偷淫。行如雀步並光鼻,心裏奸機用意深。逢人含笑語聲頻,强掠眉頭傾却身。額下若拳頭不正,閃夫背子外人親。婦人形急性凶强,看人不正大乖張。欲知奸滑多淫蕩,背却夫兒走外方。口角雙垂薄更斜,孤單獨自倚人家。懸壁生紋並黑子,出母貧窮甚可嗟。

靈臺秘訣

謂婦人威厚，燕語聲和，耳厚白，額圓，鬢烏潤，懷若抱子，眉削，項長，目神澄清，視端嬌媚，人中分明，腮顴隱隱平平，懸壁端正，唇紅齒白，骨肉相輔，手纖，鼻狹峻直，此女中之至貴也。

謂耳漫，唇厚，手掌紅潤，懸壁正，目美，性寬，腮滿，額闊，人中長，食倉滿，竈囊平，四倉俱滿，蘭尉分明，井竈平，廚匱滿，酒池平，地閣闊，鵝鴨豐，玉霞明，此女中之至富也。

謂口撮如吹火，鼻凹，目露，蛇行，雄聲，體冷，齒尖，腰削缺高，胸凹眼露，額窄，腰直，聲重而破，龍唇鳳口，顇高，神淺，人中斷，手粗指短，上有天角，此女中之至賤也。

謂瞻視分明，剛柔有力，顴壽隱顯有勢，法令深，目神澄，黑白分明，目不斜視，嬌而有威，媚而態，行緩步輕，身正，性柔，耳厚，額圓，鼻直，髮疏潤而光，聲清嚴而不散，此女中之至貞也。

謂反顧，蛇行雀躍，耳反，羊目，神薄，嬌而無威，媚而不態，剛中柔，五官不定，犯日角、天角、龍角，神流，口闊，舌長，笑而不定，掀唇，撮口，眉如偃月，聲浮氣淺，此女中之至輕浮淫賤也。

謂口高，唇露，聲散，髮黃，人中蹇，鼻促，下唇進前，耳窄，鼻曲，竅露，目深，鼻有節，骨横，面黑，黄髮粗澀，體硬無媚，聲破無韻，項短面促，此女中之至惡也。

謂二顴面[1]，眉厚硬棱高，下唇過上，鼻準大，耳窄，頭如立

① 顴，《統會諸家相法》作“拳”。

卵，額窄削，目長無蓋，聲雄，面黑如蠅，生斑滿面[①]，唇髭，羊目眼三角，鼻鈎紋，山根斷，此女中之至孤也。

謂頦擁肉滿，壽帶長，人中深，項顴有力，目神澄，黑白分明，語聲輕細圓實，法令過口，項有雙縧，腹垂皮寬，耳慢，年壽高，此女中之至壽也。

謂蠅面，頰高，聲雄，眉壓目，人中短，有壓面[②]，耳窄，雙紋横匝於面，目神怒，低頭斜視，睛大無光，六合不蓋，口尖齒露，犯絲索之氣，口邊黑，此女中之至夭也。

陳希夷洞元經

道與貌兮天與形，默受陰陽稟性情。陰陽之氣天地真，化出塵寰幾様人。五嶽四瀆皆有神，金木水火土爲分。君須識此造化理，相逢始可談人倫。貴人骨格定奇異，看看乃與神仙鄰。若非古怪與清秀，明是端黑而停匀。骨格磊落松上鶴，頭角挺時真麒麟。森森修竹鎖流水，峨峨硯石收寒雲。崑山片玉已琢出，南海明珠光照靈。靈桃繁杏媚春花，可憐容易摧風日。座中初見形昂藏，熟識漸覺無精光。論言泛泛失倫序，舉動碌碌多愴惶。若人賦得此形相，薄薄微官難久長。更看發視何氣色，數中惟有火多殃。青多憂擾黑多病，白多破散黄乃昌。湛然澄静無瑕翳，青雲萬里看翱翔。富貴貧賤各賦定，但把形神來取正。一部吉兮吉必生，一部凶兮凶多應。部位吉凶皆有主，全身養氣皆由

① 生，原作“坐”，據《統會諸家相法》改。

② 壓，疑當作“靨”。

命。流視神驚顧似悲,頞尖額窄少年肥。聳肩露背更步速,兩重父母早西歸。陰陽兩眼不相同,反耳高低壓月宫。喻以蓮花生臭水,身榮終是六親空。桃花入眼非賢婦,兩臉生腮最不良。頭短齒疏額骨聳,少子刑夫終不長。氣清神静兩分明,齒細唇紅神更清。鼻聳卧蠶豐更滿,語言詳緩步輕盈。骨清神秀豐腰背,富貴天年享子孫。不癡不醉不曾歡,顧視精神怕不安。色似輕塵氣如土,辛苦還夫債萬端。睛不神光氣不圓,白睛如粉淚漣漣。直饒七次封邑號,奸濫荒淫不自閒。神氣分明黑白分,不嗔而怒骨還清。聲似金簧響清韻,子達夫榮事貴人。目下懸針過匱顴,兩邊猶可一邊難。産厄血災猶可恨,二十遭刑必犯姦。耳邊黑子皆有慶,若看唇生貴有餘。目秀鼻隆并齒白,少年必嫁色衣儒。魚尾奸門生黑子,一生淫蕩不堪言。更兼耳小山根斷,死盡兒夫賣却田。耳堂壽骨紫紅黄,婦德三堂富貴鄉。盈耳似眠過百歲,滿堂婢僕子成行。手如酥筍軟如泥,骨露身粗似樹皮。眼長身好豈足美,少换三夫未是奇。性理不過於五行,當究五行之正性。木瘦金方乃長談,水圓土厚何須競。不露不粗不枯槁,三停大抵求相稱。惟有火形尖更露,縱饒得禄終多破。雖因神秀暫榮華,四十之中亦難過。其餘貴相固非一,天收地斂知無失。氣和神秀最有常,骨聳額方根本植。腰背豐如萬斛舟,顧求臨水星月秋。骨隱肉中肉隱體,息隱神中神隱眸。若人識得此形相,定知不是尋常流。器宇汪洋有容納,智量宏遠有深謀。動作使人不可料,時通亦爲公與侯。易嗔易喜屬輕淺,淺薄輕狂神不足,一生常是自招殃。欲知富貴何以致,馬面牛頭聳鼻梁。有聲有韻骨格清,起坐昂昂多神氣。陰騭龍宫有肉生,一主子孫名相位。欲知貧者何所分,面帶塵埃眼似昏。出語三言不亦兩,凸胸削骨更高臀。赤脈兩條貫雙眼，殺人偷盜命難存。人生是體雖相同，貴賤相遠遊西東。沖虛而上爲輕清，孕其清者宜高崇。滯伏而下主重濁，孕其濁者爲昏庸。清濁一分爲貴賤，貴賤不離清濁中。大道無形固無相，至理由來本至公。人能移惡招諸善，自然可以消諸凶。人能安分委諸命，自然可以超凡庸。予作此經實有謂，學者深詳莫泛攻。

女人凶相歌

欲與嫦娥想玉容，豎紋直上在天中。定知此相多妨害，再嫁兒郎方始終。額上微生二豎紋，本來凶惡不堪論。莫言一嫁能終始，及當再嫁又離分[①]。眼下横紋主剋夫，人中横理必爲奴。山根黑子人孤獨，嫁與兒夫有若無。女人捲髮不相宜，行路昂頭一字眉。鼻上赤紋侵紫氣，刑夫未了又刑兒。桃花滿面非良婦，黑子生腮最不仁。手擺頭摇皆下賤，不爲婢妾也風塵。女子仰面更昂頭，口臭生髭不自由。髮重眉粗腰又弱，隨軍隨賊走他州。燕體蜂腰是賤人，眼如流水不廉貞。剔牙啄齒提衣領，海誓山盟不一心。低頭含笑是娼淫，手掠眉頭又看身。閒向門邊單脚立，花間月下説真情。無貌無威舉止輕，此人終竟落風塵。假饒不作娼淫婦，也是屏風後站人。雀步蛇行狗蚤跳，一行十步把頭摇。路上見人忙掩面，與人私約度良宵。天庭窄狹髮侵眉，頭髮粗黄口角垂。眼下肉堆無肉起[②]，貧窮一世又無兒。赤脈穿睛

① 《統會諸家相法》此句作“三嫁兒郎方始終”。

② 堆，《統會諸家相法》作“雎”。

産難憂,胸高身凸皺眉頭。口如吹火牙如炭,一世爲人一世愁。人中平坦子孫難,額要平弓眉要彎。眼豎眉粗妨害重,唇烏必定受恓惶。手指如槌節又疏,乳頭不黑受奔波。兩耳近平無下墜,不爲娼妓亦姨婆。乳頭白者子無成,齒不沾唇莫結親。十步九回笑掩面,花街柳巷度青春。面上最嫌黑子生,爲人刑剋又災迍。乳邊臍畔如生者,必是人中富貴人。

女人論

貧窮婦人,胸突臀高。寒賤娼妓,身粗面細。額高唇掀,無夫殺子。手似乾薑,業廣財多。淚堂深陷,中年骨肉分離。陰騭豐盈,眷屬齊同偕老。言輕語薄,終日説而弗真。身削脚摇,與人約乃無定。準頭青色如麻,官災並起。印堂黄光似月,福禄來臨。色黑如露,常懷疾病憂驚。皮光若苔,決定破家孝服。得失榮枯,莫逃氣色。貧窮富貴,皆在神形。公主夫人,必要安詳審察。后妃嬪女,須當仔細觀看。

女人歌

女人端臉好容儀,緩步輕移出水龜。行不動塵言有節,終須約是貴人妻。女人輕步在人間,擺手摇頭口似丹。愛自衣衫誇窈窕,與人私約笑情歡。女人對面少心情,眼有浮光似水晶。齒小眉疏髮際下,一生辛苦主伶仃。女人鼻上横骨起,脚長腿短要摇頭。逃眠寄宿僧房内,潛地隨人走外州。

女德論

三停平等，五嶽朝歸，頭皮寬厚，豐頷重頤，圓背厚脊，腹大近下，坐如釘石，聲圓而清，胸闊眉圓，面如同字，面如田字，聲似邊鐘，背闊胸平，嬭大不垂，骨勻肉實，面黑身白，聲響神清，口似含蓮，手如乾薑，手如春笋，齒如榴子，面正骨開，眉如新月，鬢薄而黑，骨肉相稱，芝蘭不帶，自然馨香。

論婦女貴賤格

態而無豔終須貴，懿德昭然性自淳。豔而無態何須道，此是尋常賤婦人。兩目如羊更拗胸，雀行鴨步又聲雄。生髭龜背喉嚨結，魚尾交紋總是凶。見人掩口笑不休，等閑無事皺眉頭。有時倚物閒尋物，定是隨人走外州。婦人因與人談話，整襟弄袖又低頭。欲識人間女子事，私情如海又如油。婦人眼下肉常枯，不殺三夫定四夫。見人未語先嬉笑，愛逐行人走遠途。婦人身體何不吉，額高耳大聲如泣。雌雄更似男人面，至老孤單獨自棲。殺夫只爲三拗面，口闊額高眼又深。借問如何三度嫁，却因女作丈夫聲。兩目之下黑而枯，必定剋子又妨夫。青黄若見方爲吉，赤黑難逃産難虞。要識婦人真貴處，無非齒白與唇紅。若還尖齒唇兼黑，獨自聲容總是空。上唇過下必多詐，下唇過上亦妨夫。要識唇齒不相蓋，又是還憂産難平。婦人唇紫甚非良，須知妨子及夫郎。左邊紫黑來侵口，入耳須教七日亡。右邊青色來侵口，當知孕者是男兒。若還左右知生女，依此詳觀定不疑。目尾近上屬奸門,貴賤宜於此處論。因甚最多淫慾事,都緣繞口色皆青。更兼鼻上生雙靨,此必同人私與情。右耳厚時先產女,左耳厚時必生男。仰天鼻孔因何事,只是貪淫酒色酣。人中黑色貞爲貴,必主夫而自欽畏。人中兩曲非良婦,至老心中也好淫。女人若是男人相,淫亂芳心必有名。誰知人中雙黑子,婦人有者必雙生。婦人額窄真爲害,額上横紋夫更妨。眉中黑子夫遭害,眉裏三紋再嫁郎。坐時摇膝無休歇,行則回頭反看人。淫亂此身無所托,一生不免在風塵。額上左邊生黑子,須防恐死在刀兵。臀高胸突真奴婢,此相何如定有名。女人身相細兼全,眼長鼻直口如蓮。三才第一常美闊,定招富貴嫁英賢。良婦有威而無媚,娼妓有媚而無威。令人一見心生侮,所以生身在賤微。形骨雖奇安可恃,亦須修身與立義。心形相稱福有根,不在天機在人事。夢中若與公卿合,穩上青雲萬丈梯。休説形粗必招禍,但行忠孝福相隨。

女人九善相

頭圓額平爲一善。骨細皮滑爲二善。唇紅齒白爲三善。眼長眉秀爲四善。指尖掌厚,紋細如亂絲爲五善。聲清如水爲六善。笑不露齒爲七善。行步徐緩,坐卧端静爲八善。神氣清和,皮膚細潤爲九善。

女人九惡相

醜面生顴爲一惡,刑剋夫宫無差錯。結喉露齒爲二惡,無事招非閒擊括。蓬頭亂髮爲三惡,暮稱朝糧無積作。蛇行鼠步爲四惡,至賤至貧人落魄。眉連粗重爲五惡,妨害六親猶隔角。鼻下鈎紋爲六惡,妨害兒男身又弱。羊目四白爲七惡,心上陰凝如毒藥。雄聲焦烈爲八惡,心性剛暴難忖度。生髭黑子爲九惡,心性愚頑難倚托。女人之相但有一惡,難作善相。

又云:鼻小頭低,不作正妻。縱有衣糧,不入正房。額骨成峰,必剋丈夫。額高眼垂,初婚便離。腰小眉輕,是非時生。見人如常,心定高强。行不動塵,貞潔賢人。温厚和同,禄位相逢。整眉掠衣,常多是非。

婦人十賤歌

斜倚門兒立,人來側目垂,托腮并咬指,無故整裳衣,坐立頻摇腿,無人曲唱低,推窗與撥牖,停針不語時,未言先欲笑,决定與人私。

妨夫論

顴骨若高,定殺三夫。女人雄聲,妨害良人。羊目四白,外夫入宅。白過上唇,妨夫是真。女唇若紫,親夫早死。女人額高,三嫁不牢。頭横紋理,三嫁不已。女子逆眉,三嫁不移。

夫婦相剋論

三顴之面損三妻,女剋三夫不用疑。額有旋毛皆妨害,眉頭八字兩分離。面大鼻高妻必剋,紫氣紋侵不例推。眼赤奸門如更陷,三婚三娶更無疑。

又曰:兩眉分八字,魚尾有三紋。女子拋夫走,男兒主再婚①。

女貧孤薄

額窄又交眉,唇高齒不齊。面粗身鐵硬,體弱更無威。耳小垂珠淺,拳眉鼻骨低。哭聲須再嫁,男面必無兒。淫紋生眼角,嫉妒更妖奇②。莫言時下富,晚歲更悽悽。

産育

女人赤黑,主有産厄。唇齒不蓋,終有妨害。女人面上黄,懷孕得平康。人中發黑紫,婦孕必生雙。孕婦左邊青色至,是男。右畔紅色至,是女。仿此無不驗矣。

氣神昏暗論

神昏者、神亂者、神浮者、神離者,俱主死。氣昏者、氣亂者、氣變者,俱主死。面黑色耳白者,主財氣順。面白色耳黑者,主財散人離。應在六旬之外,又不以此論。夏秋面白耳黑,主大

① 此四句原無,據《統會諸家相法》補。

② 妖,《統會諸家相法》作"好"。

凶。冬月猶不吉。婦人耳紅面白者,主淫賤。氣色紅圓耳白者,主尊貴。面黑眼光者,主淫賤。面白齒白者,主富貴。面白髮鬌濃者,淫賤有孕。婦人氣重、色豔、脚浮,主育女。氣青、色青、唇黑、準頭明、肉瘦、脚手不浮,育男。餘皆仿此。

妒氣歌

面黑心難揣,頭喎行不堪。與人一面笑,毒在腹中含。鷹視并狼顧,羊餐與雀行。語言必勤舌,妒忌不聊生

女面肉横青,沈吟不作聲。也知含妒忌,應不順人情。行坐如思事,低頭或點頭。聲焦斜眼視,看著惹傷悲。引臂如蛇走,低頭作女聲。不惟多詐僞,仍是没人情。

管輅相嬰兒①

凡小兒叫聲連延。初生小兒叫聲連延者,主壽。聲絶復揚。初生小兒聲叫而復揚者,不壽。額有旋毛,早貴。枕骨不成,能言而亡。睛大而光,富貴難量。顖門不合,八歲防厄。數歲未言。語遲者神定,必爲重器。陰入如無,主夭。頭上髮稀者,主夭。五嶽有偏,不吉。身上有汗,主夭。若通身柔軟而如無骨者,主夭。臍小而低,主夭。早行、早坐、早言、早齒,不成人。頭成四破,不成人。啼聲散,不成人。常摇手足,不率教。小便如膏,夭。陰大囊皮皺堅實者,富壽。肉色浮慢者,夭。

① 《統會諸家相法》但作“相嬰兒”。

相嬰兒貴賤

孩童可養,聲大有神。夭折難成,腎浮不緊。頭圓骨聳,易養而利益雙親。額方而長[①],無險而吉祥迭至。山根青氣,出照累見災危。鼻上赤色,初歲多生膿血。陰囊若荔實,實爲堅耐之兒。面肉類浮漚,必是虚花之子。頭扁無腦骨,能言而亡。目緩欠精神,善行而夭。色緊而實,可養無危。聲響神清,形端穎異。鼻梁低小,早年常有啾唧之災。髮際壓遮,出身實是孤刑之子。髮際高闊,必多聰明。聲短氣促,終須夭折。眉頭牽額,利處山林。面陷無顴,難居家宅。孤峰獨起,骨肉參商。四尾低垂,二眉散亂,妻兒隔角。横紋額上,男女盡主孤刑。黑痣淚堂,子息例有傷剋。眉不蓋眼,財利耗散之人。眼大露神,數歲夭亡之子。下輕上重,末主伶仃。上闊下尖,何由結果。項白過面,衣食豐盈。神賽於形,田莊榮貴。小兒玉枕名曰玉環骨,高起者,可養壽具。玉環平者,夭。玉環陷如坑,不過八歲。初生孩兒相其耳門大者,壽大富貴。聲響亮者,壽。好戲要者,神有餘,必富貴。語聲弱,不好戲要者,神不足,主多疾病,氣怯無壽。小兒項下絲紋者,富而壽。行早者,貧。語晚者,貴。八歲衣服齊整,語音響亮,秀而不俗,長富貴。不愛衣服,行坐穢物,語聲不清,長貧賤。口角常有涎,多爲奴婢。有旋毛者,妨父母。陰如截筒者,貴。陰大者[②],愚蠢。

---

① 而,《統會諸家相法》作“面”。

② 陰,原作“陽”,據《統會諸家相法》改。

詩曰：小兒聲似鴉，富貴足榮華。破聲多不足，又主破人家。小兒聲歌啼，孤獨無兄弟[①]。傷父又離母，方得更加期。

又云：肉緊面緊皮緊，小兒必喪青春。

人像禽獸形訣斷

骨秀神清正鳳凰，分明眼目勢偏長。自然貴處多忠義，美譽清朝必異常。

行步昂昂正虎形，精神安泰眼分明。氣豪言語如鐘鼓，似類深山必貴榮。

虎形鳳類得其真，正類清朝必貴人。得地失時貧也貴，自然明白富和貧。

或如龜鶴勢能良，脚手逡巡項更長。心性寬和神氣俊，壽同松檜亦難量。

燕雀顛狂不自由，語言虛詐更摇頭。爲人又或多機巧，衣食徒勞分外求。

蛇鼠之人下視頻，行步低頭去似奔。眼小又圓多下賤，害物奸偷不可論[②]。

頭昂眉高，眼長鼻正，骨清肉秀，神形異常，氣候安和，舉止詳雅，動爲出俗，大事不能動摇，有此者乃據鳳之形也。主好義風，有學識，見深遠，有過人之象，必位極人臣，清名天下。或似乎飛，或似乎困，其貴賤取類而言之。類於優則優，類於劣則劣。

---

① 此句《統會諸家相法》作“克父又克妻”。

② 《統會諸家相法》從“骨秀”至“不可論”題爲“總禽獸詩”。

吉凶禍福,取象而言之。或類其牛馬,則平生辛苦。其氣候得地光肥則富貴。或憔悴終身,勞力少安閒。或類其鷹鷂,其小爲小。人象其物,凶則凶,吉則吉,善則善,惡則惡,無不驗也[①]。

鳳形

其形眼單長,眉輕細,倉庫低,鼻高曲,神骨秀[②],聲韻清,性温雅,超倫類。瘦則通,肥則滯。頷朝額,是天地相應也。或眉眼細,下短上長,身側,即是小鳳形人也。若身長大,面部聳直[③],精神急速,即丹鳳形也。

詩曰:眉眼頭長五嶽豐,齒如含玉智英雄。身形細美行藏秀,位極人臣貴國公。

鶴形

其形倉庫陷,眼尾垂[④],身體弱,頭骨粗,項細長,行步闊,上停長,性温柔,好山水,多名譽。四部陷者,孤鶴。五部露者,病鶴。鶴不必要項長,假如睡鶴、蹲鶴美相者,豈見項也。

詩曰:額短頭圓項後紅,鼻梁尖聳性靈聰。不於佐主權生殺,更出幽玄合上穹。

鷹形

其形頭方額圓[⑤],鼻曲嘴鉤,眼圓睛赤,耳卓口小,性急難捉摸,爲事猛浪。入此相者,爲上將軍,好殺,多不善終。

詩曰:額廣眉濃眼彩光,腮垂頤重有連裳[⑥]。聲清步闊多雄

① 《統會諸家相法》題此段爲“人像鳳形論”。

② 骨,《統會諸家相法》作“官”。

③ 大面,原作“面大”,據《統會諸家相法》乙。

④ 尾,《玉管照神局》作“毛”。

⑤ 額,《玉管照神局》作“項”。

⑥ 裳,《玉管照神局》作“囊”。

猛,解説兵威武事揚。

燕形

其形面圓腮起,輔骨青黄,腰身委媚,性慢多言,愛營宅舍,身多出入。

詩曰:口小脣紅準促圓,形單體瘦藝雙全[①]。眼深黑白多明朗,成就多應枉早亡[②]。

鴿形

其形身矮頰白,眼赤青色,起坐不久,視色不轉,常愛吟哦。

詩曰:形身矮短眼微青,舉動能增遠月明。莫道生來衣禄足,傍人門户且安寧。

鵝形

其形口尖眼小,項長脚短,鼻頭縮,行步慢,頷腮動。

詩曰:口小眼小上停長,脚短行遲自有常。衣禄不愁還自足,緑波千頃好田莊。

鸚鵡形

其形眼微長,内外翅垂,鼻準圓大,行步急躁,語言急迫。

詩曰:準頭圓大眼微長,步急言辭媚且良。身貴近君終有用,何愁不似雪衣娘。

孔雀形

其形面小而身大,性慢多敬,愛華飾,貪好美名。

詩曰:面小身肥惜羽翰,平生良友鳳和鸞。侯門禄食堪依倚,莫把凡禽一樣看。

---

① 單,《玉管照神局》作"端"。

② 《玉管照神局》此句作"十五逢君立殿宣"。

雀形

其形身俱小,眼急圓,睛黄色,多驚懼,貪淫慾,舉動相窮,平生勞碌。

詩曰:身形俱小雙眸急,多懼多驚性喜淫。衣食艱辛且隨分,得依大廈少安身[①]。

鳩鴿形

其形面色紫黑,眼小赤光,鼻大口尖,見物常嗔,人多憎惡,白撰是非。

詩曰:紫黑形容眼赤輝,口尖白撰是和非。不踰濟洛溪頭遠,若作行商便不歸。

鴛鴦形

其形面紅而白,眼圓而媚,行步無威,語言邪穢,性好奢華,宣淫忘己。

詩曰:面紅眼白太多情,行步無威性喜淫。若得真形還入相,鴛行早列佐皇明。

鵲形

其形面小,青白色,耳卓,行步急,談吐寬容,人見多喜。

詩曰:面小形容白又青,出言人盡喜聞聲。胸中自有封侯印,忠厚傳家表令名。

鷄形

其形頭小,面小,睛黄,急義,多子,雖嗜慾不失信。

詩曰:稟性從來自有靈,更兼文彩足天成。生平不失言前信,管取人人聞俊聲。

① 身,《統會諸家相法》作"心"。

鴨形

其形身圓脚短，面小行慢，得侶强悲鳴，先貧而後富。

詩曰：面小身團貌不揚，更兼口闊下停長。只因行步遲遲好，不貴須教有富藏。

鷓鴣形

其形面微紅，眼赤黄，身小耳小，視地摇頭行。

詩曰：雙眸黄赤面微紅，行即摇頭貌不隆。若是此般形狀者，區區終不出樊籠。

鷺鷥形

其身細長，鼻柱長，眉縮，眼黄，脚長，身縮，背伏，行路頭摇，飲食驚慌，主人辛苦勞碌，寒相也。

詩曰：潔白形容不染塵，步行摇動本天真。只因身縮孤寒相，終日區區爲色貪。

鶻形

其形肩微卓，眼又圓，心性急，多精神，好貪非義之物。

詩曰：豎起雙眉眼欲圓，精神人獨本天然。貪求口食皆非義，只作憸人非是賢。

雁形

其形身性急，多驚疑，眉目小，面紫色，臀高，喜出入，無祖業，與衆和。

詩曰：面側雙眸小伴眉，多驚多恐更多疑。天倫友愛無相失，禄食江湖自有時。

鴉形

其形面稍圓，嘴鼻尖，眼青黑，多語言，面黑紫，人皆惡之。

詩曰：面貌微圓嘴鼻尖，三言出口便成嫌。雖然得食無虧缺,終是貪婪不自然。

鸛形

其形眼大,口尖,耳小,天倉陷,額角峻,聲音小,性不定,少祖業也。

詩曰:雙眸不小口尖長,言語聲微性不常。額峻天倉多缺陷,如何招得祖田莊。

虎形

頭大,項方,肩圓,背厚,腰闊,額高,目大,黑白分明,口大而方,唇若抹硃,瞻視平遠,光彩射人,精神安泰,語言鐘磬,作用豁達大度,乃林中之虎也。有此相者,必位極人臣,或作將軍帥。有此精神太猛,瞻視不定,行步太昂,謂之出林虎。雖發猛烈,作用有斷,處貴不久,終失禄位。有此前説,精神詳雅,語言有序,瞻視平穩,謂之靠山虎。享禄久長,晚猶顯達。有此前説,精神不定,轉頭急速,謂之克山虎。或貴或賤,得失不等,平生多凶少吉。有此前説,不愁似愁,不嗔似嗔,神氣溺倦,不病如病,謂之穿山虎。雖居富貴之中,尋常笑呀不足,果然大稱意,必早亡[①]。

龍形

夫龍形者,其人鼻高耳聳,形貌端嚴,身體長大,骨格清秀,眉目分明,舉止出衆,有威權,足機變。昔漢高帝隆準龍顔,唐太宗龍姿日角,乃帝王之相,非常人也。

詩曰:體勢飛朝宛若龍,美髯頭角鼻高隆。威靈赫奕人無比,萬國雲從仰帝聰。

麟形

① 《統會諸家相法》題此段爲“人像虎形論”。

夫麟形者，項骨高[①]，身形仰，耳高眼深，眉粗額闊[②]，音中宫商，行中規矩。得麟形真者，皆主大貴。

詩曰：額廣眉粗腮頞横，耳高齊厚黑睛平。身形高仰威雄勢，佐國昇平獨秉名。

獅形

其形眼白睛黑，圓滿而大，山根斷，口闊方，眉婆娑，多鬚鬢，子出一二面[③]，頭方骨格高，爲事深遠，難見心腹。

詩曰：威鎮山河佐主忠，頭方額高更眉濃。腦後骨起天庭突，列土分茅爵累封。

虎形

其形身細長，眼赤，長二寸半，面紅緊堅，黑少白多，眉與眼齊，尖直，口大，上唇齊，有鎌鉒，下唇齊，色紅潤，齒粗白，頭短圓，額長方厚，髭髮疏硬黑，口大，舌長，紅厚，語聲如雷。凡欲語則有眼光起威猛，看人似作怒，身或肥或瘦，人中方正，五嶽皆起，入此相者，爲上將軍。

詩曰：面大頭圓項後紅，鼻梁尖起性靈聰。性高志烈權生殺，或乃君王會一宫。

象形

天庭起，印堂平，眉長，眼小，鼻仰，唇反，牙露，身大肉多，耳大無輪，鈍慢，多不睡，少望得此相者，非富即貴。

詩曰：枕上明珠額廣平，身形長厚美三停。行粗坐穩言深重，遠鎮山河協聖明。

---

① 項，《風鑑相法人相編》作"頂"。

② 眉，《風鑑相法人相編》作"鼻"。

③ 《統會諸家相法》"面"字前有"人"字。

犀形

其形上下三停一體肥,眉目相等,天庭高,伏犀骨起,天地相朝。

詩曰:頭圓眼大更眉濃,耳内毫毛體肉豐。若得正形台鼎位,其他巨富壽而終。

猿形

其形面圓而小,眉目俱圓,臂長,音響好,清潔静修飾,喜花果,鼻小,口尖,猖狂輕躁,不尊重,多嗔怒,心性靈長,體瘦,唇薄,腮豐,入此相者,當爲武職。

詩曰:頭圓眼黑頸腮平,脚短手長行步輕。常在碧霄閒散處,一生終是主虚名。

猴形

其形顴骨高,眼圓深,面赤黄,耳鼻卓,膽小,猖狂不定,輕薄不尊重,多嗔含怒,心靈智巧。

詩曰:額突頭圓五嶽平,齒青唇薄體金形。腮頤垂下髮髭黑,爵重分茅佐聖明。

龜形

其形項長下短,頭尖,眼圓,眉濃,鼻聳,嘴長,肩背伏厚,睛定,性淳,平生好山水,多尊重,身體圓肥,五嶽相稱,得此相者,主財主富。

詩曰:額起頭高鼻聳齊,眉濃眼大厚腮頤。櫃倉豐滿精神異,富壽兼全佐主威。

牛形

其形身魁,心性慢,眼黑光,口常動,項粗,頭廣,平生罕病。

詩曰:生來福厚不容言,面壯心平語話謙。若更步行遲且綬，千倉積貯富田園。

鼠形

其形赤紫色，眼微圓，暗處窺，密處食，好蓄積。

詩曰：性天小巧又通靈，衣食資財僅養身。狀貌有拘難顯達，不遭惡死也艱辛。

蛇形

其形頭長，五嶽不正，額平，眉小，眼長，口聚，闊身，粗齒，細耳，上大下小，鼻小長，行步腰軟，頭搖仰面，未論見舌，行步如之字樣，性毒，不憫念人，被人觸便欲傷人，行動急速，使人莫之測也。

詩曰：面長頭短眼青昏，唇口高青事莫論。鼻小準尖行步速，位雖郡佐性難分。

馬形

其形面長，眼大，口闊，勢尖，齒大，腰長，性慢，夜多不睡，行坐尊重，主人貴也。

詩曰：天然三面側如磚，稟性温良好著先。君子比之因有德，前程萬里可安然。

羊形

其形頭方，面長，無額，地閣尖削，口聚，有鬍，眼黄，黑少白多，睛濁，脚短，頭垂則視地[①]，得此形者，位至七品官，女人得之須富而淫。

詩曰：生來顔色最清白，玉骨冰肌多酒色。婚得形容端正妻，會合自然成福德。

① 垂，《統會諸家相法》作“摇”。

鹿形

其形行步如走,性情不定,見人多驚疑,起坐不久,眼青黑而微長。

詩曰:雙眸青黑更微長,行步如飛性却剛。若得山林相隱映,自然福禄異尋常。

熊形

其形身體圓,鼻定仰,起坐不久,喘息急促,無垂白壽[①]。

詩曰:狀體形儀又匪豬,徒然力勇逞凶愚。子良不是生斯子,敖氏還能滅也無。楚子良生子越椒弓。又曰:熊虎豺狼,不殺必滅敖氏。

魚形

其形眼圓,項縮,耳小,眉薄,口聚,身長,眠不閉目,性格猶豫不定。

詩曰:項縮何曾閉眼眠,水星相得免憂煎。禹門三級桃花浪,變化成龍上九天。

豬形

其形頭闊,面長,額平,眼深,口聚,耳尖,腮肥,無項,脚短,見人乍驚,愛居僻猥,口常微動,終主横亡。

詩曰:項短身微賦性愚,衣食雖足亦無餘。若爲僧道須還吉,外此營求只自知[②]。

狗形

其形頭大,頂粗,睛黄,面尖,口聚,耳尖聳,性急,飲食無厭,身與脚相等,小人多憎惡,於人有心力。

① 無,《統會諸家相法》作"老"。

② 知,《統會諸家相法》作"如"。

詩曰:面尖額闊眼睛黄,好怒平生自不常。指示得逢蕭相國,一生心力佐高皇。

蟹形

其形眼凸,耳卓,身圓,多懼,坐立不正,與衆不睦,性格僻澀。

詩曰:眼露横行直又愚,生平賦性喜江湖。真形若得當爲郡[1],休問監州有也無。

貓形

其形面圓,眼圓,腰長,性慢,多言,見識淺窄。

詩白:眼中黄色面微圓,稟性温純好飽鮮。有力有才堪任使,一生常得貴人憐。

獐形

其形面長,嘴尖,眼似大而細,眉粗,棱高,眉狹,鼻準小,耳長露反,身小,腰小,無肚脚長,行急愛静,性驚多憂疑。

詩曰:身肥項短脚頭圓,眉大分明眼亦然。不信人言常使性,平生衣食也迍邅。

蝦形

其形眉骨起而齒露,骨肉不和,眼常青色。

詩曰:操心直亮貌昂然,挺挺英風自莫前。若遇水年方得志,直須論事可回天。

豹形

其形五嶽急,天倉窄,地閣圓,爲事猛烈,喜外人,憎骨肉。

詩曰:面長齒密鼻隆高,多惠多文性且豪。莫道南山終霧

① 真,原作“直”,據《統會諸家相法》改。

隱,會須變化不辭勞。

驢形

其形眼黄白,無和氣,行步急,多妄談,性卑污,面長耳長,語音粗散。

詩曰:眼中黄白面形長,耳大分明相畏常。貴兆已成真大貴,不然稱賞動君王。帝常謂李忠臣曰①:卿耳大貴兆。對曰:驢耳大,龍耳小。

狐形

其形面紫色,眉目媚,形頰大,情和美,性急,尻骨起,淫慾中,多巧詐。

詩曰:面帶酒容眉目媚,心靈奸滑事多疑。那堪更得山林茂,衣食從容樂且宜。

豺形

其形頭方,額闊,地閣尖,眉粗,睛大圓,五嶽起,口大,齒密,豺牙尖露,耳輪貼肉,得此相者,當爲將軍。

詩曰:元來此相號豺狼,頭方額闊眼睛圓。眉粗口大牙尖露,耳輪貼肉壽延年。

猩猩形

其形眉目相近,鼻高直上,口闊,上唇掀,面闊,身肥,髮粗赤旋,腮削,臂長,性急,言直,主人多才多藝,爲僧道。女人必爲賢德人也。

詩曰:猩猩之相鼻梁高,眼眉相近髮粗毛。唇掀面闊身肥大,腮削爲人德重褒。

兔形

① 曰,原作"目",據《統會諸家相法》改。

其形頭小,額小,眉細,口小,耳長圓大,齒細密,鼻細而紅,脚短,入此相者,五品之官。女人亦主夫人之貴。

詩曰:額頭形小最分明[①],四小元來號兔形。眉細耳長兼齒細,定應男女貴昌榮。

駱駝形

其形頭圓而長,額闊,項長,背伏,眉高,五嶽不正,眉粗,目深,口聚,髪粗,膞闊,骨粗,齒露,頭低,脚手長,聲雄,行慢,能負重,有此相者,三品之官。

詩曰:駱駝背伏更眉粗,頭項圓長額闊扶。口聚目深眉聳上,聲雄榮貴佐皇圖。

像禽目類

鳳目好其人。鷹目大暴自强。鶴目好閒僻静。燕目語言辨健。雀目顛狂疑忌。鷄目好相争鬥。鴿目狂淫心亂。

又云:鳳目勢長眉相逼,黑白分明,瞻視平遠,精神異常,乃真貴人也。

鷹目圓睛,或如金色,有光彩射人,令人可畏,多自强好勝急暴,臨危喪命,多不善終。

鶴目尖圓,黑白分明,昂頭視物,主爲人寬慢,多孤僻,終於清閒之處。

燕目小而圓,睛赤黑,瞻視多昂昂然,爲人多主豁達,早有聲名,聞於衆人。

① 形小,《統會諸家相法》作“口眼”。

雀目圓小,睛赤黑色,側頭斜視,多主人輕易,好嗜口腹,終爲小人。

鷄目黄赤色,圓小,眉毛高,視物擡頭,爲人終作公吏,必好鬥不忿事。

鴿目小㘭圓,睛黄金色,亂視頭足不定,不拘男女,多好淫亂,爲人不良。

禽目詩斷

鳳目精神秀氣長,眉高輕細入天倉。分明黑白藏瞻視,顯達朝華必異常。

鷹目睛黄色似金,性强剛暴衆難侵。平生自有多懷恨,遇物安能有懼心[①]。

鶴目小圓黑又明,昂頭高視氣還清。寬和豪放人難及,自在清閒過百齡。

燕目睛圓黑又紅,昂昂頭視氣如雄。亦能言語多聰慧,更兼名譽有清風。

雀目睛黄赤視偏,側頭斜視似憂煎。顛狂坐後摇頭膝,定是孤生到百年。

鷄目高擡氣又豪,兩眉雙尾勢偏高。尋常言語如争鬥,一次公方去幾遭。

鴿目睛黄小㘭圓,摇頭擺膝坐還偏。不拘男女多淫亂,少實

---

① 遇,《統會諸家相法》作"愚"。

多虚却是顛[1]。

像獸目類

龍目通其神。虎目威勇莫測。牛目任重致遠。馬目辛苦奔馳。犬目多是多非[2]。豬目好利貪婪。猿目小膽怕事。蛇目心生毒害。象目鈍濁不專。

又云：龍目若懸珠，光芒不動，如寒潭秋水，若神若聖[3]，富貴名譽天下。

虎目大，黑白分明，光彩射人，使人可畏，動作豪傑，終作將帥頭目，貴人也。

牛目大而微帶黄，精神微慢，雖享豐足悠遠，平生勞心，其性必好敦厚。

馬目大而不明，視物似癡拗，此人衣食須足，平生必多勞苦。

猿目朦朧，仰面視物，爲人主性好顛耍戲謔，終必爲儉偷之輩，不可臨大事。

狼目或低頭蹙眉而視物，睛多白道黄色，精神不足，或偷視，心性貪婪。

羊目白睛赤多，似昏似暗，顧視少氣，低頭或癡或慢，爲人必賤，太肥横死[4]。

犬目三角，或黄或青，爲人定睛視物，性好粉飾，見人過多揚

① 實，《統會諸家相法》作“笑”。

② 多是，《統會諸家相法》作“少是”。

③ 前一“若”字，《統會諸家相法》作“有”。

④ 横，《統會諸家相法》作“即”。

人之短,無禮義。

鼠目小圓,睛黑若漆,視物必點頭,爲人見小利,交結不明,多機巧,終爲盜。

蛇目小而圓,黄而視下,行掉頭,爲人心害物,與人交罔終,必有害人之心。

龜目小而垤,圓而緑,觀視縮項仰面,主爲人小膽怕事,先難後易[①]。

象目頭大身肥,眼小神昏,行而視下,爲人多混濁,不自專,愛人驅使。

獸目詩斷

龍目精神與世殊,光芒不動若懸珠。凝然秋静寒潭水,自是人間天下奇。

虎目多威勢有神,分明光彩氣超群。尋常作事能決斷,韜略英華四海聞。

牛目神昏任重多,視人遲緩性寬和。爲人處世遭衣食,不好奢侈與綺羅。

馬目神癡色又昏,爲人强拗必沉淪。平生自是勞心力,多在天涯役苦辛。

猿目朦朧閃又開,視瞻仰面笑還猜。爲人必是多輕妄,終作伶人學不才。

狼目睛黄視若顛,爲人貪鄙自茫然。愴惶多錯精神亂,怠惰

① 《統會諸家相法》此句作"生來別易"。

狂圖到百年。

羊目多黄露白睛，低頭傍視不分明。莫教肥後身須死，狼毒宜除好殺人。

犬目睛黄三角低，側頭斜視性如機。見人小過無方便，只説無端講是非。

鼠目睛圓小更長[①]，低頭偷視意慌忙。更看作事多欺弊，爲盜分明不可防。

豬目神昏視又斜，睛黄絲亂去交加。爲人自是多愚濁，肥死刀砧定不差。

蛇目睛圓上視黄，掉頭行步若倉皇。出言舉措心懷恨，害物傷人不可防。

龜目睛黄垤又圓，爲人小膽大周全。縮頭昂視形容正，富足清閒過百年。

象目身肥生似癡，神昏眼下視如迷。一生作事多沉重，隨向他人東復西。

① 圓，原作“黄”，據《統會諸家相法》改。

神相全編十二

額部相

分一面之貴賤,辨三輔之榮辱,莫不定乎額也。故天庭、天中、司空俱列乎額,是能攝諸部位,係人之貴賤也。其骨欲隆然而起,聳然而闊。玉柱入頂,貴爲天子。其峻如立壁,其廣如覆肝,明而澤,方而長者,貴壽之兆也。左偏者,損父。右偏者,損母。小而狹者,貧夭。缺而陷者,妨害。痕瘠者,迍蹇。左爲日,右爲月。日月之角,百骨棱棱而起者,二千石。印堂上至天庭,有骨隱然而見者,必達而榮。邊地、山林皆欲豐廣,坑陷貧賤。額兩邊輔角骨起者,三品之貴。天中、天庭、司空、中正、印堂五位須得端正明浄,則聰明顯達也。若狹小而亂,髮低覆者,愚而貧賤也。

頭小而窄,至老孤厄。額大面方,至老吉昌。額角高聳,職位崇重。天中豐隆,仕宦有功。額闊面廣,貴居人上。額方峻起,吉無不利。額瑩無瑕,一世榮華。

論痕紋

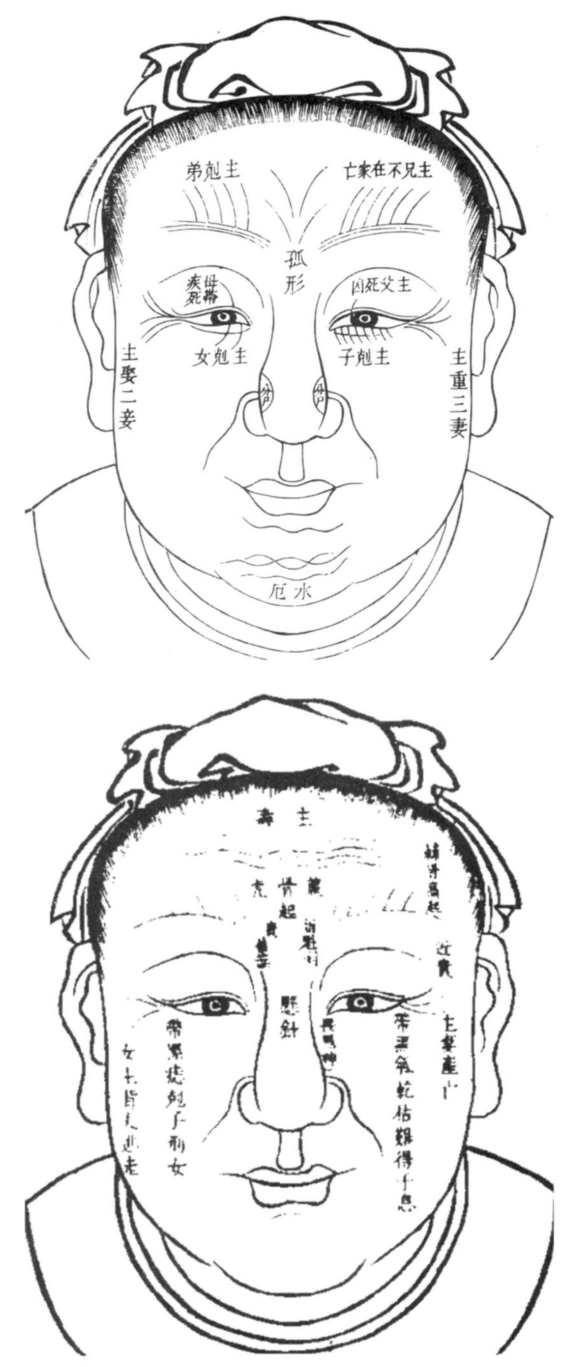
主剋弟
主兄不在家亡
孤形
主父死凶
主剋女
主剋子
主娶二妾
主重三妻
水厄
主壽
懸針

面紋之圖

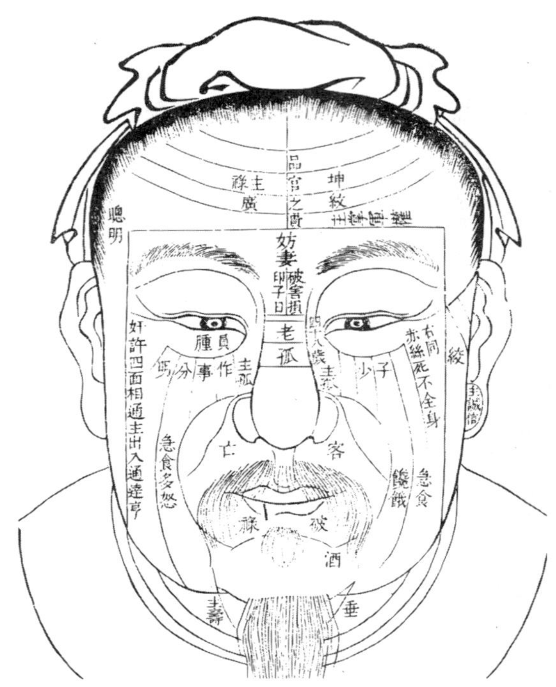

額紋部相

額之有紋,貴賤可斷。若額方廣豐隆而有好紋者,則爵禄崇高也。如額尖狹缺陷更有惡紋,者則貧賤無疑矣。

三紋偃上者,名曰偃月紋,主朝郎。

三紋偃上,一紋直者,名曰懸犀紋,主節察武臣紋。

王字紋者,主封侯。

天中一紋下至印堂,名曰天柱紋,主卿監。

印堂上二脈直上三寸者,名曰鶴足紋,主刺史。

三横紋繞者,主早喪父。

一紋横而曲者,名曰蛇行紋,主客道路死。

井字紋者,主員外郎。

巛字紋者,主憂慮刑厄。

十字紋者,主富而吉昌。

田字紋者,主富貴。

山字紋者,主侍從之榮。

乙字紋者,主京朝之職。

女字紋者,主榮貴顯達。

額上亂紋交差者,則貧苦多災。女人額上有三紋横者,妨夫害子。

詩曰:火星宫分闊方平,潤澤無紋氣色清。犀骨三條川字相,少年及第作公卿。

火星尖狹是庸流,紋亂凹兜主配囚。赤脈兩條侵日月,刀兵刑法死他州。

額高光澤貴而榮,横貫三紋道術通。女定妨夫多不利,額欹偏小早歸冥。

額上微成小理紋,生來高貴異時人。男居職位爲僚佐,女嫁賢才作縣君。

三畫横紋在耳邊[1],定知聰慧是良賢。若攜書劍干明主,應有文章動九天。

① 在,《統會諸家相法》作“左”。

天中直理太乖期,無奈生來有此儀。衣食平平終日有,只緣形相損妻兒。

眉上亂紋應惡相,奈緣頻愛放妻兒。平生衣食雖然有,只是無端少見知。

目下豎紋如淚垂,平生衣食只隨時。眼前定見無兒分,宜養他人作義兒。

三横紋理印堂生,異相驚人衆不同。他日身榮佐明主,定知官爵至三公。

目下横紋疊兩重,此人形相主貧窮。又兼絶子多孤寡,乞養他兒到老凶。

額上微成大字紋,定知他日作忠臣。更能惠愛施黎庶,位禄千鍾榮六親。

相君眉上出横紋,怎奈將來絶子孫。衣食眼前隨有分,老來勞苦受孤貧。

一字横紋額上生,此人高貴列公卿。兼能濟衆憐貧苦,職位高遷近帝廷。

横紋一畫在天中,高貴榮華似石崇。若是攜書見明主,定知高位至三公。

額方廣厚闊光輝,定見官榮位不卑。額下横紋終絶代,額微尖小没田廬。

額小先妨父,頤尖母必亡。額寬終是貴,額小没田莊。

額似懸蔞病不生,骨方高大貴爲榮。更見連鼻三懸理,男多妨婦女私情。

髮際豐隆骨起高,能言少語性雄豪。天井天倉隆見貴,上卿骨起佐明朝。

印堂竪骨入於頂，拜爵加官壽命永。隆高懸壁耳前生，更見頂方才亦整。

日角月角高大貴，七星排額兵帥隊。印堂日角骨更高，身無災患人盡畏。

中正骨起二千石，陷時男女早孤栖。女有此相須十嫁，男須官爵退休時。

印堂潤澤骨起高，少年食禄佐明朝。仰月紋星額上貴，面圓光澤富雄豪。

印堂有痣人多厄，食禄定須多退職。竪紋合娶兩姓妻，更主官事經移易。

印堂眉間黑子生，君須莫與外人争。此者是名爲上獄，争時被責必遭刑。

黑子天中及陷紋，退官多厄豈堪論。伏犀如指通於枕，拜爵封侯四十春。

額上生毛女剋夫，男雖妨婦性多愚。女生左右旋毛盛，倒垂髮鬢盡妨夫。

額上三紋横過眉，藝文求覓世財宜。面多黄色家須富，清氣官榮必自知。

論額

額闊平，無紋助，眼倍精神。闊以横言，平以直言，無紋以少年言。眼若無秀無神，額雖平闊所得幾何。

面上紋理

井字横紋生印堂,此人形相不尋常。他時必主朝官去,至孝忠臣佐帝王。

八字牛角理紋生,定知高貴作公卿。更加牛角理紋見,此人不久立王庭。

左日右月兩眉間,定知形貴實難攀。若持文卷於明主,必得高官衣錦還。

額上縱横印裹生,志雄心勇貴人形。知者知命立年上,統領君王百萬兵。

牛角小紋生入眉,此人財帛發稽遲。少年牢落居浮世,老後榮華誰得知。

眉上雙生鹿角紋,此人形體異常人。若向帝庭呈藝業,築壇應拜上將軍。

紋理交加額上生,定知爲事不分明。一生貧苦非常善,偏被他人取次輕。

紋理入口惡形容,男女生來莫願逢。細看此人終不吉,應知飢死向塵壟。

時人要識惡儀形,大字真紋點額生。須得眼前逐日過,奈緣災害不曾停。

額上分明有覆肝,平生高貴得人欽。女爲妃后居皇室,男得封侯有大官。

口畔微生兩縱紋,此人必賤不須親。眼前雖有安家宅,他日蕭條又受貧。

又云：額上有横紋如川字者，壽。兩角紋屈曲斜者，主刑。鼻上横紋，主剋子。印堂紋直者，主破相。腮下横紋，主惡死。項上有紋爲項絛，主有壽。頷下無亂紋者，吉。結喉有紋者，主自縊。臉上有紋出者，主壽。鼻準紋痕多者，心毒。眼下有紋斜下者，主刑。入口如縈物者，主餓死。

又云：覆月司空家富盛，小車紫孛守藩垣[①]。横過中臺瘟火厄，斜飛入眼極刑干。淚痕耳珠憂水厄，山紋額角列朝班。地閣縱横財穀散[②]，年上山根仔細看。山根細斷誠多難，印内如絲恐没官[③]。居準自然乖算望，祖宅多破子貧寒。掌中横紋心無智，亂理人中子息難。龍角天庭須牧伯，交鈎鼻上盜仍奸。法令過頷知壽考，縱紋入口死無糧[④]。舌上縱横身必貴，温紅在掌福峥嶸。三壬居額宜壽夭，八字寬宏主少亨。奸門亂理多淫蕩，魚尾修長老不停。井字陰陽終自縊，酒池縷縷喪波瀾。懸針入印刑妻位，破匱侵顴權位難。孛帶刃刀人好殺[⑤]，若臨紫氣性無寬。祖墓墳塋遷後敗，必然四墓亂縱横。驛馬定應遊宦子，口如裙褶只孤單。

枕骨部相

人之骨法中貴者，莫出於頭額之骨。頭額之奇者，莫出於腦骨。成枕之人有枕骨，如山石有玉，江海有珠，一身以恃其榮顯

① 守，原作"少"，據《廣鑑集説》改。

② 穀，原作"各"，據《廣鑑集説》改。

③ 内，《廣鑑集説》作"肉"。

④ 紋，原作"横"，據《廣鑑集説》改。

⑤ 好，原作"帶"，據《廣鑑集説》改。

也。故人雖有奇骨,亦須形貌相副,神氣清越,方受天禄,不然恐未盡善也。夫腦之後名曰星臺,若有骨者,名曰枕骨。凡豐起者,富貴[①]。低陷者,貧賤也[②]。

玉枕圖

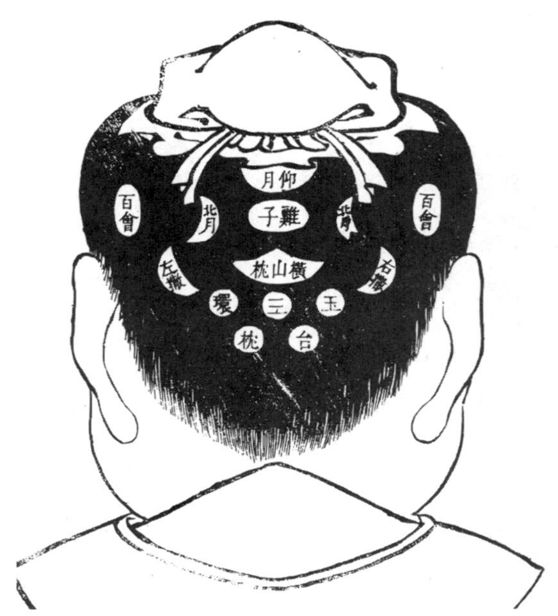

枕骨圖式

三骨皆圓者,名曰三才枕,主使相[③]。

四角各一骨聳起,中央亦聳者,名曰五嶽枕,主封侯。

兩骨尖起者,爲雙龍骨枕,主節樞將軍。

① 貴,《統會諸家相法》作"壽"。

② 賤,《統會諸家相法》作"夭"。

③ 使,《統會諸家相法》作"卿"。

四邊高中央凹者,名車軸枕,主公侯。

三骨並起者,名曰連光枕,小者二千石,大者至將相。

一骨彎仰上者,名曰偃月枕,主卿監。

一骨彎俯下者,名曰覆月枕,主朝郎。

二骨俯仰者,名曰相背枕,主文武防團。

上一骨下二骨分排[①],名曰三星枕,主兩副制館職。

四方骨皆起,一骨角者,名曰崇方枕,主二千石。大者,台禄[②]。

一骨聳起而圓者,名曰圓月枕,主館殿清職。

上方下圓者,名曰垂露枕,主員外郎。

上下圓而有棱似盆者,名曰玉樽枕,主卿相。小者,刺史。

背月枕。

一字枕,主誠信,貴,性剛。

回環枕又名率輻枕,祖父子皆貴。

左長枕,左撒枕,右撒枕,皆少貴,主壽。

三關枕,主一門有數貴。

連枕又名列環枕,與玉堂相侵,主貴壽,性不常。

鷄子枕,主性焦烈,多自是。

① 排,《統會諸家相法》作"枕而圓者"。

② 《統會諸家相法》此句作"小者,合禄"。

山字枕,主誠,性貴性剛,又名横山一字枕。

懸針枕。

垂針枕又有玉枕,主多壽。

酒樽枕主近貴,有禄無官。

上字枕,志高膽大,成敗小貴。經曰:凡人有此玉枕者,皆主貴相。如僧道之人雖不貴,有此玉枕者,皆主壽命長遠。凡人玉枕但稍有骨微起者,皆主禄壽。平下無者,禄壽難遠。婦人有者,皆主貴。

腰鼓枕主小貴無定,多成敗反覆。

如珠枕主近貴而不實。

丁字枕主性寬近貴[1]。

三骨直起,一骨下横承之者,名曰山字枕,主聰明富貴壽。

一骨圓,一骨方,名曰疊玉枕,主富而榮。

一骨聳起而尖峻者,名曰象牙枕,主兵將之權。

一骨起分四角者[2],名曰懸針骨,主節察武臣。

一骨横截者,名曰一陽枕,主巨富高壽。

大凡枕骨欲得近下者過腦而易辯[3],近上者淺而難驗矣。骨者一定之相,有之則應也。故古人有言:頭無惡骨,面無好痣。

① 上下二圖同,疑誤。

② 一,原無,據《統會諸家相法》補。

③ 近,原作“共”,據《統會諸家相法》改。

斯言信之矣。

相骨節

訣曰:骨節要豐隆,天中向上攻。横生主封爵,鷄子定孤窮。龍角如雙柱,升朝有始終。印堂三寸起,伯牧位相同。鼻與山根直,求婚帝室同。兩顴欹更露,權勢盡成空。懸壁須豐起,欹斜禍必逢。巨龜連腦户,宰輔位尊崇。精舍林中廣,仙風道骨藏。伏犀三路起,僧道骨爲良。驛馬連邊地,兵權守一方。金神分五指,極品在巖廊。武庫宜爲將,傾危必主亡。玉梁具耳鼻,清顯富文章。大海尖如指,支干慎折傷。奸門欲平闊,尖陷定淫娼。玉樓如伏臂,名重三台位。牛角連虎眉,直起宜侍衛。日角父康寧,月缺母難備。項後見兩頤,兄弟多不義。欲知壽綿遠,耳後聳餘地。頬額方且平,揖讓最爲貴。更忌虎吞龍,粗露切須忌。既聳堅且明,巍巍堂廟器。

相面部骨格

天中骨起主富貴,陷缺無田地。

天門骨合,得四方朋友及弟兄姊妹之力。

百合骨起,邊地之將。高聳,主大貴。

命門骨長壽,陷低并色惡不然。

子位豐滿,主多子孫。

甲匱骨起,女主后妃,男爲金吾將軍領兵。

邊上骨起及肉紅潤者,主富貴。

法令骨起,爲大理主事、少卿等官。色惡主多厄。

井竈骨起,宜田宅。

輔角骨起,能文案,合爲大尹。

地閣骨滿,主屋宅。

地倉骨起,富貴。

虎耳骨起,大貴。

承漿骨滿朝天者[①],主富足酒食。

懸壁骨起及肉滿,宜奴僕。陷者無。

燕頷骨起,大富貴。

武庫骨起,爲上將。

房心骨起,國師。

四殺骨起,節度使。

尺陽骨起,爲御史。

輔骨起,爲侍郎、給事中、中書舍人。如黄色,一品之貴。

邊地骨起,爲諫議大夫、監察御史。

天庭骨起紅潤者,丞相之位。

日月角起,主大貴。

額角骨起,司徒太保之位。

父墓骨起,大貴,廕襲子孫。

戰堂骨起,爲驃騎將軍、節度副使、行軍司馬之位。

郊外骨起,三品卿,大貴。

司空骨起,刺史、員外郎、省舍人之位。

道中骨起,遠州刺史。

① 骨,原作“豐”,據《統會諸家相法》改。

交額骨起，官小有壽。

重眉起，主小貴，有節行，人性不常。

懸角骨起，或肉黄者，七十日内主三公卿相，天下統帥。

中正骨起，司馬令長。

山林骨起，州牧之位。

虎眉骨起，爲將軍。

龍角骨起，主封侯、尚書僕射。

輔犀骨起，封侯伯一品之貴。

華蓋骨起，富壽人也。

福堂骨起，主三品。

兩眉關門骨起，合得國師，庫藏錢物。肉陷，合主市死。此部近兩獄也。

印堂骨起，合主大印綬，一品太保、司徒之位。

三陽明浄，主貴。

司空骨起至式枕者，三品下四品。

中正骨起至玉枕者，二品下三品。

山根骨起如釵股，上有棱似刀背至枕者，或如月樣明潤異者，爲大將軍之位。

天庭骨起至枕者，四品下五品。

天中骨起至枕，五品下六品。

伏犀骨起至枕，六品下七品。

坤山骨起至枕，七品下八品。

鳳池骨起至枕，八品下九品。

華蓋骨起至枕，九品下雜流，小貴。此等之骨，皆似棱利。以手捫之，覺隱隱然似刀背，禄，主富貴。

玉枕骨起,方三寸,有像,似十九般骨節如刀背者爲上。若鷄子横縱,似仰月、覆月、背月、玉環等樣,主壽異常。女人有者,吉。骨氣似有似無,見如諸部如釵股之樣起,主大貴。伏犀骨如小指半大,有棱如綫,位極上品。骨如指者,爲名僧。骨有棱如角大指者,上將軍。此名伏犀骨、玉枕頭,各有取焉。

天中骨起如筯大,有棱,合主國師,近聖人,貴至三品。

左廂骨起,禄二千石。骨肉相稱,至白衣拜相。

高廣、驛馬骨起,封侯,大貴。面部隱然骨起,不出十年爲方面。肉色俱好,五年之内陞遷也。

論頭面黑子

生髮中者[①],主富壽。近上者,尤極貴。額上有七黑者,主大貴。天中,主妨父。天庭,主妨母。司空,主妨父母。印堂當中,主貴。兩耳輪,主慧。耳内,主壽。耳珠[②],主財。眼眩,主作賊。山根上,主剋害。山根下,主兵死。鼻側,病苦死。目上,窮困多。眉中,主富貴。眼上,主吉利。鼻頭,防害刀死。鼻梁,迍蹇多滯。人中,求婦易。口側,聚財難。口中,主酒食。舌上,主虚言。唇下,多破財。口角,主失職。承漿,主醉死。左廂,主横失。高廣,妨二親。尺陽,主客死。輔角,主兵死。邊地,主外死。輔角,主下貧。山林,主蟲傷。虎角,主軍亡。劫門,主箭死。青路,主客傷亡。太陽,主夫婦吉。魚尾,主市井亡。奸門,

① 髮,原作“爰”,據《太清神鑑》改。

② 耳珠,《太清神鑑》作“頤上”。

主刃死。天井，主水亡。林中[1]，主清慎。夫座，主喪夫。妻座，主喪妻。長男，主剋長子。中男，主剋中兒。次男，主剋次子。金櫃，主破敗。上墓[2]，主無職。學堂，主無學。命門，主火厄。僕使，主爲賤[3]。嬰門、小使，主貧薄。支堂[4]，主剋妻。外宅，主無屋。奴婢，主妨奴婢。坑塹，主落崖。陂池，主溺水。下墓[5]，主剋亡[6]。三陽，主謀人[7]。盜部，主奸竊。兩廚，主乏食。祖宅，主移屋。大海，主水厄。年上，主貧困。地閣，主少田宅。家信，主家破散也。

面痣吉凶之圖

① 林，《太清神鑑》作“玄”。

② 上墓，《太清神鑑》作“書上”。

③ 賤，《統會諸家相法》作“賊”。

④ 支，《統會諸家相法》作“妓”，《太清神鑑》作“中”。

⑤ 下墓，《太清神鑑》作“匱上”。

⑥ 剋，《太清神鑑》作“客”。

⑦ 謀人，《太清神鑑》作“縊死”。

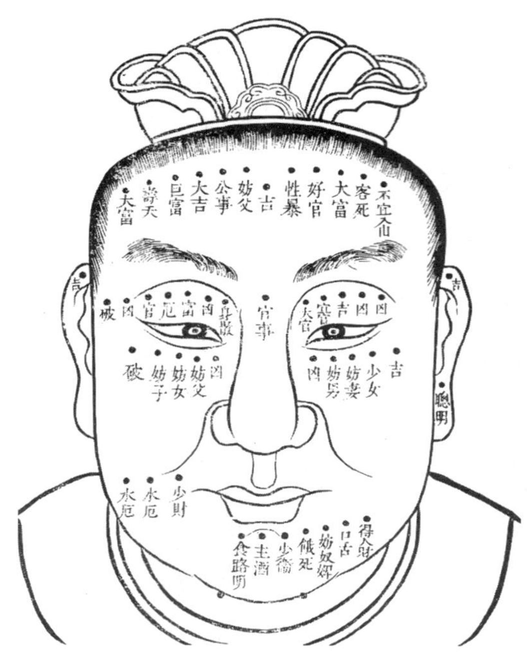
客死
大富
好官
性暴
吉
妨父
公事
大吉
巨富
大富
吉
凶
凶
吉
大官
官事
凶
富
厄
官
凶
破
吉
吉
少女
妨妻
妨男
凶
凶
妨父
妨女
妨子
破
聰明
少財
水厄
水厄
口舌
妨奴婢
餓死
主酒

男子面痣之圖

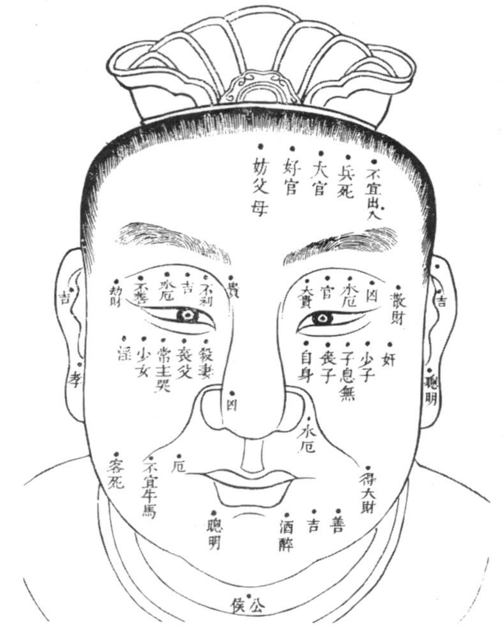
不宜出入
兵死
大官
好官
妨父母
吉
散財
凶
水厄
官
大貴
貴
不利
吉
水厄
劫財
吉
奸
少子
子息無
喪子
自身
殺妻
喪父
常主哭
少女
淫
孝
聰明
凶
水厄
得大財
厄
不宜牛馬
客死
善
吉
酒醉
聰明
公侯

女人面痣之圖

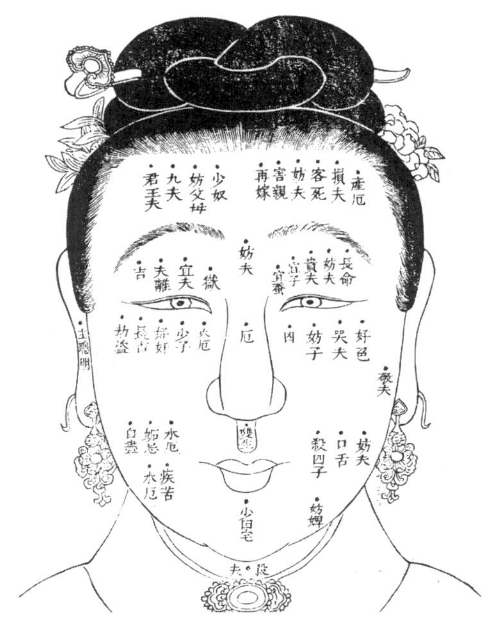

論黑子

夫黑子者，若山之生林木，地之出堆阜也。山有美質，則生善木以顯其秀。地積污土，則生惡阜以樂其濁。萬物之理皆然。是以人有美質也，則生其黑以彰其貴。有濁質也，則生惡痣以表其賤。故漢高祖左股七十二黑子，則見帝王之瑞相。凡黑子生於顯處者，多凶。生於隱處者，多吉。生於面上者，皆不利也。且黑者其色黑如漆，赤如硃者，善也。帶赤者，主口舌鬥競。帶白者，主憂驚刑厄。帶黃者，主遺忘失脫。此義理之辯也。

相黑子

天中貴位不宜居,男妨父母女妨夫。若見天庭憂市死,印堂官事或財儲[①]。壽上妨妻尤自得[②],承漿若有醉中殂。女人地閣須憂産,詔獄或見死囚拘。横事相妨左廂出,若臨高廣二親無。尺陽主往他鄉歿,魚尾奸門盜賊辜。華蓋暴亡天井水,太陽官舍外陽逋。武庫主兵邊地遠,遊軍亡陣或兵誅。或生書上憂無學[③],井部宜防井厄虞。小使仗堂并内閣[④],主無侍養自區區。不修幃帕看門閣,祖宅如生没故廬。命門作事無終始,學館看來學豈餘。正口囁嚅多咀嗎[⑤],帳廚妻室恐難胥。山根鼻準兼廷尉,家業飄零骨肉疏。眼下悲啼當不絶,耳根雙出倒商途。正面所爲皆不遂,人中或有立身孤。坑塹陂池并大海,諸方不見始安舒。擁旌仗節何由得,有痣深藏足底膚。五彩如龍下繞臂,梁武貴妃生赤痣。七星左脇貴爲郎,未若班班七十二。

論斑點

雀卵斑者,主妻子難爲,作事犯重,作事愛便宜,女人傷夫剋子,夭年不吉。豆斑者,主作事犯重,極其奸詐便宜,男傷妻剋子,三度作新郎,女人如此,亦如是也。

---

① 財,原作"才",據《廣鑑集説》改。
② 妨,原作"防",據《廣鑑集説》改。
③ 生,原作"主",據《廣鑑集説》及《統會諸家相法》改。
④ 使,原作"便",據《廣鑑集説》改。
⑤ 正,原作"止",據《廣鑑集説》改。

五色

人抱陰陽以爲質，上成則五形之色屬焉。其青色屬木，白色屬金，赤色屬火，黑色屬水，黄色屬土。故五色之人得其本色者正，或得相生之色者，善也。然五色得地者，春色要青，夏色要紅，秋色要白，冬色要黑，又盡善也。若春有白色爲相剋，黄色爲相反[①]，黑色爲相生，青色爲比和。夏有黑色爲相刑，白色爲相反[②]，青色爲相生，赤色爲比和。秋有赤色爲相刑，青色爲相反，黄色爲相生，白色爲比和。冬有黄色爲相刑，赤色爲相反，白色爲相生，黑色爲比和矣。

九州八卦干支之圖

① 黄，原作"赤"，青屬木，赤屬火，兩者當爲相生關係，不當云相反，故改。

② 白，原作"黄"，據文意改，原因參考上條。

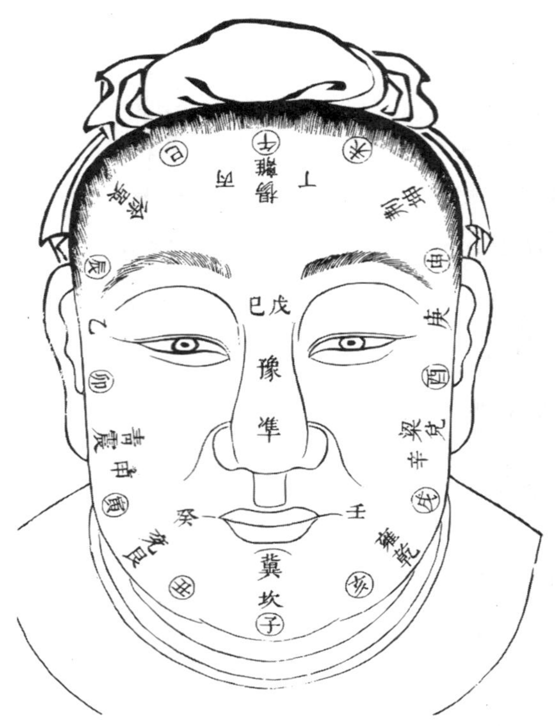

定九州氣色吉凶

冀州豐滿多田宅,缺陷多災禍。

揚州豐滿足衣食,缺陷多進退。

青州豐滿足金帛,缺陷多成敗。

雍州豐滿足官禄,缺陷多是非。

豫州豐滿多福壽,缺陷不長久。

荆州豐滿多文章,缺陷少知見。

徐州豐滿多兒女,缺陷多傷悲。

梁州豐滿足信義,缺陷人情少。

兖州豐滿長安泰,缺陷多貧賤。

右九州豐滿，或一處常有好氣色及毫痣，必主此處食禄。復又看山林及後福，終始大吉，缺陷塵累，亦非真人。

雍州在乾，左笑靨下。乾位起於西北角，乃天門也。黄，宜求官，得横財。白，主遠出。黑，欲行不仁之事，及憂病。碧，主陰人被凌辱，遠行吉。紫，宜稱心[①]。青，大患，官符缺陷，多憂苦，兄弟弱。

冀州在坎，中下唇，正北。紫，進財與奴婢，及生良馬。青，主加官，小人宜得財物。黄，主宅不安，宜修禳。碧，君子吉，小人凶。白，主陰司之事。赤，欲算陷他人。黑，主牢獄。

兖州在艮，右笑靨下，東北。黄，正月見之則吉，秋夏見之則憂父母。白，主加官，小人獲財。紫，主婚親事，或宜求事，小人酒食。青，主非，横事相干。赤，主因歡樂有口舌。碧，則主刑獄。黑，主盜賊。

青州在震，右顴骨上，正東。白，宜出入動作，必得財。赤，宜忍事，主啾唧。黄，不出旬中有喪服。黑，主宅舍不寧。青，宜守分。碧，主生災。紫，主重病，宜禳之，僧道則吉。

徐州在巽，右眼尾，東。青，主陰人至，防口舌。赤，宜作事。碧，主生貴子。黄，主百事不稱心。黑，主病，生事速，宜和之。

揚州在離，印堂上，正南。黄忽潤，大人加官，小人吉慶。赤，君子吉，小人凶。紫或日月角紅潤，主有吉祥。青，男主離别，或主刑獄。白，道術人宜。黑，災患生。碧，主别妻子，極應。

荆州在坤，左眼尾下，西南。黄，相次入梁州，主有喜慶之事。青，主憂疑。白，主人剉辱。碧，主災厄至。赤，防盜賊至。

---

① 《統會諸家相法》此後尚有“事天神有福”五字。

黑,主心腹有疾,宜早治。紫,主女人有私通之事。

梁州在兑,左顴骨上,正西。黄,主得横財。白,主子孫賢。赤,主文字相干,又主病。黑,主加官,或飲宴。青,主謀他人女子。碧,主謀事不成。紫,主竊盜之事。

豫州中央,在鼻梁上。白,主吉。黑,家不和,成疾病。碧,主憂擾。紫,主歡宴。赤,煩惱。青,主心憂驚[①]。黄常滿中宫,喜樂之相。其色忽見左右,君子加官,小人進財。

論四時氣色總斷

大凡觀人之氣色,妙者如祥雲襯日,温粹可愛,方爲貴也。如枯燥暗惡,不獨難發,主脾胃心腹之疾,水災訟獄之厄。人之氣色,須精氣不亂,觀之易見。酒色過度,易進易退。似明不明,似暗不暗,謂之流散。似醉不醉,似睡不睡,謂之氣濁也。

又《集解》曰:辨四時之氣者,别其氣五色之所屬也。青、紅、黄、白、黑乃四時之正氣也。在於皮上者,謂之色。皮裏者,謂之氣。氣者,如粟如豆,如絲如髮,隱於毛髮之内,細者如春蠶之絲。欲察五方正色,如浮雲覆日之微,在夫熟詳而辨之。

《洞微玉鑑》曰:氣一而已矣。别而論之,則有三焉:曰自然之氣,曰涵養之氣,曰所襲之氣。自然之氣,五行之秀氣也。吾稟受之,其清常存。所養之氣,是集義而生之氣也。吾能自安,物不能擾。所襲之氣,乃邪氣也。若所存不厚,所養不充,則爲邪氣所襲矣。又推而廣之,則有青、赤、黄、白、黑五色也。

---

① 主心,原作"心主",據文例乙。

黄正公論神與氣，有曰：神大爲神有餘，神怯爲神不足。氣過於神爲氣有餘，氣下於神爲氣不足。此説尤妙，宜以意致，斷可驗矣。氣通五臟，則有所見。今之人喜怒哀懼一至於心，則色斯變矣，又況疾病死生乎。

論五色吉凶應時生死

黄色，土也。其敷潤貼肉，不凝不浮者，爲正色也。紅紫二色同，皆主喜悦。若凝滯若煙雲污泥者，初年曰土犯，主三十年。中年曰土病，主三十年[1]。末年曰土死。應甲乙寅卯年，旺戊己辰戌丑未年，月日皆同，下準此。

青色，木色也。其色榮暢條達，如竹柳葉者，爲正色也。若乾枯凝結，明閃不定者，初年曰犯木，主二十四年。中年曰木病，主六十年。末年曰木死。應庚辛申酉年，旺甲乙寅卯年。

赤色，火色也。其色光澤華秀，如脂塗丹，爲正色。若焦烈燥煩，如火焰熾者，初年曰犯火，主二十年。中年曰火病，主四十年。末年曰火死。應壬癸亥子年，旺丙丁巳午年。

白色，金也。其色温潤如玉，經久不變者，乃正色也。若塵蒙，乾枯無潤色，如乾衣者，初年曰犯金，主二十七年。中年曰金病，主十八年。末年曰金死。應丙丁巳午年，旺庚辛申酉年。

黑色，水色也。其色條暢，風韻光彩，有鋒鋩顯露者，爲正色也。若煙霧昏昏，四時污濁不明者，初年曰犯水，主十八年。中年曰水病，主十一年。末年曰水死。應戊己辰戌丑未年，旺壬癸

① 三，《人倫大統賦》註作“二”。

亥子年。

又論四時氣色

凡觀氣色者,取四時旺相休囚,察人之已發未發。神色者,乃人之日。顯青,憂。黑,疾病。白,孝服。赤,官事。紫黄二氣色,皆爲吉慶。蓋神又别形,形又别神,神又别色。如此四者,骨則是形,目則是神,氣如煙霞,色若毫毛。青發於肝,黄發於脾,黑發於腎,赤發於心,白發於肺。

且如春三月,木,東方甲乙,在顴骨是也。顯青氣色[①],旺相也,亦先憂驚而後喜。顯赤色者[②],相生也。雖相生,亦先生口舌,或因官司,後成大喜。顯白色者,囚也。乃金剋木,爲牢獄也。顯黄紫氣色者[③],死也。故木剋土也,以此死亡矣。又曰:春得木而青,爲本色,不反者。如變白色者,是金剋木,主孝服哭泣,九十日見。若鼻赤,自己主有杖棒,家下人口瘖疾,血光之災。山根黑氣獨起者,兄弟有災,僕馬走失。印堂黑氣者,文章阻滯。黑氣横過眼下入耳者,主家下哭聲,重則自己身死。兩顴骨爲朱雀、玄武。黑者,破財。赤者,官事。三陰青色,女子之殃。三陽青色,男子之殃。三陰三陽,青潤黄光者,主生女。三陽紅黄光彩潤澤者,生男子之喜。如有喜將産,陰陽俱帶黑色,晦滯全無彩者,主喜中有憂,恐子母不全。凡準頭至山根、印堂透天庭有紅黄光彩者,主三七日,或四七日内,有財喜,或進田

① 顯,原作“顴”,據《人倫大統賦》改。

② 《人倫大統賦》“赤”字後有“青”字。

③ 紫,《人倫大統賦》作“黑”。

宅,生子娶妻等喜。上唇白者,自己腹肚之病。

夏三月,火,南方丙丁,額是也。顯赤色,旺也。雖旺,主先官司口舌,而後吉。顯黄白二氣色者,相生也。雖相生,白色先吉後凶,黄色先凶後吉。顯黑色者,囚也,疾病也。顯青色者,死也。又曰:夏乃火爲正色,赤者無妨。最怕黑色太重,乃北方壬癸水來澆火。如有紫色者,乃官司中生不測之禍患,失物不足。兩眼及眉毛并法令中有晦,主司命破損不安,招口舌上門,及人口病患,失物不足。左眼黑,男子病。右眼黑,女子病。蘭臺廷尉黑赤者,主血光疾病。山根黑氣,兄弟官司,僕馬病死走失。耳珠黑者,主財穀耗散。耳輪黑者,主其人不久而死。兩顴赤氣,朱雀動而玄武旺。準頭至山根及天庭有紅黄光彩者,主幹文書喜氣,無不順快,有財。如或此位青黑色,求財不遂,出入不遇。如求官中勾當,皆無成就。鼻梁黑重者,主病患。黑甚者,主死亡。如準頭獨光者,福祥。準一半,災矣。

秋三月,金,乃西方庚辛也,左顴是也[①]。顯白色者,旺也。先號哭而後大笑,吉。顯黑色者,相生也,故先病而後吉。顯青色者,囚也。顯赤色者,死也。又曰:秋以白色爲正色,怕赤色太重,是爲火剋金也。準頭有火焰者,主官司破財,桎梏之撓,杖棒之難。準頭至山根一路有紅黄之氣,主文書,官貴印綬無不稱心。左眼下赤,男子憂。右眼下赤,女子災。魚尾若見黑氣者,主有水厄之憂。山根黑赤暗昧,主兄弟僕馬病患走失。口角并腮如有黑氣,此是臟腑之暗疾。口畔如此形色,雖盧醫枉用心神。口邊最嫌黑氣來侵犯,豈知旬日入泉臺,宫中的黑無虚者,

① 左,《人倫大統賦》作"右"。

不問青黑主大災。

冬三月,水,乃北方壬癸,地閣是也。顯黑色者,旺也。雖旺,先凶而後吉。顯青色者,相生也,主先驚而後喜。顯黄赤色者,囚也。顯白色者,死也。又曰:冬以黑色爲正色,怕土來剋水。有黑黄氣者,主家下人口迍邅留連,患病。兩顴骨主官災,破財失脱。兩眼下黑赤,主男女之禍。山根黑黄色,僕馬不利,兄弟有災。印堂青黄,所爲文書阻滯。若有黑氣者,主落水墜馬之厄。口有白色,主貧困。眼常青,主夭,常被人所賤也。額有黄色,主一月内有喜慶。紫色,主六十日内有喜慶,及官榮。青色,主六十日内有孝服、公訟,不宜遠出。黑色,主百日内有憂虞不測,病厄。眼下有青色,旬日内有虚驚。赤色,有公訟。黄色,有喜事。黑色,主病夭。眉頭有赤色,主有非横不明之事。

辨色歌

早觀氣色非虚詐,一分一寸俱眼下。男觀左兮女觀右,膜肺腑中多不假。短於菽粟細於絲,吉凶可辨須詳推。或隱毛髮紋理中,氣色都輸談相者。

面部氣色詩

詩曰:額上紅黄二等絲,三旬定見轉官資。庶人自有求宜望,僧道遷榮有住持。

額上有紅黄二色如絲露者,貴禄。有此色,三十日内加官。印堂有,其餘人百事吉,求有望,僧必有住持之喜。紫色紛紛,三十六日内喜事宜動。黑色,有事不分明,防二季内攪擾及日下公訟。青色,不宜遠出,更防田宅有撓,六十日内應。

詩曰:額上紛紛紫氣侵,六旬喜氣定來臨。若還黑氣侵其上,一季災殃不稱心。

印堂額門青色,切須隄防,不可登高遠方,應六十日中。謹慎,恐田莊公訟。

詩曰:額上紅黄生貴子,舉人榜上有高名。其餘求望招財横,一季須知見此榮。

印堂上紅黄二色,主家生貴子,餘人得横財,主舉人解首名,求官吉,一季應此吉慶。印堂紫色如豆粒者,主進田莊,一季内應。

詩曰:印堂紫色似珠圓,一季之中進田園。白色若如絲露見,須防孝服事相煎。

印堂白色若絲,主孝服至,一季内。印堂黑色如黑水,主僕馬相欺之憂也。

詩曰:印堂青色事紛紛,五旬決定事纏身。黑色兼青如黑水,須憂僕馬有災迍。

印堂青色,主公訟及身,五十日内應。

詩曰:山根黄紫色加官,印動三千里路間。僧道庶人諸事吉,須知一季喜侵顔。

山根位上黄紫二色,主三十里侯印動,貴人加官宣詔之歡。中正紫雲,四十日有回還之喜。天中黄色,九十日升除。地閣黑青,一年内必死。連腮氣黑,六八而亡。滿額赤光,二四而訟。青雲貫額,九十日内有不測之憂。赤白年壽,五十日内有喪亡之事。地閣黑霧,宜防酒食之災。額角黑雲,應當噎食之病。天中黄紫,九十日加官。龍虎紫氣,五十日及第。桃花色貫年壽,五五登科。黄氣臨於白眼,半年改職。青黑驛馬,出入遭傷。青色滿額,在家不吉。目下赤黑,官事眼前。口角白乾,病臨眼下。寧心細察,定想消詳。無越綱紀,禍福必驗。

辨氣色

夫氣色者,發於五嶽,隱於六腑。朝則見於面容,暮則歸於肺腹。隨年隨月,隨日隨時,氣色升降,各分面色。白青黑紅黄,按金木水火土形。氣者,出於青塵,又如煙霧。忽於何位,有成有敗,有吉有凶。氣色真形,一寸二分。按一年十二月,一日十二時,年年各有興廢。月月亦有成敗,日日生發禍福,時時不測憂喜。欲觀人者,先要定所居方位。若得知之,吉凶無不應矣。

辨四季色

春要青兮夏要紅,秋間白色喜重重。冬間黑氣乘來往,若不相刑應始終。

三五日或十日内,見準上黑白色,主孝服并自生災。

辨口色

口角并腮有黑紋,須憂臟腑不調匀。病人口畔如斯色,縱是靈丹未保身。

口角及腮上有青黑,防一月或半月内,臟腑内暴患在床。

口角紅黄紫色多，此般氣象最安和。忽然角畔青青色，飯食侵刑没奈何。

口角有黑色謂之死氣入口，遠至一百日内定死。口角有紅黄紫色者，自身安樂。口角有黑有青，主飲食之誤。

辨眼色

眼邊黑色切須知，百事施爲亦不宜。災禍之來看十日，更防小輩暗欺軀。

眼下黑色，百事不利，防有不測，小人相撓，在十日内應。謀望不成，事宜守舊。

眼下青青憂染軀，心中不樂暗嗟吁。白色切須防父母，兄弟還同二日餘。

眼下青色有心中不樂之事。眼下白色，防父母兩日内有厄。無父母，防兄弟有災。

眼下紅黄紫氣生，最宜求望事皆成。神仙留下通玄術，凶則無災吉則榮。

眼下紅黄紫色者，百事吉。

辨眉色

左右眉頭赤色凶，定遭公事在官中。眉頭見得常明澤，所作施爲百事通。

左眉上有赤色，防官中公事。右眉上有赤色，防邑中公事，應在一月。兩眉常明澤，吉。

辨耳色

兩耳焦黑腎氣虚,紅潤丹田病盡除。須信形神玄且妙,建通氣色目光舒。

兩耳上有黑色,防腎家有病也。兩耳紅潤者,吉,丹田六腑無病之色。

辨面色

滿面都青色,常懷毒害心。要知招喜慶,紅色滿容侵。青色不明朗,乃是滯色深。謀爲諸吉慶,須還滿面明。明澤之爲吉慶順也。

辨四時詩

春青只向三陽取,夏赤須於印内求。秋白但觀年壽上,冬觀地閣黑光浮。

春三月屬木。青色出面,木旺也,主更變喜美之事。紅色出面,木生火也,因妻妾上喜,三七日至。白色出面,金剋木也,主官鬼相撓,一七日内至。黑色出面,水生木也,二三月間有死亡之事。黄色出面,木剋土也,七七日内有横財喜至。

夏三月屬火。紅色出面,火旺也,得貴提攜,三五日至。青色出面,木生火也,父母有喜事,一七日至。白色出面,火剋金也,諸事次吉。黄色出面,火生土也,因子孫有喜,三七日至。

秋三月屬金。白色出面，金旺也，七七日内得陰人財。青色出面，金剋木也，得横財，拾得古器之物，三七日至。紅色出面，火剋金也，争訟損財，主三七日至。黄色出面，土生金也，父母有封贈，常得人財，三七日至。黑色出面，金生水也，主兄弟哭泣，三七日至[1]。

冬三月屬水。黑色出面，水旺也，須得財，不足喜，防官災詞訟，雖有無患。白色出面，金生水也，得貴人力，七七日至。紅色出面，水剋火也，得陰人財，交易貴人喜，三五日至。黄色出面，土剋水也，三七日内失財，諸事不吉。青色出面，水生木也，父母子孫進喜，七日至。

黑色若四季有之，皆欠順，作諸事者當忌此等氣色也，必主死亡之事。五色者，俱以五行相生相剋，有勢無勢，四時定其吉凶。蓋水生木，木生火，火生土，土生金，金生水；如木剋土，土剋水，水剋火，火剋金，金剋木，推此相生相剋，在此消息之間，以定吉凶，則禍福無差矣。

五色所屬

金色白，乃肺之神，如敷粉汗出流，不似白露。準頭上見之，主災父母。目下以左右陰陽言之也。

木色青，乃肝發之神，發時如初生柳葉，又如青綫。凡人面不可有此氣，主憂事。在禄位，主失財。在父母、兄弟、妻子，主憂。

① 三，《統會諸家相法》作“二”。

水色黑,乃腎之神,發時如鴉成片黑。山根、年壽、準頭見之,主病。眼下,主孝服。兩耳邊至眼,六十日内主死夭。諸部以上,主病。

火色赤,乃心神之發,發之赤散如醉。印堂見之,主牢獄、公訟、杖責,三七日至。發濃赤,立見災應。顴骨,主疾病至。

土色黄,乃脾之神,發時如卵黄,多喜事。天中、印堂見之,如雲霧,大喜。牢獄見之,遇大赦。兩眼下家宅見之,大喜。準頭、山根見之,貴人成將,有財喜。

九仙會源氣色歌

太歲臨門,額上昏昏。春夏不散,年多災迍。

奏書一部,初出黄光。準頭相應,百事皆昌。

金神一部,左右天倉。或紫或赤,朝見君王。

太陰青紫,右眼眉側。君子傷財,小人杖責。

博士三陽,宜紫宜黄。女黑産厄[①],男黑必殃。

力士兩顴,青黑之色。男子徒流,女子産厄。

眉上黄光,喜樂年當。天倉地閣,穀麥盈倉。

大耗一部,地位乾燥。赤黑交加,必遭劫盜。

面色青黑,年遭邑遊[②]。亦宜守舊,出厄他州。

眼鼻赤色,命帶飛廉。女遭産厄,男病風癲。

黑色入口,印綬如煙。五鬼絶命,破敗田園。

---

① 《廣鑑集説》此句作"春青孕婦"。

② 邑,《廣鑑集説》作"日"。

心多驚懼，面無顏色。休問年紀，命逢吊客。

眼下喪門，白如粉痕。若無哭泣，必有争論。

白氣朝口，多號白虎。恐遇毒藥，困傷道路。

黄幡豹尾，鼻柱兩旁。常要明浄，黑氣火殃。

大殺一部，眉頭眼角。忽然雜色[1]，不宜動作。

五虚六耗，喪憂口撓。身心不寧，破敗之兆。

秋潭氣色歌

天中如珠一點赤，住宅須防遭火厄。天庭定有公事來，官司刑獄應十日。中正其人被辱侵，印堂文學應朝夕。山根莫去州縣遊，被人謀害必端的。壽上驚憂因得財，準頭定是遭官責。人中失物有災臨，承漿莫飲酒忘溺。地閣争田被凌辱，諸部視之終不吉。

天中如絲一縷青，官司勾追不得停。中正陰私婦女厄，司空暗主撓心情。印堂刑獄更非輕，舊事已發應天庭。山根外人莫寄物，只因無事起喧争。年壽父母當有疾。準頭莫向當風睡，人物醉後忽成驚，承漿酒食須防謹，地閣經波喪此生。

天中天庭一點白，果然父母遭危厄。司空叔伯服臨門，中正外親及叔伯。印堂兄嫂卒死來，山根姑姨病急迫。年上重喪家破憂，壽上有子無魂魄。奸門魚尾及陰陽，妻宫之中如路陌。準頭自身如塵侵，懸壁奴僕黄泉客。人中妻孕血成池，滿面天羅灰土色。

---

① 忽，原作“總”，據《廣鑑集説》改。

天中莫令氣色黑,定有天災君莫測。天庭咒詛被人冤,中正定有非常疾。司空乘馬必墜傷,印堂家宅憂病危。山根自身因疾生,年壽宮中見疾厄。準頭黑遍莫求醫,人中火急憂患發。承漿醉後水中歸,地閣橋梁牢獄折。

天中偶得一點黄,武官文節授朝郎。天庭財至并寵喜,司空定有雁書揚。中正夫妻多喜事,印堂急詔至都堂。山根横財不可量。若逢年壽家宅安,準頭必定足錢糧。人中信息兼財至,承漿必定宴高堂。地閣田地增兩倍,增田加禄兩相當。邊地驛馬連輔角,兼接山林外吉祥。龍宫眼下必生子,魚尾奸門主洞房。懸壁僕馬人財吉,日月角上有黄光。父母宫中多喜慶,文書詔擢探花郎。

天中光潤色帶紫,官禄榮華財帛至。天庭必有詔書臨,中正家財報馬至。司空定至三公位,印堂遷職必受封。山根妻位喜非常,年壽妻財即便來,準頭横財應入己。人中大忌身有災,此人軀魄在棺裏。承漿外人送物臨,地閣置田在都里。

天中仰月一片紅,七日朝廷印信封。天庭立有詔書至,司空文書至三公。中正妻妾身懷孕,印堂主喜有來蹤。山根妻妾非常美,年壽運動知壽隆。準頭財帛兩三重。人中有信婚姻事,承漿酒食喜英雄。地閣見時加倍喜,卧蠶貴子兆羆熊。嬌妻美妾何宫見,魚尾奸門色帶紅。相中此法君須記,惟有江西人不同。

氣色者,自天庭、中正、司空、印堂、山根、年壽、準頭、人中、承漿、地閣各位,已定吉凶,色起明潤,即應七日,遲則二十,或慢則百日應。順則吉,逆則凶也。

六氣

青龍之氣如祥雲襯日，朱雀之氣如晚霞映水，勾陳之氣如黑風吹雲，螣蛇之氣如草火將灰，白虎之氣如凝脂塗油，玄武之氣如朝煙和霧。

六氣者，青龍爲吉，其餘或主破財，或主留連，或主驚恐，或主疾病，或主陰賊。如形骨不入格，終身爲其所累。如形骨既正，當候其數，然後氣可定而名顯也。又須觀其所付深淺而消息評之。或有清净無爲，故其氣其容湛寂同止水無紋。六氣可得而明也。

神相全編十三

通神鬼眼萬金氣色篇

其辭曰:湛然清浄,百禍難侵。或氣相雜,一事不遂。黑氣若穿五竅,身陷幽冥。旺氣如犯三堂,禄從天降。居官見任逢赤色,與同任交争。士庶無權見紅色,同兄弟争競。是故天庭白氣,春愁口舌刑傷。地閣黑雲,秋怕交争詞訟。神門黄氣,因奸而尚然成婚。妻部黑雲,故舊而中間變盜。赤色忌侵法令,酒色身亡。炎宫怕見水宫[①],妨妻産厄。青氣生於眼下,必是妻妾子女之憂。白氣長於鼻準,頓有父母昆仲之服。中央土色,逢紅而終見災殃。青白神色,總紅而必無多慶。天中黑霧,失官退職。印堂黑色,移徙之愁。年上色黄,即封官爵。壽上色紅,必妻争競。年上横紋赤黑,或憂父母或憂身。壽上黄雲紅色,亦喜子孫亦喜禄。白爲死喪,赤乃官災。黑爲病患之憂,青爲驚辱之事。眼下赤色而争訟,眉上黄明而受禄。黑如油抹,人命多傷。黄似塗酥,財帛廣聚。紅黄入於面上,多因敕賜金帛。年上黑霧應天獄,定見官中而招責也。魚尾微青,奸事敗。準頭紅黄,禄位成。黑連年上,女必招災。青入人中,男須敗業。喪禍起於白頭,憂病長在眉山。髮際黄明,求官易得。鼻孔黑暗,幹事難成。懸壁

① 水,《統會諸家相法》作"陰"。

真紅，因奴馬以争强。淚堂黄色，爲功名而必淹滯。眼下黑色，左害子而右害妻。眉上白光，右損母而左損父。赤黑色動，防財帛與官災。天嶽赤遮，慮人指而虚詐。山根赤色貫兩目，火燭血光之厄。年上黑氣侵法令，酒食色慾之憂。求官進職，三堂上以明光。財退官災，五嶽中而黑暗。小求大得，蓋天庭兩頭分明。不勞而成，因蘭臺四方明浄。印堂黄色如柳葉朝邊地，九十日二品登壇。高廣紫雲似月明於天中，一年間分符拜相。驛馬紫氣四十日内有，小人百事吉，僧道名目至，半年内應。

山根黑色

山根黑色狀如煙，乘舟涉險恐迍邅。不然寇盜侵財帛，公撓三旬即見官。

山根位上黑色如煙狀，涉危險，渡江虚驚。不然財帛有撓，中寇賊，三十日應。

山根青色

山根青色在心憂，僕馬相應生月頭。色白忽然有此位，半年外服有來繇。

山根位上青色，心中有撓不樂，防僕馬小人相害，在三五日内見。白色，主輕服，一百二十日内應。

準上紅黄紫色

準上紅黄紫色時,半年之内有重禧。進田增僕身安吉,此事俱祥不用疑。

準有紅黄紫色,百事吉昌,半年内應,重重加進田宅,又僕馬位喜,又身平安,五十日内見喜。

準上紅黄

準上紅黄主有權,自然所作稱心田。若還紫色侵其後,一季妻生子必賢。

準上紅黄色,大宜執權道,大吉之兆。準上紫色,主妻宫見宜子之喜。

準上青紫

準頭青紫不堪論,半月災危及子孫。若是家中無子息,水災火厄恐臨門。

準上青色,必主子孫之厄。如無子息,防水火之驚厄,應在四時方見。

論色類

陳圖南云:色之無光不可謂之色。蓋無光則虚色矣,災喜皆不成，不必斷也。先視其主休囚死旺，然後遍看諸位吉凶善惡，審而言之，萬無一失。天之蒼蒼，其正色也，雲霧乃其氣耳。人之職形受命與天地同，所稟之氣有變動，則所發之色有定體也。

色隱神隱眸者，貴。明則吉，暗則凶。紅黄紫爲吉，青白黑爲災。紅黄色喜，紫氣遷官之喜。

浮主未來，沉主過去。浮沉相並，去去還來色定爲災害。發深則應近，發淺則應遠。或無貴而色頓開，則不爲祥。此説非可言而進也。或有色未透天庭而亦發者，是其準頭開而部位之貴皆開以相應，不必至天庭也。印堂、内庫、驛馬、龍虎角、日月角，皆爲貴。

或陰晴未定，必在準頭，不可發也。焦燥暗惡，不獨難發，多脾胃心腹之病，水火刑訟之厄。若視之寂然，難取難捨，有道者之色也。視之赤然，似浮似沉，奔競者之色也。視之瑩然不雜，得意者之色也。視之慘然，陰合陽散，細人之色也。視之泰然，如驕如滿，自定之色也。

氣令色章

面上光潤，財禄日進。若問此人，漸漸得運。面上昧氣，財禄日退。若問此人，漸漸色滯。

凡面上有惡氣如垢痕者，災色也。如人中至準頭，上至天庭印堂之間見之，五七日内應，必生災厄。

氣色歌

謾向空中設彩絲，齊分六色發神輝。舉心竚目徐徐視，妙理無過細察之。若看紫色無神光,雪上下雪霜上霜。但看年上青黑色,不過三七有災殃[①]。氣色只在皮膚出,見了之時須要防。一年半載多不退,定主家中有死亡。要看氣,不須忙,但看年上與印堂。若還喜事來何處,認取一點淡土黄。

氣者,所以養神形而化神也。周流於五臟六腑之間,因七日之汎,故發於五嶽四瀆之上也。實則壽,虚則夭。紫氣成片,黄氣散,青氣如霧,紅氣肉裏,火氣在皮上。已上五氣,須看厚薄。紫氣,雖貴人、庶人難得,官員巨富方有,如染重。紫色相似。紅氣是喜色,火氣則有災。人有相異骨貴,爲雜氣所撓。譬如遠山有奇峰秀景,爲雲所蔽,不可得見也。一遇匝地清風,當天皎日,則奇峰秀景非獨可以觀覽,必使人留戀而難捨也。

察色歌

青色類

青臨日角須憂賊,升似川文官禄遷。日角卧蠶須有分,印堂近日病遲延。忽然牆壁來金匱,財物三旬失可憐。道上來還須有願,山林蛇虎厄相連。奸門必定外失物,眼下横來病不痊。壽上若横家内鬼,公婆鬼願未曾還。左邊金匱金銀生,右畔如絲或進田。口畔入來須餓死[②],更兼淫慾事縈牽。山根須有陰功助,乞得來時額上全。三畫内陽須轉動,片身居墓墓應穿。天門三旬財來到,地部部横天地纏。更看神光垂十字,其兒哭在七旬

① 三,《統會諸家相法》作"二"。

② 入,原作"食",據《統會諸家相法》改。

邊。如臨天井懸珠勢,必定居武掌威權。若是病人因口願,囚人無願亦無愆。

赤色類

赤點白睛憂重罪,準頭應是病相纏。如臨珠上或條貫,一歲一煞隨命懸。牆壁山林財必失,外圓黄紫得招財。武官巡簡看魚尾,盜賊收擒倍稱情。牛馬但看牛馬死,山林蛇虎事堪煩。忽然眼下如珠發,妻子因何叫鬥聲。金匱魂門招怪異,承漿若得有喧争。陂池井部相連接,因水逢財喜慶田。驛馬圓珠富貴勝,須承敕命赴提刑。得樽得肉宜歌會,地閣因田訟訴生。若在山根須慎火,更兼家内損孳牲。命門發到山根上[①],更過眉頭左右輪。只在六旬遭法死,如居右耳倍時辰。纔臨日角官遷轉,節度當權任意行。勢似卧蠶須餓死,川紋懸令坐琴堂。常常日角如珠起,口舌言辭耳畔鳴。若是爲官須轉動,二旬之内事分明。貫於奴婢須潛走,年上遭官災火臨。

白色類

印堂白色哭爺娘,顴上命門兄弟當。只在命門全不散,三年之内定身亡。墓如品字葬須傷,半角垂珠一七亡。若是小人須相眷,又兼牛馬損災傷。奸門妻有通私事,魚尾同途一等詳。日月角中憂服制,坎中須有外喪亡。忽侵年上公婆死,若見行兵必得强。天井如龍封上將,小人孝服在門房。陂池法令相連接,駒犢多應有損傷。中嶽横來過兩目,本家非久看衣裳。田倉上有須憂賊,散失兼因此位詳。直入眼中三七日,妻兒父母哭高堂。侵歸兩耳迍災禍,好看今因更顯禳。眼下垂珠夫婦鬧,準頭二八

① 門,原作"内",據《統會諸家相法》改。

競田莊。若來鼻上九旬内,公事相争鬧一場。地閣横遮牛馬傍,又兼大小破田塘。更來入口分明記,口舌君須自審詳。壽上見時五十日,多應自害入泉鄉。

黄色類

黄色天中分别土,日角須受三公府。又似片錢呼相公,常人喜應財來聚。印堂鐘鼓勢分明,七旬之内公侯主。更從甲匱入耳中,禄至三公能振府。墓位食招祖有龍,道上得財如意取。牛角但知牛馬吉,眉準必有主傷亡。甲匱即逢掌印信,更兼箱篋不尋常。散失得地盜財物,得樽得肉會重重。入口定知瘟病到,冬看水入得財濃。雙獄囚人枷鎖脱,感皇恩赦則歸農。

紫色類

紫色天中分八字,更應非久便封侯。蘭臺日角二十日,節度當權都府頭。庶人必得添財物,重重有喜稱游優。常在氣凝全不散,貴人逢著意綢繆。法令經朝印信來,凡人争競罪全休。若來壽上横如一,家内妻兒人事酬。牆壁捲雲如連珠,三日須乘駟馬車。凡人必得財來應,地角横來好宅居。若是爲官加守土,二旬之内豈言虚。山林就勢觀察使,驛馬生龍到中書。剋應不過三十日,分明定取莫粗疏。帝王殿前登正位,日角卧蠶樞密呼。眉頭雙起豐大使,山根如錢加禄初。奸紋上已乾紋發,結喉將軍發有餘。法令圓珠巡檢使,二旬應候定機謀。日角卧蠶相省位,食倉形勢進田畲。田産有時同此節,山林之地喜相須。眼下有來三月内,妻財貴子喜歡娱。牆壁二邊看二七,爲官上馬好登途。更看三旬如此的,陂池位上似懸珠。文武將相權生殺,魚尾自得盜財物。龍潛剛專滿牆壁,常人與居三百石。承漿嫩龍觀察使,僧道定當須掛紫。命門若見喜非常,遷官掛緑皆因此。

黑色類

黑氣天中年上遇，更來地閣如煙霧。又如黑汗發來時，此輩須臾歸死路。眉横左右一百日，若歸黄泉因此遇。年上山根周歲死，地閣争田起訟訴。法令牽連公事生，七旬之世須覺悟。若逢此色發來時，纔入三朝死堪懼。發來若也貫山根，定是難過來年春。大海見時二七日，逃走奴婢及生災。壽山垂牆咒詛死[①]，一百二旬須剋身。中嶽横來生兩耳，十日之内定災迍。青色未侵兩邊蠶，十日之内定生男。若到承漿忌六旬，問官不睦定生嗔。僧道定看白兼赤，二旬口舌禍來侵。黑色來臨兩邊口，二旬之内病災纏。黑色來侵卧蠶下，婦人小口定災迍。剋應定看三十日，更兼口舌事堪猜。黄色準頭看七七，婦人驚恐自身災。

月屬氣色

正月印堂白色，孝服，死。青應時，黄凶，紅紫吉。二月印堂，三月山根，四月壽上、年上。白凶，枷鎖死。青災滯。五月準頭。黄色吉，赤應時。六月人中，七月口。青死，官災破財不一。八月承漿，黄色吉，黑病。九月地閣，十月天空[②]。赤色官病死。十一月天庭。黑色應時。濃者，必定凶。十二月髮際下。

已上四季之色，有應時者，有反常者，皆以理推之也。

---

① 山，疑當作“上”，面部部位有“壽上”，無“壽山”。詛，原作“咀”，據文意改。

② 面部部位無“天空”，疑當作“天中”或“司空”。

四季氣色詩

論青色

春月如逢色見青,主有喜慶之事。重新進入後來人。添財益産多歡慶,一季無憂少有迍。夏月如青不可逢,主父母上有喜慶事,五十日見。一如珠玉陷泥中。求財望事無亨泰,迍滯重重且見蹤。秋逢青色且威權,主添人進口,家宅平康,謀爲稱遂,乃吉兆也。冬月如逢青色祟,主禍患破財,凶惡之事。定教禍患一場凶。是非唇吻重重至,退了生財剋子宫。

論紫色

春逢紫色喜重重,紅色主妻妾有喜,三十日内應之。吉事臨時削去凶。男女婚姻多喜應,資財金帛也相從。夏逢紫色大不祥,紅色得貴人提攜,三五日内有應。資財一似雪澆湯。身邊常患多啾唧,更莫經商出外鄉。秋月如逢色紫呈,火剋金,主進生財,一月内應。定教財穀見豐盈。家添貴子文昌盛,從此優游日顯榮。冬間紫色主憂煩,冬屬水,紫屬火,水剋火,水火相戰,乃水旺得地。但災厄,宜破財。禍患重重有數般。善事日加多大吉,主無災害得相干。

論黄色

春逢黄色旺資財,木剋土,木爲主,七七日内見財。人口重重進入來。作事自然教稱意,運謀無所不如懷。夏月逢黄豈有憂,運謀無不遂營求。田牛興進今須定,一歲安然得自繇。秋逢黄色亦如青,進財進産又添丁。必是婚姻須進契,保之一歲自安寧。冬月逢黄主動驚,相他家下未安寧。更兼禍患重重至,唇吻憂危日日增。

論白色

春逢白色不爲奇，金剋木也，主官鬼相持，十日内見之。妻子災迍更有非。六畜重重逢損失，定須坷坎主憂疑。夏逢白色吉來臨，火剋金，但陽人刑害，三十日内官刑見之。飲酒於中百事成。一應田園并六畜，無非無害到門庭。秋逢白色主不虞，白屬金，遇秋金旺，五十日内或傷之也。一防口舌二防非。必然交易經唇吻，暗退資財未可知。冬逢白色喜而歡，主貴人提攜成事，五十日内應之。萬事從容各有權。男子定招錢穀進，女人姻事必團圓。

論黑色

春逢黑氣主榮權，主有喜慶之事。文契重重有數般。喜事日加多大吉，主無災害得相干。夏逢黑氣主憂驚，主有驚厄破産之事。妻子於中必有刑。若不屢教兒女病，定應田宅自危傾。秋生黑氣不爲凶，金生水，或兄弟上有災厄，二七日見之。平等門庭事不同。身畔自然新盛舊，非災横禍豈相逢。冬月如呈黑色凶，主有官災疾厄之事。數憂繩索禍重重。資財退了多啾唧，六畜須教死絶蹤。

黄氣歌

黄色紛紛如陣雲，天庭或見五三分。更兼日月相連起，不日須知面聖君。忽然帝座及天庭，色似包金隱隱明。或見細光連下起，遷榮過日有餘成。龍虎之間日月邊，或生光彩半相連。更於大次當求進，宰相須能薦擢權。滿天光彩半相交，禄位前程自此高。忽向廣寒求進取，必逢平地上青霄。忽現還從四季中，定知前路必亨通。須分部位兼倉庫，必定凡求有分榮。忽生印綬虎兼龍，兩眉上下最和同。若以爲官身位禄，終身决在九霄中。忽然妻位及山根，更兼光潔潤和温。三陽陰位分明起，必榮妻妾見兒孫。忽然地閣及山根，財物如雲漸漸生。更從邊地相連接，出入深知道路亨。金匱相連顴上明,更從地閣及天庭。若兼出入求財物,也知珍賂有豐盈。耳上倉黄漸漸生,須防多病半相縈。如雲黑暗相連接,朝夕須防事不明。

赤氣歌

天上紅光滿印堂,職禄高遷入帝鄉。更於何處當求進,目下須知近帝王。滿天光彩亂如麻,名禄重重有進加。不論朝士兼民俗,孤寒蹤迹出涯沙。兩耳光明復潤温,財路通知自有門。不求自有人扶職,産業營生不可論。或在天庭帝王邊,必知官禄横加遷。若相轉營相連接[①],定有公侯薦職官。準頭年壽及山根,日近須知有邅迍。若是貴人扶失職,在於民庶害其身。地閣相兼倉庫間,也應財禄更終年。水土形人猶未可,或於金水病相纏。滿面交加赤氣生,家宅年終事不寧。無論四季相争競,子孫遭病必遭刑。或於夏令更於冬,財物凡求處處通。不可小求當大用,却須人事更和同。若於禄庫更分明,官職求官定顯榮。祥光細細朝天去,月中一物兩般成。地閣承漿仔細分,奴僕波濤去似奔。上連壽帶侵金匱,災禍臨家及子孫。

青氣歌

青光滿面潤還温,財物亨通不可論。六畜並興土産旺,不宜城市向山村。青氣紛紛半上天,名禄干求總不全。若臨日角並妻妾,陰貴扶持自有緣。龍虎之間及學堂,定知功業兩皆荒。不問達尊須用病,臨官多失病堪傷。細看眉下位三陽,須知怪夢作乖張。家宅不寧真有象,是男爲盜女爲娼。準上光侵金匱中,財位多招使不窮。必有小人相扶助,他年遷盛有誰同。耳輪青色

① 轉,《統會諸家相法》作“輔”。

半乾枯，腰間多病卒難除。奴僕不來財又破，朝餐却敢棄精粗。繞口青青枯瘁多，男女姦偷可奈何。奴妾走逃終不見，也妨夫死犯天羅。日月朦朧暗又昏，名譽皆亡杳不存。若是士人求進用，禍求囚繫豈堪論。或於邊地暗還明，遠信求之卒不成。六畜竟災人口散，不宜出入路中行。地閣承漿散又生，不能安産變還更。却向静中求不得，自然漂泊走途程。

白氣歌

或生光彩貫天庭，清望還如滿四邊。不是封侯爲將相，此人朝野更功權。準上分明散又生，更須光彩滿天庭。若能光潤朝諸部，本主還須知姓名。更於虎角甚分明，須見公侯事立成。但向朝廷求大用，決然目下有高名。龍虎之間及印堂，横遷高禄必非常。若從發處秋風起，不是封侯作郡王。禄位分明及印堂，名高遷入帝王鄉。宜向侯門求進用，貴人扶助力偏長。或生光彩兩眉間，名譽清朝不可閑。七八月間求進用，定知此際見天顔。妻妾三陽位上全，女人懷孕半終年。如何測辨生男女，左右神光一子賢。分明目下貫蘭臺，定是家中口舌災。莫向内外求訟事，自然消散走塵埃。相及形神不可言，人亡財散足終年。若論舉措須防慎，百事求之物不前。五嶽相逢潤又明，不論高大有豐盈。或作武人求大用，宜於危位立功名。

黑氣歌

目下紛紛光又明，須知妻子孕還生。女子必正多清潔，男子求官位不成。司空中正見還多，名目參差没奈何。有似青雲來蔽日，不安閑散見蹉跎。印堂年壽及山根，名目俱亡杳不存。切恐有時成不得，尋常多病豈堪論。兩耳愴惶及壽門，脾腎猶多退没因[1]。不是在途歸不得,在家得失幾傷神。下歸金匱及三陽,男女狂癡奸又娼。多向外邊歸不得,多虚少實似風狂。福堂兩下及山根,父子天涯杳不聞。常在異鄉歸不得,十年之内却相親。或於廚竈亂交加,須至征夫入我家。妻女或隨人去走,不知消息向天涯。正面如煙散又生,往來穿鼻亂交横。或於九夏常常見,家破人亡有哭争。黑氣如煙向口邊,更兼倉庫亂生煙。不論貴賤并高下,死向郊原及野田。黑氣如煙散四邊,旅人歸去已應難。不特春夏秋冬面,向外途必不安[2]。

氣色論

一行禪師曰:氣色凡有七,青、黄、赤、白、黑、紅、紫是也。凡在於鷄鳴之後,平旦之前,當血氣未亂,飲食未進,神色未雜,人事未接,立身端正,不可洗面漱口。凡見於面部者,自然之氣也。以燭照之,自上至下,見於面部。察其氣色,定其吉凶。夫氣色朝出於面部,暮歸於肺腑。狀有大小,或如粹米,或如長針,或方如印,或圓如珠,或如浮雲之狀,或如飛鳥之形。青色主憂驚,黄色主吉慶。黄屬土,四季各旺十八日,又爲胎養之氣,故爲吉慶之福德也。赤色主血光、口舌。白主折傷、孝服。黑色主牢獄死亡之事。青色初起如蠶吐絲,盛如蠶繭之絲,來如黄馬牛之色,去如桃花斑。赤色初起如火來,盈如研開硃砂,去如蓮花葉累累。白色初起如脂膏抹,又如塗粉,去如垢泥也。黑色初起散如

① 脾腎,《統會諸家相法》作"腮畔"。

② 此句疑有脱字。

馬尾，又如温灰色，去如塵污也。

斷四季論

如春三月，青旺，赤相，黑主休，白主囚，黄色主死。若是夏三個月，赤旺，黄相，青主休，黑主囚，白主死也。若值秋三月，白旺，黑相，黄主休，赤主囚，青主死。如遇冬三個月，黑旺，青相，白主休，黄主囚，赤色斷死也。

氣色相福歌[①]

紫白赤黄青與黑，精細微妙誠難測。官災終不錯分釐，定喜須教時不尅。枷鎖慰色號災紋，半年迍否定埋魂。忽然一段青臨位，便防六畜更災瘟。紫紅忽有黄絲髮，三陽若見主新婚。何知福禄人來訪，紫入蘭臺更造門。黄氣未來逢宴樂[②]，白紋深入主憂疑。要知福禄色變動，恰似青煙罩遠山。命值烏雲漫耳裹，忽然臨注黑霧起。如今須是世間人，不久便爲冥道鬼。昏昏淡淡入三陽，忽然如綫似難當。家憂小口歸冥路，深處公門入禁房。奸門若有青紋見，妻有私情夫不見。若能妙藝得其傳，易曉黎民數憎怨。紅暈藍痕應見喜，白色繚繞喜多驚。忽然小輩逢其色，災禍來侵也不輕。青氣氣紋半上陽，若見紅絲必主亡。尤防財散傷牛馬，定見身邊有禍殃。青龍鬱鬱兩邊分，紫氣交加不

① 《統會諸家相法》題爲“四明袁忠徹著”。

② 未來，《統會諸家相法》作“來時”。

可論。切忌陰人井小口,只因疾病見災迍。微微黄色發天庭,五七旬中喜氣臻。六品以下皆爲對,三遭以上定榮遷。年壽分明一歲安,印堂紫氣必遭官。準頭垂垂赤氣繞,加位遷移主異端。白氣團團運部中,又爲印綬妙相逢。秋看喜氣重重至,只恐遷官更不同。命門黑氣到山根,五旬之内入墓墳。更兼眼下如抹粉,必至妻房及子孫。天中天庭黑氣來,更須細看有何災。年壽忽然齊發動,斷定周年必主衰。司空黄色入堂中,爲官轉職事皆通。此人只得財來散,赤色失財亦是空。印堂青色至山根,光發下來似斑痕。父母宫中無剋應,細讀看來限六旬。印堂白色哭爺娘,若在命門兄弟當。只在命門全不散,三年之内自身亡。天柱倒時黑又光,唇如隔歲浸生薑。行如兩步來侵我,不過兩載也身亡。地閣色黄主遠行,買賣求財事事榮。若無黑色無田宅,謀事年年也不成。地閣浮雲青黑色[①],三年之内黑光亡。紅色俱如加禄位[②],青黑憂煎必致傷。蘭臺高廣一般般,紅紫兼黄禄轉官。青黑赤時愁不落,定遭刑獄事相干。太陽黄必天庭來,大喜今年得横財。若是爲官加爵禄,娶婦成婚不用媒。黑發三陽青氣多,失官傷職事奔波。若求發來年壽上,天中亦合見閻羅。欲見他人壽不長,但看雙眼昏濁黄。天壽有如題筆樣,周年之内入泉鄉。色雜神光都不見,直饒富貴也尋常。

五言詩訣

印堂青色起,知君身有災。若無孝服折,定是損錢財。印堂

① 青黑色,《統會諸家相法》作"青上色"。
② 禄,原作"是",據《統會諸家相法》改。

血色起，必是損血財。豕馬牛羊犬，遇早好收回。印堂紅色起，知君喜事來。若無婚嫁娶，定是進田財。印堂紫色起，知君官職來。不然生貴子，必是禄遷階。印堂白色起，孝服見悲哀。家中若無事，六親外服來。印堂黑色起，定是見凶災。同床并子息，作福免災殃。

七言訣

眼下青青色有無，心中不樂暗嗟吁。白花切須防父母，兄弟須還一月餘。天鼓不鳴一月死，神光不明十日亡。天柱側斜一月死，年上無光黑氣侵。黑氣漫漫腎部傷，安樂見時須大忌，病中決定主身亡。蘭臺法令無光氣，有位之人定失官。若是俗人無澤色，也須家破主飢寒。神氣皆昏似醉癡①，前程不遠不須疑。任是有官并有禄，看看只是半年期。印堂坑陷無光澤，縱有光明亦少官。假使祖宗封職廕，中年失位或貧寒。平生辛苦手無色，貴者須紅賤者黄。那更粗疏紋理亂，立見破敗少田莊。人求好事不須功，龍角無光定不成。更見印堂如黑黯，因求事後反爲刑。面生塵土無光澤②，須知失位横災臨。更添赤色山根上，煩惱朝朝妖禍侵。

九靈歌

天庭紅色見，職官多遷轉。仕路有異名，黎庶皆榮變。印堂

---

① 似，原作“是”，據《統會諸家相法》改。

② 生，原作“分”，據《統會諸家相法》改。

色白青,官司主有驚。若見紅黄色,恩詔赴皇庭。山根赤黑浮,火盜兩悠悠。青白人宅散,蹇滯未能休。鼻準青黑凶,黄紫喜財隆。赤色血光見,更防刑殺充。正口赤光病,青黑難存命。白光主唇舌,黄色家須慶。承漿地閣黄,家宅慮火光。紅色招財穀,青白色憂惶。法令有白氣,兒病緣此意。青黑主喧争,紅黄現者吉。黑氣入三陽,千金不可禳。爲官須失禄,士庶破財亡。命門黑或青,非久必歸冥。赤色身遭患,白光主哭聲。

歌喜氣

黄色騰騰起,朝天禄位成。如雲縈日角,旬日拜公卿。準有明黄動,縈紆入食倉。進財兼進喜,猶看旺何方。印信有微黄,天門紫氣光。龍頭横鳳尾,高甲占金鎗。一點如絲髪,微微在印堂。離明兼有應,名位貴中揚。宅喜看牆壁,身宫認子孫。書來尋驛馬,邊地武功存。

歌凶氣

準赤憂煎動,縈纏有訟文。氣青來口角,卒病號亡魂。眉尾青連黑,陰人位最憂。入斜須見哭,赤間定難留。藹藹青雲起,災來在夏秋。忽然歸口角,身恙卒難瘳。白氣騰騰起,中秋號應時。若纏眉額上,長位見雙悲。憂氣開還合,非時定有災。若還凝聚久,猶自更徘徊。

官員氣色歌

官員品次色難知，二部仍將仔細推。進職加官天上看，誰於地閣見遷移。遷移爲是紅光面，纔發天中只轉資。直下印堂兼五部，紫來同見亦如期。忽然五嶽皆紅起，加職仍兼産貴兒。若見天中黄赤色，加官一位莫嫌疑。天中紫氣發生時，堂廟官封紫誥飛。甲匱若逢官職至，三旬之内定何疑。天中黄白如圓光，七個旬中坐廟堂。若得發從高廣上，貴兼才吉作侯王。黄生龍耳封侯客，自見天中武職加。但是黄生諸部上，臨官驛馬事無差。人中金匱見黄紋，驛馬遷官四海聞。更得龍蛇左右上，定須拜相喜如雲。驛馬忽從青黑色，到官停職不堪詳。更加嶽瀆都尖陷，縱然爲官不久長。印信喝唱發青苔，退職休官定見災。若見印堂同此位，斷須三六九朝來。紅黄印上發天中，三七遷移位不隆。内外發來魚尾去，加官妻位喜重重。印堂紅色必加官，及有家書到喜歡。白色書中言孝服，紅居年上壽延長。紫臨喝唱主遷移，若在西邊禄向西。但看四邊看向上，便知食禄有歸期。舉止皆從部位看，印堂紅色是加官。天庭轉對府中天，入鬢須知上位權。非次加官從此道，紫金之喜近朝邊。紅來食禄兼歸口，若是青來位不遷。印堂喝唱有紅光，天柱生來主正郎。黄色發來官改動，黑時應主命傾亡。紅光印信不移鄉，二七加官喜倍常。百姓進財妻有喜，不拘貧賤一般詳。紅黄喝唱官須轉，二七之中入正郎。大小官員加二等，常人財帛喜蕃昌。紅從印堂過上尾，一月須移東北方。若在左邊魚尾出，西北之位定榮光。準頭紅色改官榮，赤色官災見血傷。白色印堂悲父母，馬肝之色自身亡。紫臨顴上色光新,便主邊方作帥臣。一載之中須正拜,武官同位鎮邊庭。舉人印信發紅黄,只作當年員外郎。若要高名科第一,紅居喝唱是其祥。天中黄色更加蒸,下過山根與準齊。加官印信求須速,不過三旬便得知。或在山根并地閣,色分紅紫喜相逢。忽然無事心微怒,顔色皆昏若醉時。雙眸赤暈兼青黑,禍至君須仔細推。脈候莫言無疾病,隄防須是早尋醫。

士庶氣色歌

眼頭面下有青苔,父母悲兒必見哀。左右陰陽居四位,青憂白服赤官災。青臨年上須長病,赤色身亡七十來。黄到食倉并入口,須看二七進身才。刑獄須同赤色光,耳邊横過至魚方。魚尾。六旬之内須傷死,刑獄官災必見殃。青從年上至中陽,二七須防落水傷。青黑耳邊魚尾過,水災二七及雷傷。青色奸門大不祥,六旬中忌女人殃。横來公事須防慎,禍患頻來必異常。食倉之庫發紅黄,須主資才典質郎。此有三般倉庫位,三般凶吉細推詳。青白中陽色亂飛,四旬之内更防妻。印堂有發爲凶兆,必定爺娘見哭悲。口裹烏來入耳中,須知一七内身終。耳門出到食倉上,蛇兔須看月内終。月角烏來主大災,三旬之内莫疑猜。青臨日角并月角,一旬内殃馬上來。左邊魚尾黑兼排,四十旬中抵法歸。右半須防三七日,殺妻父母又并兒。日角以上帶青苔,二七須憂退失財。牛馬亦防偷失走,且宜防慎莫教來。左邊刑獄赤非祥,刑罰臨身七十防。若到天庭須至配,天中應是法傷亡。印信青歸左右魚,須防妻子大災虞。中陽若有青并黑,父母凶災解免無。女人六甲最難量,青色左歸須是陽。倉庫紅黄應是女,分爲左右細推詳。紫臨髮際三元位,僧道之人有服章。百姓一生俱巨富,女人分向貴中藏。若然黑色身憂死,白服青災喜主黄。二四入朝須有應,淡黄分與月中詳。中少紅黄兄弟興,更看骨肉有遷榮。淚痕落者看喪至,便是悲哀哭泣聲。印堂黄貫子宫來,貴子須生又没災。更在三陽逢紫色,定知極品至三台。鼻上紅黄如柳葉,司空不見亦徒然。横財定入兼逢喜,眉上金匱主妻財。横紋目下入奸門,五個旬中主暗昏。妻部目邊如忽見,婚姻事至不堪論。額上横紋官職遷,更觀交友發同然。人中定主邊方信,準頭才逢廷尉年。天中紅色官榮至,若過司空立横災。忽發印堂八旬内,定知南地遠信來。赤氣常憂入廚竈,防家失火不寧居。更愁秋青兼争競,點如麻子大如珠。

五色詩

黄色居倉庫,僧道著紫衣。官資封二品,百姓有財歸。黑色來衝甲,官封員外郎。不論僧道俗,受氣且尋常。不吉。青色來承漿,能文福不常。若論顴頷處①,僧道不安康。紫氣天庭起,官封至正郎。兵權宜武職,僧俗亦多祥。白色至準頭,居官不出州。雖然居官職,僧道福難求。

希夷子氣色論

氣滯五年,色滯三年。色者,氣之精華,神之胎息也。滯三

① 論,《統會諸家相法》作"同"。

年,陰數盡而復散。形雖貴,色亂之。骨雖貴,氣亂之,深可惜也。待十年以上,氣色不亂,隨色而貴。

氣色或昏[①],或亂,或浮,或變,或衰者,死氣也。色應之速者,最在準頭上至天庭數步之間,人中地閣之際,與眼之上下,眉之左右。得正色與形不剋者,不滯也。惟忌雜色所蔽。氣之上亦不可無氣,但欲如祥雲襯日,温粹可愛,方爲貴也。或骨法部有可取者,氣色之發不正,則災害不旋踵而至矣。

氣色生死脈候

夫欲觀氣,先須辨色。失之毫釐,别有差謬。更宜以五方推究,時節氣候刻日,定憂喜生死,方爲學術之至。今將氣形及論五色氣候詳著於篇。其形專論面部,脈色須於見時,察色端的,以論休咎。大抵吉少凶多,而動處尤可驗其真。若乍見而復沉,則應亦淺矣。後五色并依此推測。

日辰看氣色

寅卯時,青黄正色。巳午時,赤黄正色。申酉時,白黄正色。亥子時,黑黄正色。

已上色之不正者,皆有小耗。

① 《統會諸家相法》此句前有"圖南云"三字。

脈色應候訣

兩脈如眉反下兜，青知疾病必來仇。紅時定主刑傷近，黑色終當葬墓丘[①]。面見黑青無百日，白時半歲死堪愁。紫中浮見黑斑點，死不過於一月休。

凡時節，從天中直下一停，四月至眉。三停合十二月看之，色發向何月相應當停。分爲十二月，季月在兩邊，仲月居中，孟月亦然。居中左右各從此中行，三停具矣。

詩曰：鬢額中間脈氣交，青時貧賤禍來饒。赤紋終死刀兵下，白見兒孫盡早抛。獨有黄紋知大貴，十分形貌壽難牢。更有膚潤與膚燥，潤不憂心燥更勞。

又曰：印堂屬離爲揚州，地閣屬坎爲冀州，太陽屬巽爲青州，太陰屬兑爲梁州，食倉屬乾爲雍州，外堂屬艮爲兖州，邊地屬坤爲荆州，驛馬屬震爲徐州，山根戊己爲豫州。凡官員授任食禄，看有氣色在何方上發，是其遊行之處，可以求官遊歷。若黑子紋痕在其方位，即不宜任，及其遊行，皆有凶惡也。

開口纔言脈便摇，相牽眼動便凶饒。斯人貧賤中年死，赤色須還受一刀。白色定知奴婢害，青時日逐自焦熬。縱然黄氣非爲貴，纔有稱呼死氣抛。

面者身之表，髪乃血之餘。面傾欹則早傷父母，髪不到則骨肉參商。

歌曰：血餘不到處，骨肉主參商。面部傾欹側，隨方細審詳。

滿面脈浮如見出，少人氣絶老風癱。青紅百日中應死，黄色貧寒壽命慳。白見一色辛苦狀，皮膚燥潤不相關。

十一曜曰：額火，印氣，山孛，準土，眉左羅右計，眼左日右月，耳左木右金，口水。

---

① 色，原作“道”，據《統會諸家相法》改。

九曜曰:鼻金,眼木,耳水,口火,面土,左頷骨羅睺,右頷骨計都,眉紫氣,人中月孛。

青屬木,木生於亥,旺於卯,墓於未,故曰:木生亥卯未。赤屬火,火生於寅,旺於午,墓於戌,故曰:火生寅午戌。白屬金,金生於巳,旺於酉,墓於丑,故曰:金生巳酉丑。黑屬水,水生於申,旺於子,墓於辰,故曰:水生申子辰。黄屬土,土生於中央,浮游四季,寄在丙丁,旺在辰戌丑未。

定月分氣色

正月分黄氣者,三日大喜。赤濁者,七日違和。二月分白氣濃者,二十日大哀之事。其餘氣則平平。三月分紅色,喜。青色,六十日内定其人父母亡身死。四月分紅黄色,七日内有印信之喜及妻事至。五月分紫氣,定三月内進財帛喜。六月分青氣,定主破財,在旬日内憂妻事至。七月分赤氣,主有財喜。青色,大凶,七日至。八月内白色,主有父母兄弟重服,十日至。九月分有黑氣,枷鎖失財,三日至。十月分黄色,大哀事,旬日至。十一月分紅白色,大進田莊財帛,二十日内應。十二月分白色[①],忌手足生災,三七日内應。紅色爲上,青色主官事[②]。

總歌曰:甲乙中陽左右尋,火到揚州定殿庭。(司空。)金入壽宫秋得地,青龍學館自分明。春無秋色皆爲吉,水到凶宫定是災。秋是火主須鬥戰,上臨坎地必傷災。

① 白色,《統會諸家相法》作“青色”。

② 色,《統會諸家相法》作“濁”。

面部氣色出没吉凶歌[①]

官員印堂喝唱上青，失官退職。眼下肉色常青，主丑年破財。山根色重者，削官破財，遠動千里。面上忽發，凡事不吉，在百日内見奸刑。山根色重者，陷獄破財，凡庶遠動千里。山根青白，主人宅敗，又主滯蹇。青藍滿面，多凶惡。正口青色、黑色，主死。牢獄、印堂青，主病，六十日至，四季同。天獄連準頭青潤，獄内死。妻部有黑氣，主三妻，及死亡事[②]。臉上有，主憂家眷[③]，及陰人疾病。奸門青色甚者，主陰人病。壽上有，主病，又損手足。奸門連外陽有青白色，主内奴婢逃走，及私奸事。海門上青色，落水死。年上見此起者，主一年間疾吊喪之厄。龍角青色侵中正，立有害己事，有重病方免。眼下常青，三五年破財。承漿青色，飲酒成病[④]。左魚尾有，道路驚恐，老人忌失跌。右魚尾有，主失奴婢。父母兄弟妻男女姊妹伯叔，各部上有青色，主病。夏季起鼻上，如指大，主水痢之厄。如錢大者，主得書信之喜。色入神光者，百日内主法刑死，左右並同。或一邊出者，災禍不同。青貫牢獄者，終冬必病。青色垂下至閣門横過，主口舌事。色貫盈從左横過入右耳，六十日内大厄。從神光垂下如鈎者，一月主喪子。色從鼻上出者[⑤]，十日内必中毒。兩邊直下，主刑獄之厄，二年内應。色從口出，三日内必中風疾。坎宫地閣青

---

① 依下文例此處似少"青色吉凶相"標題。

② 及，原作"乃"，據《統會諸家相法》改。

③ 眷，原作"又"，據《統會諸家相法》改。

④ 飲，《統會諸家相法》作"因"。

⑤ 上，《統會諸家相法》作"中"。

作點者,主大憂。輔角武庫有,主短壽。額上髮際有露紫色,得大財,三十日内應。印堂青常點點者,短壽不滿三十。賊部主乞食。道路守門部青點點者,主口舌。外祖,主重病立至,主百日内爲災。婦人青發太嶽左頰,短壽,亦無子,主多疾病。司空常有青,餓死。後閣發如錢者,三十内大厄。交友上見青白色,主賢豪。僕使見,主車馬僕從不安。承漿青黑色,主酒肉至,又主傷酒也。青黄二色近山根,主重服病及死。日月角青點者,主二十日内憂事。邊地、山林青色黑者,主鞍馬進人。滿面青藍,多逢災否。

青色出没

青色初起如銅。青將盛之時,如草木初生。欲去之時,如碧雲之色,霏霏然落散也。五行爲木,旺在春,相於夏,囚於秋,死於冬。發則主憂,横則主外憂,潤主外憂,沉主遠憂,散主憂散。應在亥卯未月,以色淺深斷之。

青色吉凶歌

天中光澤爲詔旨,枯燥須憂詔裏亡。秋日發時壽上去,陰司口舌厄難當。尺陽憂行兼疾病,天庭主客繫堪憂。交友婦順通於客,司空忽起後徒囚。巷路但宜客路吉,印堂必被落身資。山根枯燥遭囚繫,年上能成百里威。太陽定與妻相打,外陽枉死被讒言。忽然少陽連日中,必遭縣宰惡笞鞭。房中春發當生子,耳上當憂口舌牽。坑壍對須看大旺,陂池蛇怪不堪言。山林花木足妖異[①]，攔櫪牛馬怪相愆[②]。忽在井竈金鳴響，不然井液湧寒泉。命門甲匱憂凶厄，準頭兄弟父母喪。散失主得邊方職，人中愁有别離鄉。承漿不日當遭病，大海須防水溺亡。財臨月角須憂賊[③]，若有川紋官禄妨。日角臨才如傅粉，印堂退日病遷延。道上忽逢憂阻滯，山林蛇虎厄難當。若來金匱并牆壁，財物三旬失可傷。奸門怕被外妻撓，眼下横來病苦纏。壽上若逢憂疾厄，更憂債負儻來前。口畔入來憂餓死，更兼淫濫事干牽。三陽内陽子孫損，半月之間入墓眠。天門三日有財至[④]，天井圓珠武官位。病人值此亦難安，囚人見之尤遲滯。

白色吉凶相

官員印堂天倉如粉塗者，失職，謂之破禄休廢退官。面上白無光，罷印及重服。面上白色深者，又看命門無異者，主死亡。年上白至兩眼起，主一年内凶禍悲泣。印堂色入耳口鼻，十日重病事故。命門白色，主口舌并殺傷之驚。準頭白色圓光，年内水厄死。天倉連耳白者，爲人好學聰明。印堂白色，主哭泣。年上直連口者，凶死。臉上，主刀兵之厄。司空白色圓光，主夏月之厄及有官訟。人中白色横過[⑤]，主藥毒死。天中連邊地至印堂有，主犯王法。牆壁四圍有白色，主餓死。壽上白色，主父母有病而愈。天倉連尾邊地有，旬日遭賊所傷。外陽白至法令，三七

---

① 妖，原作“夭”，據文意改。
② 欄櫪，原作“攔攊”，據文意改。
③ 財，疑當作“才”。
④ 日，《統會諸家相法》作“十”。
⑤ 白，原作“曰”，據《統會諸家相法》改。

日内必犯王法。父母兄弟各部位上見,主哭聲。壽上忽生白色,十日財散。如錢者,二年内主大厄。天中白色乾枯,貧賤人也。印堂有,無子孫亦貧窮。賊部常白,主餓死。守門部白色,九十日内死。山林常白,主聰明。後閣有者,主哭泣。年中或項下如塵如煙氣起者,百日内主刑獄死。

白色出没

白色初起,白如塵拂。將盛之時,如膩粉散點,或如白紙。欲去之時,如灰垢之散。五行爲金,旺於秋,相於冬,囚於春,死於夏。發主哭聲憂擾,潤主哭泣。細憂重,浮憂輕。散,病差。應在巳酉丑日内,在子戌旬中,應及秋日。

白色吉凶歌

天中春日來年上,鬥戰刀兵事可愁。左炎必定多憂惱,陽赤將行步外州。發在天庭憂婦女,皮乾入獄主遭囚。又主男女干妒害,交友婦被外人求。山根亦見主憂囚,男女逢他必死憂。壽上徒囚君必見,堂上父母死堪愁。金門甲匱凶來息,内廚酒肉致傷亡。承漿迤見身多喪,若是奸門妻妾當。日月角中有重服,法令被他脚足傷。眼下横門夫婦鬥,準頭還是競田莊。地閣横遮牛馬死,若侵年上損公婆。入口分明憂口舌,天倉上有賊還多。

黑色吉凶相

官員色上準頭停，管取退官及疾病。壽上有黑掩赤者[①]，停替之死。印信、喝唱有，主死。天柱上有，主印信[②]。喝唱，主死。眉上月角散點如麻子如豆，主病憂。命門或青黑色，不久病。凡庶準頭，主枷鎖，六十日至。奸門下半日，主盜賊。邊地，主春秋及夏，一百二十日獄死。邊地至龍角有，一百二十日内離鄉。臉上黑氣如雲霧者，七日内死。妻部有者，不論春夏秋冬[③]，妻必主産難。臉上黑入法令者，主妻病，連年在床。忽見黄色，必差。人中及口邊有[④]，七日内横死。天中黑氣頭垂者，死。天中黑長一寸，秋三月必死。牢獄，冤死。奴婢上有，主死奴婢。天倉連邊地，主破財田産，或牢獄公事，六十日應。蘭臺，主下淚馬失。眉上一寸爲四煞，有黑氣，不利行兵。左魚尾，死馬牛。承漿，因酒死。海門，落水死。壽上有，死。承漿冬有黑色，白衣爲縣令。常人得財及田産鞍馬，進人，不然穿井得物。冬眉上眼如大指者，主身有疾病，十五日應。司空常黑，窮。左目下是妻位，黑氣起，主妻病。季夏，偏面蒼赤如馬肝[⑤]。入鼻口耳，並主道路得財。輔骨、武庫常見，多難死。賊部常現，禽財常在。守門部，一

---

① 赤，《統會諸家相法》作“出”。

② 黑色爲晦氣，不當主印信，“主”字疑當作“同”字，全句爲“天柱上有，同印信、喝唱，主死”。

③ 《統會諸家相法》無“冬”字。

④ 人中，原作“小人”，據《統會諸家相法》改。

⑤ 赤，《統會諸家相法》作“口”。

生多病。口邊一寸爲家食,有之,食不足。入額上[1],七日間死,精神恍惚。山根暗起,主災凶。命門有黑點遮之,即死。左眼尾去一寸,命門。命門黑色如蟋蟀脚大小,號爲鬼書。即看病人鼻孔下,是棺槨内,看病人棺槨陷一寸,并黑色遮如指頭大,即死。三陽部位發爲刀形,如衣帶銜入口邊,主死,百日内應。頤頷如塵霧,枷鎖之災,死獄中。月角有横過,主水火之厄。年上有如指大小,號爲鬼印,即死。更看鼻孔有冷氣,即死。準頭有赤色,有官災。如有黑色厭之,其年破業。年上有黑氣,主重病,及有五百里外之役。

黑色出没

黑色初起,如烏馬尾。將盛之時,如髮和膏。欲去之時,如落垢沫水。五行爲水,旺於冬,相於秋,囚於夏,死於春。發主疾病災厄。潤主死,亦主兵。色枯翳,客死。發主病。春日應在申子辰日,旬中甲寅辰,及冬以旺爲應。

黑色吉凶歌

天中必主失官勳,不至顴上似圓形。若還下來侵年上,病患相纏喪此身。天獄年上囚獄死,高廣逢時定主亡。太陽過來凶可待,天庭客死向他方。四煞賊來或賊凶,司空疾病苦纏身。右府忽來官失位,重眉不利遠行征。額角黑廣善爲偷,印堂移徙在

① 入,原作"人",據文意改。

他州。山根必死於旬日，太陽疾病厄堪憂。家獄至服憂牢獄，法令至口刑八分。更及眉頭青黑色，主百日飲酒還醉殺。眼下更兼赤色間。三旬成訟見血光，外陽發動被人謀。年上憂死困災傷，男女憂他男女厄。壽上入耳卒中亡，命門甲匱主燒死，準頭憂病有災殃[①]。黑發三陽怨氣多，失官停職事奔波。更若發來年壽上，天中有黑見閻羅。黑氣入口死於夏，顴上兄弟居長夜。奸門切忌女多奸[②]，日角若臨妻亦怕。井部黑氣水溺死，印堂退官非謬假。横非壽上必逢災，六十日内須應也。黑氣額下父母死。生來眼下子孫殂，若見下來年壽上，自然病死入冥途。黑氣三陽至盜門，奸私盜賊豈堪論。更有黑生鼻準上，知君財破避無門。黑生妻部及年上，妻厄身災是非誑。更兼入井下陂池，切忌水殃心莫忘。黑氣濛濛出面門，四時切忌有災迍。若生入口并廚竈，必定遭他毒藥薨。黑氣天中年上逢，更從地閣入煙籠。又如黑汁初潑散，此個須臾命必終。眉間横入左右見，坎中井部水中亡。年壽山根同位斷，地閣争田訟見殃。大海見之奴婢逃，牆壁生來命中嶽，定歸泉下哭聲高。

① 有災，《統會諸家相法》作“外來”。

② 多，《統會諸家相法》作“相”。

神相全編十四

黄色吉凶相

官員法令、廷尉有黄色徹印堂者,職皆正授也。印堂黄色平散者,官皆假攝。黄色連口,連印綬,不連金匱者,只得尉驛馬飲食。色如帶,發額上者,遷益禄位。春黄色居印堂如濺珠,主改官加職。在私者,得横財,七十日内應。春從眉至髮際者,主大喜慶。夏至眼上及眉,道路得財。凡庶皆同。夏在眉下,主得財及妻子孫有喜。凡庶同。夏在魚尾及天倉上如錢大者,改官。庶人得財。高廣如絲起,主百日内爲官長。其興改舊革新,食禄無厄。印堂至山根、準頭并中正如蒸霧盤旋者,赴詔殿上近君王。命門發色如卧蠶或紫,成名食禄,不出年内。印堂黄光,七日内加官進職,封侯拜相,武臣拜將。印堂連龍宫有色光潤,七旬内加官。龍宫連子位黄色,三日内得財。凡庶同。天中黄色長一寸,至七日拜相封侯,白衣爲官,僧道命服。喝唱上黄色向東,則東方食禄,隨方斷之。黄色成點凡紫色同。喝唱上黄色,秀才及第,又主家信至,又主移動。學堂上黄色,文官進職,武官闕職,得大財。邊地、奸門黄色,七日内改官,賞賜之喜。内府黄色如半月者,主貴人進美食。庶人同。眉毛上一寸爲驛馬,設或起脈帶黄色光潤,官至極貴品。凡庶同。冬黄色繞口,與人謀事被官厄,外州牢獄死。常人同。土剋水也。冬黄色滿面,主父母妻喜,及得財寶。庶人同。冬黄上印堂下入眉頭者，損長子，亦主官。在私得横財，七十日内應。司空發黄色如走蟻者，春夏内拜節度觀察使。食倉上黄色，秀才及第，并主家信至，更主移動。天中發黄色者，富貴人也。印堂發黄色，主有喜。印堂、山根至準頭并中正、三陽上下有黄色紫霧，生貴子，長老遷職大利。天中四季黄白色圓光大者、重者，大者在天中長一寸，白衣爲官，僧道命服，七旬内應。食倉上黄色，僧道住持。準頭色如鏡光，冬夏不絶，一年内遇仙[1]。眼上肉生，龍宫、福堂氣盤旋者，陰德之人。春印光一色如錢大者，主得財，七旬内應。地閣黄光，主入宅之喜及進業之喜。鼻上黄光如柳葉横發者，主横財入門。重眉連眉毛者，春夏大喜。四殺上有色潤行兵勝[2]，黑色凶。甲匱有黄色入，旬日内有財喜。黄入正口，主患天行疾。承漿，喜。外甥，主遠行。壽上，主壽。山根常黄，司空常有，並主喜。中陽有，先凶後吉。印堂黄點，宜作善事。年上黄如半月，大吉。輔骨、武庫，常見貴。目下，爲房中喜。春發黄光，左生男，右生女，喜。女人有此亦無凶。賊部常有，宜求利。人中有者，主多年遠信至。夏在目及眉上，主得道路。夏在眼下，主子孫有喜。色連鼻直上，三十日内得財。夏季發法令外，色偏面，主父母妻子喜慶。守門部點點如錢，一生無病。婦人印堂上黄横過者，二品。妻位，兼生貴子。形厚紫黄人達晚，膚薄色黄少昌貴。

① 一，《統會諸家相法》作“三”。

② 兵，原作“岳”，據《統會諸家相法》改。

黄色出没

黄色出没,如蠶吐絲。將盈之時,來之未結,或如馬尾。欲去之時,如柳花之色,摶聚斑駁。然五行屬土,土旺於四季,相於春,休於夏,囚於秋,死於冬,又爲胎裹之氣。發則皆喜慶,但不宜入口,欲主瘟病。日應在酉申,寅午戌應之旬,萬無一失,須以深淺遠近爲定耳。

黄色吉凶歌

黄色天中列土封,圓光重入拜三公。更過年上井竈部,即有功賞定高勳。或如月出時年上,天中速來入朝門。若經兩闕司空入,欲正四方金匱人。天中詔賜帛與銀,忽入闕庭官驟轉,不然則是得財榮。或似龍形定官賞,如懸鐘鼓位槐庭。發若蠶絲官定得,春來年上喜欣欣。武庫光潤將軍福,亦主喜慶尺陽侵。井母墓喜井田宅,更宜父母少災迍。司空百日得財寶,右府季内勅來徵。重眉交友如棋樣,七個旬中右左丞。更過山林天中去,徵爲博士最爲榮。印堂如月六旬内,拜作將軍鎮百城。便似連刀天庭至,不及準頭反分明。斷他縣令及遠顯,長史分官直闕庭。火體發時多吉慶,亦言遠信及逡巡。山根所向皆稱遂,太陽必定得財珍。少陽喜慶垂垂過,魚尾被賊引前行。若似龍形年上見,連上天中拜上卿。房中之氣有子象,左黄男子右女生,女人有此反前論。金匱家中財帛人,壽上進業主財入。歸來遠信至中庭,出自準頭庭上位,天中、天庭。驟貴封侯主有權。蘭臺必得尚書綬,内廚酒肉横逢迎。大海非宜淺江去,日月三公位顯輕。日角、月角是也。甲匱生來財可至,庫内倉中似有嬴。道中三位財如拾,牛馬相迎喜有成。眉頭印信須臾至,座中枷鎖免嚴刑。散失得他盜賊物,入口瘟黄病不寧。田位田園多好事,酒樽酒饌得豐盈。顴勢偏宜加官職,牆壁黄光財帛備。吊連邊地急差調,武將持威立大功。

紫色吉凶相

官員天中紅紫氣起者,七十日得官榮及妻子。上準頭如錢大,主妻家得財,或遷改職事。天庭紫氣,得詔取近君王。天中紫氣,遷八座兩府。命門紫氣,不出年外成名。食禄左右忽有紫氣起如蟲形者,一月内有勅命至,喜。印堂紫氣如仰月者,六十日章服至。高廣氣如半錢者,五日内有喜事。天中發色,一日奉勅拜相及節度。法令紫色,喜,合得姬僕,兼得勅命,九旬内至。準頭氣如偃月,加官進位,得好馬田宅,大喜。天中紫氣如垂鈎者,百日内登封,賜方面節度,賜衣錢物。婦人紫氣在左右點點如花者,主宰輔位至三品夫人。印堂紫氣三道直侵司空、天中上去,過大赦[1],三七日至。罪人此看,庶人得財。高廣如半月者,五日内有喜事。長男、中男常有紫赤色如蟲形者,主生貴子。帳下色如錢形者,二十日成名,有陰功之德,遇災無咎。婦人天中常見者,爲人長壽。

---

① 過,疑當作"遇"。

紫色出没[1]

紫氣初出,如兔毫。將盛之時,如紫草。欲去之時,如淡煙籠枯木隱隱然。得土木之氣,爲四時胎養,亦旺在四季,更無休囚。發皆爲吉,亦與黄色同意。

紫色吉凶歌[2]

紫氣天中八字分,蘭臺月角得財頻。法令生來逢印信,終是刑名不及身。壽上俄然一字横,家中新婦喜分明。天中八字將軍禄,天井圓珠享大榮。懸壁福堂知積慶,若當地閣創家居。山根忽有終加職,中正如龍拜相殊。光侵魚尾妻身喜,法令如錢有美除。

赤色吉凶相

官員驛馬赤色,三十日除官遷職。印堂起如錢者,百日内火厄,亦主官災。地庫左右有,主改官,合任事遠行。山根如錢大者,三十日内掌鹽鐵官,得章服。武庫赤色如蟲形者[3],百日内接受文武官禄。天門赤色,主二十日入闕之喜。壽上赤色如亂絲紋,主巡使行千里之外。蘭臺有者,主一月内加章服。顴骨赤及

① 色,《統會諸家相法》作"氣"。
② 色,《統會諸家相法》作"氣"。
③ 形,《統會諸家相法》作"行"。

外陽紅，準頭青，大虚動遷改。外陽紅，準頭不青，六十日内應。印堂色起從年上來者，有官失職。準頭赤，主在任病。凡庶人正口赤色，主病。刑獄有，主官棒。眉頭有，亦然。印堂至年上有，主門争械繫之厄。兩眉赤色連通，九十日死。中正有，主口舌及妻子别離。内客有，如二蟲，主重服。耳邊有，主驚恐。山根赤色黑色，主火盜。準頭如蛆大小，立有官災。邊地、奸門，憂妻子及伯叔内亂，有血光事。天中不散，或如圓日，亦有刀兵之厄。天中有，因小病致一百二十日内法死。印堂有，春夏三月有官事口舌，及主縣杖，又主臟血之疾。中男有，主兒子争訟及死亡。眼下赤色赤如豆，不出月内與妻門。天中至闕庭，主火厄。天中至年上，有門争械之厄。目後見有如横絲起，入奸門見赤色起，主妻女兒子之厄。準頭起，十日内喧争官災之厄。色貫牢獄，春夏大厄。冬從髮際至眉間入牢獄，損子。赤正口兩邊相角相接，一年内飢死。色從神光垂下，十日内喪父母。婦人神光下如蟲行，奸邪厄難。印堂直下衝入海門，三十日内大厄，或被惡人牽連。婦人眼下如蟲行，不出月主刑獄及産死。婦人色從左右眼下出者，作奸婦人，不可用。婦人從中正至年壽有赤，主産死無子。年上赤色或黄色如半月者，大吉。赤色上下過口者，二十日内口舌至。如赤色點點入口，亦主口舌争訟。準頭横下赤青色横過口者，貴人求問道術事。色帶桃花仍不久。色如春花，易成敗，惟一時之可觀，不久必變。又云：桃花色動仍迷目，迷戀歌謳寵外妻。又云：色嬌色嫩邪人也，縱有成名亦不久。

赤色出没

赤色出没,如火始然。將盛之時,炙交如絳繒。欲去之時,如連珠累累而去。五行爲火,旺於夏,相於春,死於秋,囚於冬。發主公私鬥訟,口舌驚撓之事。潤,主刑厄。細薄,主口舌鞭笞。應在寅午戌并巳午未日,旬則辰戌,以色定之。

赤色吉凶歌

天中連印鼻頭去,三旬車馬驚同死。下來年上争競災,左相遠行須病在。尺陽切妨驚恐厄,闊生武庫相傷災。天庭必有憂囚事,若見司空鬥馬來。交友歸來離别去,在職當憂上位刑。無職定同交友鬥,額角如豆死於兵。印堂争鬥被憂囚,若在山根驚拍擾。太陽夫妻求離别,年上夫妻亦主愁。又却知他生貴子,房中妻室産賢侯。三男三女病災迍,壽上如豆與妻争。年上準頭連發此,夫妻争鬥大難明。命門甲匱須兵死,準頭官府事牽縈。牆壁上赤財必失,外陽常紫得官榮。武官巡捕看魚尾,盜賊收擒彼稱情。牛角看來牛馬死,山林蛇虎又堪驚。忽然眼下如絲發,妻子因何問哭聲。金匱奸門招撓事,承漿花酒起喧争。陂池井部相連接,因水逢災不稱情。田宅是知田宅退,口邊横入福全生。酒樽酒肉宜相會,地閣因由訴訟成。若在山根須謹火,又兼家内横資生。命門發至山根上,更過眉上左耳平。只恐六旬遭法死,如歸右耳病來頻。人面準頭上有赤色,老人主失跌,中年血光或杖罪,小男女主失火災。滿面如火,官災。滿面愁色,初不歸，二年内死。

紅色吉凶相

官員印堂紅色或紫，加官進職。印堂上紅，進士有科。印堂紅黄色，非次改官。山根紅色或紫色，加官進職。顴骨紅色可分一寸明者，八十日内受印，有重權。驛馬上紅色，加官進職。龍宫、魚尾上紅色，因捉獲改官。天柱骨上紅紫，非次改官，當得大官保舉。正面紅黄遭帝位，名高台輔到朝廷。正口紅色，主佳慶。天柱骨上紅黄起，僧道有住持。左眉頭爲驛馬，如有紅色起作豔色，吉。忽生肉起，發皮外，紅如醉，正是火色。左三陽，主家不寧，骨肉之憂。滿面紅色，定主榮華。面上紅光[1]，多聲顯揚。

五色定災祥

黑色赤色獄堂起，枷鎖旬日至。白色面無赤，合家人變白。天中黄色瑩，赤色主憂驚。準頭紅如勾，損財又損牛。黑色網眼生，三七日卧丘。奸門青色生，婬婦切莫逢。奸門赤如勾，五旬死他州。太陽黑氣生，死在野山林。青色發三陽，貌神主不祥。定取於三日，憂災自身防。貴人要轉官，天庭紫色端。眼中忽生黄，須立死路傍。高聲語不來，立便見官災。赤色起承漿，三日謹刀鎗。日月角時黄，重重見財至。酒池赤官實，三七口舌至。

① 面，《統會諸家相法》作“準”，意長。

白氣入壽門,父母各離分。甲匱紅色起,財物時時至。

氣色骨肉生死訣

天一生水,在人爲腎。腎藏精,腎之竅爲耳。黑色如水,發時如鴨模樣,乃是腎之神,發時黑成片。冬行夏令則傷腎也。紅色發在肉裹[1],面如橘紅色,火氣在皮上,俱災。紫氣及貴之色,庶人難得,惟尊貴大富人方有。紫如染重色,黄色如蠟,雲霧開散。冬,黑得令。地二生火,在人爲心。心藏神,心之竅爲口。夏行冬令則傷心。赤色如火,火色發時如珠,乃心神之最靈。凡人之色形於滿面,土色爲正,紅則非時,是乃心煩之所關繫也,主驚恐事擾。天三生木,在人爲肝。肝藏魂,肝之竅爲眼。春行秋令則傷肝。青色似苽,發時似柳眉初生相似不大青模樣。凡人面上不可有此色[2],主憂,百事不能成也。地四生金,在人爲肺。肺藏魄,肺之竅爲鼻。秋行夏令則傷肺也。白色如脂,發時如白綫,又似梨花細片,又如女人夏月搽粉。汗出流下,又似白露,主刑剋,破財流涕。天五生土,在人爲脾。脾藏意,意之竅爲唇。黄色如蠟無定,散在四圍。準頭常黄,吉。或黑或黄或青,俱災。赤,半吉凶。

神氣雜論

神湛色清氣涵浮,清濁交加骨有餘。一點神光不分散,官高

① 色,《統會諸家相法》作"氣"。
② 色,《統會諸家相法》作"氣"。

職顯豈庸居。清又貴,濁又貴,清濁交加方足是。若人認得濁中清,須當福壽居高貴。清怕寒,濁怕實,更怕骨毛粗是一。濁中骨堅得毛清,聰明早佐邦家職。假濁氣骨神又濁,乞丐下人真此謂。丈夫必作人中奴,女人必作人中婢。氣充滿,又假神,浮氣人滿難氤氳。骨筋似重而不重,亦作皇家食禄人。全元氣,嶽有神,如此真清亦貴人。不干武職人全禄,多求恩廕立其身。夜有視人神光燦,坐立如繩縛,縱如身瘦薄,肉露如玉琢,左臂肩頭高,右臂肩頭落,眼若更含真,官極一品爵。神太急,氣有餘,神氣如期心膽粗。君能含忍千般事,此是人間大丈夫。骨氣濁,神氣清,讀書無官空有名。骨氣清,神氣濁,君後却居官品爵。又云:形滯之人相必重,神滯之人眉不開。氣滯之人言必懶,色滯之人面塵埃。嗚呼!知人喪情失靈,沉溺而不自覺者,死之徒也[①]。氣衰而神滯,夭。氣清而神短,夭。氣昏而神寒,夭。亂而似驚,夭。氣浮而神奔,夭。氣變而削,夭。氣乃神之母,色之父,周流於五臟六腑之間,七情七泛而發於表,始則爲氣,定則爲色。有寬可以容物,和可以接物,剛可以制物,清可以表物,正可以理物。不寬則隘,不和則戾,不剛則懦,不清則濁,不正則偏,此乃論前後之色。探其色之氣量,然後知者始得而知進退矣。

神氣之子

天一生水,地二生火。水爲精,火爲神。精合者,然後神從

① 《統會諸家相法》此句後尚有"神不足者,似醉不醉,不愁似愁,不嗔似嗔,不憂似憂,不睡似睡,似此之人,夭"等數句。

之。故神能留氣,氣不能留神。氣能留色,色不能留氣。神散色亂,不足取也。神不快,滯八年。氣滯,五年。色滯,三年。更看驛馬發之如何耳。已發而滯者,神氣俗而聲硬濁。神氣散聚,少孤破家。氣散神聚,作事不定。神與氣合,主神深遠而清秀者,貴。癡神人,壽不過四十。神重肉緊,作事有準。神重肉慢,老至貴宦。神色須要清與赤,無如肉色,佳。

定訣曰:妙相之法在何方,觀其神氣在學堂,氣者有之最是良。若人認得神與氣,富貴貧賤足審量。① 神恍恍,似有似無,在面上,一點神光俱不散,此人定作公侯相。

氣神之母

氣之在人,如煙之發於四肢,散如毛髮,聚如米豆。望之有形,按之無迹。故山有石則谷響,人有實則氣清②。淮人、浙人俗於氣,淮人氣重不響,浙人氣明不清,北人氣深無韻。氣色在心而見於面。氣柔而散,有禄多難。貴人有輕,有重,有肥,有瘦,有粗,有細,有濁,有清,皆要秀媚,不在形與骨及部位。全無秀媚之氣,雖貴而不近清無也③。

① 《統會諸家相法》此句後尚有"一點真,一點真,悟了方爲善相人。不悟真如魂夢裏,徒勞眼目去觀人"等數句。

② 《統會諸家相法》此句後有"歌曰"兩字。

③ 《統會諸家相法》此句後尚有"有形不如有神,有肉不如有氣,是以孟子不顧萬鍾之禄,能養浩然之氣。氣聚者則百骸清,氣散者則諸疾作"等數句。

肉虛無氣

有肉而無氣者,猶如蠹木内已空虛,雖外有皮膚,暴風迅雨不能久禦,乃未得地而空魁梧者也。

肉實有氣

無肉而有氣者,猶如松柏久枯,皮膚尚潤,根蒂深遠,忽一日華秀,名振天下,已得地而漸魁梧者也。

色神之父

生於肝,如以縞裹青。生於心,如以縞裹紅。生於脾,如以縞裹苽蔞實。生於肺,如以縞裹素。生於腎,如以縞裹紫也[①]。

青如翠羽者,生。如藍色者。死。

赤如鷄冠者,生。如衃血者,死。

白如豬膏者,生。如枯骨者,死。

黑如烏羽者,生。如煙煤者,死。

黄如蟹膏者,生。如枳殼者,死。

論曰:色無光,不足謂之色。色光則性静,色暗則情亂。如花之易盛易衰,雖暫榮而不能經久,曰色嫩。如松柏枝葉,久而清光,寒暑不變,曰色老。如草木一日百變百秀而無定,曰色雜。

---

① 《統會諸家相相法》此句後有注文"縞者,白色也"句。

色暗者,如浮雲蔽日。色光者,如秋月連天。色快者,如長流之水。色滯者,如污池之水。

辨色者,如霜上辨雪,雪上辨霜。何處是霜,某處是雪,切在專心詳察。

夫欲觀其相,先觀其形,次認其色。若失之毫髪,則有差謬。今將氣色形名并剋應訣法及生死論,詳著附於形部後,續占應而窺之,庶幾觀形而察色,以定其吉凶云。

二十四氣剋應氣形

應時則喜,逆時則憂。

水波紋 此氣動如水波紋勢。喜。應三七日,主陰人財帛事。憂。應四七日,主水厄血災厄。

圓珠形 此氣見如圓珠形樣。喜。應一五日,主音信財禄喜。憂。應二六日,主官文書虚驚。

棗核形 此氣見如棗核形樣。喜。應四時辰日,主名聲官禄。憂。應六八日,主失職官災事。

草根形 此氣見如草根向下。喜。應一日,主有名禄位財喜。憂。應二日,主有官憂血災憂。

草向上 此氣見如草根向上。喜。應四時辰,主吉音文書至。憂。應四時辰,主火血驚撓事。

雲行形 此氣見如雲行形勢。喜。應三七日,主上位提攜,吉。憂。應一七日,主大服重災危。

雙魚形 此氣見如雙魚形樣。喜。應四九日,主遷官陞職事。憂。應三九日,主水災促疾厄。

粟米形 此氣見如粟米五絲。喜。應七七日,主名聲禄位陞。

憂。應三七日,主有心腹之疾。

散玉絲 此氣如粟米散玉絲。喜。應三七日,主有遷轉陞職。憂。應二七日,主有落官減印。

蠶絲形 此氣見如蠶絲散亂。喜。應二七日,主有横財進入。憂。應二五日,主有失財之事。

筆峰形 此氣見如聳筆峰端。喜。應三九日,主有文字進喜。憂。應三八日,主有官司筆動。

角弓形 此氣見如弓形之勢。喜。應四九日,主有因功改職。憂。應三九日,主有失職之患。

亂髪形 此氣見如亂髪之形。喜。應三日内,主有急來吉音。憂。應一日内,主有公私之撓。

連珠形 此氣見如連珠之狀。喜。應六八日,主三遷進重禄。憂。應四八日,主有失物重病。

龍形 此氣見如龍形之狀。喜。應三七日,主有名譽陞擢。憂。應二七日,主有兵動戰危。

梅花形 此氣見如梅花點形。喜。應在七九日,主有生子孫。憂。應一季内,主有子孫疾死。

龍鱗形 此氣見如龍鱗之狀。喜。應四七日,主有聲名顯揚。憂。應五七日,主有水火之驚。

鳳尾形 此氣見如鳳尾之狀。喜。應在三八日,主有遷轉吉。憂。應在四九日,主有脚上災。

玉印形 此氣見如玉印之狀。喜。應四九日,主有遷官朝見。憂。應六七日,主有剥官獄死。

火焰形 此氣見如火焰之狀。喜。應五九日,主有吉音報應。憂。應二九日,主有發血死亡。

圓月形 此氣見如圓月形像。喜。應三七日,主有名位大顯。憂。應三七日,主有血病死亡。

半月形 此氣見如半月之像。喜。應在四九日,主有吉音至。憂。應在三九日,主有凶信至。

正蠶形 此氣見如蠶形之狀。喜。應在七九日,主有進財吉。憂。應在六九日,主有失財事。

劍刃形 此氣見如劍刃之形。喜。應三九日,主有武功成事。憂。應二九日,主有刀兵之厄。

已上氣形共二十四形,各更用目力精別著,首尾上下在何部位,何方隅,何時日,是何色及形部上及年運如何。須内外推究,方有應驗。以此憂喜註論事應者,亦隨其氣形緊慢云爾。

氣色應候

紅黄紫氣同則應,清明後三日,穀雨後五日,小暑後三日,大暑後九日,寒露後四日,霜降後八日,小寒後八日,大寒後十日。

青氣應立春後一日,雨水後二日,驚蟄後三日,春分後四日。

赤氣應立夏後二日,小滿後四日,芒種後七日,夏至後九日。

白氣應立秋後四日,處暑後六日,白露後五日,秋分後七日。

黑氣應立冬後三日,小雪後五日,大雪後六日,冬至後八日。

已上氣候吉凶俱有定數,更看陰陽順逆如何耳。

論剋應吉凶

朝見 帝座上有黄紫氣,如龍鱗筆峰。

受官　司空上有紅黄氣，如玉印連珠。

遷轉　隨上下位有黄紫氣，如草根向上。

得禄　禄倉上有紅紫氣，如棗核雙魚。

帶職　神光上有黄白氣，如刀劍弓形。

科甲　日月角上有紫氣，如雲行龍形。

移動　驛馬上有青紫氣，如圓月雲形。

典刑　刑獄、印信上有白紅紫氣，如筆峰。

提擢　隨上下位有紅黄氣，如連珠。

金穀　倉庫上有紫氣，如水波紋。

奏均　隨大小上下有紫赤氣，如印形。

用武　邊地上有赤氣白氣，如刀劍火焰。

守土　準頭、顴、印上有黄紫氣，如圓珠。

僉佐　輔角上有黄氣，如偃月。

赦書　隨上下位看帝座上白氣，如龍形。

省文　帝座上有紅黄氣，如鳳尾。

詔誥　禄倉上、司空上有正紫氣，如粟米。

邊信　邊地上及印信赤氣，如圓珠。

吉信　印信上及山林上黄氣，如筆峰。

憂信　驛馬、準頭有黑氣，如偃月草根。

剥印　印堂至司空有赤氣，如一粟五絲。

急病　食倉上有青赤氣，如亂髮。

解官　禄庫、顴、印赤色，如雲行。

落職　神庭金匱上下青黑氣，如弓形。

内服　中部有白赤氣，如梅花。

外服　下部有赤白氣，如蠶形。

祖墳　塚墓上赤氣,應則動。

屋宅　地閣有青赤氣,應則遷動。

公訟　準上、喝唱有赤氣,動如筆峰。

私撓　準上、眉毛有赤氣,如圓珠草根。

刑獄　食倉刑上有青氣,主下獄。

山林　上有青赤氣,主火燒山林。

陂池　上有黑氣入口,主死及水災。

父母　内外三陽有氣,動則應。

兄弟　年壽間有氣,動則應。

伯叔　司空上有氣,動則應。

子孫　正面上及人中有氣,動則應。

妻妾　左右眼尾及眼下有氣,動則應。

奴婢　承漿傍有氣,動則應。

六畜　食倉去二分有氣,動則應。

進財　準上連年壽間有黄氣,動如連雲行。

退財　倉庫準上有青赤氣,如蠶形。

怪夢　夢堂上有氣如絲散亂,隨即凶應。

見怪　陂池上有赤氣,如水波草根。

水災　下部及準頭有青黑氣,如煙。

馬驚　眉上二分有赤氣,如刀劍弓形。

血火　印堂左右牆壁赤氣,如絲散亂。

刀劍　兩眉頭尾有白氣,如弓刀形。

發迹　準頭上有一點,如粟米漸開。

心病　赤氣浮焰不貼肉,赤點如草根向上。

肺病　白氣浮淡,白點如珠,皮膚燥。

肝病　青浮枯如煙，成條如縷，主恐懼。

腎病　黑氣如煙凝散，主勞倦神不安。

脾病　黄氣凝滯不通。

心絶　脣如紅裂，白眼，黑煙一季，青一年。

肺絶　毛髪乾枯，皮無神，黑一年，青三年。

肝絶　眼忽無光，頭低，黑一月，青一季①。

腎絶　面上如黑水漆白壁，耳上粥衣，黑一月，青半年。

脾絶　兩眼耳鼻指爪乾黄，黑半月。

訣病生死

病人眼有神氣者，生。氣脱者，死。天柱正，目活者，生。目低項下，死。瘦而不枯悴者，生。肥而無血者，死。有喜容而色正者，生。悲啼者，死。舌濡脣者，生。舌短縮者，死。風而口禁者，生。開口者，死。神光上黄明者，生。暗者，死。黑氣如擎蓋者，生。聚者，死。黄紅如雲者，生。黑青氣斜入口者，死。氣息而長者，生。氣短者，死。語聲響滑者，生。短澀者，死。人中潤澤者，生。乾枯者，死。

氣色占應訣

占五臟安

心善三陽光點點，脾安鼻準見黄明。丹田無病耳輪赤，壽上

① “黑一月，青半年”，原爲小字註文，據上下文改。

黄光六府明。

占五臟病

脾病凖頭如血點[①],腎邪耳畔黑煙生。心病只看年上赤,肝病須觀眼下青[②]。

占死氣

魚尾相牽入太陰,游魂無定死將臨。黑侵口耳如煙霧[③],不日形軀入水津。

父母孝服

印堂額上白氣發,刑獄之上發亦然。天中白氣與喪服,當憂父母入黄泉。

夫婦分别

面上忽然右顴青,此妻合主病相縈。若不生離須病死,不然夫婦别離情。

占婚姻

龍宫魚尾紅黄紫[④],納綵成婚貌亦妍。或暗或明青與黑,時聞争競不堪言。

竈下黄光卧隱明,貴人欲娶女爲婚。有妻必是多賢德,生子登科入帝閽。

占姙娠

鳳池水聚知生女,土火龍宫定是男。黯淡不明如黑霧,子應難保母難堪。

---

① 脾,《廣鑑集説》作"肺"。

② 青,原作"黄",據韻律及《廣鑑集説》改。

③ 黑,《廣鑑集説》作"下"。

④ 《廣鑑集説》此句作"黄如筯點多金匱"。

占夜夢

命門黑盛多船水，年壽炎炎煙火焚。白見陂池登險路，青臨離位見山林。

占破財

地閣煙生田宅毁，更從地閣侵倉庫。印堂黑暗金匱昏，懸壁無光金玉去。

占失財

青匱紛紛忽然黑[①]，有此須當損家財。須防憂失財和物，免被賊人刑害災。

占獄訟

凡人獄訟以何期，帝座乘黄更赤脂[②]。或生青黑咸池畔，變吉成凶定可知。

占亨通

三陽紅紫心神喜，陰位微紅福德生。或見準頭并印内，等閒明潤是亨通。

占發達

四德濛濛尚塵埃，惟有中央氣色開。萬物定知生土内，應須財禄此年來。

加官進職

春見天中位上青，年并井竈不同形。誰知官職從兹盛，只恐看人學未精。

若逢中正至年黄，知君進達受衣冠。但向庶人增吉慶，多應

① 青，疑當作“金”。

② 更，《廣鑑集説》作“是”。

禮會意安歡。

井竈紛紛黄色生,定知新近得官榮。遠行又得豐財帛,遇美應知樂稱情。

占印信

欲占印信及文書,華蓋印堂驗實虚。黄色黄光爲定得,黑光黑色定應無。

占行人

欲問行人早晚歸,虎眉黄色稱心時。青路色應多不意,隔月經年未有期。

病及官事

印堂黑色連年起,在位失官并病至。此色更教官事厄,忽然乾枯身必否。

憂男女

青色看生眼欲周,君家男女定堪憂。若渾黄色須懷孕,黑盛困危須早除。

占酒食

飲食之部食廚帳,色似流星口舌疑。下來朝口爲夭陽,色重無人可療飢。

占捕捉

七門俱暗應難獲,眉上紅黄儘可謀[①]。更得印堂微見紫[②],自然成喜不須求。

占失文字

① 《廣鑑集説》此句作"有土濕黄即可謀"。

② 紫,《廣鑑集説》作"火"。

華蓋明堂生赤色，忽成昏暗又無光。於斯必主文字失，更及憂生病卧床。

占失火

手上發赤脈，人中色亦入。事在半年間，延火來燒屋。

占水厄

赤色發井竈，其人有水災。臨河須謹慎，立便見悲哀。

占妻病

魚尾共奸門，其間赤色迍。青枯來壽上，眼下赤同論。

占妨妻

輔骨氣如黑[①]，宜防妻病逼。三七日當憂，哭泣知胸臆。

占兄弟

年上青色起，必主兄弟災。更還兼白氣，三日後同來。

五星六曜定官品

單犀須直下，

横起天庭者，謂之伏犀。貫頂而下者，謂之單犀骨。人中有伏犀者多，單犀者少。王侯一品之貴方有單犀，必五星相應，然後可别此相。止有單犀而諸部不應，多爲清高道德之人，馳譽四方，亦不在王侯之下，此乃前世夙慧，非常之相也。

懸鼓準頭方，

懸鼓謂額上懸骨也。詩曰：額上懸骨病不生，骨廣大貴富兼榮。又曰：額鼻連形如甲字。有額骨如懸鼓者，必要準頭方正。腦骨須是貴人星，地閣天庭耳目明。更看鼻梁高直正，須爲監給至公卿。大凡骨如懸鼓，準又方正，諸部相朝，雖無單犀，亦爲二品之官。

---

① 骨，《統會諸家相法》作“角”，意長。

陰陽生黑白,

目之黑白,各有所主。黑主腎氣,黄則土所剋而神不清。白主肺筋,赤則火所侵而氣不明。若神清氣明,必爲貴相。眼長一寸封侯伯,龍眸鳳目實難得。黑白分明信義流,鷄目鼠睛須作賊。兩眼睛光是貴人,龍光麟視骨將軍。牛眼多慈龜目智,蛇睛羊眼莫爲鄰。凡位中惟眼最係貴賤。若無單犀,又額準不應而眼獨秀異氣,羅計分明,金水木相副,亦爲三品之官也。

紫氣在高强,

紫氣在司空中正之間,以高强爲貴。額廣方平是貴人,兩邊額上更豐盈。若還中正來相應,必定封侯宰相榮。若得高厚,學堂不陷而又眉秀口紅,金木相應,必爲侍從之官也。

羅計如烏黑,

右眉曰羅睺,左眉曰計都。兩眉朝鬢直長濃,其人在禄定官榮。若見豐滿生貴骨,須教富壽有英雄。眉之烏黑,長如一字者,主有威權。又須眼不垤露,方爲相稱。若有此相,雖無以上諸位,而金水木星又相應,亦爲五品之官也。

分明火不剛,

眼中瞳人爲火星,是黑上加黑,須是分明。眉眼分明骨氣清,目如點漆正聰明。若眉濃厚而眼剛,則爲武職之相也。

金水齊紅照,

金相在金匱之上,以光圓爲貴。口主於脾,色如丹者,貴。更上有楞鍔則朝煙竈,下有楞鍔則朝承漿,兩角起則朝眼珠。若更三輔相應,此爲貴相。惟金水紅照,又兩耳高强,亦不失爲六品之官也。

木星次品郎。

木星在兩耳。竅門欲廣,輪欲深,聳過眉,仍貼肉,懸鼓朝口①,有如此者,必爲官職。賤人有貴耳而無貴眼,貴人有貴眼而無貴耳。若諸部皆不相應而兩耳獨異,故以七八品斷之也。

木星

① 鼓,疑當作"珠"。

木居兩耳認高强，紅白垂圓聳又方。輪薄頭尖骨反復[①]，不登差路犯空亡。乾枯紫黑通明者，斷定全無到學堂。若見此般休用相，多成多敗少田莊。

金星

金星金匱要光圓，連臉平肥廚竈邊。黑脯多紋多破敗，又無屋宅少田園。圓紅光彩身終貴，印稱諸星見大賢。若是尖斜須見破，亦無半分少人憐。

月孛

月孛星居甲匱頭，不須高大認情由。若生朱紫紅黄印，非犯空亡身不憂。脯黑垤高紋理大，何勞苦苦去營求。此星越甚諸星惡，更犯空亡二世憂。

草木將灰

草木將灰驚恐來，螣蛇病起又官災。紅黄紫潤無憂惱，赤黑相和定破財。

白虎凝脂

白虎凝脂似抹油，因傷疾病在心頭。夏月染病秋即散，春冬有疾主淹留。

玄武如煙

玄武如煙曉霧和，陰仇不害小鬼魔。裏外有人來竊物，夜間怪夢又還多。

觀氣色

觀九品以上官，先看天中、天庭、司空、中正、印堂，次看山根、年壽、準頭，若人中、

① 骨，《統會諸家相法》作“廓”。

承漿、地閣又其次也。然氣色有輕重,朝見於面,暮歸於臟腑。欲知其形狀,大如毛髮,小如蠶之吐絲。長者不過一寸,短者似一粒粟米,又如塵末。或衰或盛,有休有咎,但以五色形部,經灼然見之,可言吉凶。雖五色之氣有青、黄、黑、白、赤,有紅紫寄在其間。青,木旺也。黄,土旺也。發之各有形狀,青色如柳葉,黄色如瓜,白色如脂,赤色如火,黑色如點漆。已上五色更看厚薄,發之盛六十日内方應,發之浮於事不應。今將諸位部氣色開具於後也。

天中部有黄光之氣,一百二十日須爲極品。更有龍虎角紅潤,有六十日,謂之三合照也。

天中部有紫黄之氣,二品之官。若有紅黄之氣,須爲都統兵權。右職亦如是。

司空部直犀骨有紫黄之氣[①],官至三品。

中正部旗庭並在其中,如有紫氣深厚,一百日内須見賜金紫。凡五品以下之官即無其氣,紅黄相印,只見遷資職輔之事。外驛馬同此斷。

印堂謂之五品,上應天部,下應準頭。紅黄隱印光明,一季之内見詔書逢慶。九品以下之官得之,須見馳聲貴人薦舉。京縣之官須居清職。百姓有之,得大財。青黑發之,三十日内,主公家文字不了。

山根部黄光之氣如卧龍者,百日内須爲行運都統。不然,見進身之事。白衣人如有此,必爲官也。

年壽部紅黄之氣且平常,則主病。赤即官事。發之輕,主口舌。青則有憂,白則主哭。一七、二七、三七應之。紅絲垂法令,不免奴僕上須有虚驚,近在二七,遠不過六十日。

準頭部黄氣發至天中,貴可封侯。只一部有之,須當大財,

① 有,《統會諸家相法》作"忽"。

百姓亦如之。若氣色如蜘蛛眼，須見破家而身亡。發之浮，猶可也。

人中部須分明，謂之有信人。若窄傾陷，皆不吉。發氣青白，須見離情之事。

承漿部紅色，實能飲酒。赤則因酒而身亡，青黑則死，一七日内應。

地閣部紅黄，須見進田園鞍馬。若五品之官發紫色，須入兩地。女人有此，須見生貴子也。

禁室部預白，禁室赤黑色，官事皆有驚。果然生白色，父子見離情。黄色須見妻位喜慶。神光同此斷也。

嬪門部黄氣發蠶室，須生貴子。紅氣，須生女。三七紅氣起，則主遠信至。百姓有，主遠年骨肉相見，兼財相濟也。

天倉部、地倉部紅黄氣發，主人得禄還鄉，或進士及第。百姓見之，家活稱遂，榮進南方田土，百里之外並馳名也。

法令部發黄光，幕職之官須轉官。九品以上有之，須見得權。

三陽、三陰之部，如黑色發見顴上，破財。官員失職，或有水厄。在私失財，家宅不寧。三陽爲家，三陰爲宅。青則主憂，白則主哭。紅黄色，喜慶，只斷男女上有喜，須生貴子。看女不然。

日角、月角之部黄光，須見進身之事。不然，詔書來，百二十日又恐封官。更得紫氣同生，名利須達朝廷[①]，須見提察功勞。

龍虎角二部常見黄色而不散，三年内須爲上將軍，出將入相。

---

① 須達，原無，據《統會諸家相法》補。

兩顴部勢黄,則子息有喜。不然,財至。赤則兄弟口舌,官事並行。

驛馬部黄,則六十日動。赤,則因馬有災。交友天庭白氣,半路回程,須見哭聲。青黑,因馬并水墮災。奸門部黄,則爲姦淫之徒。赤,則爲公事臨身。青則憂,白則哭妻。一七、二七須應。

盜門部官員有青色,公家文字不了,當因差出重難處失職。紅色有印信,二七加官。百姓得大財。發之則左驛馬,次至魚尾,百日移向東北去。發之則又驛馬,下喝唱,紅黄光發左右印信、印堂,官員加職。如其位青赤,失官退職,萬不失一。

印堂、喝唱有,天柱骨黄紫色,位是正行。

左眼下名曰淚痕,若見青、白、黑、赤色者,半年見父母之災。次長男、中男、少男,如赤、青、白、黑兼之,亦如此斷。右眼頭下母姊妹,只如前斷。

學堂部明白,須見貴人舉薦,入清職。百姓各無此部也。

麻衣相法斷三陽,氣色須教要紫黄。仕宦得之官爵重,庶人見貴最高强。

黄色山根若卧龍,爲官遷職禄盈豐。印堂部内仍同此,紫綬金章立帝宫。

紅黄年壽且平常,赤則官災口舌當。見白須防加哭泣,凶亡青黑察承漿。

憂色歌

天中排至到山根,六處明明次第分。紫色定知官見覔,紅黄必定轉官尊。白色若臨家主哭，赤氣臨之官鬼存。萬事不離從此看，吉凶災禍別無門。

喜氣歌

黄色發旗庭，多因提察榮。龍虎形上起，便見作公卿。

死色歌

壽上及年上，微黄黑後生。死因飛入鼻，必定卧深坑。

哭色歌

年上赤光横，同前赤色生。不能行路險，或有小温刑。眼下赤相隱，旗庭白哭聲。山根憂恐怖，準頭哭父兄。交友丹砂起，宜災未可寧。人中青白氣，必定是離情。

四季吉凶氣色

春季

青色爲正，順時。太過則爲災害。白色爲剋木，逆時。居財帛則破財，居父母則父母有疾，居子息則子息有疾。赤色屬火，木反爲之滯，氣亦破耗，主公訟口舌。黄色屬土，木剋土爲財，主春月財禄旺。黑爲水之生木。雖好，淡，吉。濃，亦主災主禍。太重，主死亡。

夏季

赤色爲正氣,旺財發福。過旺,主公訟口舌。黑氣主大禍。居疾厄,主死。居官禄,爲囚禁,爲降官失職。白色爲金,主發財大旺。黄色火生土,爲滯氣,財憂相半。青色爲木生火。太盛,亦主悲憂,美惡相半。

秋季

白爲正色,旺財。潤澤,主大發財禄。順時。太過則主外孝。黑色爲泄氣,主破財,又主大病。赤爲火剋金,主大禍,公訟卒哭,重重不足,家下虚驚恐怖,百不如意。青爲木,金剋木爲財,主喜相半。黄色土生金,謀事有成,財氣,百事稱心。

冬季

黑爲正色,順時。太過主重災。白爲金生水,主有財禄,百事稱心。黄色土剋水,主災阻厄,兒女有疾。居財帛,主破財。

口部

黄色臨口,横財到手。口部黄氣起,千日内朱紫。唇紫衣食足,唇赤爲上客。唇紅過面,五十七年稱意。婦人貴在唇紅齒白,食天禄,多財、多貴、多子。口青色,女多奸。口上紫色,貪財防害。唇有黑紫,妨妻害子。女唇紫,夫早死,亦妨子。唇黑色,路死厄。黑氣從口入耳,七日内亡,男左女右。口部青色,百日内災,九十日破財。黑色,一千日内父母亡。青色口邊入來,須餓死,更兼淫慾事牽連。赤色口邊横入,殃禍立至。

休廢[①]

口四邊色白饒轉者，爲動口休廢。主五十日大厄。眼下白色入左右或眉下一條，名曰成口休廢。三十日内大厄。左右兩耳員上下忽如白粉起者，名曰元聲休廢。六十日大厄。腦條忽起有官榮，白色若臨家有哭，赤氣如臨官鬼生。

① 《統會諸家相法》作“十四休廢”。

相法十六篇

［舊題］許負　撰著

牟　玄　點校

【題解】

此書一卷,題漢許負撰,見録於《述古堂藏書目》相法類。《讀書敏求記》子部相法類記有《許負相法》一卷,云:"《相法》十六篇,言簡而旨明,爲古今相書之祖。前代若姑布子卿、唐舉、吕公、許負、管輅、袁天罡之流曠世間出,其術非有得於異傳,安能明察幾微若是乎?"可見此書亦被稱作《許負相法》。《脈望館書目》張字號雜術門類風鑑小類、《徐氏家藏書目》子部藝術類、《也是園藏書目》子部相法類所記題名卷數與《讀書敏求記》同。

書序作者五嶽山人黄省曾,生於弘治丙辰(1490),卒於嘉靖丙午(1546),黄魯曾之弟,吴縣人,《明儒學案》中有記。此書編輯者周履靖乃明隆慶、萬曆間嘉興人士。書後題崑山俞允升階甫手校,崑山俞允升蓋崑山俞允文仲蔚之兄。俞允文生於正德八年(1513)癸酉六月十七日,卒於萬曆七年(1579)己卯八月四日,其兄亦大致生活於此間。十六篇文字大抵與《神相全編》中所載同,唯《神相全編》散見於各個門類耳。又此雖云十六篇,然而第十六篇"聽聲篇"中實竄入許負論男女五官篇内容,似析爲十七篇爲安。至於《通志・藝文志》但記有《許負相書》三卷,未及篇數,不知十六篇之説從何而來。

此書現主要可見版本有:1. 萬曆二十五年(1597)荆山書林本,藏中國國家圖書館。2.《夷門廣牘》雜占類所收本。《續修四庫全書》即據夷門廣牘本影印。本書以《夷門廣牘》本爲底本,參校《神相全編》。

序

今之遊夫術子以宅墓、禄命、形相三事，致道吉凶、卑榮，王侯百官之門日無虚者。聽其言也，則亹亹昭昭，明根曲據，若銖毫無爽矣，而率皆無驗。要之，三事唯形相，人各判殊，可以案察推取，神斯理者當揚目而洞睹也。國朝永樂間，盛稱柳莊袁生，百無一謬，而其精奥，竟鮮有傳之者。余家有古刻《相法》十六篇，乃高陽許負所撰。且云許負者，即漢文帝令相鄧通者也。然通傳不載負名，而相通之訣則著於負篇矣。余誦其文，雖多後世增色，而古樸簡要，非漢代莫有也。嘗取一二私自鏡别，則往往靈中可愕。即雜渾群述，後世無以持其領旨。乃别録之，倘山澤之英有好之者，則舉以贈也。

五嶽山人黄省曾撰

相法十六篇目録

相目篇第一

目秀而長，必近君王。龍睛鳳目，必食重禄。目如卧弓，必是奸雄。鬥鷄蜂目，惡死孤獨。目光如電，貴不可言。目尾朝天，福禄綿綿。女目四白，外夫入宅。目色通黄，慈憫中良。黑白分明，必主朝京。若是女子，的主廉貞。目白長細，貧寒無計。目中赤砂起，法死須妨已。女人目下赤色，必憂産厄。目下一字平，所作皆分明。目下亂理文，室家多子孫。目下有卧蠶，足女還少男。目下光漫亂，姦淫須少唤。右目小，女畏夫。左目小，男畏婦。隨其男女，小心不虚。目長一寸，五分刀筆，五分淩雲。

相鼻篇第二

鼻準洪直,富貴無極。鼻狹高危,兄弟微羸。鼻梁不直,欺詐未息。鼻毛出外,誹謗凶害。鼻上黑子,疾在陰裹。鼻有縱理,主養他子。鼻上横理,憂危不已。若是胡人,富貴如市。鼻柱不平,委的他姓。鼻柱薄,立志弱。鼻如縮囊,至老吉昌。鼻如獅子,聰明達士。鼻高而昂,仕宦欣昌。鼻上光澤,富貴盈宅。鼻如截筒,富貴興隆。鼻起中央,車馬敗傷。鼻頭短小,意志淺小。鼻相廣長,必多伎倆。鼻直而厚,天子諸侯。鼻如缺破,孤獨飢餓。

相人中篇第三

人中平長,至老吉昌。兼有年壽,更益兒郎。人中短促,子孫不足。人中高厚,壽年不久。人中廣平,養子不成。雖即生產,長聞哭聲。人中廣厚,姦淫未足。人中兩黑,的生可擬。人中深長,子孫滿堂。人中漫漫,無子可憐。

相耳篇第四

耳高於目,合受他禄。作爲人師也。高如眉一寸,永不踐貧困。耳高輪郭,亦主安樂。耳有刀環,五等高官。耳門垂厚,富貴長久。耳門容筯,家貧易去。耳有毫毛,長壽富貴,兼没災殃。毛若目能自見者吉。耳如獸耳,自安自止。耳門寬大,聰明財足。耳門薄小,命短食少。耳白於面,名滿赤縣。

相唇篇第五

下唇過上唇，妨夫的有真。上唇過下唇，法多虛假人。唇紫色，足衣食。唇常赤，爲貴客。上唇厚，命非久。下唇薄[1]，主貪食。唇上下相當，語音易善，好集文章。女唇紫，夫早死，兼妨首子。唇赤如丹，不要師看。唇上下不相覆，常懷盜竊，終身不富。唇多文理，兒多無比。

① 薄，原作“長”，據《神相全編》之《相唇篇》改。

相口篇第六

口如角弓,位至三公。口如含丹,不受飢寒。一則主富,一則主官。口如撮聚,供承人後。虚用心情,人賤如狗。口如縮囊,飢死無糧。縱然有子,必主别房。口如吹火,飢寒獨坐。口如縮螺,常樂獨歌。龍脣鳳口,不可爲友。好説不真,常懷粗醜。口如赤丹,不入殷蘭。若是女子,亦得夫憐。口闊舌薄,必好歌樂。如此之人,永無凶惡。縱理入口,飢死不久。口邊紫色,貪財妨害。口開齒出,當失算數。必不久長,少即身故。口中有理,長相對益。豐財足禄,終無妨害。口未語,將脣起,奸邪在心,常懷不足。口如馬口,妒害貪醜。口中黑子,貪噉皆美。

相齒篇第七

齒白如玉,自然歌樂。財食自至,不用苦作[①]。齒如斬銀,必是貴人。齒如石榴,富貴他求。齒如龍齒,法生貴子。齒齞竅出,每事漏失。齒縫疏稀,財食無餘。如此之人,與鬼同居。齒數三十六,貴聖有天禄。若三十向上,富貴豪望。足滿三十,衣食自如。齒色黑,多妨尅。三十已下,漸多飢寒。衣食必少,壽命短促。

① 苦,原作"若",據《神相全編》之《許負相齒篇》改。

相舌篇第八

舌小窄方,法主公王。舌上長理,三公可擬。舌小多文理,安樂常不已。舌至鼻頭,必得封侯。舌長而薄,萬事虚耗。舌大口小,言不了了。舌小口大,言語捷快。舌過粗大,主多飢餓。舌小而短,法主貧賤。舌上黑紫,必無終始。口語未出,其舌先見。好語他事,必自改變。舌上繡文,奴馬成群。財帛千萬,富貴凌雲。舌有支理紋,富貴必超昇[①]。

① 理紋富,此三字原無,據《神相全編》之《許負相舌篇》補。

相胸篇第九

胸狹而長，不可求望。胸廣而長，主得公王。胸短於面，法主鄙賤。胸上黑紫，爲兵萬裹。胸獨高起，貧賤不已。胸若覆身，富貴名真。胸不平均，未足爲人。胸均平滿，豪播天畔。胸有毫毛，必主富貴豪。十毫已下，三毫已上，必主長命。若多毛生者①，亦主貧賤。精、長面出②，即爲第一也。胸廣而方，長智榮昌。

① 生，原作“主”，據文意改。

② 面，疑當作“而”。

相腹篇第十

腹小而下,大富長者。腹大垂下,名遍天下。腹如抱兒,萬國名題。腹如雀腹,貧賤無屋。腹有三甲,背有三壬。如此之人,法畜黄金。腹臍突出,壽命蚤卒。

相陰篇第十三

陰上黑紫，富貴之事。陰毛逆生上，夫婦定相妨。黑紫陰頭，必得封侯。

相尿屎篇第十四

尿頭散瀉,富貴天下。尿如竹竿,必主貧寒。穀道急而方,得位至公王。穀道寬,主貧寒。大便遲,堪爲人師,又富貴人也。大便急,德智俱失。

相行篇第十五

凡相形，須行十步，即喚回頭。須看左轉，必有官職。右轉無官職，又無衣食。行作龜行，必主聰明。行作鹿行、馬行，必主辛苦。行不低昂，富貴之相。行步兩踵相，衣食早衰。

聽聲篇第十六

聲小亮高,賢貴之極。語聲細嫩,必主貧寒,兼須危困。女人雄聲,終身不榮,良人早殞,虛有夫名。男子雌聲[①],妨婦多兒。女聲急切,妨夫一絶。夫人身手欲得厚,大小相覆,滑浄光澤,必應豪貴。顔色光潤,財禄日進。夫人少顔色惡者,絶無官分。故經云:頭小爲一極,不得上天力。額小爲二極,不得父母力。目小爲三極,無有廣知識。鼻小爲四極,農作無體息。口小爲五極,無有盛衣食。耳小爲六極,方命難量測。頭雖大,額無角。目雖大,無廓落。是無相也。鼻雖大,梁柱弱[②]。口雖大,語略綽。耳雖大,無輪廓。腹雖大,近上著,非奴即客作。是無相也。頭雖小,方且平。目雖小,精且明。鼻雖小,梁柱成。口雖小,語媚生。如此之人,法主聰明,兼不少衣食。夫女人共語未了,即面看地[③],如此之人,必有病也。夫女人當共人語,手拈衣帶者,便低頭答者,必有奸淫之事也。

崑山俞允升階甫手校

---

① 雌,原作"雄",據文意及《神相全編》之《許負聽聲篇》改。

② 梁,原作"探",據下文及《神相全編》之《許負論男女五官篇》改。

③ 地,原作"他",據《神相全編》之《許負論男女五官篇》改。

鑑辨小言

[舊題]趙聯元　撰著
牟　玄　點校

【題解】

此書一卷，題趙聯元撰，見録於《竹崦盦傳抄書目》子部術數類、《清史稿藝文志拾遺》子部術數類命相之屬及《西南古籍研究1987》中。《清史稿藝文志拾遺》作“鑑别小言”，誤。《好古堂書目》子部天文類記有《冰鑑》七篇抄本一本，不記撰人[①]。

《中國美術家人名詞典》(西泠印社二〇〇九年版，頁六〇八)收有“趙聯元(1829—1914)”條，云：“字尚選，號拙庵，室名拙修庵。人稱拙修先生(雲南劍川人)。學者，撰有《鑑辨小言》一卷，輯有《麗郡詩徵》十二卷。工書，善詩文。”

該書跋文稱此書得於無名道士口授，又稱《冰鑑》七篇與此編不同者僅十餘字，且無關宏旨，蓋一書而稱名傳述小有異也。《冰鑑》又名《神骨冰鑑》，藏於康奈爾大學東亞圖書館；或稱《秘传神骨冰鉴》，藏於哥倫比亞大學圖書館。傳爲清末名臣曾國藩著。袁樹珊在《中西相人探源》中説：“民國丙子夏，張叔同先生元祜以所印之《冰鑑》七篇見贈，疑爲湘鄉曾文正公遺著。並謂其行文如《尉繚》，立篇如《素書》，要言不煩，與世傳希夷秘傳諸本敻乎不同，豈僅小道可觀已耶？然珊家藏《冰鑑》兩種。一爲惜陰堂刊本，南海吴榮光荷屋氏跋云：‘余家有《冰鑑》七篇，不著撰人姓名，宛似一子，世無刻本，恐其湮没也。觀人之法，孔有焉廋之辭[②]，孟有眸子之論，聖賢所重，吾輩其可不知乎？此篇固切於用，非同泛書，並賞其文辭’云爾，末有‘道光己丑歲仲春，南海

① 術數類文獻《好古堂書目》皆列在天文類。

② 廋，原作“度”，據文意改。

曾大經綸閣氏書'十六字。一爲定遠方濬師子嚴所著《蕉軒續録》附刊本。其序云:'操姑布子卿之術者多矣,《四庫》所收《月波洞中記》、《太清神鑑》二書,皆稱美備。楚南何鏡海觀察應祺藏有《冰鑑》七篇,不著撰人姓名,議論微妙,宛似子家。予曾向觀察借鈔之,因世無刻本,特録於此。鏡海極精相法,其《神骨章》二注,《鬚眉章》、《聲音章》各一注,並爲列入。荀子《非相篇》'形相雖惡而心術善,無害爲君子;形相雖善而心術惡,無害爲小人數語',固千古不磨之論。然視察焉廋[①],聽觀不掩,讀書者能神而明之,未始非甄識人物之一端也。"珊又藏有海昌范文元孝子騋所著《水鏡集》四卷,康熙朝姚江黄宗羲爲之序。其書引用《冰鑑》甚多,卷三且有吕祖曰:'脱穀爲糠,其髓斯存,神之謂也。山騫不崩,石爲之鎮,骨之謂也。'據此,《冰鑑》一書,殆爲吕祖所撰。其非湘鄉遺著,無可疑義。然此書簡明精當,爲諸賢所服膺,其有裨相學可知。"(《中西相人探原》,北京燕山出版社二〇一〇版,頁八五)清初姚際恒《好古堂書目》子部亦收録此書。足見此書清初即有,絶非曾國藩著。後傳爲曾公所作,蓋因曾公名高,且亦精於人倫鑑識之故。

《鑑辨小言》今可見版本有《雲南叢書》二編本,《叢書集成續編》本即據此影印。《冰鑑》可見版本有惜陰堂刊本,藏於上海圖書館。《蕉軒續録》附刊本。清宣統二年(1910)鉛印本,藏於上海圖書館,上海圖書館另藏有抄本。民國十四年上海文明書局排印本。本書以《雲南叢書》二編本爲底本,參校惜陰堂本《冰鑑》。

① 廋,原作"度",據文意改。

神骨章一

語云：脱穀爲糠，其髓斯存，神之謂也。山騫不崩，惟石爲鎮，骨之謂也。一身精神，具乎兩目；一身骨相，具乎面部。他家兼論形骸，文人先觀神骨。開門見山，此爲第一。

相家論神，有清濁之辨。清濁易辨，邪正難辨。欲辨邪正，先觀動静。静若珠含，動若水發。静若無人，動若赴敵，此爲澄清到底。静若螢光，動若流水，尖巧而喜淫。静若無人[①]，動若鹿駭，别才而深思。一爲敗器，一爲隱流，均之託迹欠清，故爾不耽於正[②]。

凡精神，抖擻時易見，斷續時難見。斷者出處斷，續者閒處續[③]。道家所謂收拾入門之説，不了處看其脱略，做了處看其緘綫。小心者從其做不了處看之，疏節闊目，若不經意，所謂脱略也。大膽者從其做了處看之，慎重周密，無有苟且，所謂緘綫也。二者實看向内處，稍移外便落情態矣。情態何難見哉！

骨有九起。天庭骨隆起，枕骨强起，頂骨平伏起，佐串骨角起，太陽骨綫起，眉棱骨平伏起[④]，鼻骨伏犀起[⑤]，顴骨豐起，項骨平伏起。在頭以天庭骨[⑥]、太陽骨爲主，在面以眉骨、顴骨爲主。

---

① 無人，《冰鑑》作“半睡”。

② 《冰鑑》此句作“不可不辨”。

③ 閒，《冰鑑》作“閉”。

④ 棱，原作“梭”，據文意改。平伏，《冰鑑》作“伏犀”。

⑤ 伏犀，《冰鑑》作“芽”。

⑥ 《冰鑑》“天庭骨”後，“太陽骨”前有“枕骨”二字。

五者備，柱石器也。一則不窮，二則不賤，三動履多勝[①]，四貴顯矣。骨有色，面以青爲主，少年公卿半青面是也。紫次之，白斯下矣。骨有質，頭以聯者爲貴，碎次之。總之貴頭無惡骨，頭佳勝面佳。然大而缺天庭，終爲賤品。圓而無串骨，半屬孤僧。鼻骨犯眉堂者，不壽。顴骨與眉争者，艱子。毫釐千里是在辨於微焉。

① 多，《冰鑑》作"小"。

剛柔章二

既識神骨,當辨剛柔。即五行生尅之數,名曰先天種子。不足用補,有餘用泄。消息亦與命通,此尤皎然易見。五行有合法,木合火,水合木,此順而合,順者多富。惟貴則在浮沉之間,金與火仇,有時合火,推之水土皆然。此逆而合,逆者其貴非常。然所謂逆合者,金形帶火則然,火形帶金則中歲死矣①。水形帶土則然,土形帶水則孤寒老矣。木形帶金則然,金形帶木則刀劍隨身矣。此外牽合俱屬雜格,不入正論②。五行爲外剛柔,内剛柔則喜怒伏跳深淺者是。喜高怒重,過目輒忘,近粗。伏亦不俯③,跳亦不揚,近蠢。初念甚淺,轉念甚深,近奸。内奸者功名可期。粗蠢各半者,勝人以壽。純奸而能豁達者,其人終成。純粗而無周密者,其人必棄④。觀人所忽,十得八九矣。

① 中歲,《冰鑑》作"三十"。

② 《冰鑑》"正論"前有"文人"二字。

③ 俯,《冰鑑》作"伉"。

④ 其人,《冰鑑》作"半途"。

容貌章三

容以七尺爲期,貌合兩儀而論。胸腹手足,實按五方。耳目口鼻,全通四氣。相顧相稱則福生。如背如湊,則林林總總不足論也。容貴整,整非整齊之謂。短不豕蹲,長不鵠立[①],肥不熊餐,瘦不鵲寒,所謂整也。背宜圓,腹宜坦,手宜温軟,曲若彎弓,足宜豐滿,下能藏蚤[②],所謂整也。五短多貴,兩尖不揚[③],負重高官,鼠行好利,此爲定論格。他如手長於膝[④],耳白於面[⑤],配以佳骨,定封公侯。羅紋滿身,胸有秀骨[⑥],不端揆亦鼎甲。

相貌家有清奇古秀之別,總不必拘。須看科名星、陰騭紋爲主。科名星十三歲至卅九歲,隨時而見。陰騭紋十九歲至卌六歲,隨時而見。二見全,大器也。得一亦貴。科名星見於印堂眉采間,時隱時形,或如懸緘[⑦],或如小丸,常有光氣,酒後及發怒時易見。陰騭紋見於眼角,如三叉樣,陰雨時便見,假寐時易見[⑧]。得科名星早發,得陰騭紋遲發。二者俱無,前程莫問。陰騭紋見於喉間,主子貴。雜路不在此格。

目者面之淵,不深則不清。鼻者面之山,不高則不靈。口闊

---

① 鵠,《冰鑑》作"茅"。
② 蚤,《冰鑑》作"蛋",義長。
③ 尖,《冰鑑》作"大"。
④ 膝,《冰鑑》作"身"。
⑤ 《冰鑑》此句作"身過於體"。
⑥ 《冰鑑》此句後尚有"配以妙神"句。
⑦ 懸,《冰鑑》作"剛"。
⑧ 《冰鑑》"易"字前有"最"字。

而方禄千鍾,齒多而圓不家食。眼角入鬢,必掌刑名。項白於面,終身錢穀。此貴徵也。舌脱無官,橘皮不顯,文人不傷左目,鷹隼動便食人,此賤徵也。

情態章四

容貌者，骨之餘，常佐骨之不足。情態者，神之餘，常佐神之不足。久注觀人精神，乍見觀人情態。大家舉止，羞澀亦佳；小兒行藏，跳叫愈失。大旨亦辨清濁，細處兼論取舍。人有弱態，有狂態，有疏懶態，有周旋態。飛鳥依人，情致宛轉，此弱態也。不衫不履，旁若無人，此狂態也。坐止自如，問答隨意，此懶態也。飾其中機，不苟言笑，察言觀色，趨吉避凶，此周旋態也。皆根其情，不由矯枉。弱而不媚，狂而不譁，疏懶而真誠，周旋而健舉，皆能成器，反此敗器耳。

前者恒態，又有時態。方與對談，神忽他注；衆方稱善，此獨冷笑，深險難測，不足與論情。言雖不當，極口稱是，未交此人。故意詆毀，卑庸可恥，不足與談事。漫無可否，臨事遲回，不甚關情，亦爲墮淚，婦人之仁，不足與共謀慮①。三者雖不必定人終身，亦大概得二三矣。反此以求，可以交天下士。

① 共謀慮，《冰鑑》作"談心"。

鬚眉章五

鬚眉男子,未有鬚眉不具,而可稱男子者。年少兩道眉,年老一林鬚。此言眉主早成,鬚主晚發也。然紫面無鬚,亦貴。暴腮缺鬚,亦榮。郭令公半部不全,霍嫖姚一副寡臉,此等間逢,畢竟有鬚眉者,十之九也。眉尚彩,彩者,杪處之光也。貴人有三四層彩[①],有一二層彩,所謂文明氣象。宜疏爽,不宜凝滯。一望有乘風翔舞之勢,上也。如潑墨者,最下。高豎者[②],上也。低垂者,最下。長有起伏,短有神氣。濃忌浮光,淡忌枯索。如劍者,掌兵權。如箒者,赴法場。個中亦有微茫,不可不辨也。他如壓眼不利,散亂多憂。細而帶媚,粗而無文,皆下乘相也。

鬚有多少,取其與眉相稱。多者宜清,宜疏,宜縮,宜參差不齊。少者宜健,宜光,宜圓,宜有情照顧。捲如螺紋,聰明豁達;長如解索,風流顯榮;勁如張戟,位高權重;亮若銀條,早登廊廟,皆宦途大器。紫鬚劍眉,聲音洪壯,蓬然虬髯[③],常見耳後,配以神骨清奇,不千里封侯,必十年拜相。他如輔鬚先長終不利,人中不見一世窮。鼻毛接鬚多晦滯,短髭遮口餓終身,則又顯然者。

① 《冰鑑》無"四"字。

② 高,《冰鑑》作"倒"。

③ 髯,《冰鑑》作"亂"。

聲音第六

人之聲音猶天地之氣。清輕上浮,重濁下墜。始於丹田,發於喉,轉於舌,辨於齒,出於脣,實與五音相配。取其自成一家,不必一一合調。聞聲相思,其人斯在,豈必謀面,始決英雄哉。聲與音不同,聲主張,尋發處見。音主斂,從歇處見。辨聲之法,必辨喜怒哀樂。喜如折竹當風,怒如陰雷起地,哀如石擊薄冰,樂如雪舞風前。大概以清輕爲上。聲雄者,如鐘則貴,如鑼則賤。聲雌者,如雉鳴則貴,蛙鳴則賤。遠聽聲雄,近聽聲揚,起若乘風,止若拍瑟,上也。大言不張脣,細言若無齒,上也。出而不返,荒郊牛鳴;急而不達,深夜鼠嚼。或字句相連,喋喋利口;或齒喉隔斷,喈喈混沌,市井之夫,何足數哉!

音者,聲之餘也,與聲相去不遠。此則從細處見長,曲中見直。貧賤者,有聲無音。尖巧者,有音無聲。所謂禽無聲,獸無音是也。凡人說話是聲,話散在左右前後是音。談時若含情,話終多餘響,不惟雅人,兼稱國士。開口無溢出,舌尖無窕音,不惟福厚,兼獲名高。

氣色章七

面部如命,氣色如運。大命固宜整齊,小運亦當亨泰。是故光焰不發,珠玉與瓦礫同觀;藻繪未揚,明光與布葛齊價。大者主一身禍福,小者亦三月吉凶。人以氣爲主,於内爲精神,於外爲氣色①。少淡長明,壯豔老素是也。有一年之氣色,春青,夏緑,秋黄,冬白是也。有一月之氣色,朔後森發,望後隱躍是也。有一日之氣色,早清晝滿,晚停暮静是也。科甲中人以黄色爲主,此正色也。黄雲蓋頂,必掇大科。黄翅入髩,進身不遠。印堂黄明,富貴逼人。明堂素静,明年及第。他如眼角霞鮮,決利小考。印堂垂紫,動獲小利。紅暈中分,定産佳兒。兩顴紅潤,骨肉發迹。由此推之,足見一斑。

色忌白、忌青。青常見於眼底,白嘗發於眉端,然亦有不同。心思憂勞,青如凝墨。禍生不測,青如浮煙。酒色憊倦,白如卧羊。災晦催人,白如傅粉。或青而帶紫,金形遇之而飛騰。白而有光,土金相帶亦富貴,區別又至微也。最不佳者,太白夾日月,烏烏夾天庭,桃花散面頰,赬尾守地閣,有一於此,前程退落矣。

家大人避亂赤橋頭山村眠龍洞,有道人不言姓名,喜來談相人術,口授此七章,因筆於簡。道人後不知所往,書存余家,印行之,公諸世人。劍川趙藩識。

排印訖,得張鶴君學録湘中書言於胡子威選貢元儀齋見吴荷屋中丞刻《冰鑑》七篇,跋其後,有家藏此書,不著撰人姓名,宛似一子,世無刻本,恐其湮没之語。鶴君取校此編,不同者僅十餘字,蓋一書而稱名傳述小有異也,因遂寄校本來。余觀其異者

① 《冰鑑》此句後有"有終身之氣色"句。

無關宏旨,要可並行。特未知道人所秘,其即吴氏既刻本與,抑别有所授與?然自此海内有兩本,流布浸廣,撰人姓名,或因以觸而得之,尤快事也。藩再識。

神相鐵關刀

佚　名　撰著

牟　玄　點校

【題解】

此書四卷,見録於《書髓樓藏書目》子部術數類、《松筠閣書目》子部術數類及《販書偶記》子部術數類占卜命書相書之屬。《書髓樓藏書目》云:"不著撰人名氏",《販書偶記》記爲"山陰梧岡山人訂"。是書序文下題"破衲雲谷山人",不知究爲何人。

陳興仁在《神秘的相術》中説:"清末以來坊間還流行一部相書,而且尤爲廣東及港澳地區的江湖術士所慣用,這部書就是《神相金較剪》。此書無卷數,卷首署'棲霞羅浮山人授'。但是看《神相鐵關刀·序》,可知'鐵關刀'曾易名'金較剪',因此,《神相鐵關刀》和《神相金較剪》可能就是同一部書。"(廣西人民出版社二〇〇四年版,頁七七)《鐵關刀》序文説:"予得是書,潛窺半載,夜坐覺眼光如炬,予異之。是以廣遊四海,以'鐵關刀'爲名。適寄淮陽三載,偶遭寇亂,賊欲捕予爲國師,予懼,奔竄南京,改名'金較剪'。藉此相術遨遊山水,博訪神仙,卒不可得。"然今傳之《神相鐵關刀》與《神相金較剪》内容並不相同,陳氏猜測或可存疑。又張明喜提到"結穴法又稱'鐵關刀'就是用看風水的原理來看相的一種術數"(《神秘的命運密碼》,生活·讀書·新知三聯書店一九九二年版,頁七八),今本《鐵關刀》中即有以風水之思路觀相的内容,"鐵關刀"之名或許即由此而來。

現可見主要版本有:1.光緒丁丑(1877)大經堂刊巾箱本,題山陰梧岡山人訂。2.光緒十七年(1891)刻本,藏於上海圖書館。3.光緒三十三年(1907)三益堂刻本,藏於上海圖書館。4.民國十四年(1925)上海文明書局排印本。本書即以上海文明書局排印本録出。

原序

相，秘術也。能指迷而越險，能改禍而爲祥。其道非輕，其技非小，人定勝天，莫此爲最。

予隱江右大安山華陽寺中，得異人示予以書，曰："子有慧，夙具靈根，得此可以遨遊山水，相天下士也。獨不宜刊刻傳人，此書名曰'泄天機'，傳人輕泄天機，遭天譴也。子宜秘之，萬金莫授焉。"予得是書，潛窺半載，夜坐覺眼光如炬。予異之，是以廣遊四海，以"鐵關刀"爲名。適寄淮陽三載，偶遭寇亂，賊欲捕予爲國師，予懼，奔竄南京，改名"金較剪"。藉此相術遨遊山水，博訪神仙，卒不可得。

後僑寄太湖，有賣相者，書牌曰"我宗白雲先生相法"，瞬息不見，只遺一牌在焉。予拾得此牌，乃悟此相法是希夷先生秘本也[①]。予歸而藏之寺中，誓不敢泄，吾徒莫爲輕玩也。

破衲雲谷山人謹識

① 本，原作"木"，據文意改。

附録訓戒一則

天台秘旨,降及下民。黄金易得,寶籙難聞。貪財妄授,褻瀆斯文。凶臨福退,災逮其身。吾師吩咐,莫傳匪人。同門敬受,勿當間云。

序

相人之書流傳日久。自元及明，口訣已失，所傳者僅得糟粕，而刊本重重刻錯，部位大差。雖得各書搜覽，章句有存，而部位刊錯，並無指出確據，所以談相盛行，而識者實無幾也。故或前靈而後謬，或靈後而前非，皆無足爲成法者。予在閩莅任十八載，嘗遭外寇，慄慄危懼。適得良師松石道人指迷解厄，不可勝數，予深感激。盤桓十四年，後遇足疾歸里。苦求良師傳授口訣，傾囊而贈，道人固拒不納。止囑予不可輕泄，恐遭天譴。蓋以福禍爲人自招，不必在我指迷也。予得書後，歷歷取驗，更有奇妙如神者，故時人呼予爲碧眼神仙。可知知人則哲，爲帝其難。今得此書，不徒擇交而得良友，亦可自鑑而定安危矣。雍正三年六月初三日山陰梧岡山人識。

神相鐵關刀目録

正面圖

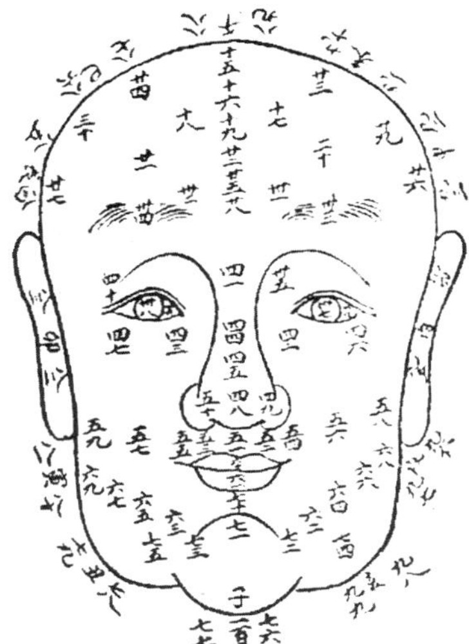

左側面圖

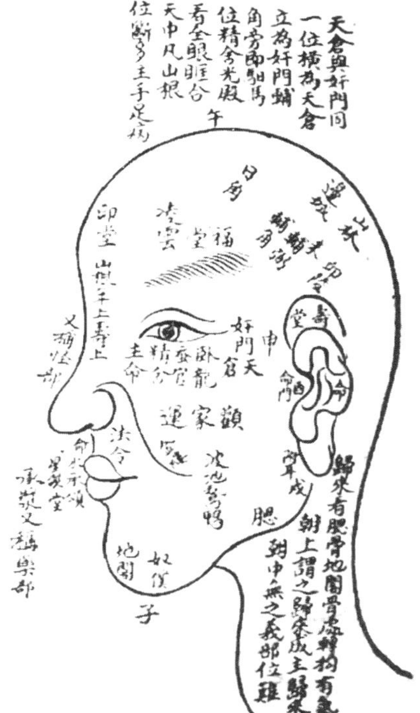

右側面圖

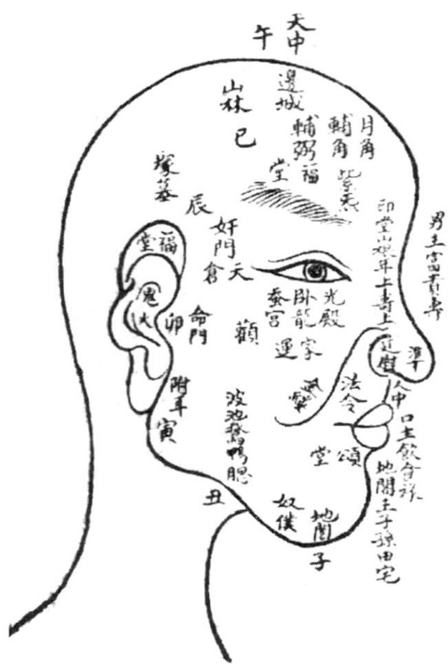

審氣圖

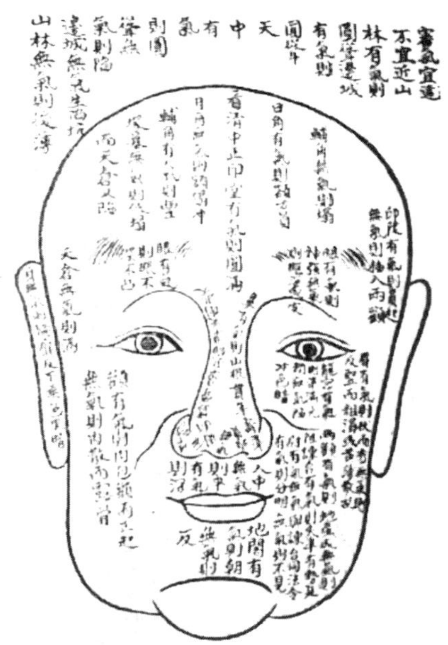

審瘮圖

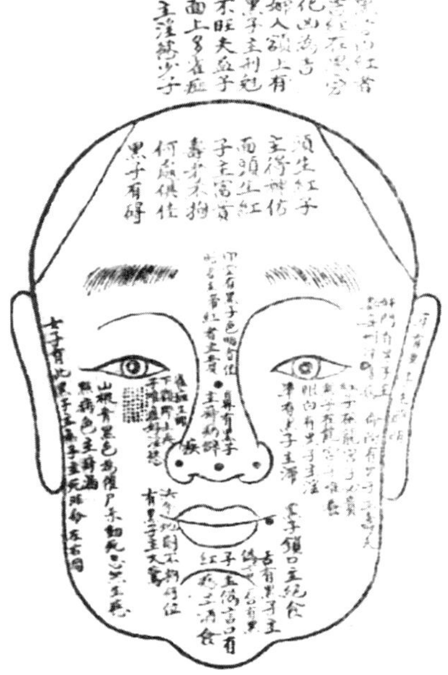

看紋圖

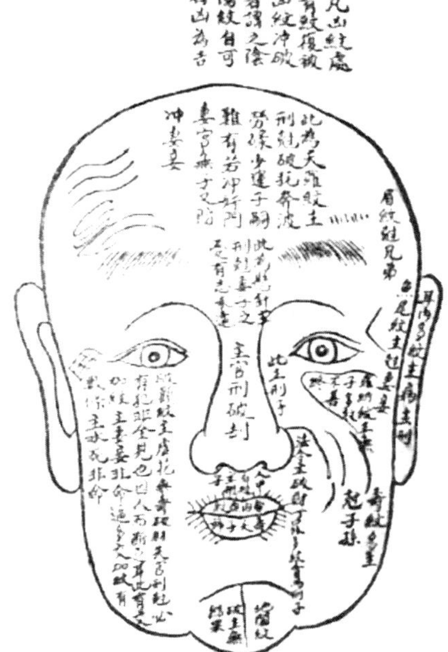

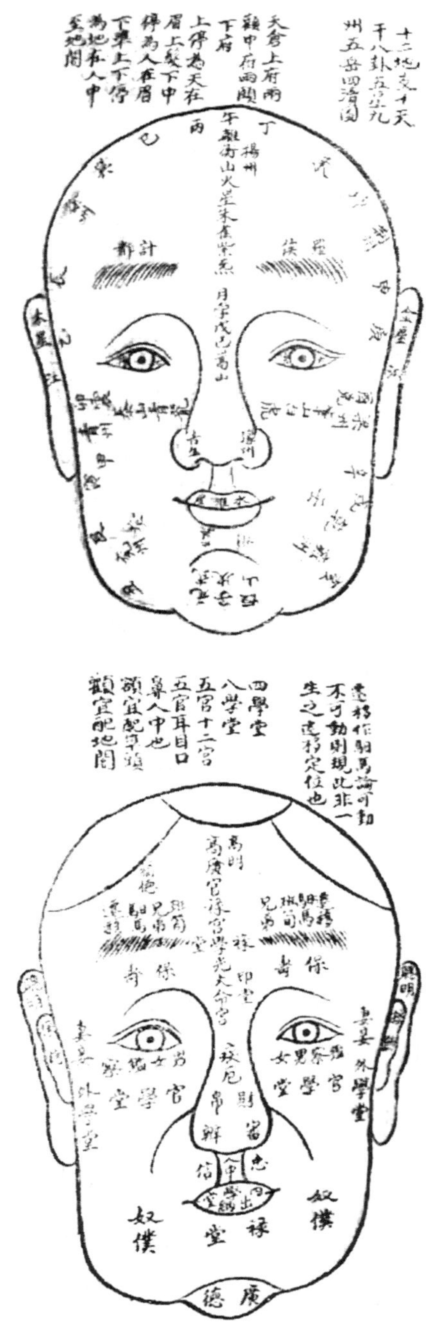

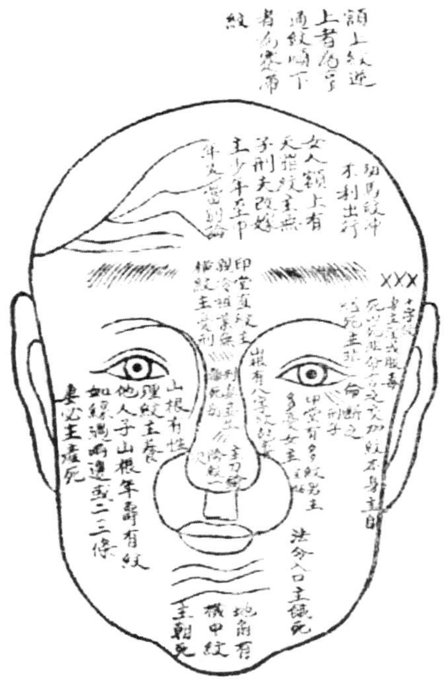

面無青筋見俱不利左方同

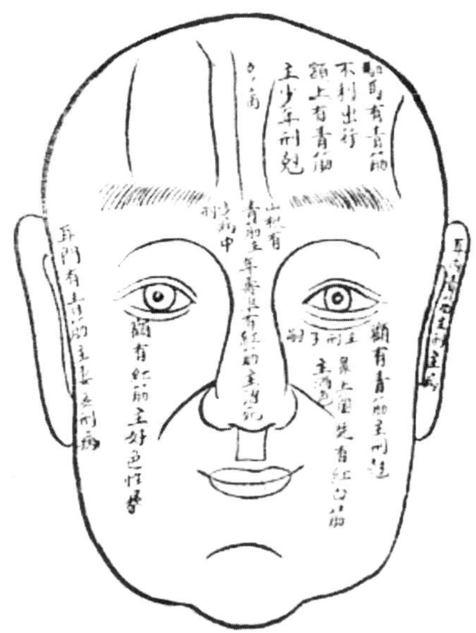

骨格部位圖

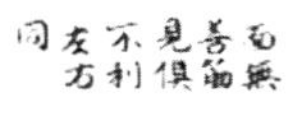

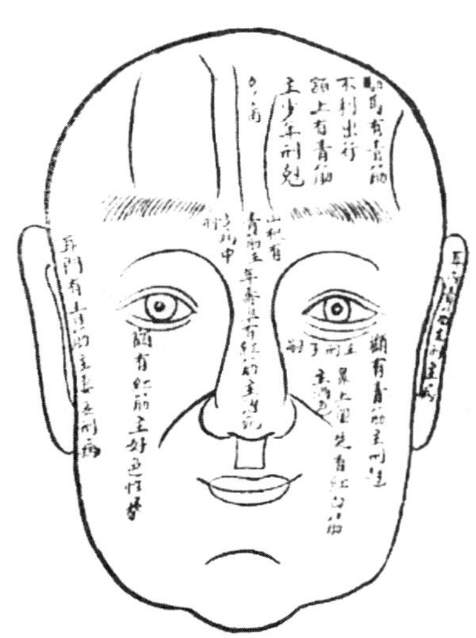

鬚眉髮鬢蹇滯圖

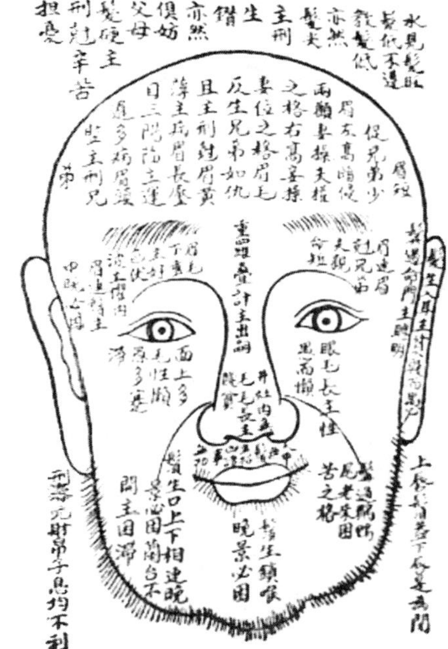

玉掌圖

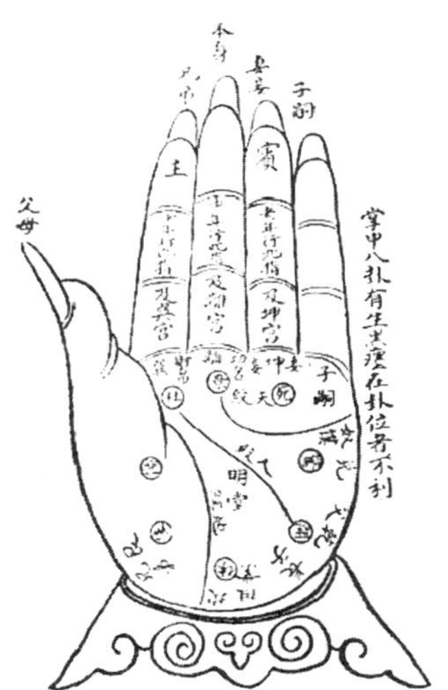

卷一

鬚眉髮毛各有所屬

髮屬心,心火上炎,故生髮於頭上也。

眉屬肝,肝木性横,故生眉也。

毛屬脾,脾土旺四時,故生毛遍四肢也。

鼻毛屬肺,肺金主斂,故鼻毛獨生於鼻孔内也。

鬚屬腎,腎水潤下,故生鬚而下垂;上在口,下在陰腋也。婦人有内腎,故陰户兩腋皆有毛;無外腎,故口無鬚也。

涎、精、汗、淚、溺各有所屬

貪心一動則生涎,涎由肺生,心火上蒸於肺,故化而爲涎也。

淫心一動則生精,精由腎生,相火一爍於腎,故溢而爲精也。

愧心一動則生汗,汗由心生,心火鬱蒸於脾,故發而爲汗也。

悲心一動則生淚,淚涕由肺生,肝木不平,故泄而爲淚涕也。

怯心一動則生溺,溺由脾生,脾土不能攝腎,故奔而爲溺也。

辨相面刻誤秘旨

何爲山林,在頭角之聳突緫處,耳上高二寸許。骨高處號山，髮密號林，管乎風水。男左女右，祖業主之，有氣是爲得風水也。邱陵、塚墓在山林下一寸許。邱陵、塚墓取象墳穴，如建墓於山林之内，故不能高於山林位也，有氣亦爲風水所鍾。

邊城者，邊地之城也。在額角髮際之傍，於面稱邊地，於頭號邊城。精舍、光殿藏眼之眶是也。取其藏神謂之精舍，取其旺煞謂之光殿。眼深則左右如精舍，其神藏也；眼淺則左右如光殿，其煞旺也。彩雲、繁霞所以掩日月。日月最宜光明，惟霞亦助其耀。眼目最宜光明，惟眉亦助其秀。忌粗忌濁，不可如雲之揜日月也。故疏者宜有彩。左右均號彩霞、繁霞者亦不宜濃，務宜得霞之冶豔。左右亦號繁霞，非左彩霞而右繁霞也。凌雲、紫氣在眉端之聳突處，如氣欲凌雲，圓如紫氣星也。輔角在日月角旁，其形如角，輔乎日月，故號輔角。司空在額端，宜無紋，所司守之處，宜空無紋皺破，無痕無黶也。中正在額之最中最正之位。印堂在兩眉中，宜如印之方，不偏不倚。堂者，取其廣闊平正也。

天中在髮際頂中處，故號天中。

天庭在額上無髮處，謂之天庭。左右離七分處，號日月角，其位貼近於輔角，故名角。

太陽、中陽、少陽，取象於日。太者，言其初起也；太，大也，大有光明之義也；中者，日之方中也；少者，言將没而尚存其陽也；三陰如之。

年壽在鼻中，戊己位中嶽之處。有似於山，爲山最壽，故稱年壽。準頭，準者，標準。頭者，首也，最尊之號，有似於皇焉。中停爲人，鼻擬爲皇，左號諫臺，文官也，若御史也；右號廷尉，武將也，若侍衛焉。左右夾準，宜有勢，故名之。俗呼蘭臺，字有錯誤。

山根居印堂下,如山之來脈,上接南嶽,下接中嶽,故謂之山根。人沖在唇上之溝洫處,人生到此一大關隘,壽年、財帛、子嗣皆慮此而沖,故曰人沖,俗呼人中,字有錯誤。附耳在兩耳珠旁,故稱附耳,俗稱虎耳,蓋因字音而相誤耳。水星在上唇之珠處,口屬水,謂之水珠;似星,謂之星。

承漿在下唇之凹處,故能承漿。若地閣之凸處,則非也。歸來是在顴骨之下,腮骨下、地閣骨下,各轉拗處。取其歸來朝中嶽之義也,地閣不朝則不成。

訟堂在地閣之凹處。取其口角摇動,彼亦從而動之,如人好訟之義也。

陂池、鵝鴨在兩頤凹處,故謂之波池[①]。凹中求凹,故謂之鵝鴨。如池中有鵝鴨浮起,是爲有氣,失此則爲無氣。非左陂池而右鵝鴨也[②]。

金縷在法令旁,小紋形如金縷是也。

法令在準旁,從諫臺、廷尉位出者,有如法制禁令焉,故名之。爲官者,宜法令深長也。

奴僕在地閣之旁,懸壁位是也。奴僕位居至下,故以地閣旁名之。懸閣不豐,地閣不朝,則不成焉。

顴居鼻旁,即左右東西兩嶽是也。宜起宜有肉,有此爲有顴,故謂之顴。顴者,權也。家運現乎此焉。

仙輔在人沖旁。人沖者,人憂此而行沖運。仙輔居兩旁,謂

---

① 陂,原作"波",據上下文改。
② 右,原作"順",據文意改。

有仙輔之,不慮其能沖也。若人沖不深,則仙輔不成。

食禄倉在口角上際微凸處,食禄從此入,故謂之食禄倉。

地庫在地閣上旁,即頌堂上之左右位也。其位微豐圓有氣,故稱庫地閣,故謂之地庫。

觀相訣

觀相之法,如觀風水。風水要尋龍審穴,裁沙剪水之法,相亦如之。相分三停:上爲天,下爲地,中爲人,是三大局法。上之穴法居中正,以頭頂爲來龍,以日月角、兩辅角爲夾護,山林、塚墓、邱陵爲外纏,以枕骨爲後樂,以金木兩耳爲遠纏,以印堂爲案,以準頭爲遠朝,故相得。額佳者,必要山林、塚墓、輔弼、兩耳,件件照應者佳。少有一件不足,則所發不大。如額多紋筋黑子陷磯者,都不妥。中停以鼻梁爲穴,山根爲來龍過脈,以顴爲夾耳,以準頭爲元唇,以頭爲後樂,以地閣爲朝,故鼻梁以豐隆色鮮,顴以正輔。倘無顴則鼻爲孤峰。山根低則來脈弱,鼻梁短則氣勢薄,亦不發也。沖破淚堂,爲沙飛水走。井竈薄露,爲元唇傾瀉,亦不發也。倘鼻小而兩顴佐得其情,亦主小發。下停以水星爲穴,以鼻爲來龍,以人中爲過峽,以兩頤骨爲輔弼夾耳。以地閣爲案,以承漿爲天池。故口角宜仰,地閣宜朝,地庫宜豐,頤骨宜圓,陂池鵝鴨宜凹中見凸,是爲有氣有結。倘口反地閣不朝,鬚困口,鬚鎖喉,則不發也。至於看眼看耳,宜其氣之包裹不泄爲佳。倘眼露或眼深,耳反,耳低,耳黑,俱爲失氣也。

定形格訣

凡相有肥瘦、先後之不同,惟一掌定在先天,老少不能移易。故求形必須求掌,乃爲真種子。倘以相上之肥瘦定人,差之遠矣。況金木水火土五行俱有肥瘦。如金形則若石,石有大小堅輕之異;木則若樹,樹有清秀凝濁之殊;火則有太陽燈燭之分;水則有江河溝洫之別;土則有泰山邱垤之形。若以肥瘦定人,豈不錯哉。至於無氣格者,其相不足道矣。

雲谷子曰:形局無論相生相剋,均有吉凶。人之形局,譬如六十花甲,俱有生剋可取之理。如甲子日生是水生木固佳,乙丑日生是木剋土,此日何嘗不佳?豈木剋土之日,俱不以吉論乎!所以人之相,亦如甲子配乎天干地支五行者。至以相上部位吉凶,則如日子上之十二時,有吉有凶也。以此推斷,庶無礙理。但此止爲知者道,難與俗人言也。

五形五局

木形掌瘦,指長紋多。

如面紅是帶火。額高、面長、鼻長是木火通明之格。如頭圓面略小方是帶金,面色白亦帶金。如面黑、唇紅、紋深、身黑、毛光黑是帶水。如頭平、鼻豐、掌厚、身胖、面青黄是帶土。

土形掌方厚,指方短,八卦現。

如頭平、地閣方、鼻大、身胖、肉實、不露筋骨是土之正格也。

如面紅是帶火，頭尖亦然。如面尖瘦是帶木[①]。如面圓色白是帶金。如面上臃腫，色黑是帶水。

金形掌圓厚，指節圓，掌色潤。

如頭圓，面微方，色白合格也。如面紅是帶火。如面黑是帶水。如面黄是帶土。如面瘦青是帶木。

火形掌瘦指尖，露筋骨，指疏。

如面赤微寒，髪焦眼赤，全火也。如面青是帶木。如頭骨太重是帶金。如面方厚，黄色是帶土。如面白而圓是帶金。

水形掌肉浮脹軟滑，節不露，微露筋，指短而圓。

如面浮脹，身肉浮胖而黑，眼露沉濁，正格也。如面紅是帶火。如面白是帶金。如面黄是帶土。如面瘦尖，多鬢眉髪是帶木。

五行歌訣

金形：頭圓面圓耳又白，齒白唇紅身不黑，骨肉調勻鬚髪疏，腹圓背厚聲清拍；掌平方厚顴起骨，胸平有肉肥合格，行動身體不輕浮，便是金形露貴格。

木形：掌瘦指長頸又長，鼻長身瘦腰又窄，眉疏鬚疏髪又疏，聲清現喉青合格；行動飄逸身仍定，耳白唇紅又高額，便是木形富貴人，兩眼有神分黑白[②]。

水形：肉多浮腫腹低垂，眉濁髪濃眼神露，聲多痰滞音不響，

① 木，原作“水”，據文意改。
② 疑最後一句當在倒數第二句前。

脣黑口大臀多骨;頸黑皺肉行難穩,指短肉多掌潤摸,此是水形人是也,細看神强富貴夫。

火形:頭尖肉紅性又急,髮黑鬚黄鼻露骨,顴尖骨露眼睛紅,眉上欠毛胸又突;掌尖大薄又露筋,行動身摇耳尖拂,聲焦聲破額孤高,脣趫露齒火形寔。

土形:頭平頂正鼻頭豐,地閣朝元方正宗,枕骨平横面黄赤,背腰平厚腹垂洪;頸短掌方足背厚,聲沉耳厚髮眉濃,眼長顴起面田字,五嶽相朝富貴公。

相疾病生死秘訣

何知此人病在心?兩眉鎖皺山根細,氣色青黑暗三陽,心痛心憂愁鬱際。

何知此人病在肝?兩眼睛紅頸筋粗,氣色肝燥金傷木[①],定然速怒氣嘈嘈。

何知此人病在脾?滿面青黄瘦不支,脣白神衰難運食,成濕成痰定必宜。

何知此人病在肺?顴紅肺火顴黑寒,咳血吐血並哮喘,寒熱兩關顴上看。

何知此人病在腎?耳黑額黑面烏暗,補水制火節慾心,眼睛昏暗房勞禁。

何知此人蠱脹亡?山根低小面黑黄,縱有病人面略白,眼深鼻斷相孤寒。

① 肝,疑當作“乾”。

何知此人手足傷？山根一斷氣難揚，腎虧筋弱殊火爍，跌撲傷憑鼻骨殃。

何知此人夾色病？兩眼昏暗神不清，兩眉粗壓目蒙昧，夾色傷寒陽縮驚。

何知此人主長寒？面垢神昏色暗黄，黑是寒兼黄是熱，有痰宜辨眼睛黄。又面白，唇不紅，多主發冷。

何知此人主狂痰？眼突睛黄下白現，殺重性剛主狂顛，痰生肺火胸中戰。

何知此人遺精症？面皮青黄色不榮，有時紅豔如脂抹，相火虚痰亦泄精。

何知此人心痛病？頭低眉皺山根青，兼印多紋抑鬱重，精舍黑暗痛難勝。又積痛病，主青瘦淡白面。

何知此人火爍精？顴紅血壯鬚髮少，露筋露骨齒牙頹，定知火盛筋骨繞。

何知此人主長寒？鬚濃困口不分清，面黑更防飧飯少，老來噎食定憂驚。

何知此人必吐血？山根露節瘦且小，面青骨赤血必防，縱然不吐瘡衄照。

何知此人必癆症？面皮皺鼓眼神急，人瘦氣短性躁急，鼻劍背薄頤尖齦。齦者，露牙上肉也。

何知此人失血來？面皮青黄色不榮，鬚紅鬚赤髮早脱，此是失血乃成形。

何知此人熱嘔血？額黑耳暗面皮焦，唇裂紫黑驗如此，面上無光定不調。

何知此人糞後紅？年壽之間有暗烏，定然食燥則生血，痔血便血作常遭。

何知此人腎水虧?眼下陰陽有暗烏,必是少年多縱慾,眼深暗黑又乾枯。

何知此人發哮喘?兩顴暗黑多烏點,此是肺寒實無疑,唇黑兼之檢自宜。

何知此人多瘡衄?鼻梁光焰似火形,瘡疾須防前後見,楊梅疔疥一齊成。

何知此人多盜汗?面白唇青髮淡黄,脾弱肝虚神不壯,總宜壯胃補脾方。

何知此人手足震?皆因末指屈難伸,血不榮筋方有此,老來氣疾占其身。

何知此人痰必多?眼下胞浮白帶黄,肉脹痰凝氣不運,乃從此位認真妝。

何知此人氣不足?面皮淡白無榮色,或浮或腫或削瘦,總是氣弱爲真的。

何知此人多熱病?面紅髮焦火生燥,唇爛口瘡亦多逢,皮膚血熱或兼到。

何知此人陰份虧?面青面黑皮乾枯,唇黑肉削眼衰暗,定是陰虚命必無。

何知此人生瘰癧?人瘦筋露面黑赤,髮眉暗濁山根小,肝鬱成形身病的。

何知此人陽不起?滿面暗黑如煙蔽,三陽枯陷眼無光,總是陽縮腎病發。

何知此人身將死?命門口汞井竈烏,兩目直視無轉側,應知不久便嗚呼。

何知此人死復生？滿身病重眼神清，觀視玲瓏一點照，三陽透耀耳光榮。

何知此人身將病？山根烏暗身災現，倘有烏鵲集天庭，準頭暗黑命將遣。

何知此人經不調？眉毛紛亂看其端，速熱定然顴額赤，虛寒唇白面青凝。

何知婦人遺白帶？黄白無光面是真，或成崩漏皆無肉，浮氣虛癆則羸身。

何知小兒多驚險？山根青暗頭筋現，兩耳不垂失氣形，無風波浪急如箭。

何知此人多瘡疥？頭骨過重肉不稱，陽爲頭骨火必多，瘡疥依然生各病。

總訣

腎虧眼肚黑，肺熱準頭紅，肝盛雙眸赤，寒喘兩顴烏，多風藍眼白。

痰濕眼中黄，多痰眼肚腫，寒胃口唇青，腎絶耳黑槁，濕盛面皮黄。

肝燥皮毛燥，血熱眼顴紅，夾色眼昏暗，足傷月孛沉，失血烏年壽。

遺泄面青黄，氣虛面黄腫，多汗面唇青，痛甚眉心縐，面黑月孛青。

忽病忙何急，面紅又鬚紅，額烏宜補水，唇白忽嘗寒，顴赤宜清肺。

肥盛要除痰,瘦人肝火盛,羸弱氣虚防,咽喉鬚噎食,血燥鬚疵紅。

泄漏面黄白,腹痛白面唇,面黑藍防蠱,眼仰突防狂,人瘦面筋現。

似鶴狀成癆,鬼迷面藍青,絶胃口門藍,服毒白入口,鼻暗身將亡。

痰盛面光亮,氣緊瘦癆亡。

卷二

相險厄刑沖秘訣

何知此人水中喪？地閣有黶鬚眉重，水法不清神昏暗，眉無黑子少年痛。

何知此人火中喪？眉黄短促髮紅黄，眼有紅筋顴赤露，縱然不死大傾財。

何知此人兵中亡？山根有破眼睛黄，更兼命陷羅計豎，顴破神昏髮又剛。

何知火上大破家？金人帶火面紅差，鼻梁有暗或黑子，破鑼聲尖鬚如麻。

何知此人必受刑？紅筋纏眼山根青，顴尖眉豎性狠惡①，筋纏頂上斷三停。

何知此人入牢獄？眉低青暗色昏濁，山根有斷色暗侵，定爲人命遭身戮。

何知此人招盜賊？髮眉無光眼無殺，金甲兩櫃有紋沖，黑暗鋪顴屢見嚇。

何知此人多火災？面額昏赤如塵埃，準頭紅氣直侵壽，回禄於斯定必來。

---

① 狠，原作“很”，據文意改。

何知此人必溺水？脣白數莖青入口，面中通暗光殿青，河伯催促難回首。

何知此人溺水死？黑氣溺水有靨子，陂池紋現坎宫烏，脣蹇掌上坎宫似。坎宫即掌上之八卦坎位是也，烏主水弱死。

何知此人招盜來？眼露神衰光殿暗，印堂間或現赤青，定然官訟亦不禁。

何知此人家早傾？額上多紋耳反生，縱有輔弼難培保，天倉沖破少年青。

何知此人必破家？體細身輕行不正，片瓦不留定必然，天倉缺陷焉能剩。

何知此人中年敗？兩額帶破脣露齦，眼深鼻削竈門空，定是退財猶不僅。

何知早年子不存？額上紋通奸門陷，龍宫沖破地反天，人中平臃同爲鑑。

何知妻宫無子嗣？奸門露骨額多沖，若是顴高宜妾助，龍宫沖破亦相同。

何知妻妾死非命？奸門低陷有交加，若是青筋多痛癢，生離死别定無差。

何知此人服毒死？白氣入口脣黑似，懸梁眼眉有交紋，鬼魅怪部必然暗。

何知此人多官非？眼内紅筋赤砂起，眉粗又壓三陽昧，牢獄身當家道止。

何知官運多降謫？睛露步跛而神衰，倘若神露更難復，定然倒跌也徐徐。

何知此人少年死？額上多筋神不清，面色光浮天羅犯，無兒命短兩相并。

何知小兒災難多？山根青黑命門烏，額角準頭青烏現，青黄入口死難逃。

何知小兒養不成？耳無氣到輪廓反，頭上筋多陰勝陽，陽勝亦然生定難。

何知小兒必難養？頭大頸小囟門陷，臍凸枕骨山根無，聲斷短促災妖鑑。

何知少年剋父母？髮低耳反筋在額，唇及鼻脊露相同，髮尖沖破天庭黑。

何知中年大破劫？眼突水光財命逼，縱然逃得有幾人，幸而肉色不淡白。

何知此人多刑剋？形似豬肝色不華，身粗面絶孤貧苦，眼下無肉子妻防。

何知老來反困滯？鬍鬚鬢髮不分清，上鬚下唇同困蔽，鼻小孤寒死不寧。

何知至死無兒孫？三陽黑枯骨又粗。目撮如囊人中腫，必然剋盡乃身亡。

何知婦人臨盆死？顴紅似火神如醉，唇黑髮枯死必然，掌上烏鴉宿不取。

何知婦人産難亡？眼小眼圓神露急，唇搴眼白網羅鋪，震中暗黑掌中執。

何如婦孕死在腹？唇黑睛定面藍酷，眉鎖山根命門烏，嘆聲不絶入地獄。

何知婦人多剋夫？趫唇顴露骨又粗，額凸睛深鼻又折，唇厚鬢偏發健毛。

何知婦人無子嗣？龍宫沖破三陽陷,人中平臃唇白色,腰折頭傾聲破鑼。

何知婦人中喪偶？身瘦高長風擺柳,兩顴微起額窄兼,縱是樂前必嗟後。

何知婦人反劫財？兩眼低垂散尾多,兩顴不起懸壁反,人中無鬚苦怨何。

何知禍從天上來？印堂沖破紋多多,不但己憂猶未了,更有人憂照面過。

何知此人蛇虎傷？山林内裹黑暗藏,淚堂紋破陰騭地,改過心腸免禍侵。

何知死後無吉地？法令直沖丑位是,地閣不朝頤又尖,邊地不分無所冀。

何知此人妻奪權？雙眉壓目頤侵顴,妾攘妻位左奸黑,右邊眉豎認其端。

何知此人多招凶？皆因眉豎眼睛紅,倘或顴暗神昏濁,定然横禍直頭沖。

何知此人父母病？日月角上必黑暗,倘然有服觀印堂,白色凝凝達滿面。

何知此人剋兒孫？龍宫黑暗如煤煙,卧蠶黑透到奸門,兒女當知有命迍。

何知此人剋兄弟？兩眉高竪眉毛箭,縱然不剋亦參商,連眉更有難自免。

何知此人必作妓？身粗面細多輕佻,擺柳身材肥滑光,笑口頻頻似賣俏。

何知虚花兼無壽？皆因腰脊陷如槽,鼻斷神寒身又薄,有此生相定難逃。

何知此人定分妻？奸門有紋如叉様，或有紋如十字形，此是生離妻妾相。

何知兩載便亡身？天柱倒時黑又光，行如兩步來侵我，唇如隔歲浸生薑。

何知此人死非命？唇搴眼白心窩毛，眼下網羅掌中骨，並有繩紋自縊徒。

何知此人遭雷擊？掌上震宫便端的，震位烏鴉及青筋，兩顴雲暗定爲則。千祈勿泄。

相氣秘訣

氣與色不同，色屬虚，氣屬實。氣從骨來，色從肉現。有色無氣不發，有氣無色終榮。天地人三才，自額至眉爲天，自眉至準爲人，自人中至地閣爲地，此氣之所以爲天、地、人三才者也。得天之氣旺，則風水必發，祖德必厚，夙根必深。氣從山林、塚墓、邱陵、邊城諸位認取。山林管舊風水；邱陵、塚墓管新風水，邊城、輔弼管祖德；天中、天庭、枕骨管夙根；此上停所管三事也。新舊風水以三代上下言之也。得人之氣旺，則家運必昌，心田必吉，事業必隆。從龍宫、兩顴、兩眼、準頭諸位細辨。龍宫管家運、心田、子嗣、財帛；兩顴管權位、事業；準眼管心田，龍宫陰騭堂，即精舍、光殿平位。眼爲光明學堂，家運當發，心田好，陰騭催，必然此位骨肉平圓，神氣清爽，無些渣滓暗滯色，在兩顴位兩鬢，斷不爽也。得地之氣旺，則後嗣必隆，死獲吉地，壽登仙島。從地閣、地庫、水星、鬚髯、諸位參詳。有地閣者，子得力；邊地厚者，死得吉地；鬚清而結，眼有碧光，爲仙爲佛；否則難以福澤斷。氣從骨上起，如遊龍，如飛鴻。近看無，遠看有，不可捉摸。似動似伏，此乃旺氣之正宗也。諸書言氣皆非,多混在色字内看,此實不肯泄氣之指歸也。故人無氣有色,即發即敗。有氣有色,永發不休。氣聚上停,少運必發。少運自眉而上是也,十五到三十四是也。氣聚中停,中運乃昌。中運至眼至準,三十五至五十是也。氣聚下停,晚境乃達。自五一至七十五皆是也。時人能認得氣字,看出則對面知人之榮通,斷人之禍福也,豈不秘哉。

辨五官之氣

耳有氣,輪廓成,星辰聳,耳白有珠,竅寬,耳厚,耳硬。無氣反此。

頭有氣,頂豐圓,骨不孤露,有輔弼,有枕骨,顴高,無紋,無筋,端正。無氣反此。

面有氣,顴起肉豐,鼻端隆,光潤鮮明,無筋,無紋,無黑子,骨肉調匀,無暗滯色。無氣反此。

目有氣,神光如電,黑白明亮,能久視,又不浮不陷,睛大而黑如漆,眼眶尖長而秀,有神而不凶,藏神而不昧。無氣反此。

額有氣,無紋,無陷,如覆肝,如壁立,有輔弼。無氣反此。

鼻有氣,上貫天庭,山根豐滿,年壽肉光澤無疵,準頭豐滿。無氣反此。

諫臺廷尉有氣,有勢有肉,夾準有力,不露鼻脊,不曲不偏,井竈有欄,不仰孔,不大硬,不大軟,山根不纖小低塌,無紋,無纏,豐隆長大,端聳有勢。無氣反此。

口有氣,不露齒,不落當門齒,口角仰,唇如硃而厚多紋,不小,不薄,不反,不撮,不黑。無氣反此。

顴有氣，骨肉調匀，高圓起於正面，夾拱鼻中，無暗昧色，龍宫豐滿。無氣反此。

地閣有氣，則地閣朝元，骨肉調匀，地庫豐滿，陂池鵝鴨不陷，鬚不困口，鬚不鎖喉。無氣反此。

身有氣，頭正身端，膊平背厚，腰圓胸闊，臍深而仰，腹垂有托，手不摇，足不跛，頭圓白而正，乳紅堂闊，多珠點，不露筋骨，不偏倚，脊平不生槽，有臀，行動不浮，聲洪有力。反此一件，則一件無氣。

相神秘訣

人以神爲主，有神則發，無神則衰。神足則富貴福壽，神衰則夭折貧寒。神從何處見得，不徒眼中認取。合一身動作周旋，飲食起居，進退言語，視聽聲息中求之也。譬如坐則腰折是無神；坐如山峙是有神。立則足跛是無神；立如石蹲是有神。語則斷續悲咽是無神；語如洪鐘，宫商各叶是有神；默則眉鎖容愁是無神。聽則如聾如蠢是無神，視則昏昧不明，動則頭傾身軟，言不響亮，威不發揚，食則過緩過速，飲則如流如艱，不睡而鼻有聲息，不語而口常呼吸，足摇手擺，睡仰行俯，此皆神不足之謂也。至於眼中之神，易以揣測。有力於視者，謂之神旺；無力於視者，謂之衰；視令人畏者，謂之神足；視令人慢者，謂之神歉；此更易於認也。眼若無神，如醉如癡，如昏如迷昧，此必夭折貧寒者矣。

相眉秘訣

三十一歲至三十四歲行眉運,三十五至四十行眼運。如眉不好眼雖好,而仍不十足,若粗濃低壓者,宜改之,務宜於眼長短大小均配乃合,否則必困。

左眉爲羅睺[1],右眉爲計都。未是凶星,最防帶殺。印堂爲命宫,正宜光明圓闊,如兩眉連鎖命宫者,命必夭而刑剋多。兩眉退避命宫者,運必早而富貴遂。眉毛粗硬兼骨起弓,定主招災。眉毛硬則性狠[2],眉骨起則性傲。兼之粗濁,主兄弟參商,刑剋,敢作敢爲,定招殃禍。眉毛濃粗,若逼貼弓當出嗣。眉濃眼闊,號曰重羅迭計,不利父母,宜當出嗣,否則父母防沖而兄弟亦防剋。彎長帶黰,疏見低弓,當貴性柔。散濁繽紛,短促形弓,則耗心亂,眉頭帶箭,若不拔弓,定招沖。帶箭如豎者,主刑剋之毛。毛尾帶箭,交此弓運災禍遇。刑剋破財,官非口舌。眉粗濃而不見底,應知血旺貪淫。眉婆娑而又下垂,應招妻妾狐媚。此皆色慾之格。眼中無殺又主懼内。眉短不蓋目,富貴難言。眉豎若反弓,刑凶迭至。眉爲開鎖[3],短促露天倉,主破財。眉反便帶殺,官非口舌俱防。兩眉下垂,女多生而男少育,兼主性懦人愚。且招小人破財。眉濃髮厚,身已賤而行亦污,又主人憎鬼厭。眉中有黑子,主防水火之災。眉濃而黑帶黑子在眉,主水災。眉黄面紅帶黑子,主火災。眉寒薄帶黑子,主疾病纏。眉毛有交紋,應防妻妾之禍。奸門位有交紋,主妻妾有非命之虞也。眉毛黄薄準頭紅,定見火厄之慘。眉毛粗壓,眼睛昏,定遭牢獄之患。眉黄亂而妻淫,眉散短而財困。眉黄眼暗,非死於獄而何。眼暗如豬,無刑、無殺、無耀。眉稀眼浮,雖散家財難了。防破

① 睺,原作“uml侯”,據文意改。
② 狠,原作“很”,據文意改。
③ 開,疑當作“關”。

產，兼主命。眉豎起而太陷[①]，定見刑劫身災；眉豎起而紅筋纏，應知官中刑辱。紅筋沖眼主官非。眉纖細而形如柳，風流陣上多情。好花柳漁色之徒。眉彎秀而樣似蛾，閨閣床前好慾手。眉纖細，多伎倆之才。眉毛飛揚，皆好高之輩。相眉大概，不外如斯，更添五官便無妄斷。眉長於目，兄弟五六；眉如掃帚，兄弟八九；與目同等，兄弟一兩；短不及目，兄弟不足，縱有一雙，也非同腹。眉犯重羅疊計，帶箭毛者，主刑剋。兄弟雖多，到底獨一。左眉高，右低，父在母先歸。眉重當家早，鬚黃發達遲。凡男女眉毛反生，及有鑽毛者，主父母宫，定有不妥之處。或兵戮，或離父離母者，不等也，所謂内釁與。

相鬚秘訣

五十一晚年，俱以一鬚定吉凶，又能推五十前之丁、貴、財。地閣不朝，上唇薄短，宜早長。井竈太薄露，宜早長。人中短促淺平，宜早長。當門牙缺齒露，宜早長也。

鬚爲晚境，可定榮枯，可分貴賤，可辨刑沖。宜疏宜潤，宜軟宜索，得此則福壽綿長，子孫蕃衍。忌硬忌枯，忌密忌無，犯此則晚年困頓[②]，作事顛倒。鬚不過溝，人中無鬚也。多招訕謗。爲人無功。鬚如困口，主迍邅。晚境必滯。做官到此，必不能食天禄。平等人得此，則運滯。爲官者鬚密困蔽，禄位可虞。爲商者鬚疏潤澤，財富自足。木形鬚白不染，而病必遭。金剋木也。木形紅鬚不染，而災立至。面紅火形[③]，主災病，或狂或血或瘡。金形面紅而鬚白，亦主官非破敗。金形面暗而鬚黄，又主財傾病至。拂左拂右，懼内之人。開叉開

① “太”字後疑脱“陽”字。

② 頓，原作“鈍”，據文意改。

③ 火，原作“木”，據文意改。

歧,運滯之輩。上密蓋口,運滯時迍。下密而頹,刑剋運蹇。雙分燕尾,晚景淒涼。主刑剋破財。密號翳連,中年混沌。帶焦黃而血結。火燥血熱爲病。若秀潤而身安。面紅鬚赤,因官非而大破資財。鬚燥面灰,因火傷而大傷産業。鬚密眉密,帶黑子水滰。鬚黄面黄,帶紅筋者火中傷。嫩幼而清潤,官宦必亨,庶人亦福。粗硬而不索,情性剛硬暴,智識愚蒙。倘若過少而堅硬無妨,名曰鐵綫。少疏不妨健硬。過多而牽連鬢脚,號曰翳連。滯格,四民皆忌。多者宜拔之使少,便免迍邅。少者宜求之欲多,便難强致。至若鎖喉困頸,無非晚景貧寒。他如五縷清奇,亦是人間貴相也。

相髮秘訣

髮粗主刑。髮厚主愚。髮秃主懶。髮黄主貧。髮健主刑。髮白於少年,主命短。髮脚生鑽,主刑剋。髮脚偏,主刑剋。髮理不順,主凶暴蹇滯。

髮者,血之餘也,而人生之富貴、吉凶、禍福、貧賤,均可知矣。髮宜軟,宜幼,宜疏,宜香,得此則爲富貴福壽;忌硬,忌粗,忌長,長過身也。忌穢,得此則爲夭折貧寒。

婦人髮長過身,貧賤而不善終;男人發長過身,貧賤而不安逸。髮粗而硬,男女多刑。刑剋之相。髮軟如絲,夫妻恩愛。髮黄多貧賤,女亦貪淫。髮焦者,多貧寒,老尤困頓。孩提髮密,性多頑。男女髮低,運多蹇。髮脚巉巉,早年服色;髮脚生鑽,少運悲傷。刑父母也。髮拳難理,愚魯之夫;髮秃而濃,運否之人。髮多血旺,性貪淫,眉濃亦似。髮拳髮亂,運必蹇,髮密亦然。鹵莽性暴,皆因髮鬢飛蓬;刑剋命剛,無非鬢髮乾燥。髮幼而疏,求謀必利;髮濃且密,訟獄宜防。官非纏繞。髮中赤理,不死兵戈,定遭喉痧。赤理主兵戈死,倘相不犯凶者,主喉症斑症而亡。髮落過早,要防命短,亦慮財空。髮落太早，亦防壽短，又主退財運蹇耳。髮鬚密而粗硬異常，兼以眉濃，不孝忠。髮鬢白退而參差濃厚，兼以眼惡，少仁慈。髮際高弓，運不蹇滯；髮際低弓，運多困屯。少年髮鬢，刑剋多防；老年發烏，古稀可卜。額窄髮厚，服色身災。頭小髮長，刑沖夭折。髮卷刑傷多見，發亂散走他鄉。此相髮之大概，而吉凶自可見也。

相耳秘訣

一歲至十四歲行耳運。耳高齊眉，主少運發迹；耳低照顴，主中運發迹；耳珠朝口，主晚運發迹，行額運要耳輔。

左耳爲金，右耳爲木。有輪廓，宜分明，則爲佳。有星，宜高聳，則爲佳。高聳過眉之謂。耳反無輪，少遭刑剋；耳低失氣，常防疾病；耳高照顴，少運亨通；耳骨堅硬，耳險無妨[①]。耳白則名揚，耳暗則運蹇。耳門闊，量大聰明；耳門小，量小識狹。耳頭墜，便是金木無神，耳低大運必遲。少年科甲，多半耳夾天庭；中運豐隆，多半耳照顴鼻。兩耳黑灰，應卜壽元不久；兩耳丹赤，應知回禄終防。耳尖是火，紅又屬火，無珠屬火。如復髮密，面紅鬚密，準紅顴紅，定主火喪。猶必參各官部以定終身，不可拘泥兩耳星辰以爲評斷也。至於人瘦耳多不貼肉者，無大礙；人肥耳反不貼肉者，有大礙焉。左耳缺，先死父；右耳缺，先死母。耳門有痣，病。耳白莹。耳白薄，壽夭。耳堅，壽永。婦人左耳厚，先生男；右耳厚，先生女。一大一小，曾食二母之乳。

① “耳”字疑誤。

相口秘訣

五十至六十三,宜參此位。口宜大,宜紅,宜朝,宜有棱,宜唇厚,宜紋多,宜鬚疏,宜鬚不困口,宜不落當門牙,宜地閣朝,宜鬚軟有索,方能行得。與此不合,是水星不成也。

口爲水星,位居北坎,主衣禄官階。上應乎額,中應乎鼻。宜朝上爲有氣,忌覆下爲反元。元者,額鼻是也。小則爲弱,晚運必貧;反則爲逆,晚運必敗。合小開大,得乎水之正星;上朝有棱,得乎水之正局。人中深而水星不反,紋理多而色潤朱紅,此乃水之旺格。而富貴福壽,預可期也。口小而撮,刑剋貧寒之憂;口大而丹,富貴福壽之局。朝元則爲水火相得,子孫盛而福澤昌;反下則爲水土相剋,家道衰而時運敗。弦棱潤澤,應知福壽多增;狹小歪斜,又慮貧寒立至。紋多而子孫昌盛,過潤而誇張是圖。唇外紋如縐理,財少而係多刑。索袋口是也。唇薄而色似黑灰,壽稀而福禄亦寡。吹火形防孤獨,縱理紋防飢餓。尖嘴者,偷食之人;有痣,多食之輩。口大主肉食不厭,口反主過食生災。口似含丹,那有飢寒之士;口疏唇反,必是訕謗之人。女子與夫有緣,定是口如赤丹;男子與妻合意,必然齒白唇紅。口如縮囊,雖有兒而難受;到老防刑剋。口如露齒,己有事而難遮。口大面小,好爲歌吹之流;口大面方,定列朝廷之士。口大唇粗,面方主禄。此乃相口之大略,宜更參部位以推詳也。

相頭秘訣

頭有三要:一要在山林位起,起則風水所催;二要在邊城位起,起之則有祖德所催①;三要在天中骨起,起則有夙根而生。失此非夭則賤。

頭爲諸陽之首,其位尊而配天。宜圓宜豐,宜健宜正。如其

① “之”字疑衍。

圓豐健正，未有不富貴福壽者。何爲圓，如珠之圓則謂圓；何爲豐，骨肉調勻則謂豐；何爲健，正直不傾不倚，謂之健正。頭能得此，斷未有夭折貧寒者。蓋貧者頭無天倉、天城；賤者頭無左輔、右弼；夭者頭無主骨、星辰。頭骨暴露，刑剋早而操勞；頭骨缺陷，疾病防而夭折。山林不起，祖業縱有必傾；天庭不揚，功名縱有亦滯；三尖六削，是爲破耗身家；肉緊皮繃①，定必運迍命短。貧賤之相，那見圓滿頭顱；孤寡之形，莫非離奇骨格。尖頭財主，世所罕聞；凹腦壽翁，人所未見也。至頭爲風水所鍾，得風水則頭角峥嶸，陰陽得配；失風水則頭顱尖削，陰陽反和。頭大面小，始逸終勞；頭小面大，終亨始困。邊城起，爲祖德所司；山林起，爲風水所發。邱陵、塚墓分左男右女之司，日月、輔角分左嚴右慈之別。髮宜疏而蔽額，乃益夫親；耳宜高而不宜下垂，早邀禄秩。偏頭多從庶出，頂豐宜主嫡生。南人更宜頭額看，北人須從地閣參。其大略推斷無差。

相眼秘訣

三十五至四十行眼運。以眉爲佐，天倉、山根爲輔。眼若深陷，主刑剋劫，身災；眼若露睛露神，主劫害夭折。若眉壓，山根陷，主牢獄。紅筋纏，主官非也。

左眼爲陽，右眼爲陰，如天之有日月。日月最宜光明，眼睛則貴清朗。眼肉黑白分明，定是賢良之輩；眼紅筋纏繞，定是剛愎之流。眼長秀而有神，富貴福壽；眼圓大而晴突，勇悍難馴。黑眼大而光明，多才多藝；眼眶小而無煞，志卑識卑。眼光浮露定貪淫，眼神不强少決斷，眼濕之流多好色，眼深之人欠資財。

① 肉，原作“内”，據文意改。

眼蓋深陷而且烏,難言子嗣;眼内黑子而斜視,便是奸淫;轉眼突露無情,人多凶悍;眼開四白俱露,良心何存。眼常淚濕,男防妻子女防夫[①];眼内色黄,病主生痰痰生濕。一大一小,主爲懼内之人;半開半合,定是愚蠢之性。浮光暴露,睛如鷄眼,便防偷;蒙昧無神,視似虎眈,曾是賊。慈善多行,眼有神而光隱;凶惡多習,眼有筋而睛黄。多魚尾,妨子刑妻;眼下胞浮,破財夭命。眼突睛黄白又暗,顛狂之死無疑;睛昏睛黄眉又亂,兵戈之傷可虞。眼小面大,是爲有殺難多;面小眼大,亦主有財多劫。偷眼視人奸狡,猶防賊害本身;邪眼視人淫亂,又主貪婪無厭。眼忌眉低,恐防三泰陽運蹇;眼忌骨壓,猶防日月不明[②]。刑沖者,眉豎而太陽位凹;破耗者,眉短而眼眶内深。卧蠶色暗,必須寡欲乃多男;魚尾癡紋,獨忌妻孥逢惡死。更及奸門低陷,夫婦定必無緣;淚堂溝深[③],兒女定然難育也。

相額秘訣

十五六至三十歲行額運。以枕骨主骨爲應,以耳爲輔。宜山林、塚墓、日月角位起,中正無紋沖,無黑子可行。

額爲火星,宜日月角明潤。天庭位光明,聳如覆肝,髮不低壓。印堂貫而直起貫頂,邊城滿而伏神插中。兩耳高懸照額,富貴早運可期,輔弼夾拱天中,名譽少年得運。黄明在額,紫氣臨印而功名顯。忌低,忌陷,忌破沖,運防二十之前,位管三十四之内。日月角暗,父母堪虞;髮脚巖巖,刑傷疊慮。髮尖沖印,不妨

① 二"防"字疑當作"妨"。

② "日月"字後疑脱"角"字。

③ 溝,原作"拘",據文意改。

改去免刑沖；發鑽額中，不妨出斷免損害。額過突而陽勝陰，刑親不免；額過偏而左與右，庶出相宜。額上忽暗，親病相連；額上忽烏，天災疊至。印堂白氣，服色三年；中正青筋，病沖數載。中正紋入天倉，早子妻生不利；中正沖過眉尾，父業縱有都空。筋沖，印陷，紋多，骨粗，兩眉豎起，連逼印堂，眉骨强横，懸針正破，此等之相，不止刑剋父母，猶防本身鰥寡也。

相鼻秘訣

四十一至五十歲行鼻運。用兩顴爲夾輔，兩耳爲外纏，用枕骨爲後樂，用唇、地閣爲朝，用井竈爲倉庫，少一不是大運。然有顴而鼻不好仍行得，得貴人輔也。獨鼻無顴，不可言行，因無輔也。鼻好而準垂下，是爲泄氣，宜長鬚以聚其氣，否亦不發。鼻孔過大無欄，即發即敗也。

鼻爲土星，居中而屬戊己，在面而居中停，理可決人之富貴福壽也。故鼻是土星，必須有輔，無輔不榮；必須有氣，無氣亦敗。有氣貫頂，則鼻梁豐而印堂滿，故有單犀、伏犀；無氣貫頂，則鼻梁塌而印堂陷，是爲氣退凶臨。氣即紫氣，凶即月孛。斷山根而後有横紋，應主脚疾；黑年壽又或青暗，俱防血災。年上有節，少主刑親；年上有筋，應遭横禍。豐而有肉，得顴而富貴可期；年壽位是。聳而孤高，無權而寒貧愈逼。低塌而無梁柱，倉庫空虚；纖小而無精神，身居寒賤。黑子壓於年壽，人財兩劫宜防；青氣生在中央，疾厄須防漸至。山根青暗，爲催屍殺動；準頭青黑，爲占疾垂危。鼻上斑臨痣點，血痔一生；年壽羊刃紋拖，刀槍屢遇。若有横紋，夫妻隔角；若縱理紋，義子螟蛉。紋生八字定剋妻，山根位是。直射印堂亡祖業。山根有紋，直射印堂。蘭庭筋生紅白，酒色多貪；年壽筋帶紅絲，水火爲患。光潤無瑕運將通，暗色不開財必累。如懸膽,如截筒,兼得兩顴照應,非富貴而何;似鷹嘴,似劍鋒,兼之兩顴失氣,非孤寒奚有。顴插天倉,準如懸膽,應得大富嬌妻;顴骨胸横,準無梁柱,應招六親冰炭。鼻垂肉而貪淫,鼻鸚嘴而心毒。鼻孔露而耗財,鼻孔小而吝嗇。鼻破而刑妻損子,鼻頭紅而耗散家財。蘭臺廷尉最怕薄削無欄,金甲倉箱又怕沖流塌陷。準有肉而心慈,準得顴而勢足。又爲肺竅,紅主肺熱之虞;又爲土星,赤主火災之患。最忌空虚淺弱,分明好用又無財;最愛圓滿光凝,縱處困窮仍得福。梁柱端正,不憂貧賤而爲奸;梁柱彎斜,縱富貴亦多狡。爲皇者,鼻縱聳,天庭必長,必厚;爲相者,鼻聳,中正亦厚,亦豐。三品官員斷無鼻上失氣;五品以下間有上塌而下圓。必宜審慎其氣之由,方不至斷之矛盾也。鼻頭有痣主痔病,年壽有痣缺者偏僻疾。準頭多黑子主迍邅。山根年壽有横紋及生節,主夫妻隔角。有縱理紋者,主養他人子。有紋如綫,過兩邊,或二三條,妻主産死。直紋穿印堂及羊刃眼,主自縊。蘭廷紅白筋,主貪酒色。準及年壽有紅綫絲筋,主溺死。年壽上有羊刃紋,多在上者,主刀鎗險,一紋一次。山根有八字紋,主剋妻。直射印堂,主祖業消亡及火災。黑斑在年壽上者,帶宿疾。山根青黑色,爲催屍殺動,主旬内死。忽然生斑痲痣點,主痔病。

相齒秘訣

齒者骨之餘也,可以卜富貴,可以定壽考。宜多,宜長,宜大,宜正,福壽富貴可期;忌缺、忌少、忌尖、忌疏、貧賤夭折可慮。内管丹田之氣,缺則破財而禄稀;外職壬癸之司,備則禄榮而壽永。短黑斜飛者，刑傷子嗣；白長正大者，福祿兼全。疏少偏斜者，言多不信；端齊縫密，言必真誠。露齒言語不密，長唇多主慎言。結喉露齒，必死他鄉；缺齒口垂，終防凍餒。少年齒落多不壽，四十前落牙是也。中年落齒多劫刑。中年復齒主添壽，晚年復齒更延年。齒白唇紅，潤大朝元，必祿厚；齒枯唇淡，斜歪緊縐，必孤寒。黑堅者忠貞，黑枯者貧賤。長大堅實，女貞潔而男亦忠良；淡白小尖，女貪淫而男獵色。庸夫俗子，或黄、或暗、或疏枯；輔宰公卿，必密、必長、必堅厚。重生一二，少主刑傷；疊生牙内外者是。露出當門，中年必劫。當門牙露。齒多者，固爲富貴壽考，仍須辨色審形；齒少者，固慮夭折貧寒，尤貴揣神而定相也。

相面秘訣自髮際至眉爲上停，自眉至準爲中停，自人中至地閣爲下停，此面之三停也。自頭至臍爲上停，自臍至膝爲中停，自膝至足爲下停，此身之三停。

面統耳、目、口、鼻爲五官[①]，又統額、顴、鼻、頦爲五嶽。五官固宜相配，五嶽猶貴豐隆。頭大面小爲一殺，主刑剋、勞苦。顴高鼻小爲二殺，主刑剋。面大眼小爲三殺，主刑剋。面大口小爲四殺，主壽夭。面無城廓爲五殺，主貧賤、刑剋、不良。面光如油爲六殺，犯天羅，主刑剋、破財、壽夭。面如傅粉爲七殺，犯桃花，主淫蕩、剋劫、刑夫。面如鐵鑄爲入死[②]。主刑剋，招陰禍怪昧。刑沖破害所宜防，天災横禍所不免也。至如上尖刑剋重，下尖倉庫空。中狹無權柄，中横火性囚。田字人多福，曰字人多貴。驢面人多勞，兔面人多孤。上停豐

① “鼻”字後疑脱“眉”字。

② 入死，疑當作“八殺”。

滿,福禄天來;中停隆盛,富貴自亨。地閣朝元晚福大,金木垂珠晚福豐。他如腮骨不起,貧乏之流;腮骨大起,豪吞之輩。耳如張扇,耗家財初年;即兜風耳。耳若貼肉,守成立志。面粗身細,安樂一身;身逸心勞。面細身粗,貧寒到老。耳目口準爲四瀆,露則乏財;耳反,口露,牙、眼露。顴額鼻頦爲五峰,硬亦無濟。露骨爲硬,主刑剋、辛勞。六府滿則富足一生,天倉、兩頦、兩頤爲六府。四瀆露則貧寒一世。眉濃,則陰際毛必盛;男陽物,女陰户是也。眉密毛盛,其性必淫。鬚連,胸腹毛必多。面無肉而人情薄,面中凹而機計深。凹者,額凹也。地閣凹獨,鼻梁不起跌斷者,是也。面中仰而人不義,仰者,頭無主骨,額不起,地閣反,無兩頤,獨得鼻起,是爲仰,其人不義。面色暗而人多險。兩頤暗色,無光明氣。眉頭頻縐,多憂多慮之人;印堂逢沖,多謀少遂之輩。眼露而鼻起節,中年壽夭;額尖而鼻生棱,中年非分必有。主爲匪人,有逆理事。破顴而龍宫又暗,子嗣多虚;破額而奸門黑暗,妻室早喪。妻遲之格,額紋沖而輔骨不起;財遲之格,眼睛深而倉庫空虚;天倉、地庫陷,陽窩深。子遲之格,天倉陷而龍宫破;名遲之格,耳低暗而學堂烏。少年得志,天倉深而福堂高;老大封君,地閣朝而鬚唇潤。日月角起,而知其父有功名;骨重肉輕,應知本身有刑剋。驛馬地陷,出門喪産;月孛位暗,居家多憂。羅計八字,招小人而耗財;左眉爲羅睺①,右眉爲計都,主招小人。八字者,遇於下垂也。骨肉横生,侮君子而凶暴。匪類不良之人。深睛凹額人多毒,唇厚頸短性必愚。眼豎顴高,假仁假義沽名望;眼大印陷,膽大心小見工夫。豪傑之人骨法峻,鄙吝之人鼻竅微。奸詐之人眼放蕩,涵養之人耳孔寬。兩眉高居額中,胸懷軒爽;兩眉低斜過目,好色

① 睺,原作"侯",據文意改。

貪淫。柳葉形，婆娑面。鼎甲之相，眉居額中；眉高伏犀鼻，其人鼎甲，大貴。翰苑之形，品格瀟灑。瀟灑者，神清相秀而軒爽。進士神剛而性介，神剛眼有殺，主官印即顯。舉人神藏而氣清。面目軒昂，誰敢侮謾；形容愁慘，定是猥衰。眉棱骨起性多傲，面如滿月性常和。好食者唇紅口大，好色者眼醉眉濃。道法清高，形容瀟灑，骨法孤寒，肉輕皮薄，僧尼之格。眼惡之人宜速避，凸眼睛，惡人也。準尖之人亦可防。鼻頭無肉，心多狡毒。顴暴之人多架禍，露齒之人多泄機。泄言敗事。面白之人多無膽，面白之人，不可與之謀大事。軍師不宜選此，主無勇。面紅之人多招災，官非口舌。面黑之人多隱僻，狡毒難測。面藍之人多奸惡，面青之人多憂思，面黄之人多慎重，面紫之人多安逸。南方之人額爲主，北方之人頦爲真。東西之人看顴鼻，中省之人獨鼻尊。法令不可不明，不明爲官必累；恐因刑法誤人性命。法令不可太深，太深殺酷必多。命門居兩耳之旁，滿則壽，陷則夭。鬢過命門，心慈好德，此以福相言；鬢過命門，好色貪淫，此以媚相言；鬢過命門，壽夭性剛，此以烈相言。耳有毛而多壽，面有鬍而多憂。人中無鬚，恩將怨報；人中腫臃，子嗣多虛。眼胞多紋，宜養義子；青筋入鬢，常畜病妻。眼尾奸門。此乃相面之大局，參之五官部位，則無差矣。

卷三

相顴秘訣

顴爲兩嶽,所以佐土星而行運也。無顴中運不發,縱有鼻亦爲無輔,必須兩顴中聳有肉也。骨鼻有梁柱豐隆,準竅不露,準頭有肉,便是得配。忌露骨,忌破,忌尖,忌反,忌腫臃,忌下,忌黑,忌纏,忌邊高邊低,淚堂流破。顴高則作事有權,顴低則作事游移。無肉包則乖戾,有肉包則公正。太露主刑沖,帶破主壽夭。反則强悍,暗則刑劫。露骨則好勇爲非,凹下則無權。若偏則性情不定,横則行爲乖張,此相顴之大略也。

顴之氣從命門來,如鬢門閉命門,顴必瀉肉。改命門位,肉必復生,然後準有輔佐,此秘傳口訣不可輕泄。

相頸秘訣

頸爲天柱,上承元首,下貫一身,宜分形局以定短長,以配肥瘦。瘦人宜長,忌短,忌筋;肥人宜短,忌長,忌筋。筋露性暴,喉露性急。色黑多賤,色白多貴。圓潤而富貴並享,瘦削而貧賤可虞。傾則壽絶,健則壽長。頸後無肉多貧賤,頸有餘皮則顯榮。瘦人頸短壽必寡,肥人頸長財亦傾。頭歪者,爲之頸無力,壽算可虞;頭正者,爲之頸有神,定然福永。頭小頸大,壽宜防;頭大頸小，壽不永。結喉財必滯，如緜命必長。過長者清貧高壽，班雜者性鄙貧寒。此乃相頸之準繩，理之現然易見者也。

相骨秘訣

骨爲陽，肉爲陰，不可陽勝於陰。宜豐隆聳起，亦要肉包乃貴，倘孤露則俗而不貴也。骨之貴者多在頭上，從鼻上天中，名曰天犀。從額上天中，名曰伏犀。日月角爲父母骨。虎角爲龍虎骨。輔角橫入邱陵、塚墓，爲驛馬骨。從邱陵上頂心，過塚墓，爲仙橋骨。從天上頂際分插左右山林，爲金闕玉山骨。頂心有小骨挺起，名曰玉環骨。頂上有圓骨，若軟若硬，名曰圓光骨。耳後有骨者，名曰壽星骨。山林、塚墓豐滿者，名曰慕道骨。頂上高圓者，名曰神佑骨。枕後有橫骨起者，名曰玉枕骨。若彎上者，名曰文曲骨。若三團者，名曰品字骨。一團圓起者，名曰金骨。孤露者，名曰木節骨。覆月樣者，名曰金水骨。邊城有骨起者，名曰金城骨。印堂有骨起天庭，名曰天柱骨。顴骨連入耳，名曰玉梁骨。顴骨入鬢，名曰駟馬外馳骨。顴骨插天倉，名曰富貴骨。仙橋、金闕並起，名曰周仙骨。山林骨起，名曰隱逸骨。中嶽豐隆，名曰神仙骨。旋生頭角，名曰晚福骨。旋生頤頦，名曰晚富骨。諸骨俱宜肉包，不宜孤露。骨橫性凶暴，骨輕身貧賤。骨俗性愚蠢，骨寒多夭薄。骨露多刑沖，骨尖多蹇難。骨隆主福壽，骨奇定忠烈。此骨相之大概也。

相身秘訣

身有三停，長短各宜得配。身有大小肥瘦，亦貴相宜。自頸至臍爲上停，自臍至膝爲中停，自膝至足爲下停。上停長主安逸，下停長主奔勞。木形身宜瘦長，不露筋骨；土形宜莊重，背厚腰圓；金宜皮白，肉潤皮鮮；火宜瘦硬，露骨起節；水宜肥胖，腫臃皮寬。諸形宜白宜黄，忌黑忌暗。水形、木形黑亦佳。胸宜平闊，忌窄忌狹。窄狹者，量狹識淺。乳宜堂大珠多，色黑、色紅俱利。主多子而貴。忌白、忌塌、忌破、忌小、忌毛多。毛以一二三條爲玉帶，子貴而賢，過多則多生多剋。心宜平滿，忌陷忌坳，陷者心不足，坳者心有餘。忌尖忌突，心胸尖突名鷄胸，主孤寒，心多狡毒。肚上宜坳，坳則臍下有託[①]，主人謙虚有福。忌飽忌脹，忌收忌瀉。肚上胞脹則腹下無托，主無結果；肚上若收若瀉，腹下無托，主無結果。臍宜深宜欄，深主有子而佳，欄朝主子無虚花，有結果。忌卸，卸而不朝，子必無結局，虚花有防。忌突，主子少，有虚花。腹下宜有帶有托，有帶有托是爲有氣，有子結局。無則無結果。忌凹忌收。收凹皆無托之謂，主無子結局。背宜厚宜豐，福壽富貴並享，三甲成也。忌陷忌骨，陷則無壽。露骨主痨疾病苦，又主無財福。腰宜平宜圓，主富貴福壽。忌折忌小。折則無壽，小則多淫。脚宜骨肉匀調，股宜長短合配，膝宜圓而不過尖，主犯刑。趾宜中不過長，長則主勞。脚背忌露筋，露筋主辛苦無財，宜厚肉。脚板忌無紋，無紋主賤。足毛宜軟宜光，軟光安逸，粗硬勞苦。臀宜肉宜肥，肥人無臀防子[②]，女人無臀主賤。穀道宜有

① 托，原作“託”，據下文及文意改。

② “防”字疑當作“妨”。

毛，有毛可聚財，毛多號淫抄。陽物宜小，大則淫賤，過長無子。陰户宜軟，陰户大，無子養。太下，主子賤。寬，主淫。陰毛宜少，男女同，陰毛多好淫。囊宜縮，腎囊縐如荔枝殼是腎水足，相火足。無病多子，且易成實。便宜散，散如撒珠。腋宜香，忌狐臭，凡有狐臭，主夫婦無緣。膞宜平，卸膞主無擔荷，多貧苦，結局不佳。此乃相身之大概也。

相掌秘訣

大人相貌形容，必有定局，如泥肥瘦黑白，以定形格，則今日之瘦者，未必他日之不肥矣；今日之黑，未必他日之不白矣。以此相人焉有不差者哉！況夫金木水火土，各有肥瘦之分：如以金論，則有大金小金之别，所謂庚金辛金是也；以木論，則甲木乙木；以水論，則有壬水癸水；以火論，則有丙火丁火；以土論，則有戊土己土；是顯然肥瘦各一也。又且有相生相剋之殊乎，甚矣！相面之不足定形局也。故掌屬先天，肥瘦有定，厚薄有宜。相掌定形，此《心鏡》秘旨之真傳也，此八卦而最緊要。在巽、離、坤三宫。巽主財帛，離主功名，坤主子嗣。巽爲福，離爲德，坤爲禄。掌心爲明堂，宜平宜坳，忌卸忌穴，忌暗忌筋。指爲龍，掌爲虎。指長固佳，仍求相配。木形之指乃長，其餘不能盡長也。紋多固妙，或少亦宜。木形之掌乃多紋①，其餘不盡多紋也。肥人掌厚，瘦人掌薄；肥人掌密，瘦人掌漏。指罅疏也。瘦人掌厚主吝嗇，勤儉生財。肥人掌薄無財。掌背豐而筋不露，身逸多金；掌心紅而坳不瀉，富足有餘。露筋者勞碌，露節者耗財。掌小者貴，掌大者勞。甲宜健，主有

① 紋，原作“文”，據後文改。

膽。甲如錘,主無能。節過大,主性懶。紋縱横,主心雜,此掌中之大概也。惟掌紋宜深秀,深者現秀不粗。成字、成令、成印者俱宜。無名指下有紋沖,近坤位是也。功名必有。正路、異路多有此紋。末指下有紋沖,異路亦榮。直紋多,人必聰明;横紋多,人必心紛。指節多横紋主清貴,直紋主性靈。乾位豐圓,紋不破,祖業可居;坤位缺陷,紋多沖,多貪花柳。紋溢掌旁多好用,紅聚掌内運必通。掌宜配面,掌長者面必長,掌小者面必小,掌方者面必方,掌短者面必短,掌圓者面必圓,掌厚者面必厚。如不合配,定從生剋以推詳也。掌又宜配身,亦如面宜配身,均同一理耳。故云:身瘦面宜瘦,身配面要配。掌能身面配,富貴辨精微。又云:頸短面長不利子,面短掌長不利財。身長頸短命必夭,膊聳頭縮壽早傾。宜身、掌、面皆宜配合矣。又凡掌大者、長者、粗者,皆主勞碌之人;圓者、厚者、小滑者、軟者、不露筋節者,多是富貴之輩也,可不知乎哉。

相行動秘訣

行乃一身之舉動,形迹之所流露也。貴人之行,氣從下降,力聚踵履之間,故身不摇而足不亂也。得一"重"字所以貴。賤人之行,多伸縮,無腰力。多偏倚。無足筋力。夭人之行多軟弱,氣衰。多輕浮。得一"輕"字,得一"浮"字。奔走之人不住趾。得一"忙"字,得一"急"字。狡人之行多過頭。頭下垂者,先足後計算,狡毒之人。剛人之行多挺胸。拼死不懼,敢作敢爲。商賈之行身重而足輕。争利圖便之相。封君之行身重而足定。背厚臀圓,有福之象。位小者,行必摇手,力在股肱;急公奉上之象。位大者,行必身莊,氣藏胸背。有威而又能自狀。多觀便識，喻乎毫微。

相飲食秘訣

飲食憑水星，水星爲禄堂，飲食之司也。紅潤晚朝，食禄必豐；黑小覆斜，衣食必薄。貴人飲食，易容受而吞咽無聲，所謂龍飧虎食也；賤人飲食，多泛溢而咀嚼有響，所謂豬飧狗食也。鼠食者，夭折貧寒；雀食者，飢餓凍餒也。食能兼人，地閣朝腹有托，大福之人；食能兼人，地閣不朝腹又無托，丐食之人。有食必病，皆因唇薄。口小之人無安，皆是唇紅齒白之輩[①]。噎食者，因鬚困口，故主胃寒；餓死者，因口反元，又遭絞破[②]。凍餒紋入口，或口外多紋。服毒皆由白氣入，絶食皆因黑氣侵。黑色蓋口，病主死。放飯流歠，皆是賤人；囓骨咬筋，亦同其類。

相血黶秘訣

血黶者，由五臟六腑而生，本心田陰騭而發也。故人必以有血黶者爲貴，而黑黶不與焉。血黶根心田，存心善者則生也。前有惡而後有善則生，前有善而後有惡則瘀。人能以善存心，血黶必起。起於山林、塚墓、邱陵者，主壽而身得，又得吉地；起於山根、鼻準者主貴；起於淚堂、龍宫者，子孫顯；起於奸門、魚尾者，妻妾賢；起於口旁者，主禄；起於印堂者，主貴；起於頂心者，主成

① 此處疑有脱文。
② 絞，依注文似當作"紋"。

仙佛;起於手腕掌指者,主通神道;起於乳胸、腹背、臍陰者,主貴子榮身;起於腋下者,主通神遊;起於足者,主貴;起於腰肩脛膊者,主貴;起於耳,主神聽;起於目者,主神視。血黶之生無位不佳,至於黑黶光於漆,藏於身者,亦佳,而面部五官仍不宜有也。

相言語秘訣

言語關乎榮辱,輕則招尤,訥則寡怨。泛言多露齒,狂言多口大,慎言多唇長,直言多齒齊。急言者,多口薄;詐言者,多齒小。好説便宜者,多口反;好説短長者,多口疏。唇不蓋齒之謂。當門齒大而齊,不狡不毒;當門齒小而斜,不謹不信。舌大口小,多言不了;舌小口大,言語急快;舌大多紋,言必合理。舌長者,言有根柢;舌短者,言無經濟。舌上黑暗,言無始終;有黑痣在舌,主僞言。舌内鮮紅,言必有中。語未出而舌先見,好語人非;語未已而頭下垂,心非口是。此乃相言語之大略也。

相前身因果秘訣

凡人形貌清古,氣清性善,言根至理,有山林之趣,此自修行中來。

形貌古怪,舉止陰毒,言涉淫邪,有殺伐之心,此自精靈中來。

形貌瀟灑,舉動風雅,性惠氣和,有修煉之心,此自神仙中來。

形貌秀麗,舉動嚴肅,心性靈明,有虹霓之志,此自星辰中來。

形貌奇異，舉動急速，性慧氣剛，言涉威福，有祭祀之心，此自神祇中來。

婦人生得過於俏麗，好色貪淫者，此是前世花妖托生，斷無根柢福厚之格，所以主多夭折不貞。俗云：紅顏多薄命者，此也。

相麻面詩歌

形體魁梧面有麻，眉清目秀更堪誇。再兼五嶽相朝拱，豈是尋常俗子家。

目有神光麻有氣，兩眉不斷多奇異。若還破印並鎖口，難許峥嶸成大器。

麻色忌暗滯，宜明紫爲有氣。精實氣固麻色麗，氣散神衰麻色枯。兩眉一鼻一口一印，不爲麻鋪陳間斷，方是貴氣麻也。

相忠孝廉節秘訣

何知此人忠貫日，五嶽相朝微露骨。眼神殺氣重逆生，膽大輕生牙黑實。

何知此人孝動天，眉清起伏又疏尖。髮軟鬚輕神軒爽，唇紅齒白面皮寬。

何知此人廉而潔，鼻竅微收眼不劫。陰騭堂光印頗低，四瀆歸源水不泄。

何知此人節且貞，牙長齊大又堅拼。五嶽骨清俱有氣，神光不露定而清。

相富貴福壽秘訣

何知此人必大富,金木貼弓戊己豐。六府隆聳五嶽朝,腹垂背厚聲洪鐘。

何知此人必大貴,虎頭燕頷伏犀鼻。眼睛黑漆口容拳,手長背厚腰直是。

何知此人必大福,五嶽朝元腰背伏。鬚髮清疏眼殺强,行動端莊力聚足。腰圓背厚,腹垂有托,下鬚有索,此是大福相。

何知此人必大壽,頭骨峥嶸腰直透。耳毛頸絛一齊生,足定神清頂骨奏。人之相壽要揣其眼神。眼神强者,必大壽。病重者,亦要眼神,神不衰不死也。

相仙佛鬼神秘訣

何知此人必登仙,山林骨起鼻準顛。兩眼碧光如寳鏡,婆心一片自無爲。

何知此人離凡塵,方瞳闊額貌無愁。手上希紋頭骨聳,神氣瀟灑色黄明。

何知此人必作佛,兩眉八字如菩薩。頭骨豐圓眼又慈,寒中若帶羅漢刹。

何知此人必作鬼,滿面暗黑如燥屎。陰騭無光險事多,定作餓鬼地獄死。

何知此人必爲神,陰騭堂光頭頂豐。腰直胸平背不折,定乘剛氣上天中。

相酒氣財色秘訣

何知此人色中喪，柳葉眉弓眼又暗。夾色傷寒眼下烏，婦人色眼雀斑甚。

何知此人酒中喪，鵝鴨位上有黑暗。面上通紅酒過傷，準頭紅白筋當禁。

何知此人貪而鄙，眉眼口鼻促聚是。錙銖必計斗筲如，富貴中人亦可鄙。

何知此人多招氣，顴上骨粗暴戾至。眼突睛紅眉骨高，好報不平兼自恃。

相壽夭窮通秘訣

何知此人壽如松，腰直背豐頂骨隆。神清氣爽眉毛豔，耳毛頸縧一齊同。

何知此人命必夭，唇尷齒露眼昏小。眉毛重濁額多筋，耳暗眼浮行動跳。

何知此人一生窮，背削肩尖不盡然。雨中鷄形若相似，肉背屍行定乞兒。

何知此人運必通，神强色旺五官豐。海口河目鼻準配，行動端莊福禄從。

相妻財子禄秘訣

何知此人得賢妻,鼻梁豐起山根齊。天倉滿處顴平聳,唇紅齒白定相攜。

何知此人得大財,地閣朝元倉庫豐。兩竅不露顴準配,雙眉蓋目眼長縫。

何知此人必多子,人中深弓龍宫滿。兩乳多珠臍深欄,額上無紋天倉胖。

何知此人必多禄,口大唇紅齒又密。顴起準貫背又豐,城廓分清兩頤拂。

相鰥寡孤獨秘訣

何知此人老無妻,眉顴骨刹聲又嘶。喜怒不常眼帶淚,卧蠶魚尾暗無歸。

何知此人老無夫,雙顴橫面聲又粗。地閣尖削性情戾,鼻梁露骨氣嘈嘈。

何知此人幼無父,髮重骨重筋額沖。翹唇反耳鼻露節,髮尖沖印眉疊重。

何知此人老無子,滿面光浮滿面燥。淚堂浮腫或暗沖,地閣不朝又尖臀。

相奸頑憤懦秘訣

何知此人大奸雄,眼神不定語輕圓。坐弓立弓不安穩,兩顴起棱鼻似刀。

何知此人頑不靈,眉重壓目面骨粗。髮際低弓耳又暗,神昏疏懶氣模糊。

何知此人能憤激,眼殺神强抑不得。顴骨高生鼻又高,仁義輕生氣霹靂。

相優皂屠凶秘訣

何知此人必做優,口大唇薄齒參差。面無城廓陰陽勝,掌粗而細額多紋。

何知此人必作皂,顴臃胸挺頭仰是。鬚密聲粗眼太粗,寒則主丐無疑矣。

何知此人爲屠宰,眼赤眉粗骨又粗。談笑若卧無精神,額上多紋肉横布。

何知此人必是凶,雙眸睛紅眉亂逆。睡中露眼聲破鑼,眉短神昏如醉癡。

相奸僧妖道淫尼淫媒秘訣

何知此僧必作奸,眼深眉濃骨法粗。腮骨露弓鼻起節,三曲成勾鼻又烏。

何知此人作妖魔,滿面黑暗骨露多。睛紅鬚健神容酷,瘦削形骸氣不和。

何知此尼淫不正,面皮青薄眼不定。行動輕飄脚無根,含笑頻頻揜口吻。

何知此婦做淫媒,脚長身動語偏輕。手搖足擺頭多轉,眼色斜窺笑後聲。

相局量寬狹刻薄善良秘訣

何知此人性寬大,印廣額闊鼻孔寬。耳竅口棱面恢廓,黄光滿面眼眶長。

何知此人性踽蹐,七竅俱小容不得。顴高筋現難吃虧,些小事情遭性癖。

何知此人多刻酷,面皮青薄無些肉。性急露筋又露喉,眼深顴起山根伏。

何知此人心善良,眉毛疏細眼眶長。陰騭堂光印寬闊,唇紅神定語端詳。

相嫖賭飲蕩秘訣

何知此人必好嫖,眼肉光浮面帶油。姣豔桃花堆滿面,唇紅齒白妓迷頭。

何知此人賭必輸,指節露弓掌罅疏。眉短顴高聲又破,掌紋溢外瀆生波。四瀆露也。

何知此人必好飲,面色鮮潤神如昏。眼肉多筋鵝鴨脹,口闊牙齊食禄群。

何知此人好浪蕩，眉毛散弓額多紋。耳無弦棱鼻露竅，指秃神昏不顧家。

相安逸勞碌聰明伎巧秘訣

何知此人身安逸，手足肉厚腰背平。印堂寬闊鼻顴正，口大皮鬆一世寧。

何知此人多勞碌，眉寒眼大頸又縮。面長脚長皮粗枯，骨重眉重魚尾複。

何知此人最聰明，目秀神清腦骨成。齒白唇紅鼻又正，印堂寬闊輔弼應。

何知此人多技藝，眉毛纖結眼光透。鼻長面長眼睫長，手軟如綿顴有勢。

相士農工役秘訣

何知此士發鼎甲，眉高耳聳伏犀鼻。翰林品格要瀟灑，進士神剛而性介。士之早發必係額聳，耳頭圓包。

何知此人爲耕農，上停短弓下停長。眉目粗濃骨格老，面上多塵眼中黄。爲農而至富者，必須地角豐圓。爲農而終貧者，必是三尖六削。

何知此人必作工，全憑一掌定其中。梓匠輪輿居下等，掌内稀紋指又頽。工分良賤，良者眼有神而形長，賤者眼無神而形短。

何知此人必聽役，鼻小指秃肉必下。聲弱神短有相兼，縱然魁偉亦店夥。凡僕隸下人,切不可用鼻大者,不肯聽人言使唤。凡合夥做生理①,切不可擇鼻小者,主無大財。

相女人八字秘訣

敬:一見可敬者,貴壽而多男也。有威、有媚、有態,精神端肅,聲音和諧,坐視平正,得純相之氣故也。

重:一見可重者,貞潔而福澤也。精神肅穆,舉止端莊,腰圓背厚,面方胸闊,聲清重頤,言語温柔雅淡,肅然有不可犯者。

喜:一見可喜者,邪蕩而易誘也。多風流媚態,令人有所思也。

輕:一見可輕者,貧薄而賤夭也。行若蛇,坐若斜,語癡笑,意情奢。

畏:一見可畏者,剛强而欺心也。聲殺面横,額闊顴高,雀步蛇睛,似男子氣象。

恐:一見可恐者,刑剋而惡極也。三恐者:丈夫聲,蜂目,狼顧。

惡:一見可惡者,醜、陋、怪、臭、硬也。醜者,蠅面龜胸,唇掀齒露,眼白多,鼻孔仰,行如奔走,聲破,此之謂醜也。陋者,擺手摇頭,咬指斜行,仰面偏顴,衣不稱體,此之謂陋也。怪者,顴高眼深,髮短指齊,目白唇鬚。臭者,身臭口臭,陰必狐臭。硬者,骨硬、心腸硬、聲音硬,此必男轉女身。

駭:一見可駭者,螺紋鼓角脈也。螺者,陰户内旋,有物如螺。紋者,竅小實女也。鼓者,無竅如鼓。角者,陰内有物如角,則陰挺病也。脈者,一生經水不調,及崩漏帶下之類。

相女人凶相淫相歌

大凡淫婦之相,每於舉動、行爲、言語、飲食之間,總有一番矯揉造作處,是爲淫婦無疑。

女人捲髮不相宜,行路昂頭一字眉。鼻節顴高唇又展,刑夫

① 理,據文意似當作"意"。

三兩又刑兒。

桃花滿面眼流光，手擺搖頭軟腰妝。剔牙啄齒提衣領，側倚門前望四方。

雀步蛇行狗蚤跳，一行一步把頭摇。路上遇人忙揜面，與人私約度良宵。

天庭窄狹髮侵眉，頭角粗黄口角垂。眼下肉堆無肉起，貧窮一世又無兒。

女子仰面更昂頭，口鼻生鬚不自由。發垂眉粗腰又弱，隨軍隨賊走他州。

低頭含笑是娼淫，手掠眉頭又看身。坐立頻摇低唱曲，偷情男子作夫親。

赤脈黄睛産育優，胸高額凸縐眉頭。口如吹火牙如炭，一世孤伶一世愁。

人中平坦子難成，況及龍宫有破坑。眉粗殺重唇色暗，深睛凸額養難成。

手指如搥節又疏，乳頭不黑受奔波。臀重無腰行步急，不爲娼婦亦姨婆。

口小齒細眼微微，足動頤摇聲又嘶。斜視頻呀鼻孔仰，貪淫好色老須爲。

面無華色聲又破，顴高髮重夫先過。縱有兒生恐未真，性情堅硬急中錯。

女人善相兼有德

頭圓額平，骨細皮滑，唇紅齒白，髮香髮軟髮幼，眼長眉秀，指尖掌厚紋細密，聲清寡言笑，行緩而止[①]，坐卧端静，神氣清和，豐頷重頤，背圓腰平，腹垂胸闊肩圓，面如滿月，乳大不垂，臍深有托，身白過面，齒大而齊，鬢薄烏潤，骨肉匀稱，身上馨香。

女人惡相淫相

顴露骨而太高，結喉露齒，是必刑剋貧苦。蓬頭亂髮，主貧。蛇行鼠步，貧賤淫也。眉連髮粗，欠六親靠，刑苦貧賤。鼻上生節，刑剋。鈎鼻露孔，主貧，奸淫賤苦。目露四白，胸有機害心，刑剋孤苦。額上多紋，刑剋夫子。鷄胸狗肚，貧寒淫賤。眼筋多纏睛，毒害傷人，凶惡難産。雄聲焦烈，刑暴妒忌，剋夫無子。生鬚生黶，貧賤刑剋。下唇過上唇，刑剋夫子。上唇太厚，性剛頑梗，愚賤寒苦。額上多紋，刑剋夫子[②]。斜倚門前，側目窺人，未講先笑，行走頭裊，整衣弄鬢，停針縐眉，摇身唱曲，髮黄無眉，面多斑黶，有媚無威，上皆淫賤。人中平滿，眼下肉枯，龍宫沖破，口如吹火，女生男相，眼生骨粗[③]，唇黑口大，無牙額凸，皆淫相刑剋者。面黑聲洪，淫惡。兩眼豎起，眉豎均主刑夫。見人則笑，淫相。鷹視狼顧，羊飧雀步，舌急口快，面色青烏，眉棱骨現，陰沉不聲，作事乖張，行坐若思，頭垂暗點，聲焦眼斜，聲急眼酷，皆惡，酷妒之相。眼光如流，面帶桃花，面光如油，口大無收什，陰户毛如草，陰户硬無肉，淫相。面滑身澀，不滑謂之澀。喜怒無常，一摇三擺，盼前顧後，坐立不定，夢中多驚，皆淫相也。

① 止，疑當作“正”。

② 此二句與上重複，疑衍。

③ 生，疑當作“深”。

女人産育生死吉凶

女人面赤黑，定知有産厄。唇齒不能蓋，産中多事故。女人面上黄，懷孕必安康。左掌青紅男，右掌青紅女。明豔生産易，枯槁難生育。左脚先動男，右脚先動女。回顧分左右，三陽青色子。如若三陰紅，又決是生女。女人過於肥者，主無子；過於瘦者，主刑剋；過於高者，主刑剋。女人眼露、唇掀、齒露，主産厄。掌中震位黑皆然。

相命宫法

命宫在印堂。宜平圓有光，兩眉不沖吉，忌眉連，忌眉堅，忌眉逼，忌紋沖，中正位斷[①]。

相財帛宫法

財帛宫：上停在天倉，宜滿宜圓。忌天倉陷，忌紋沖，忌髪閉，忌缺陷。中停在鼻及顴，忌破顴，忌龍宫沖，忌眼露，忌山根無氣貫，忌戊己土骨露，忌金甲二櫃削薄，忌井竈大露孔，忌眉不蓋目，忌鬢過命門，忌缺當門齒，忌面紅，忌準紅。下停在地庫，宜地閣朝，宜口紅潤，宜不缺當門牙，宜髪烏潤清疏，宜兩顴豐滿，重頤頷。忌無地閣，忌口角反，忌鬚困口，忌陂池、鵝鴨陷，忌

① “中正”前疑應有“忌”字。

口小、口薄、口黑,忌鬚密、鬚硬、鬚焦,鎖喉,鬚開燕尾,鬚開叉。

相昆玉宫法

昆玉宫在眉,宜疏秀、彎長、有彩。忌連眉,忌豎毛,忌尾反,忌尾散,忌短促,忌逆生,忌異色,忌黄薄。長秀起伏,兄弟和睦;短促疏散,兄弟欠力;反生堅毛,刑剋不睦。

相田宅宫法[①]

田宅宫上在山林,中在兩眼,下在地閣。山林豐滿有氣,祖業可居。眼凹深色,獨自創有限[②];地閣隆起特朝,終身豐足。眉高則創業阻,鬚密則晚境憂。天倉沖破,祖業縱有必敗;地閣不朝,晚境田産必敗。

相子嗣宫法[③]

子嗣宫在眼下龍宫位,名曰淚堂。沖破子女多刑。宜龍宫滿,色黄明,人中深,地閣朝,奸門滿,額無天羅紋沖入奸門,眼眶不烏、不深、不暗,鬚不密硬粗焦,乳毛珠毛[④],乳頭不破,臍深向上,腹有托,背豐腰厚不陷。忌天羅紋多,主妻難産子。忌奸門

① 宫,原脱,據上下文補。
② "創"字後疑當有"業"字。
③ 此標題原無,據上下文補。
④ 前一"毛"字疑當爲"多"字。

陷黑,主妻病少育。忌眼陷烏,主少子。忌眼下卧蠶有羅網紋,主養他人子。忌眼下蠹肉起,忌淚堂沖破,忌人中平滿,忌眉如羅漢,忌壽紋過多,忌面色青藍黑暗,滿面斑點,忌乳破無珠,忌乳毛多,臍淺無欄,忌臍下垂,忌腹無托,忌鷄胸。訣云:淚堂暗陷,子嗣多傷。三陽光滿,兒女成群。龍宫暗陷奸門凹,雖生少育。口如吹火人中平,到老無兒。兩眉垂下多生女,兩眼尖長主貴男。卧蠶黑陷又多紋,義男先而有損。兩顴黑陷又帶破,子嗣得而難全。唇光者,子少而身不壽。臍仰者,子早而必無災。血黶頻生,子亦昌隆而又貴。乳珠多聳,子亦結實而少虚。多毛者,主子嗣多生而多剋。乳毛少,主子嗣結足而少刑。

相奴僕宫法

奴僕宫居懸壁位。宜地閣朝元,頦圓頷豐,口大唇紅,棱角朝上,兩顴有勢者吉。忌地閣反,口反口小,牙疏髮密,兩顴缺陷,顴偏準偏,皆不利於奴僕也。訣云:圓頦豐頤,侍立多而心腹。唇丹口闊,奴僕盛而心忠。呼聚喝散,無非口闊顴高。施恩報怨,無非眉重鬚密。人中無鬚多怨謗,地閣歪斜狡猾奴。

相妻妾宫法

妻妾宫居奸門位[①]。宜光潤豐滿,無痣無紋,無筋無破吉。忌凹陷,忌黑暗,忌多筋,忌眉棱骨起,忌眉毛沖,忌山根斷,忌眉

① 宫,原無,據文意補。

黄薄,忌準無肉,忌有十字紋,忌華蓋紋沖,忌顴破,忌髮粗硬。訣云:奸門豐滿,妻妾賢能。凹陷黑暗,妻防産死。顴骨插天倉,因妻致富。鼻頭圓有肉,得妻掌財。魚尾多生妻必剋,奸門破陷幾重婚。生離死别,無非奸門陷而骨眉高。妾奪妻權,無非右眉竪而左眉伏。頤侵顴,眉壓目,妻妾弄權。右眉竪,左眉黑,妾攘妻位。奸門紋成十字,妻妾死於非命之中。山根紋成八字,妻宫定有刑剋之患。妻防産死,山根年壽有綫紋。妻子患無成,華蓋多紋沖本位。顴骨起鋒妻必剋,奸門多筋妻必災。懸針沖印妻必刑,年壽起節妻隔别。眉尾婆娑妻妾多,天倉太陷,妻嗣欠利①。奸門青黑防小産,顴骨太高防産難。

相疾厄宫位

年壽爲疾厄宫。山根宜豐滿,有梁柱,有肉,色鮮明,無斑點黶紋則吉。忌削,忌低,忌紋沖,忌起節,忌山根斷,忌色暗斑黶。訣云:瑩然光潤總無災,年壽豐隆亦免劫。紋青色暗宿疾纏,薄弱露骨瘦癆疾。青暗年壽,不久病來。枯骨尖斜,終身病苦。準頭痣有主痔病,年壽暗黑主血災。山根青黑,催屍殺動,必防將死到來時。鼻位塵埃無法救,倘如占病在垂危。口唇暗烏將終絶,盧醫扁鵲亦難醫。

---

① 依上下文"嗣"字疑衍。

相遷移宫位

遷移者位居五嶽，分乎四方，面亦如之。相若南嶽佳，則宜南向之宅；北嶽佳，則宜北向之宅；東西亦如之。動駟馬位亦如之①，床位亦如之。東南、西南、東北、西北四隅位，宜從天倉、懸壁部位看，倘此四角陷缺，則坐宅、床位、駟馬均不宜向此也。至如問駟馬動否，動之吉凶否，則獨從駟馬上看。明則動吉，暗則動凶，滯主不動。

相官禄宫法

鼻爲官，口爲禄，印堂爲印，兩顴爲權，額爲貴人，俱宜相配。其餘輔弼、耳目、頤、法令，一概推詳，然後始辨官禄之大小升降也。倘鼻破鼻斷，顴偏眉壓，目反地閣不朝，鬚困口，聲破，眼露，準紅，唇黑，倉庫不豐，面多斑黶，鬚連，俱忌。

相福德宫法

福德上居天庭、山林位，起則主祖山風水發。邱陵、塚墓亦然，有起則爲風水所催。又居邊城、天中位，起則主有夙根，得神力祖德扶持護吉也。又居兩顴，主家運。如顴沖色暗，必因家運不吉。倘顴有黄明色，不沖不破，是家運興也。又居卧蠶眼下

① 駟，據文意及面部部位當作“驛”，下文同。

處,主心田。如心田好,必起卧蠶形,是心田發也。否則多黑暗,兼沖龍宫,或起蠹肉,或生斑點,在龍宫位。

相相貌宫法

相貌之法先相掌,次看身,三看面,四揣枕骨。有福之相,掌則潤秀軟,否則粗硬薄削。身宜不露筋骨,肌膚潤澤,乃爲有福。否則露筋露骨肥瘦,俱不合格也。至相其面,先從五嶽觀看,五嶽豐者爲富。次從四瀆觀看,四瀆成者爲貴。再分三停,額至眉爲初年所主,有輔可行。眼至準爲中運所司,有顴可用。人中至地閣爲晚運,額與兩頤俱要均全。鬚爲晚福,吉凶直判於斯;眉爲少年,可否亦從此斷。訣云:鬚眉爲男子之威,密濃多滯。眼睛爲一生之殺,暗昧亦衰。骨法不宜暴露,肉色不宜腫浮,精神最宜清爽,色澤最宜黄明,此乃相法之大概也。

卷四

相色秘訣

色者，飾也，現於外者也。色有一日一變，有數日一變，有數十日一變，大抵以久凝者爲實色，庶可以定吉凶。然已凝爲實色，則必見效驗，然後乃散，無復再見也。倘有見了效驗，而仍不散者，主事還有復見，故不能驟然散也，祈細心體認焉。求功名，宜額上黄光，印堂紫色，兩顴明潤，眉中發豔則利，暗不利。求子嗣，宜三陽明潤，黄明色在卧蠶，或紫氣在印堂佳，暗不利。求財帛，宜準頭明潤，年壽有光明氣則大財，無論黄紫皆吉，暗不利。

求升遷，宜五嶽有紫氣，天庭有黄明色，或驛馬有黄明色，俱主升遷。倘驛馬位暗，印堂位暗，主降謫。色白，主丁憂。

求驛馬，宜驛馬光明。倘暗色，主動驛馬不利。黄明在驛馬，主得財。黑，主疾病。暗，主死亡，又防水厄盜賊。

白色在印堂、在額，主孝服。青色在山根，主憂。在年壽，主病。青在三陽，主子災。赤色在山根，主火災膿血。赤在兩顴、在印，主官訟。黑在命門、在準頭、在口，主死。黑在天庭，主死，黑在兩顴，主刑子。黑在奸門，主刑妻。黑在三陽，主子死。黄色在天庭，主升官。黄明在三陽，主得貴子。黄明在準頭，主財。黄色宜黄明，黄而不明反生災病。藍色滿面，主欠陰德，有陰毒事見。紅在印堂，主訟。紅在兩顴，主是非劫財。紅在準頭，主劫財。紅在年壽,主血疾。面帶紅色者,主火災,破財喪身也。

相掌色訣

掌中噴血,財帛豐盈。掌中生黄,家有死亡。掌中生青,定有憂驚。掌白不潤,時運未榮。掌色乾燥,財帛有劫。掌中烏鴉,病上有差。黑色爲烏鴉。

掌中紫色,財禄兼至。掌中卦暗,求謀未遂。掌上紅黄,財貴來忙。指上光潤,時運已通。指上色暗,時運仍滯。

看面上氣色推詳月份所主定局

正二月是寅卯,屬木,宜參右耳、右顴。次看鼻,鼻乃一相之主。又看額,額乃是天中貴人,姑且無論黄明、黄光、紅明、紫氣、青潤俱佳。總宜潤者爲貴,暗不利。不必泥春屬木,定青色也。餘仿此,不復贅。

三月辰,六月未,九月戌,十二月丑,俱屬土。宜先看鼻,姑無論何色,總宜黄明不暗,年壽、準頭、山根如之則佳,再相顴可也。如太紅、青不利,紫黄而明者亦佳。

四月巳,五月午,屬火,宜看額,次看鼻。總宜紅黄紫色乃佳,餘不利。

七月申,八月酉,屬金,宜看左耳,次看鼻額。若得耳無暗滯,鼻、額通明,無論黄紫,而明者乃佳。白而生色亦佳,餘不利。紅,防劫財。

十月亥,十一月子,屬水,宜看目、唇。宜色鮮、紅潤者,鬚宜黑色清潤。再看鼻額，若得其光明四透則俱佳，無論紫黄，而明固佳也。至若黑而枯，不利；青亦然。不必泥青宜春，紅宜夏，白宜秋，黑宜冬，黄宜四季也。看氣色亦宜。扣準節令至緊，先看部位吉凶，然後乃看氣色佳，而部位不好，可保救一大半。若部位佳而氣色不好，則刑劫終有不免。至如掌色，不論月份，總要紅黄紫而光明透亮者，佳也。

面色最忌紅，凡火災、身災、官非、口舌、刑剋都有防者。

相十二宫氣色要訣

相命宫氣色①

印堂赤色如絲在命宫，或起點如麻，主訟，重則囚禁。黑枯如炭，主死。青色如銅，主禍至。白色，主喪服，父母刑傷，無父母，主兄弟妻子。黄色，主稱意事。

相財帛宫氣色

鼻屬土，氣色忌青。黄色，主發財喜慶。青色，主疾病、憂患、劫耗。赤色，主訟、膿血。黄赤並見，主訟得財。白色，主孝服破財。黑色，主囚禁財散。黑散準頭，主死。

① 標題原無，據下文例補。

兄弟宫氣色

眉要光潤。青,主兄弟有災。黄,主喜。黄左,主進田莊。黄右,主進田娶婦。赤,主兄弟不和。白,主争訟,或損折手足。黑,主刑兄弟,事有暗昧不明。

田宅宫氣色

天倉、地庫宜豐滿黄明,忌昏暗。青,主官非。黄,主産盛。黑,主産空。赤,主訟退業。白,主丁憂。白氣如粉,主死亡。紅,主成田宅。黄明,主加官。

男女宫氣色

龍宫位宜光潤無滯。紫色,生好男女。赤色,主産厄有驚,或口舌膿血。青左,主生男。青右,主生女。青枯,主子女刑剋。輕,主子病,百不稱心。黄,主兒孫有慶。黄紫,主生貴子。白,主剋子女,瘟疫、水厄。黑白,主男女悲哀。紅黄,主喜。

奴僕宫氣色

地閣氣色青,主損傷六畜,奴僕走失,疾病。赤,主奴僕口舌。光明圓潤,主進財、牛馬。紅潤,主進奴僕。白,主奴僕、牛馬損傷。黑,主牛馬不利。

妻妾宫氣色

魚尾奸門位青，主妻妾病。赤，夫婦口舌，膿血。有孕，主防産難。白，主妻私通，刑妻。黑白，主夫妻男女悲，破財損肢，肢體分離。黄色，主和諧。

疾厄宫氣色

山根氣色青，主憂懼。赤，防重災膿血。白色，主妻子悲，又防手足傷。黑，主自身病，百不稱心。紅黄紫，喜。

遷移宫氣色

天倉、邊地、驛馬、山林、髮際黄明，主財喜貴人，利動，官升名就。赤，主是非、驚恐、官訟。白，主奴馬走失，手足傷。黑，主道路身亡，外出防死水厄。黄，利。

官禄宫氣色

天庭、正中位黄紅[①]，主升官，得名得利，訟有理。青，主憂疑，公訟有連，在官百事不稱心，主刑獄災厄，因訟傾家，兵傷。黑，主降謫瘟疫。黑如磚瓦色，主死於牢獄枷鎖。

① 正中，疑當作“中正”。

福德宫氣色

天倉、地庫位青,主憂疑恐懼,家宅不安。赤,主是非,又主酒食。白,主災疾。暗,主耗。黑,主進退恐懼。紅黄,吉。

相貌宫氣色

相父母宫日月角青,主父母憂疑,口角相傷。黑白,主亡。紅黄,主親有慶。

氣色詩

白主孝服紅主訟,瘡痍破財亦爲紅。火珠焰發火災現,青驚黄病黑死亡。火珠者,紅光如硃形,見於面部、頭額,主火災退財也。凡病人病重而氣色大好者,必死,所謂殘燈復明也。病人準暗,直至年壽上,口青色,雖四嶽仍佳者,亦必死。土主生發,土枯必死。口主飲食,青在口,主絶食必死。

改額改鬢改鬚秘訣

人面如風水,故有五嶽四瀆之分。鬚眉鬢髮,如山林樹木。風水結穴常有因山林樹木閉塞峰巒、明堂、水口諸位而不發者,人相亦如之。豈風水之山林樹木可改,而人之鬚眉鬢髮閉塞生氣,獨不可改去乎?故亦宜改之也明矣。但世人昏昧不悟,動以相由天定,决不可改,誠大謬矣！予曾見有善人,因鬚眉鬢髮閉塞生氣者,及力行善事,忽然脱去,遂邀天佑者。亦有善人,忽遇異人點破,改去獲吉者,豈真謬乎哉？但只可爲善人點化也。至額尖沖印,髮閉日月角,驛馬位髮生鑽毛,髮脚無分合,宜改。不然,則刑剋定見。改則吉。眉生箭毛直竪,眉毛或上生角,或鑽毛,或粗濁壓目,宜改,不改則刑剋定見。改則吉。眉宜配目,剛柔相得乃佳。

鬚忌連鬢,忌困口,忌鎖喉,改則吉,不改大凶。食官禄最忌此鬚連鬢[①],及困口鎖喉者也。

鬢忌過命門,過命門者有三凶:命夭、貪淫、刑剋,宜改,不改必礙。相薄者,得此必夭;相滯者,得此必困;相孤者,得此必刑,主無子;相淫者,得此奸淫。

髮忌連眉,一生無運而愚,宜改,否則凶。

改鬢有五行

凡金宜圓,木宜直,水宜曲,火宜尖,土宜平。若不參五行生剋之理而改换之,必主大凶。善者得金乃改,不善者雖萬金莫與改也,否必有夭殃焉。又改額眉鬚,各有分寸。宜將口訣勿忘。

改乳毛訣

凡乳旁之毛,以一二條爲玉帶,其色軟而烏者是也。有此毛

① 此,疑當作“髭”。

必多子。若多硬毛,多生多剋,子欠得力,又主無子。求子者,倘多乳毛,宜將硬毛速拔去,再生再拔,止存近胸位者留一條存[①],仍要黑軟者方可。如此不上五年内,可生二子矣。倘色全無烏而軟者,須全拔去,亦主五年内得三子焉。此是秘訣,不可泄漏也。

論胸毛脇毛訣

胸之内屬心。胸毛多,主人心亂或淫慾,宜拔去。有軟而烏者存一二條,主多智慧。

脇毛多,主淫。無毛,主壽不永,亦無子。陰無毛同。

論陰毛訣

男女之陰上多毛者,主淫。女人陰毛生如人字者,主邪而無子。軟疏者,正。

相有五不看

飲酒後不看,酒氣入眼,吉凶難分。

色慾過多不看,氣色青暗,吉凶莫辨。

暴怒後不看,青藍呈面,陰騭不分。

人多不看,神難分注。

① 前一"存"字疑衍。

自己有事不看,心不在焉,視而不見。

相有三不靈

無運者不可謂無,恐他尋死,誤我陰德。

凶暴者不可説明,恐他忌我看破,反被他害。

命將盡者不可直説,恐他自己心忙,而家人婦子悲傷,於我實屬無益。

此書有四秘

一秘無刻本,二秘永不傳,三秘藏口秘,四秘改形神。

此書有五禁

禁傳不忠不孝,禁傳作惡貪婪,禁傳不行贄禮,禁傳得寶忘師,禁傳輕泄所授。

此書有三奇

一奇愚人可學;二奇不記而靈;三奇愈學愈精,變化莫測。

審斷決獄秘訣

審斷決獄,人之最難,非明如鑑空,似難判别是非也。故人之欲得情僞者,必須以計誘之,使其自知自認,此上策也。然計非平日聰明有餘者,何能敏捷也。兹有一法録便觀之,似非計而實計之也,姑試列陳於後焉。

凡有犯法,宜傳齊原告、被告,一齊到案跪下。於不問訊之先,始坐堂之時,爲官者肅威嚴,正衣冠,尊瞻視,在案上將威風亂拍者,叫打幾百幾千,做出大生氣狀,不指明打者原告、被告,止係糊糊混混罵去。彼受屈者定然憤激,其時自必腰直頭昂,或突睛揚目,或面赤眼紅,若有不服之意,此是受屈者也。彼誣告者,定必驚惴,只欲害人,誠恐自害,立刻受打,定然面青,有恐懼之色。是必頭垂俯伏,氣喪膽裂,有畏縮之容,此爲誣告害人者也。得此神形,一審下去,操券而得,是非曲直判然,此一種神機也。熟極生巧,有變通隨時之妙,用之者當善法焉。

一見必靈格

論妻妾宫

顴插天倉,準頭豐滿,主得妻財。唇紅齒白,梁柱成,奸門滿,主夫妻有緣。額削紋多覆者,主少年寡偶。奸門陷,色青暗者,主中年欠緣。奸門青,主妻病。奸門暗,主産厄。山根斷有横紋,主防妻。眉毛婆娑,主多妻妾。

論財帛宫

五嶽成者必富。五嶽相朝並無缺陷,且以四瀆不泄氣,梁柱有肉,山林有氣,主大富。三尖六削,必窮。掌背肉厚不露筋者,必富。

論子息宫

地閣朝,背有肉,必享子誥封。龍宫位滿,眼不深陷,額圓無劫紋,人中深,地閣朝,必主好子多成。法令太深,主無子嗣。法令逼於水星位者,亦然。龍宫黑,主無子。鬚分八字,燕尾式也。主無子。肥人無臀,主無子。

論官禄宫

四瀆成者,必貴。頭圓有角,功名早成。鼻顴有氣,官位中年發迹。禄堂紅,大牙齊,一生官禄不斷。反此皆忌。

察相篇

《左傳》曰:周内史叔服如魯,公叔敖聞其能相人也,見其二子焉。叔服曰:穀也,食子。難也,收子。穀也,豐下必有後於魯國。杜預曰:豐下,謂方面也。

《漢書》曰:高祖立濞爲吴王,已拜。上相之曰:汝面上有反相。漢後五十年,東南有亂,豈非汝耶? 天下一家,慎無反。

經曰:眉上骨斗高者,名爲九反骨,其人恒有包藏之志。又曰:黄色繞天中,從髮際通兩墓,其兩眉下各發黄色,其中正復有黄色直下鼻者,三公相也。若下賤有此色者,防殺君父。由此觀之,以相察士,由來尚矣。故曰:富貴在於骨,憂悦在於容色。經曰:青主憂,白主哭泣,黑主病,赤主驚恐,黄主喜慶。凡在此五色,以四時判之。春三月,青色王,赤色相,白色囚,黄、黑二色皆死;夏三月,赤色王,白色、黄色皆相,青色死,黑色囚;秋三月,白色王,黑色相,赤色死,青、黄二色皆囚;冬三月,黑色王,青色相,白色死,黄、赤二色囚。若得其時色王相者吉,不得其時色王相者凶。

成敗在於決斷,以此參之,萬不失一。經曰:言貴賤者,存乎骨格;言修短者,存乎虛實。

經曰:大人喘息者,命之所存也。喘息條條,狀長而緩者,長命人也;喘息急促,出入不等者,短命人也。又曰:骨肉堅硬,壽而不樂。體肉軟者,樂而不壽。

言性靈者,在乎容止,斯其大體矣。相人先視其面,面有五嶽四瀆。五嶽者,額爲衡山,頤爲恒山,鼻爲嵩山,左顴爲泰山,右顴爲華山。四瀆者,鼻孔爲濟,目爲河,口爲淮,耳爲江。五嶽欲聳峻圓滿,四瀆欲深大,崖岸成就。五嶽成者,富人也,不豐則貧。四瀆成者,貴人也,不成則賤矣。

五官六府

五官者,口一、鼻二、耳三、目四、人中五。六府者,兩上爲二府,兩府輔角爲四府,兩顴衡上爲六府。一官好貴十年,一府好富十年,五官六府皆好,富貴無雙。左爲文,右爲武也。

九州八極

九州者,額從左達右,無縱理,不敗絶,狀如覆肝者爲善。八極者,登鼻而望八方,成不相傾者爲良也。

七門二儀

七門者，二奸門，兩闕門，兩命門，一庭。十二儀者[①]，頭圓法天，足方象地。天欲得高，地欲得厚。若頭小足薄，貧賤人也。七門皆好，富貴人也。總而言之，額爲天，頤爲地，鼻爲人，左目爲日，右目爲月。天欲張，地欲方，人中欲深廣，日月欲光明。天好者貴，地好者富，人好者壽，日月好者茂。上停爲天，主父母貴賤；中停爲人，主昆玉妻子仁義；下停爲地，主田宅奴婢，畜牧飲食也。

若夫顴骨縱起，膚色潤澤者，九品之侯也。又曰：腰腹相稱，臀臂纔厚，及高視廣步，此皆九品之侯也。夫色須厚重，腰須廣長，故經曰：面如黄瓜，富貴榮華。白如截指，黑色如漆，紫色如椹。腰廣而長，腹如垂囊。行如鵝龜，此皆富貴人也，凡稱夫公候將相已下者，不論班品也。

顴骨小，見鼻準微端者，八品之侯也。又曰：胸背微豐，手足潤澤，及身端步平者，此皆八品之侯。夫鼻須洪直而長，胸脾須豐厚如龜形，手足須赤白，此皆富貴人也。故經曰：手足如棉[②]，富貴終老。手足厚好，立使在旁。

輔角成棱，倉庫皆平者，七品之侯也。又曰：胸厚頸粗，臀脛平均，及語調顧定，此皆七品之侯也。夫頸須粗短，手臂須長纖，語須如笙鳳，此皆貴相也。故經曰：牛頭四方，富貴隆昌。虎頭

① 十，疑衍。

② 棉，依文意似當作"綿"。

高峙,富貴無比。象鼻高廣,福禄厚長。犀頭犍崒,富貴鬱鬱。駝頭蒙洪,福禄所鍾。虎行將軍,雁行大富也。

犀及司空,龍角纖直者,三品之侯也。又曰:胸背極厚,頭深且尖者,及志雄體柔者,此皆三品之侯也。司空從髮際直下,次天庭是也,龍骨在眉頭上也。

頭頂高深,龍犀成就者,二品之侯也。又曰:額角突起,支節合度,及貌桀性安者,此二品之侯也。夫容貌慷慨,舉止汪洋,精爽清澄,神儀安定,言語審諦,不疾不徐,動息有恒,不輕不躁,喜怒不妄發,趨舍合物宜,聲色不變其情,榮枯不易其操,此謂神有餘者,主得貴位。

四倉皆滿,骨肉角起俱明者,一品之侯也。頭頸皆好,支節俱成,及容質姿美,顧視澄澈者,此皆一品之侯也。

似龍者爲文吏。似龍者甚貴,龍行者三公也。似虎者爲將軍。虎行者爲將軍,驛馬骨高,爲將軍也。似牛者爲宰輔,似馬者爲武吏,似馬亦甚貴。似狗者,有清官爲方伯也。似豬、似猴者,大富貴。似鼠者,惟富而已。凡稱似者,謂之動静並似之。若偏似一處,乃貧寒者也。

天中主貴氣,平滿者爲官禄也。天中最高近髮際,發黄色上入正角至高廣,參駕遷刺史、牧守。黄色如日月,在天中左右,侍天子也。黄色出天中,圓大光重者,見天子。經年及井竈,有功受封誥。有黄色氣,如懸鐘鼓,三公之相也。又發黄氣如龍形,亦受封也,四時官氣發天部,如鏡光者,暴貴相也。

天庭主上公大丞相之氣,天庭直下至天中有黑子,市死。

司空主天官亦三公之氣,司空直下至天中惡色,主上書大凶。

中正主群僚之氣,平品人物之司也。中正直下次司空,色好者,遷官轉職。若司空、中正發赤色而歷歷者,在中正爲縣官,在天庭爲郡官州縣,蘭臺尚書,各視所部也。

印堂主天下印綬,掌符印之官也。印堂在兩眉間,微下眉頭少許,次中正。發赤色如連刀,上至天庭下至鼻準爲縣官,直闕庭發色者長吏也。如車輪與輔角相應者大貴。印堂一名闕庭也。

山根平美,及有奇骨伏起者,爲婚連帝之聟也。山根直下,次印堂,亦指有勢無勢也。

高廣主方伯之坐,從天中横列至髮際,凡七名也。

高廣位在第三,高廣忽黄色如兩人捉鼓者,將軍相也。

陽尺主州佐之官,横次位在第四。高廣、尺陽亦主少出方伯。有氣,憂遠行也。

武庫主兵甲典庫之吏,横次陽尺,位在第五。

輔角主遠州刺史之官,横次武庫,位在六。骨起色好,主黄門舍人之官也。

邊地主邊州之任,横次輔角,位在第七,有黑子,落難爲奴也。

日角主公侯之坐,從天庭横列至髮際,凡八名,日角位在第一。平滿充直者,宜官職。

房心主京輦之任,横次日角,位在第二。房心,左爲文,右爲武,骨起宜作人師。黄色見房心,上至天庭爲承令道。見房心而光澤者,召爲國師也。

驛馬主急疾之吏,横次位在第七。驛馬好色,應印堂上,秋冬得官也。

額頭主卿寺之位,從印堂、司空横列至髮際,凡八名,額角横次,位在第一。色紅黄,大吉昌也。

上卿主帝卿之位,横次額角。上卿躍躍,封卿大樂。

虎眉主大將軍,從中正横列至髮際,凡九名,虎眉横次,位在第二。發青白色者,應行也。

牛角主王之統師小將,横次虎眉,位在第三,亦主封侯食禄。成角者更勝於肉也。

玄角主將軍之相,横次位在第五。無角者,不可求官。凡欲知得官在任久否,先視年上發色長短,發色長一分主一年,二分二年,以此消息則可知也。有惡色間之者,主其年有事。白色遭喪,赤色彈奪,黑色病,青色獄厄。天中有氣横干者,無官也。然官色已久,忽有死厄色間之者,代人死也。若年上有好色,如連山出雲雨,處處皆通,則無慮不速發。髮際有黄氣,爲已得官。若黑氣未也。有黄氣如衣帶發額上,遷官益禄也。

夫人有六賤,頭小身大爲一賤。又曰:額上陷缺,天中窪下,亦爲一賤。經曰:額促而迮,至老窮厄。蛇頭薄曲,糟糠不足。蛇頭平薄,財物零落。貉頭尖鋭,窮厄無計。

目無光澤爲二賤。又曰:胸背皆薄,亦爲二賤。經曰:陷胸薄尻及猴目,皆窮相也。

舉動不便爲三賤。又曰:聲音雌散,亦爲三賤。經曰:語聲唧唧,面部枯燥,面毛戎戎,無風而塵,皆貧賤相也。夫聲之惡者,塵濁飛散,細嗄聊亂,聲去則若盡,往則不還,淺亂澀細,沉濁痿弊,舌短神强,謇吃無響,此惡相也。夫人不笑似笑,不嗔似嗔,不喜似喜,不畏似畏,不醉似醉,常如宿酲,不愁似愁,常如憂戚。容貌缺乏,如經痾病。神色悽愴,常如有失。舉止張皇,常如趨急。言澀縮,若有隱藏。體貌低摧,如遭凌辱。此並神不足也。神不足者,多牢獄厄。有官隱藏而失,有貶逐而絀者也。

鼻不成就,準向前低爲四賤。又曰:眇眼斜視,亦爲四賤。經曰:人中平滿,耳無輪廓,皆貧賤相也。

脚長腰短爲五賤。又曰:唇傾鼻曲,亦爲五賤。經曰:蛇行雀趨,財物無儲。鼻柱低垂,至老獨炊。摇腰急步,必無所使。腰短者,則被人奪職也。

文策不成,唇細横長爲六賤。又曰:多言少信,爲六賤。經曰:口簿人不提攜,僻則爲人所毁。口如炊火[①],至老獨生。舌色白,下賤人也。舌短,貧賤人也。凡欲知人是賤者,貴處少而賤處多。多者廣也,少者狹也。六賤備是奴僕之人,此貴賤存乎骨格者也。

夫木主春,生長之行也。春主肝,肝主目,目主仁,生長榮敷者,施受惠予之意也。

金主秋,收藏之節也。秋主肺,肺主鼻,鼻生義,收藏聚斂者,悕嗇鄙慳之人也[②]。

火主夏,豐盛之時也。夏主心,心主舌,舌主禮,豐盛殷阜者,富博宏通之義也。

水主冬,萬物伏匿之日也。冬主腎,腎主耳,耳主智,伏匿隱弊者,邪陷奸佞之懷也。

土生季夏,萬物結實之月也。季夏主脾,脾主唇,唇主信,結實堅確者,貞信謹厚之謂也。

---

① 炊,疑當爲"吹"。

② 悕,疑當作"悋"。

故曰:凡人美眉目,好指爪者,庶幾好施之人也。肝出爲眼,又主筋,筋窮爲爪,榮於眉,藏於魂。經曰:凡人眉直而頭昂,意氣雄强。缺損及薄,無信人也。如弓者善人。眼有光彩而媚好,性識物理,明哲人也。眼光溢出瞼外,不散不動,瞼又不急不緩,而精不露者,智慧人也。瞼蹇流轉無光者,愚鈍人也。眼光不出瞼者,藏情人也。加以瞼澀盜視,必作偷也。若瞀睮睒矚而業切。者,妒嫉人也。急眨側夾切。者,不嫉妒則虚妄人也。盯竹耕切。睢瞠眡者,惡性人也。矘睚特間切。矘晃者,憨嘪呼角切。人也。眡丁念切。睷馨念切。眠瞋時巾切。者,淫亂人也。彌瞯瞱瞻,姦詐人也。瀌澄拗烏考切。者,掘强人也。羊目眐烏江切。瞳,毒害人也。睢盱睞爍者,回邪人也。精色雜而光彩浮淺者,心意不定,無信人也。精清光溢者,聰明人也。精沉光定者,大膽人也。上目眦中深厚,氣色濃厚者,有威武,亦大膽人也。氣影眇,淺薄人也。土地不潔者,無威,怯懦人也。精紫黑而光彩端定者,剛烈人也。精潔白而端定者,好隱遁之人也。精光多而不溢散,清澈而視端審者,直性人也。精黄而光彩澄澈者,慕道行人也。點精近上者,志意下劣人也。點精近下者,志意高尚人也。點精近裹者,自收斂人也。點睛近外者,傲慢憨人也。羊目直視,能教妻子。豬目瀌澄,刑禍相仍。鷹視狼顧,常懷嫉妒。螻蛄目,心難得。夫指者,欲纖穠。如鵝掌有皮相連者,性惇和人也。指頭方對者,見事遲人也。妍美者,受授人信之。惡者,人不遵承也。

毛髮光澤,唇口如朱者,才能學藝人也。心出爲舌,又主血,血窮爲毛髮,榮於耳,藏於神。經曰:野狐鬢,難期信。狓攊鬢,多狐疑。唇急齒露,難與爲友。唇寬端正,出言有章。唇口不佳,出言不信。口邊無媚,好揚人惡。口啄如烏,不可與居,惡心人也。口急緩如鳥，言語皆撮聚者，此人多口舌。緩急不同，少信人也。

鼻孔小縮，準頭低曲者，慳吝人也。肺出爲鼻孔，又主皮膚，又爲氣息，藏於魄。好鼻者，有聲譽。鼻柱薄而梁陷者，多病厄人也。鼻無媚態，蠢人也。蜣蜋鼻，少意智人也。

耳孔小，齒瓣細者，邪陷奸佞人也。腎出爲骨，又藏髓，髓竅爲耳孔，骨竅爲齒，藏於志。經曰：耳孔深廣者，心虛而識遠。耳孔醜小者，無智而不信。耳邊無媚，鄙拙人也。耳孔小而節骨曲突者，無意智人也。鼠耳殺之不死。又云：鼠耳之人，多作偷盜也。

耳輪厚入[①]，鼻準圓實，乳頭端浄，頦頤深廣厚大者，忠信謹厚人也。脾出爲肉，肉竅爲孔，又主耳輪、準、鼻梁、頦頤等，藏於意。經曰：夫頸高大者，性自在而好淩人。頭卑弊者，性隨人而細碎。故曰：鹿頭側長，志氣雄長。鬼頭蔑頡，意志下劣。獺頭横闊，心意豁達。夫頭細而曲者，不自樹立人也。若色斑駁或不潔浄者，性隨宜而不堅固。夫手纖長者，好施舍。短厚者，好取舍，則貪惜。故曰：手如鷄足，意志褊促。手如豬蹄，意志昏迷。手如猴掌，勤劬伎倆。夫背厚闊者，剛決人也。薄者，怯弱人也。夫腹端美者，才華人也。故曰：牛腹貪婪，財物自淹。蝦蟇腹者，懶人也。夫腰端美者，則樂而能任人也。蜥蜴腰者，緩人也。

夫臀蹕厚廣者，可倚任，安穩人也。夫蛇行者，貪毒人也，不可與之共事。鳥行蹌蹌，性行不良，似鳥鵲形也。鷹行，雄烈。豺狼行者，性粗覓利人也。牛行，性直也。馬行，猛烈人也。此

① 入，疑衍，或當作“人”。

性存乎容止者也。

夫命之與相,猶聲之響也。聲動於機,響窮乎應,理必然矣。雖云以言信行,失之宰予;以貌度性,失之子羽。然傳稱無憂而戚,憂必及之;無慶而歡,樂必還之,此心有先動,而神省鬼知,則色有先見。故扁鵲見恒公而知其將死,申叔見巫臣而知其竊妻。或躍馬膳珍,或飛而食肉,或早隸而晚侯,或初刑而末王,銅岩無以保生,玉饌終乎餓死,則彼度表捫骨,指色摘理,不可誣也,故列云爾。

察相篇一節,唐趙蕤撰。蕤字太賓,梓州人,著儒門《長短經》九卷,談王伯經常之要,其第六篇則察相篇也。每條下悉蕤自註,篇中義理精密,動本古經,與後世《太清神鑑》迥別[①],蓋非術士之言也。讀書知人,本儒家要道,況此篇言皆有據,可易視與。

① 太清神鑑,原作"大清神鑑",誤,改。

相兒經

(漢)嚴助　著

兒初生叫聲連延相屬者,壽;聲絶而復揚急者,不壽;啼聲散者,不成人;臍中無血者,好;臍小者,不壽;通身軟弱如無骨者,不壽;鮮白長大者,壽;自開目者,不成人;目視不正數動者,大不佳;汗血者,多厄不壽;汗不流,不成人;小便凝如脂膏者,不成人;頭四破,不成人;常摇手足者,不成人;早坐、早行、早齒、早語,皆惡性,非佳人;頭毛不周匝者,不成人;髮稀少者,不成人;頭上有旋毛者,早貴,妨父母;兒生枕骨不成者,能言語而死;尻骨不成者,能倨而死;掌骨不成者,能匍匐而死;踵骨不成者,至能行而死;臏骨不成者,能立而死;身不收者及魚口者,死;股間無生肉者,死;頤下破者,死;陰不起者,死;陰囊下白者,死;赤者,亦死;卵縫通達,黑者壽;兒小時識悟通敏過人者,夭;小兒骨法成就,威儀迴轉,遲舒稍緩,精神充足者,壽;小兒預知人意,迴旋敏捷者,夭。

白鶴仙數相法

［舊題］白鶴山人　撰著
牟　玄　點校

【題解】

此書又名《新刻白鶴仙神數相法》①,見録於《中國古籍總目》子部命相之屬相書類。此書序文後不署名,但云白鶴山人,不知究竟爲何人。白鶴山人爲其道號,蓋道教中人也。此書各家目録中未見記載,故疑爲晚清時期的作品。

書中内容雖多冗贅重複,甚至一局之内斷語互相矛盾,但書中度量手掌長度以推知命運的方法,在相書中却别具一格。

現可見版本有:1. 清道光二十九年(1849)文經堂刻本,藏於上海圖書館。2. 光緒庚寅年(1890)成文信刻本。3. 民國十四年(1925)上海文明書局排印本。4. 民國廣益書局石印本《牙牌神數》所收本。本文以文明書局排印本爲底本録出,書名亦依底本名稱。

① 數,《中國古籍總目》誤作"藪"字。

白鶴仙數相法序

余幼懷壯志，遨遊五嶽峰頭，長遇真人，逍遥山川澤畔。歎術數之多端，向若汪洋；得異人之指授，竟懷秘訣。

道號白鶴山人，數名白鶴仙數。爰述各法，恭誌筆端。以工尺營造爲準繩，量一指斷紋爲規矩。或長或短，人人稟命於洪鈞；或吉或凶，物物皆由於造化。以此而推之，毫髮無差。凡習仙數者，照此推算，未有不驗者也。

白鶴神相論手訣

手者其用所以執持，其情所以取舍。故纖長者性慈而好施，厚短者性鄙而好取。手垂過膝者，世間英賢。手不過腰者，一生貧賤。身小而手大者，福禄。身大而手小者，清貧。手薄削者，貧寒。指短而脱者，愚賤。指柔而密者，蓄積。指硬而疏者，破敗。指如春笋者，清貴。指似鼓槌者，愚頑。指類剥葱者，食禄。指粗竹節者，貧賤。手薄硬如鷄足者，無智而貧。手倔强如豬蹄者，愚魯而賤。手軟如綿囊者，至富。手皮連如鵝足者，至貴。掌長而厚者，貴。掌短而骨薄者，賤。掌硬而圓者，愚。掌軟而方者，富也。

詩曰：貴人十指軟如綿，不但清閒福自添。粗濁定非君子相，凶愚可判不須謙。

起例以營造尺爲準。凡有問數者，男左手女右手。視之，用長綫二尺量盡五指，以近掌之紋爲止。合計其數，共得多少，即按書斷結無差。

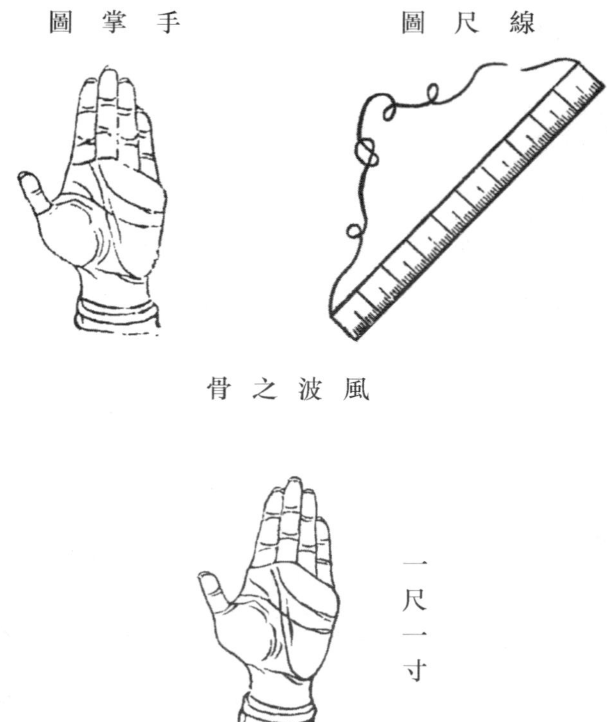

決斷終身詩

尺一生來入命中,改門立户便亨通。親情兄弟全無靠,只好獨自整家風。

此命爲人辛苦多,不招祖業待如何。若得手藝爲根本,自然紅杏出牆柯。

此命爲人生性温柔,心田良善,作事和平,勤力做家。只恐怕六親兄弟無靠,自有貴人得力。可習手藝營生,自然財福不缺。早運勞勞碌碌,駁駁雜雜。交二十三運,不遂意,刑傷小口,晦氣多端。二十八九運至三十三四有災星,見喜孝可免。三十七八九平平過,四十外來方稱心,五十外安然來到老。妻宫少八九歲可無刑，早子難招，只好假真一子送終。壽元五十八歲有一限，延過可問六十六歲。卒在四月之中。

骨之移走

一尺一寸一分

決斷終身詩

憂愁過日禄平平，難靠此人獨自成。伏侍上人緣可取，微權近貴有虚名。

胸中煩惱事難全，一日榮華自天然。若要平安並享福，後運終須改門闌。

此命爲人立性耿直，有事不藏，見善不欺，逢惡不怕，立性剛强，勞心費力，剥雜多端，身心手脚不閒。出外可得貴人之力。當習藝術營生，自然財福有分。早年財來財去，虚名虚利，空歡喜白熱鬧。妻遲子晚，破祖離家之格。六親兄弟全無靠，異姓兄弟反相和。中運漸漸生財，重整家庭。末運平平可過。妻宫有剋，龍虎牛馬可配，子息龍蛇猴鼠可招。二子送終，一子得力。壽元六十三歲，卒於十月之中。

骨之臺簾

決斷終身詩

殷勤和氣不憂平,家業須當靠自身。生成骨格無破耗,自然榮耀起家門。

早年命運雖然好,中運又見勝幾分。晚景猶好中秋月,果然花甲壽方真。

此運爲人心靈智巧,性急無虧。初限虚名虚利,面軟心慈。交朋結友,慷慨春風。胸襟開朗,知輕識重。惡事不做,心直少毒,治家勤施爲。一世衣禄無虧,平日無刑險大難。祖業少靠,六親少靠。一生骨格生成,豐衣足食,利名有望。中運交來,漸漸亨通,離祖之格。末運安然享福,家中財寶豐盈。妻宫若要不見刑剋,虎牛馬龍猴均不可配。雖有三子,只有一子送老。壽元六十歲,過此七十二歲,卒於八月之中。

扶風之骨

一尺一寸三分

決斷終身詩

扶風之骨甚艱難，前破後成數該然。出外經營精藝術，自然衣祿保完全。

蜘蛛結網用心堅，風雨吹殘撚指同。破敗多番受辛苦，經營手藝運相通。

此命心腸不足，作事無計較，有始無終，操心費力，勞碌皆空。祖業少足無靠，畫餅充飢，望梅止渴。此命該當經營藝業，外方之才。中限剥雜，不可聚財。夜間算來朝不湊，日日勞心總是空。交四十九有一缺，直過五十五才得安康。末限交來墓庫運。妻宫重配，虎龍相對無刑，改換門庭家道隆。假真二子送到歸山。壽有七十八歲，卒在十二月之中。

虛名之骨

一尺一寸四分

決斷終身詩

此格生來足衣糧,祖業難招主不祥。義德爲先能事業,末年猶勝少年昌。

爲僧爲道命相宜,半斤八兩即堪抵。姻緣好似相答對,二次姻緣二次離。

此命爲人耿直,作事聰明,性直少毒。不受人虧,有義氣。精神不足,易成喜怒。順則眉開眼笑,逆則雷公閃電。骨肉無緣,六親少力。祖業無靠,兄弟欠情。白手成家,自創自力。初限奔波勞碌,跌撲破財。離别他境,可立成家,改換門庭。中限未得如意,末限實稱。晚配妻宫,方無刑剋。子息雖有,不能得力,只好真假送老。壽元七十七歲,卒在十月之中。

白手之骨

決斷終身詩

此命必定主分張,祖業難招未可當。初限奔波家不足,交行末運始隆昌。

一生勞碌成家計,六親骨肉兩東西。感天謝地興家業,榮華記得少年時。

此命爲人本性剛直,作事公平。有能機變,不能休息。六親兄弟不得力,祖業難靠,白手成家立家計。早運連連未順,剥雜多端，不能聚財。好雙挣錢手，没有聚錢斗。此命蜘蛛結網之局。朝圓夜不圓，幾番敗了幾番代。指望穩然成家業，誰知又被起狂風。初限二十四三，猶如明月被雲。後三十外來交四十，恰如玉兔又東升。終交末運，方逢貴，漸漸榮昌勝祖宗。妻宫續弦方偕老，子息二人可送終。壽元五十七歲，過此六十八歲，卒於秋天。

骨之高清

一尺一寸六分

決斷終身詩

事業微微難靠親，營求買賣踏紅塵。他鄉創立人欽敬，落得聲名遍地聞。

禄重高山數不低，機關深奥有誰知。財來財去終還運，運轉榮華駿馬騎。

此命爲人靈機心巧，胸襟通達，志氣高强。少年勤學，有功名之格。青年欠利，腹中多計較。有禮義，有才能，做家勤儉，立業施爲，一生福禄無虧。與父幹事反爲不美。反是六親骨肉無緣，交朋結友四海春風。中限光輝門户，見善不欺，逢惡不怕。事有終始，量能寬大，義利分明，吉人天相，四海揚名。末限成家立業，安然到老，高堂大廈。妻宫兩硬無刑，子息三人，只有一子送終。壽元七十七歲，卒於風光之中。

骨之喜常

決斷終身詩

尺寸七分骨少長,離家在外立田莊。命中若得爲僧道,後來還成家業昌。

妻宮小配不相儔,尚有刑傷難到頭。送老一子猶真假,八旬之外壽元休。

此命爲人性燥,心直口快,有事不藏,見善不欺,逢惡不怕。事有終始,量能寬大,但是不能聚財。祖業更改,兄弟六親無力,自立家計,出外方好。初限二十二三至二十五六,連年不遂。二十七八九好運將到,猶如枯木逢春。中限四九之年,有一險阻。四十外古鏡重磨,明月再圓。五十六至七八九,月明又被雲遮掩。六十六交七十,方交大運,掌家財。妻宮小配,還怕刑剋。子息一人,假送老。壽元八十七歲方終。

骨之浮飄

一尺一寸八分

決斷終身詩

此格他鄉自六身，祖宗産業枉勞心。夫妻鐵石爲同伴，兄弟無緣各自親。

勞心費力未成功，直待花開一樣紅。出外經營逢貴助，終須還自改門庭。

此命爲人性大氣高，有口無心。祖業少招，離别他鄉，百事可成。骨肉六親，皆不得力，自成家業。宜外出，過房入贅。學習手藝，經營四方，揚名之格。當招外方之財，衣禄豐隆。初限奔波剥雜，不能聚財。交過三十八九，方可成家。四十五六，才得順意。末限猶如三春楊柳，枝枝緑葉。晚景夭桃，處處紅花。妻宫兩硬無刑剋，子息假真送老。壽元四十七歲，闖過有六十六歲，卒在九月之中。

平等之骨

決斷終身詩

刑剋親戚各分張,兄弟如同參與商。妻兒兩硬方偕老,一生勞碌自承當。

早年辛苦聚財源,四九之中福自天。雖生二子一得實,七旬之外壽終完。

此命爲人作事操持,與人出力反非成。離祖成家,三番四次,自成自立,費盡心機。兄弟六親如冰炭,在家不得安然,該繼入贅之局。初限駁雜多災,勞碌奔波,不能聚財,常常憂鬱,不得開懷。骨已生成,何勞辛苦,若要安享福,直至三十六至四十六,財不謀而自至,福不求而自得,有貴人助力,家庭安静。妻宫若要無刑,猴豬羊蛇不可配,龍虎馬牛方得實。雖有二子一女,終身帶暗疾方可。壽元七十八歲,卒在三月之中。

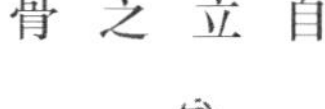

決斷終身詩

身心不定足不閒，二限之中剥雜間。時運交到末限後，自然福禄享無邊。

妻宫有礙重要婚，龍虎牛馬配得均。送老子息僅一個，壽元定限在八旬。

此命爲人性暴躁剛强，平生不受虧。所謂量大，多技多能，好人相敬，小人不足。祖業冰炭，骨肉風雲，兄弟畫餅充飢，親戚望梅止渴。勞心見早，發福見遲，獨立成家之命。能進四方之財，出外遇貴人之力，可習藝術營生，方能興業成家。只是早不聚財，逢凶剥雜，交過二十開外，方得意寬懷。中運之間，還有小疾相侵，直交末運，方得安然坐享福。妻宫有重要之配格，龍虎牛馬可以，二子送老。壽元於八十歲，無疾而終，在三月之中。

骨之蓉松

決斷終身詩

應得梅花早來春,無如月令一陽生。不然辰巳寅中月,數合先天福自膺。

進退徘徊自省愆,先憂後喜總難艱。寸心叶吉陰人祉,銀蟾普照利名全。

此命爲人忠直敦厚,心慈性躁,吉人天相,深謀遠慮,心中多勞,貴人欽敬,小人無情,每從進中生退,反義成仇。六親冷淡,小遂和同。初運刑耗,美中不足。中運漸入佳境,名利可嘉,剛柔有濟,雁行成群飛吴楚,鴛侶聯群半落花。二九交來,陽春回暖律,東北遇知音,關津可通。花甲二二,陟然大順,天賜麒麟送老歸。壽元八十五歲方終,卒於孟冬之月。

骨之發末

決斷終身詩

尺二之骨不用焦，早年辛苦受艱勞。若交中運根源進，晚年運限樂滔滔。

一身徘徊有失意，半凶半吉未爲周。中年漸漸門庭换，末運榮華得自由。

此命爲人性順，不剛不柔，心無所毒。自當自擔，離祖之命。作事有始有終，池塘鷺鷥尋食吃，或聚或散，骨肉六親不得力。財帛風雲，費力勞心，多成敗，早運淹蹇剥雜，祖業破盡重興，白手成家。直過三十五六方許立業，四十外來如船遇順風，五十外來多安分，末運滔滔事業興。妻宫硬配，子息半假送終，壽元七十歲，卒於五月之中。

骨之順微

一尺二寸三分

決斷終身詩

此命中限浪浮遊，頭頂蓮花不自由。士者必安奔波局，黎庶須教到白頭。

勸君不可用心機，少免牽車住東西。凡事不宜行險處，只爲終身大運遲。

此命爲人心慈性躁，有口無心，有粗無細，一生奔波勞苦。六親無靠，無大難。妻宫有剋，兩硬無刑。祖業凋零，自立成家。

早業如同敗葉浮萍,勞心用盡千條計,離祖他鄉始免憂。直交二十五六到八九,四十外來,烏雲散盡日兒高,十年大運方成業。五十一二之年,青天白日有虚驚。五十四五六七八,又許平過幾春。六十前後,猶如花開被雨淋,必定有人來暗害,機事之中要小心。早子難招,只好一子送終。壽元七十三歲,卒於十一月之中。

骨之改移

一尺二寸四分

決斷終身詩

前長後短骨不長,客孤親情在外鄉。直交晚年方結實,榮華衣禄有餘糧。

該交末運稱心時,命裏單身自可知。朝暮心機辛苦力,奔馳駁雜運來遲。

此命爲人稟性忠直,心高氣傲,與人幹事,恩中有怨。兄弟六親,不能得力,祖業無人。早年駁雜,運蹇時乖,骨肉無情,財源似雪,命如孤雁,獨馬單鎗。初限命運甚乖,二十八九三十來,未曾交運都説好,及到交時苦哀哉。三十五六到四十,猶如金菊遇秋放,用盡心機方逢貴。末運交來始稱懷,祖業有破重新整,猶如枯木再開花。妻宫龍虎無刑,運該孤子送老,亦是勉强,心田好。五十九有一限,至六十九有二子。壽元八十三歲,卒於十月之中。

決斷終身詩

財來財去定衣糧，夫妻同出有刑傷。更變財源方遇喜，時來末運始隆昌。

初年衣禄甚盈餘，中限交來駁雜時。直待晚年方結實，勸君莫怨運來遲。

此命爲人性躁不怕人，隨機應變，貴人遇晚，祖業無存，宜過房入贅之局。骨肉親朋少靠，一生自立家業。初限交來墓庫運，財如春雪，中限略可成家，大運直交末限，能成家立業，富貴定從老處得來，老來記得少年時。古人云：受得苦中苦，方爲人上人。妻宫有剋，小配無刑。子生二人，只該一子一女送終。壽元七十歲，延過有七十五歲，卒於七月之中。

骨之求無

決斷終身詩

龍居淺水遭蝦戲,虎落平陽被犬欺。災厄破財中限好,時來末運稱心機。

初限之中有剋傷,刑妻剋子見災殃。直到四十交好運,改換門庭大吉昌。

此命爲人稟性純和,作事勤力,小人不足,恩中招怨,義士生非,反爲仇隙。兄弟有剋,親朋相擾,賠酒賠飯,反説不美。初運平穩,交二十六七,如水行船,凡事有損,不能聚財。中限駁雜,刑妻剋子。交過四十歲,許成家立業,般般遂意,件件稱心。至四十七八有一災,其年但恐傷財,交過方可免去。後有十年好運來,家中財寶俱完備,三真一假送天台。壽元七十有三四,三月之中去不來。

離祖之骨

一尺二寸七分

決斷終身詩

此命離祖細推詳，平生基業兩三場。重重改换方爲美，末運交來福禄良。

自成家計用心堅，一身變换好安然。身榮業裕可長守，後運亨通在晚年。

此命爲人性直，伶俐乖巧，有機變，平生無大難，不招祖業，自成自立，白手成家方大利。親情冷落，兄弟少立，此格原該習藝術，或公門出入，可得四方之財。好雙弄錢手，没有聚錢斗。滿面春風人道好，一生不足自家知。妻遲子晚。早運奔馳勞碌，四十年來方交大運，猶如枯木逢春。四十九上有一災，其年遇福星臨。又有十年好運，財禄豐盈大吉昌。妻宫鐵石方同老，子息一雙可送終。壽元六十九歲，卒在仲冬之中。

安定之骨

決斷終身詩

尺二八分整家門,田房留得與兒孫。中運行來家漸起,骨肉團圓喜氣新。

八分餘利便無説,借問此人命若何。福禄自然衣食好,時來末運始亨通。

此命爲人作事有能,隨機應變,立性操持,能知輕重,結交親朋友如兄弟,度量寬宏,見善不欺,逢惡不怕,平生正直,再無大難刑險,只是少招祖業。初限衣禄無虧。妻宫見遲方好,子息晚招得實。四十外五十至,末運亨通大吉昌,福禄無虧,財源穩厚,衣豐食足,高堂大廈。妻宫兩位,有好子二人三女送終。壽元八十歲,卒於九月之中。

如意之骨

决斷終身詩

初運駁雜瑣碎傷,喜氣榮華晚運强。直交中年末運好,門閭改换姓名香。

春天纔放一枝花,却被狂蜂浪蝶爬。親情猶如冰共雪,異姓外人似一家。

此命爲人材多能,心機靈巧,祖業凋零,離鄉背井,可成事業。兄弟少力,駁雜多端。爲人静處安閒,出外有人敬重,可進四方之財,有貴人扶持,逢凶化吉,並無刑險,一生無大難,只是救人無功,恩中招怨。重義輕財,財帛易聚易散,早年不得聚財,交三十三四,方知甘苦,凡事易順。三十八九四十,如意稱心,末運福如東海,壽比南山。只是妻宫有剋,兩硬無刑。子息難收,長女安好,二子送終。壽元六十九歲,過則八十一歲,卒於三月中旬。

骨之榭花

决斷終身詩

此格生來甚駁雜,妻宫有剋却無差。小時異姓方招得,兄弟無緣各分家。

志氣高昂量甚寬,更堅真爽性天然。六親手足如冰炭,末限交來始得安。

此命爲人性情和平,剛柔相濟,心無所毒,自權自立,離祖之命。心懷鯁直,不受人言,好結親朋,度量寬宏,心機靈巧。祖業稀微,六親兄弟少力,骨肉無情。初限雖安未順,財源不聚,享田園之財,快樂清閒。中限改换門風,家業漸長,財不能大聚。末限方才安然創業。妻宫重配,鐵石無刑,有小疾方能無害。子息假真,二子送終。壽元七十二歲,卒於七月之中。

骨之機靈

一尺三寸一分

決斷終身詩

初年伶俐能變化,中運猶如錦上花。若逢貴人來助運,後來立業享榮華。

此命靈機奔又波,親情淡薄奈如何。壽如古稀將及耄,晚來好運福偏多。

此命爲人好善,粗細皆能,好結親朋,不吃人虧,所爲之事,量極寬宏,伶俐乖巧,但嫌六親兄弟皆不得力,救人無恩,養人無義,恩多成怨,是處成非。善人相敬,小人不足。祖業少招,親戚無情,自立成家,出外方吉。命該妻遲子晚,若早招,好似鏡中之花,水中之月。早運不利,交三十外來,步步升騰,漸漸可望。中來一運,家道興隆,猶如錦上添花,發財光耀,招進産業。妻宫有剋,兩硬無刑,子息有二人送終。壽元七十二歲,卒於仲秋之月。

骨之滞蹇

一尺三寸二分

決斷終身詩

勞心勞力未見功,直待花開結子榮。自有貴人相助力,步踏雲梯事事通。

初限勞苦在命宫,中運之間方得安。若要家財常興旺,還交末運始亨通。

此命爲人俊雅,腹中多計較,做事局面,手段高强,知輕識重,惡事不做,惜老憐貧,身閒心勞,孝順雙親,衣禄無虧。只是六親少力,骨肉情疏,自立家業,祖業之中有破,離祖方好。早運淹蹇,不能聚財,好雙掙錢手,没有聚錢斗。若要家業成,交至三十七八九,過至四十外來,方謀事而成,幹事而就,漸漸精神爽,看看喜氣生。只是一生骨肉無緣,妻宫大則二十,小則十八,無刑,早子難招。中末二運,可得三子二女送老。壽元六十三歲,過此得七十九歲,卒於七月之中。

骨之改自

決斷終身詩

此命爲人性氣高,六親骨肉總相抛。出外自然逢貴顯,老運應知許富豪。

青年快樂晚年來,不受人欺性自乖。在外求財皆有望,晚年福禄稱心懷。

此命爲人心性高强,不怕人欺,與人常行好事,反成仇隙,施恩人怨,處義成非,自創自立,清吉快樂。初限奔波,家財少聚,出外經營便好,在家無益。三十年來不稱意,六十諸事稱心懷,末運亨通秋夜月,兄弟無情如春雪。妻宫鐵硬方同老,子息花前果後遲。一生自有天爲主,祖業全無半點遺。若論前運多駁雜,誰知到後享榮華。猶如蓮根生甘草,方信甘從苦上來。子有三人送終。壽元六十三歲,卒於九月之中。

骨之變更

決斷終身詩

初運駁雜苦憂煎，中運家財也苦全。朝暮辛勤隨時過，後來忽地稱心田。

更變之骨甚剛强，心性生來有主張。更名改姓或承繼，末運安然家道昌。

此命爲人心性明敏，作事有法，知輕識重，惡事不做，敬佛重神，惜老憐貧，身閒心勞，孝養雙親，衣禄無虧。只是六親冰炭，骨肉無情。初運奔波勞苦，枉自費力，祖業凋零。交至二十七八至三十一二，謀事事成，幹事事就，經營貿易，滾滾財源，服官奉職，重重見喜。妻宮受剋，必須豬兔羊相配，方可免刑。早子難招，到末運可得二子，只有一女送終。壽元七十二歲，卒於二月之中。

咸池之骨

決斷終身詩

此格初年在外遊,中運交來也未通。末限不用心機使,八九名傳起畫樓。

咸池之命幼年强,只恐妻多壽不長。子息得來難得力,柳巷花街莫入場。

此命爲人口快心慈,不受人虧,閒處安身,與人作事,反爲仇隙,恩中招怨,一身掙强,甚好朋友,交誠實無欺。三十以前,錢財不聚,家事不遂,離祖成家,自成自立。兄弟如陌路,財帛似風雲。妻還有剋,子要刑傷。三十五六成家,再過四十八九來,運如楊柳遇春時。此該在家之命,不宜出外經營。五十八有災侵,六十之後安穩,暮年交來要十五春,此命咸池,終不礙事。中運有衣食,老來妻子無剋刑,子息一人。壽元七十歲,卒於八月之中。

遊行之骨

一尺三寸六分

決斷終身詩

遊行之骨使人愁，父母田房爲不周。在外立身逢貴助，自然衣禄不須求。

風裏楊柳無定期，或進茂盛或時稀。雖然總有親和眷，久後終須還别離。

此命爲人性直，心善無毒，救人無功，反招口舌。祖業無靠，門户重新，親情冰炭，財帛風雲，早運如風中之葉，妻遲子遲運遲，破敗早。直交三十九，方得好運，豐衣足食，然猶破敗未脱，尚是中中。末限發福生財，此命該有外方之財，只宜出行經營，有貴人扶助，始得交運聚財。四十八九，漸漸精神爽，常常喜氣生，任他風浪起，穩坐釣魚船。妻宫鐵石，可以齊眉。子息三人，只好二子送終。壽元七十三歲，卒在小雪之節。

骨之時隨

決斷終身詩

處事機謀立初身,年中限力事艱辛。直逢末限貴遇助,恰如枯木又逢春。

親情無分止如何,兄弟如同水上波。初年二限財來破,末限交來事業多。

此命爲人靈性巧,貴人見樂,小人見憎,衣禄無虧,不守祖業,自成家計。兄弟無靠,骨肉無緣,財帛如風雲。初限剥雜,三十外來,略有起色,漸漸成家,事業亨通,妻宫子息亦得。交三十五六有災星,除非喜孝來沖解,挨過三九爲美。四十三歲不爲難,直交五六方成運。五八之年事業華,末運家財重再整,猶如枯木再逢春。妻宫牛馬豬羊配,子息龍虎猴可招。妻宫小配成緣,子息先花後果。壽元六十三歲,過則七十九歲,卒於九月之中。

骨之成得

決斷終身詩

得成之骨自安詳，若得安然待晚香。亦可更方自爲業，須交六九福無疆。

少年時運不甚通，猶如草把撞木鐘。祖業凋零財耗散，晚年家道始能成。

此命爲人立性耿直，助人不得力，好人相敬，小人不足，恩中成怨，氣性剛暴。早年不利，祖業重成，破財離散，自成獨立。二十三四交八九，正是行船有順風。得交三十五六過，得子成家漸漸亨，産業破來重又整，挨過其年四十一，猶是枯木又逢春。四十五六正當時，不見是非要破財。直過四十九來交五十，末限行來家道成。妻宫重配方到老，子息該招三子，只好一子送老，二姓方好。壽元七十四歲，卒於九月之中。

骨之性智

決斷終身詩

智性之骨自立身,今生有禄是前因。若要榮華光祖業,須要奔波三十春。

久坐塵埃以待時,書窗寂寞有誰知。一朝運到人相敬,富貴還須定有期。

此命爲人性直,作事有始有終,出類拔萃,平生衣禄無虧,敬老憐貧,自成自立,敬佛重神,有義有禮。與人作事,反招是非,恩中有怨,救人無功。初限淹蹇勞碌,有錢不聚,中限漸漸如意。兄弟六親不得力,夫妻有刑。三九不濟,四九大不如意,喜孝相沖,方免破財。三十九過四十來,方始順意,南方大運。五十至四十八九之上有一阻,猶如明月被雲遮。五十之外正當春,好似行船遇順風,待交末運安然到老。子息二人。壽元七十八歲,卒於大雪中。

骨之康安

決斷終身詩

安康之骨足衣糧，還用心田壽命長。立志溫和忠孝道，門風改换出賢良。

骨肉光華氣象輝，家財興旺富崔巍。安居樂享康寧福，末限人揚有遠威。

此命爲人敬重雙親，有福有禄，六親和睦，義氣高强，敬佛重神，少年勤學，有功名之格，忠孝兩全，心善無毒，非貴即富，出外衆人致敬，四海揚名，到老榮華。限上無憂，一世平康，青年欠利，末運安享福禄。白鶴先生曰：此骨三限之格，子孫旺相之局。初限早成家計，辛勤勞苦。中限漸漸生財，重整門風。夫妻小配無刑，末限富貴榮華。壽元八十三歲，有三男二女送終，卒在仲冬之月。

骨之景晚

決斷終身詩

此格生來足衣糧,自成家業晚年强。更改勞心多費力,一生勞碌自承當。

末限交來老運通,財源茂盛喜重重。子息晚招同到老,夫妻偕老一般同。

此命爲人立性剛强,勞心費力,更移祖居,自成自立,不得安閒,知輕識重,惡事不做,敬老憐貧,心善無毒。但一生與小人不足,子息遲招。初限之年小發達,自成家計得安康。四十八九交末運,漸漸謀事而成,幹事而就。老運亨通,財源茂盛,老景榮華。妻宫有剋,兩硬無刑,子息該有四人,只好一子送老。壽元四十九歲,有一缺,延過可到花甲,卒於十二月之中。

骨之財生

決斷終身詩

初限交來運早通，譬如舟泊柳陰中。衣禄星神又坐命，一生財禄順相逢。

中限交來運又好，高人相敬貴人招。出外經營多得利，末運交來福壽高。

此命爲人心靈性巧，性急無虧。初限不能聚財，虚名虚利，財來財去，有敗有成。一生有衣禄星坐命。中限交來漸漸稱心，求謀順意，出外經營，有人恭敬，一生近貴。若要問其消息事，後業興家事業通。其年植産立業，滔滔財業至，滚滚利豐盈。春光花正發，微風細雨生。四十六九交末運，移花接木桂花香，夫妻偕老。壽元八十之外，子息重重，福禄榮昌。

骨之筠松

決斷終身詩

松筠之骨性高明，數合才猷命合星。風雷辰巳逢申未，一天星斗耀文明。

大事先從小事尋，旱苗待雨得甘霖。借徑求謀芳草畔，自有松筠庇緑陰。

此命爲人性巧心靈，假處成真，無心口直，事不藏機，小人不足，熱心爲事，恩中反怨，君子懷敬，小人嫉妒。骨肉少緣，勞碌難免,志在四方,身心進退。前運乖陰少種樹,遇而不遇,懷寶迷邦。三九財來,遠慮無咎。中運輕財,大澤隨行。後運得成終成日,聲名可望高。舊業重新,名利振遠,玉人金石偕白髮,須有心田啟後昆,此命隨事宜修德,方有子息。壽元八十二歲,卒於孟冬之月。

一尺四寸四分

決斷終身詩

恭儉温良志不休,天生食禄不須求。若問終身真富貴,半身榮華樂春秋。

妻宮大小皆和美,子息三位又零頭。三限之中無破敗,吉人天相莫憂愁。

此命爲人必靈性巧,做事細緻,足智多謀,骨格原是石中之玉。志氣高昂,少年勤學,利名成就,逍遥快樂,量甚寬宏,財禄有餘。早運錦上添花,中運交來,自成立業,漸漸榮昌,招人進産。命該妻早子晚,方爲美。四十至四十五六,看子成名。末限交來墓庫運,晚景榮華十五春。此命一生多得意,家中財産甚豐隆,妻無刑剋,子息三位,只好二子送終。壽元七十三歲,卒於正月之中。

決斷終身詩

此命身高難靠親，或居雲下踏紅塵。他鄉並立田莊業，晚運方能遇幾春。

祖業無依不靠親，勤勞辛苦弄精神。皆由骨格生成定，自有中天日照門。

此命爲人立性鯁直，做事有頭有尾，身高心自高。六親少靠，骨肉如同陌路人。妻宮畫餅，子息虛花。産業不招，命該他鄉創立，外方買賣之命。只是衆人幹事反爲不美，與衆不和。早年財來財去，中限受得苦奔波，方得遂意。末運平平過幾春，財帛有名無實。妻宮命硬可配，無子息，三女，假子一個送終。壽元六十三歲，卒於四月之中。

白鶴仙數相法終

圖書在版編目(CIP)數據

古觀人法:外五種 / 牟玄點校. —杭州:浙江大學出版社,2022.11(2025.6 重印)
ISBN 978-7-308-23207-4

Ⅰ.①古… Ⅱ.①牟… Ⅲ.①禮儀—中國—古代
Ⅳ.①K892.9

中國版本圖書館 CIP 數據核字(2022)第 198658 號

古觀人法(外五種)
GU GUANREN FA WAI WUZHONG
牟　玄　點校

出 品 人　褚超孚
總 編 輯　陈　潔
項目策劃　宋旭華
項目統籌　王榮鑫
責任編輯　胡　畔
責任校對　趙　静
責任印製　范洪法
封面設計　周　靈
出版發行　浙江大學出版社
(杭州市天目山路 148 號　郵政編碼 310007)
(網址:http://www.zjupress.com)
排　　版　浙江大千時代文化傳媒有限公司
印　　刷　杭州宏雅印刷有限公司
開　　本　710mm×1000mm　1/16
印　　張　40.5
字　　數　600 千
版 印 次　2022 年 11 月第 1 版　2025 年 6 月第 11 次印刷
書　　號　ISBN 978-7-308-23207-4
定　　價　188.00 圓

浙江大學出版社市場運營中心聯繫方式　(0571)88925591;http://zjdxcbs.tmall.com